DU COMBINAT SOCIALISTE
A L'ENTREPRISE CAPITALISTE

Une analyse des réformes industrielles en Europe de l'Est

ISBN: 2-7384-4279-X

Collection ***Pays de l'Est*** *dirigée par Bernard Chavance*

CHRISTIAN VON HIRSCHHAUSEN

DU COMBINAT SOCIALISTE A L'ENTREPRISE CAPITALISTE

Une analyse des réformes industrielles en Europe de l'Est

Préface de Pierre-Noël Giraud

Editions l'Harmattan
5-7, rue de l'École-Polytechnique
75005 Paris

A mes parents

PRÉFACE

Ce livre est le fruit d'une enquête approfondie, entreprise dès la chute du mur de Berlin le 9 novembre 1989, dans près de 60 combinats industriels socialistes. Il renouvelle l'analyse du socialisme et du post-socialisme en Europe de l'Est.

On n'y trouvera pas le mot 'transition'. Car justement une de ses thèses est qu'il n'y a pas transition. Il y a effondrement d'ensemble du socialisme et de ses unités de base, les 'combinats polyfonctionnels', le jour où sont introduites dans ces pays une véritable monnaie et la libéralisation des prix. Cela ouvre une période entièrement nouvelle, le post-socialisme, durant laquelle se construit un capitalisme singulier sur les ruines du socialisme, par des processus complexes d''entreprisation'.

On y trouvera encore moins le terme 'économies en transition', cher à la BERD et à la Banque mondiale. Car justement, une autre thèse de ce livre est qu'il n'y avait pas d'économie dans le socialisme, que parler d''économie socialiste' conduit à une mésinterprétation des enjeux réels du post-socialisme.

Ainsi l'analyse des événements qui ont suivi, à l'est de l'Europe, la chute du mur de Berlin, conduit-elle à remettre en chantier l'idée qu'on se faisait du socialisme, à formuler des propositions quant à la politique industrielle post-socialiste et aux moyens de transformer les combinats en entreprises, mais aussi à réfléchir à l'espace propre du discours économique dans les sociétés capitalistes.

L'expérience de nombreux débats autour du texte aujourd'hui publié a montré que la thèse : 'Il n'y avait pas d'économie dans le socialisme' suscite de prime abord une réaction de rejet. Je voudrais donc ici la préciser, et d'abord en restituer la genèse.

Elle fut avancée, à titre d'hypothèse de travail, en Pologne, en juin 1990, par Sylvain Lazarus, au cours d'une discussion où l'auteur de ce livre, Christian von Hirschhausen, Olivier Bomsel, Sylvain Lazarus et moi-même cherchions comme chaque jour à faire le point des enquêtes que nous menions dans les combinats de l'industrie lourde de l'ex-RDA, de la Pologne, de la Tchécoslovaquie et de l'URSS. Cette hypothèse, Sylvain Lazarus l'avait proposée à la suite d'une longue réflexion sur une enquête qu'il avait menée en Chine, en juin 1989, dans deux usines de la région de Canton.

Nous nous en sommes immédiatement saisis car elle permettait de formuler avec concision un sentiment grandissant que nous partagions tous, à savoir que les concepts économiques grâce auxquels nous pensions, comme tous les chercheurs et les experts à l'époque, pouvoir analyser la réalité que nous découvrions étaient inadéquats. Les mots étaient absolument trompeurs. Il existait dans les langues de ces pays des équivalents des mots : monnaie, entreprise, banque, coût, prix, productivité, rendement, salaire et même profit. Mais les mots ne désignaient pas les mêmes choses. Ce qu'on appelait monnaie dans le socialisme n'était pas une monnaie au sens où nous l'entendons dans les sociétés capitalistes. Il y avait en fait au moins trois circuits 'pseudo-monétaires' indépendants où les instruments 'monétaires' n'étaient nullement dotés de la totalité des fonctions d'une monnaie. En d'autres termes il n'y avait pas d'équivalent général qui permettait de parler de prix d'une marchandise, y compris de prix de la force de travail, et personne ne pouvait donc se livrer au moindre calcul économique. Nous retrouvions ainsi une intuition (puisqu'à vrai dire il n'avait pas eu les moyens de le vérifier) précoce et à l'époque entièrement isolée de Ludwig Von Mises (Economic Calculation in the Socialist Commonwealth, 1920).

De même, un combinat industriel socialiste n'était à l'évidence pas une 'entreprise', même publique. C'était une unité polyfonctionnelle qui assurait des fonctions de production matérielle, mais aussi des fonctions sociales et des fonctions de contrôle de la population. Ce terme même de 'polyfonctionnalité' du combinat, défini et illustré dans ce livre par Christian von Hirschhausen, il faut bien comprendre que c'est une qualification qui vient de l'analyse de nos propres sociétés où ces fonctions sont *séparables*. Il n'est donc qu'une approximation pour caractériser la réalité du combinat socialiste, où précisément, comme le montre Christian von Hirschhausen, les fonctions n'étaient pas séparables et où la logique, ou si l'on veut la rationalité, des décisions (toujours, *in fine*, les décisions du *parti*) concernant la production n'était donc pas séparable de la logique de décisions portant sur autre chose : le 'social' (également un terme approximatif puisqu'il n'était pas séparé), la politique.

D'où naturellement cette idée, qui dépassait largement l'analyse du socialisme, qu'on ne peut parler d'économie et utiliser les concepts de l'économie, tels que développés depuis les mercantilistes et Adam Smith, que dans des sociétés où il existe une rationalité *séparée* des actes de production et d'échange, et non simplement *l'existence*, partout et toujours empiriquement constatable, de tels actes. Or cette rationalité n'est séparée - des relations familiales ou claniques, de l'État, de la politique - que dans des sociétés particulières. L'institution séparatrice étant la propriété privée telle qu'elle est codifiée dans nos sociétés capitalistes et le signe de cette séparation l'existence d'une monnaie équivalent général (et non de simples coquillages, intermédiaires commodes de relations de troc).

Séparation ne signifie nullement une théorie des instances articulées entre elles : le démographique, l'économique, le politique. Cela signifie qu'il n'y a d'économie, au sens de discours économique, possible sur un champ isolable de phénomènes sociaux que dans une société où l'on peut attribuer aux individus qui la composent un certain type de rationalité concernant leurs rapports au travail et aux produits du travail qui soit *isolable* du reste de leur comportement, c'est-à-dire une rationalité qui garde une certaine stabilité quels que soient les événements qui se produisent dans d'autres dimensions de la vie infiniment complexe de ces individus.

Dans une société capitaliste, un capitaliste doit maximiser la rentabilité de son capital, qu'il le veuille ou non et quels que soient ses états d'âme, si du moins il tient à rester un capitaliste. On peut donc raisonnablement fonder un discours analytique de cette réalité sur ce comportement-là. Mais quelle économie peut-on faire quand la valeur d'un bien (en supposant qu'ont ait précisé le sens de cette notion) dépend de décisions du Comité central (décisions qui bien sûr ont leur rationalité propre, et que l'on peut étudier !).

A ceux, nombreux dans les débats que nous avons eus, qui tentent d'esquiver l'examen de cette thèse en prétendant que tout ceci n'est qu'affaire de mots et de définitions, et qu'avec une définition suffisamment large de l'économie on peut parler aussi bien d'économie socialiste, ou d'ailleurs d'économie des peuples dits 'primitifs', que d'économie capitaliste, je propose de réfléchir à la question suivante : quel serait le contenu scientifique de l''économie' - au sens du discours - d'une 'économie' - au sens d'un champ de phénomènes sociaux - définie de la manière la plus large possible, par exemple : 'les actes de production et d'échanges' ? A mon avis, la réponse est claire : ce contenu serait nul. Il n'y a simplement *rien* à dire de général, c'est-à-dire de valable en tout temps et en tout lieu, sur les actes de production et d'échanges.

Aussi bien, pour aborder une réalité nouvelle au double sens où d'une part l'on pouvait désormais y lire directement, comme jamais auparavant cela n'avait été possible, les traces et la mémoire de ce qu'avait été le socialisme, et où d'autre part se déployaient des processus entièrement nouveaux : ceux de l'émergence de capitalismes dans le post-socialisme, fallait-il laisser délibérément de côté les concepts issus de l'économie du capitalisme, entrer dans ces problèmes comme manifestant une hétérogénéité et une singularité radicales et forger les concepts nécessaires pour les analyser.

En ce qui concerne le socialisme, cette démarche a surtout permis de dire ce qu'il n'était pas et de critiquer la plupart des théories existantes, qu'elles le qualifient d''économie planifiée' ou de 'capitalisme bureaucratique d'État'. Cette critique est loin d'être purement académique, car, comme le montre Christian von Hirschhausen, ce sont les conceptions erronées que l'on se faisait du socialisme qui sont largement responsables des surprises des premières années du post-socialisme. Néanmoins une théorie des aspects productifs du socialisme reste encore très largement à élaborer, même si l'auteur en pose quelques jalons.

Dans le post-socialisme, *il y a de l'économie*, une économie naissante, et les concepts économiques sont donc pertinents. Il fallait cependant en identifier les singularités et indiquer quels types de politique originale, en particulier quel type de politique de passage du combinat à l'entreprise, cela prescrivait.

C'est cette démarche, adossée aux questions qui précèdent, qui fait à mon avis tout l'intérêt de ce livre. Puisse-t-il susciter la critique, le débat et de nouvelles recherches, en particulier celles que, dans sa conclusion, l'auteur appelle sur la Chine, qui reste encore à mon avis largement *terra incognita*.

Le 31 juin 1995

P.-N. GIRAUD
Directeur du CERNA
Centre d'Économie Industrielle de
l'École des Mines de Paris

AVANT-PROPOS

Ce travail est issu d'un intérêt personnel ancien à l'égard des pays d'Europe de l'Est, et plus concrètement d'un travail de recherche mené au CERNA, le Centre d'Économie Industrielle de l'École des Mines de Paris, travail qui a commencé le mois même de la chute du mur de Berlin. Je voudrais remercier mes 'professeurs' au CERNA : Olivier Bomsel qui y a initié et dirigé les travaux sur le post-socialisme et avec lequel j'ai pu mener de nombreuses enquêtes et Pierre-Noël Giraud pour maintes relectures et critiques du texte ainsi que pour m'avoir instruit dans la science économique. Sylvain Lazarus, Directeur du CIASOC, Centre International d'Anthropologie et de Sociologie Ouvrière Comparée, à l'Université Paris VIII-Saint Denis, a collaboré à ce travail. Mes collègues au CERNA ont également, avec une grande bonne volonté, contribué à mes réflexions sur le socialisme et sur l'économie. Merci à Germaine Leclerc d'avoir accompagné de ses remarques linguistiques l'ensemble du travail, et à Véronique Dubarry et Christiane Lapier pour les corrections et la mise en forme du manuscrit.

Je tiens à remercier les Professeurs Xavier Richet (Université Paris I-Sorbonne et ROSES), David Dyker (SPRU Science Policy Research Unit, Université du Sussex), Günter Hedtkamp (Université de Munich, Osteuropa-Institut) ainsi que Jacques Astier (Sofresid, Consultant) d'avoir bien voulu participer au jury de la thèse qui est à l'origine de ce travail, et de m'avoir fait bénéficier de nombreuses remarques. Je remercie également Bernard Chavance (CEMI-EHESS) pour la relecture du texte et ses réflexions constructives.

Ce travail a reçu le 'Prix Économie Internationale 1992-93' du CEPII/CIREM (Centre de Prospective et d'Information Internationales) pour le meilleur projet de thèse. Je remercie le CEPII pour le stage et le soutien financier qui en sont résultés. Ma thèse de doctorat 'Du combinat à l'entreprise' a également été nommée pour la sélection finale du 'Prix Henry Le Chatelier 1994' de la meilleure thèse de l'École des Mines de Paris.

Plusieurs organismes ont soutenu financièrement mes travaux, sous forme de bourse ou de crédits de recherche, je les en remercie : le Collège Franco-Allemand, le Ministère de l'Industrie (Observatoire des Matières Premières), le Commissariat Général du Plan (programme Économie Internationale), la Commission Européenne (DG-II, programme ACE-Phare), le Ministère de l'Économie du land de Brandebourg. Aucun d'eux ne peut évidemment être considéré comme partageant les analyses ici présentées.

En le retravaillant sans fatigue, tu l'as souvent mieux compris que moi, Béatrice, et je te remercie pour ton soutien multiple pendant ces années.

Last but not least, je souhaite exprimer ma gratitude envers tous ceux - amis, cadres et ouvriers, hommes politiques, administrateurs et interprètes - qui ont rendu possible le travail dans ces 'pays de l'Est', pays qui, grâce aux événements de ces dernières années, refont surface sur la carte de l'Europe.

INTRODUCTION

1. Des questions sur le post-socialisme et le socialisme

Inespéré et imprévu il y a encore six ans, l'avènement du post-socialisme est un événement dont il est aujourd'hui encore difficile d'évaluer la portée historique. Sa gestion pratique, et donc en amont la compréhension que l'on en a, orientent le devenir de ces pays, déterminant pour l'ensemble de la nouvelle Europe et du monde. Ce moment charnière révélera également si les pays non socialistes savent relever le défi que leur lance cette nouvelle donne et saisir les chances ainsi offertes. Pareils enjeux justifient l'intérêt de premier ordre que les sciences sociales accordent à l'étude du post-socialisme, d'ores et déjà considéré comme l'un des phénomènes majeurs de cette fin de siècle.

Les pays de l'Est ont-ils connu le miracle économique, à l'instar de l'Europe occidentale de l'après-guerre, que de nombreux économistes leur prédisaient en 1990 ? Ou bien doit-on, dès maintenant, considérer que les réformes post-socialistes ont échoué, n'ayant ni atteint les objectifs économiques fixés, ni réussi à établir le régime politique occidental tant envié pendant longtemps ? La Pologne aurait-elle mieux fait de suivre une réforme graduelle en 1990, pour éviter le déclin industriel ? Ou bien la croissance retrouvée en 1995 par tous les pays d'Europe Centrale et Orientale prouve-t-elle que la thérapie de choc s'est rapidement révélée le moindre des maux ? Ces questions, et bien d'autres, ne peuvent être traitées que sur la base d'un cadre conceptuel cohérent de ce phénomène qu'il est convenu d'appeler le 'post-socialisme'. Il n'y a *pas*, à ce jour, de théorie du post-socialisme ; comment, étant données la nouveauté et la complexité du phénomène, pourrait-il en être autrement ? Par conséquent, l'appréhension du post-socialisme doit passer, selon nous, par la remise à plat des positions adoptées précédemment et par l'ouverture de nouveaux débats qui ne craindront pas de réengager des débats plus anciens. Car la réflexion doit porter sur les *deux* volets de la question : celui des *perspectives* du post-socialisme et celui, intrinsèquement lié, de la compréhension de son origine, le *socialisme*. Cet ouvrage veut être une contribution à cette réflexion.

1.1 'Le combinat socialiste n'était pas une entreprise capitaliste'

Telle était la première impression que nous rapportions, à l'automne 1990, au retour d'une première vaste série d'enquêtes industrielles dans les pays qui venaient ou qui étaient sur le point de basculer du socialisme au post-socialisme. Tel va également être le fil rouge de l'analyse que nous mènerons pour reconsidérer le fonctionnement réel du socialisme et de son industrie, ainsi que pour expliquer les difficultés des réformes économiques engagées dans ces pays depuis quelques années. Saisissant l'occasion dès la chute du mur de Berlin, nous avons mené une série d'enquêtes à *l'intérieur* même de nombreux sites industriels. Souvent, nous fûmes même reçus comme les premiers visiteurs de pays non socialistes à pénétrer dans ces 'lieux interdits' du socialisme. C'est ainsi que nous avons suivi, en temps réel, les changements que le post-socialisme introduisait à ce niveau élémentaire des structures de l'industrie socialiste, que nos interlocuteurs nommaient invariablement 'leur combinat'. Alors que la fin inévitable des 'combinats' socialistes n'était plus mise en doute, la vision du processus d'émergence d' 'entreprises' était encore floue.

Contrairement à la plupart des analyses du post-socialisme, qui se limitent aux dimensions macroéconomiques, nous tenons - dès le début - les réformes *industrielles* comme les plus susceptibles d'appréhender le caractère singulier de l'ère post-socialiste. D'une part, dans le débat théorique, la diversité croissante des concepts et des propositions avancés par les économistes sur les restructurations industrielles contraste fortement avec le consensus régnant par exemple à propos de la politique macroéconomique ou de la création de nouvelles 'institutions'. Cette divergence des analyses quant aux aspects industriels résulte surtout des difficultés constatées dans la mise en œuvre des premières propositions de réforme de l'industrie socialiste que nous observions, depuis la Russie jusqu'aux Républiques de l'ex-Yougoslavie, en passant par l'Europe Centrale et Orientale : l'effondrement de la production, l'impact global limité de l'investissement étranger, le faible nombre de 'grandes' privatisations, la forte poussée du chômage, la recherche conflictuelle de structures politiques et institutionnelles d'encadrement de ces changements. Ainsi, malgré le succès de la stabilisation macroéconomique et de la 'petite' privatisation dans la plupart des pays, les réformes industrielles post-socialistes s'écartent considérablement des trajectoires initialement prévues.

D'autre part, plus nous enquêtons à l'intérieur des sites industriels, plus nous semblent mises en question quelques propositions généralement admises, qui interprétaient le fonctionnement du socialisme comme une économie capitaliste planifiée et composée d'entreprises publiques indépendantes. C'est en premier lieu au niveau des combinats, unités de base de l'industrie, que la question de la nature singulière du fonctionnement de l'industrie socialiste paraît aujourd'hui le plus clairement posée. Ces combinats socialistes n'ont *pas*, de toute évidence, poursuivi des objectifs de maximisation de profit ou de productivité, comme le sous-entendait leur caractérisation dominante comme 'entreprise publique'. En témoignent d'abord la présence au sein du combinat d'une multitude d'activités autres que productives (éducation, formation politique, surveillance des individus, logement, fonctions pénitentiaires et militaires, etc.), dont la complexité a été sous-estimée par les analyses antérieures. Le fait que presque jamais un combinat n'avait été fermé fait également de ces unités autre chose que des entreprises, fussent-elles publiques.

Nous relevons également des faits étonnants au niveau du système de planification : les combinats, soumis formellement à des 'Plans' extrêmement détaillés, ne disposaient souvent pas d'un équipement, même rudimentaire, de mesure ou de pesée de leurs intrants et de leur production ; une vérification par les planificateurs des résultats annoncés était donc impossible. Enfin, malgré l'aggravation incontestable des dysfonctionnements de la production dans les années 80, peu d'indices montre que ces dysfonctionnements puissent avoir été responsables de l'effondrement extrêmement soudain du système auquel on avait assisté en 1990-92. Dans les années 80 encore, personne n'avait sérieusement mis en doute la capacité du système soviétique à se maintenir durablement. L'hypothèse d'un effondrement causé par les seuls dysfonctionnements 'économiques' est donc à reconsidérer.

1.2 Reconsidérer le lien entre post-socialisme et socialisme

Avec le simple constat que le combinat socialiste n'était pas une entreprise surgit immédiatement la question du lien pouvant exister entre les réformes industrielles *post-socialistes* et l'héritage du *socialisme*. Les difficultés d'interprétation des obstacles rencontrés par les restructurations industrielles dans le post-socialisme ne sont-elles pas liées à une défaillance dans l'interprétation de leur point de départ ? Si, dans ces premières années du post-socialisme, beaucoup d'efforts furent faits par les chercheurs pour définir le point d'arrivée de ce qu'ils considéraient être la 'transition' post-socialiste, on constate en revanche une absence d'interrogation sur les concepts admis quant au point de départ.

Or le post-socialisme ouvre une nouvelle perspective, inaccessible jusqu'ici, celle de pouvoir interroger la pertinence de ces concepts en examinant les structures socialistes de *l'intérieur*. L'analyse du fonctionnement de l'industrie socialiste, en partant de cette perspective nouvelle, nous paraît dès lors comme une clé de l'interprétation des difficultés des réformes industrielles dans le post-socialisme. En effet, malgré les nombreuses crises traversées par les pays socialistes, ces structures ont connu un développement propre, pendant sept décennies en Union soviétique et quatre en Europe de l'Est. Mais, au-delà de l'analyse des restructurations hiérarchiques et des statistiques, on sait en réalité peu de chose sur la dynamique de ces combinats, dont le post-socialisme a brutalement révélé l'incompatibilité avec un fonctionnement monétaire.

Si le combinat socialiste n'était pas une entreprise, qu'était-il donc ? Et comment engager les réformes post-socialistes pour engendrer de nouvelles entreprises ? Comment la compréhension du socialisme, à partir d'une analyse *in situ*, peut-elle permettre de mieux comprendre les perspectives de cet étrange post-socialisme, et inversement, ne peut-on attendre, de l'étude du post-socialisme, une meilleure appréhension du socialisme ?

1.3 La rupture irréversible entre le socialisme non monétaire et le post-socialisme monétaire

Nous montrons dans cet ouvrage que les réformes post-socialistes ont un rapport déterminant avec leur point de départ, le socialisme. Ce rapport consiste en une *rupture* irréversible entre le socialisme, système non monétaire coordonné par le seul Parti/État, et le post-socialisme, qui établit une médiation monétaire entre production et besoins. Pour saisir la nature du socialisme, il faut accepter - indépendamment du jugement de valeur que l'on peut porter sur lui - que le socialisme soviétique a réussi à établir une certaine convergence entre son projet théorique, visant l'élimination de la loi de la valeur et de la marchandise, et son fonctionnement réel, parvenant ainsi à son objectif de 'vider les concepts capitalistes de leur contenu'. Dans ce système, le Parti/État était l'unique instance de médiation entre la production et les besoins ; il s'est substitué à la médiation monétaire, forme dominante de coordination dans le capitalisme. Ce système singulier ne peut donc pas être analysé sur la base de concepts transférés d'un autre système, en l'occurrence du système capitaliste (tels les concept de monnaie, de travail, d'entreprise, de marchandise, etc.). Il faut supposer, dès lors, que les activités du combinat industriel socialiste étaient, elles aussi, soumises aux seuls critères de l'optimisation de la 'valeur sociale', objectif fixé et contrôlé par le Parti/État en l'absence de valeurs monétaires. Les structures industrielles socialistes et leur dynamique étaient issues de la mise en œuvre concrète et forcée de ce projet par les combinats.

En ce qui concerne la nature du post-socialisme, nous soutenons qu'il commence avec l'introduction d'une monnaie comme équivalent général, brisant ainsi irréversiblement le socialisme. En permettant une médiation monétaire entre la production et les besoins, le post-socialisme rompt le pilier central de l'édifice socialiste. De ce fait il vide, à son tour, les concepts socialistes de leur contenu (concepts du Parti/État, de l''utilité sociale', du combinat, etc.). Dans le post-socialisme, il devient possible de donner une signification aux prix qui expriment une commensurabilité monétaire entre les facteurs de production et les biens de consommation. Les hypothèses quant au socialisme et au post-socialisme engendrent une autre question, portant sur leurs liens réciproques : il ne peut y avoir passage graduel du socialisme au post-socialisme. Il y a un 'avant' (le socialisme) et un 'après' (le post-socialisme) ; mais il n'y a, entre ces deux termes, ni chevauchement ni 'transition' possible.

2. Lier les enquêtes empiriques au débat théorique

Dès lors que les enquêtes sur un terrain autrefois inaccessible apportent un point de vue nouveau sur le débat, ce débat est à rouvrir. Nous visons ici d'abord l'interprétation de la nature du socialisme, car de lui découle automatiquement une lecture de la nature du post-socialisme. Ce débat ne s'est ouvert véritablement qu'avec l'avènement du premier système socialiste réel, après la Révolution d'Octobre en Russie. Longtemps dominé par des arguments 'pour' ou 'contre' le socialisme, fondés sur des analyses comparatives entre les systèmes socialistes et capitalistes, ce débat doit aujourd'hui s'orienter, dans l'après guerre froide du post-socialisme, vers une meilleure compréhension des conditions d'existence du socialisme réel, vers la question du 'comment'.

Nous confrontons alors le corpus théorique de ce débat avec les enquêtes que nous avons menées dans une soixantaine de sites industriels dans tous les pays d'Europe de l'Est (exceptée l'Albanie) et en Union soviétique, entre le début de l'année 1990 et la fin de 1994 (cf. la liste de combinats enquêtés en annexe) [1]. Si le post-socialisme ouvre une nouvelle perspective d'étude du socialisme, c'est d'abord parce qu'il a ouvert ces pays aux enquêtes de terrain. Nous avons délibérément privilégié l'analyse des phénomènes réels, observés sur le terrain même, et choisi de ne pas nous fonder sur des statistiques dont on connaît aujourd'hui le degré de manipulation systématique. Ayant effectué ces enquêtes dans le cadre de missions d'assistance technique, nous avons pu choisir librement nos interlocuteurs et les installations visitées. *Toutes* les informations produites ont ainsi été obtenues de première main.

Nous ne présentons, dans ce texte, qu'un nombre limité d'études de cas, croisant le niveau *sectoriel* avec le niveau *national*. Parmi les secteurs visités (mines, métallurgie non ferreuse, sidérurgie, transformation de métaux, électronique, bois/meuble), nous avons retenu celui de la *sidérurgie*. Ce secteur a connu, comme d'autres secteurs de l'industrie lourde, un essor particulier dans le cadre du développement industriel socialiste des pays de l'Est ; il pose, aujourd'hui, d'importants problèmes de redéploiement. Ce secteur est de ce fait particulièrement adapté à la mise en évidence des singularités des réformes industrielles en cours dans le post-socialisme. *Tous* les phénomènes qui y sont observés ne sont

---

[1]Les enquêtes et le travail théorique présentés ont été réalisés dans le cadre du groupe de recherche 'post-socialisme', composé initialement, pour le CERNA, d'Olivier Bomsel, Pierre-Noël Giraud et l'auteur, et de Sylvain Lazarus du CIASOC (cf. bibliographie).

certainement pas significatifs pour d'autres secteurs, mais la plupart des faits stylisés que nous retenons le sont. Les études de cas détaillées du fonctionnement du combinat et des restructurations post-socialistes présentées proviennent surtout des enquêtes menées en *Pologne* et en *RDA*. Ces deux pays sont passés plus tôt et plus rapidement du socialisme au post-socialisme. Nous avons en effet observé que, dans la période socialiste, les trajectoires de développement industriel dans les différents pays ont été semblables pour l'essentiel. En janvier 1990, c'est la Pologne qui a inauguré le post-socialisme, suivie par la RDA, devenue en octobre 1990 ex-RDA. Si cette dernière constitue, par son contexte politique et macroéconomique spécifique un cas très particulier, elle n'en demeure pas moins un cas de post-socialisme. Le caractère représentatif des cas polonais et est-allemand est confirmé par des analyses transversales nationales couvrant les autres pays, telles la Tchécoslovaquie, la Hongrie, la Roumanie, la Bulgarie et l'Union soviétique.

3. Plan commenté de l'ouvrage

Ce livre comporte deux parties. Dans la première, nous développons, à partir d'une réflexion sur la nature du socialisme, un modèle d'interprétation du combinat industriel et de la dynamique industrielle dans le socialisme. Dans la seconde. nous développons, à partir d'une réflexion sur la nature du post-socialisme, un modèle d'interprétation des restructurations industrielles dans celui-ci. Dans les deux parties, les concepts théoriques sont basés sur des études de cas.

3.1 Sur la nature du socialisme et du combinat socialiste polyfonctionnel

Dans cette première partie, nous cherchons à expliquer sur quelles prescriptions était fondé le socialisme soviétique et comment celles-ci ont façonné, de manière singulière, les structures industrielles et leur dynamique. Dans le premier chapitre, nous reprenons un débat ancien sur la caractérisation du socialisme réel. Aux analyses *comparatives* (socialisme/capitalisme) de celui-ci s'oppose une approche caractérisant le socialisme sur la base de ses *propres* prescriptions. Ludwig von Mises a ainsi été le premier, en 1920, à analyser les conditions de l'existence d'un socialisme réel ; il concluait que celui-ci est, dans le domaine de la production, de par sa conception même, *incompatible* avec une prise de décision rationnelle se référant à une unité de valeur monétaire. Sylvain Lazarus, au début des années 90, poursuivait un raisonnement comparable, en constatant, dans le socialisme réel, l'absence de séparation entre les activités de production et l'État. Mises et Lazarus ont en commun de récuser l'application au socialisme de concepts développés dans d'autres systèmes. Les faits stylisés que nous repérons dans les enquêtes menées à l'intérieur des combinats conduisent à l'hypothèse que le socialisme réel a effectivement réussi à établir dans les faits, en convergence avec son projet théorique, un système fondé sur l'élimination de la valeur marchande et de la marchandise. S'il en est ainsi, une analyse s'appuyant sur des concepts conçus dans le capitalisme (tels les concepts de monnaie, d'entreprise, de travail) risque de se tromper sur l'interprétation des phénomènes. Nous choisissons donc, pour appréhender le fonctionnement du socialisme soviétique, de partir des concepts propres au système.

Les chapitres II à IV analysent, par conséquent, *comment* les pays socialistes sont parvenus à 'vider les concepts capitalistes de leur contenu', objectif défini par Lénine en

1917. L'absence d'une monnaie comme unité générale de valeur était une condition nécessaire pour que le Parti/État puisse déterminer à lui seul la 'valeur sociale' de la production. Cette condition était remplie en créant différents circuits cloisonnés de 'pseudo-monnaies' inconvertibles (la 'monnaie' scripturale pour les flux intra-étatiques, la 'monnaie' papier pour l'achat de quelques biens limités de consommation, la 'monnaie' devise pour le commerce extérieur). Nous constatons que, dans les pays socialistes, la monnaie n'a pas joué de rôle dans l'ajustement entre demande et offre pour la plupart des biens ; elle n'a pas non plus déterminé la valeur du travail ni celle d'autres facteurs de production. Le socialisme soviétique était bien *un système non monétaire* (chapitre II).

En l'absence d'indicateurs monétaires, les activités industrielles s'inscrivaient donc dans une logique de 'maximisation de l'utilité sociale', fixée et contrôlée par le Parti/État. Le *combinat polyfonctionnel* était l'unité de base de l'industrie socialiste, conçu pour assurer des activités de caractère différent : la *production physique* de divers biens, les *services sociaux* à fournir à ses 'membres' et le *contrôle* sur les individus et la collectivité. L'originalité de cette construction est que, entre ces activités, aucune priorité n'était fixée. L'amélioration des services sociaux ou l'extension de la sphère du contrôle pouvaient ainsi primer sur le développement des activités productives. C'est le Parti/État qui décidait, au cas par cas, de l'affectation de ressources, à travers ses relais au sein du combinat : direction du Parti, syndicats, brigades (chapitre III.1). Il existait donc, à l'intérieur du combinat, un conflit permanent entre les exigences de la production, celles des services sociaux et celles du contrôle. Nous interprétons la dynamique industrielle dans les pays socialistes comme le résultat de la recherche permanente d'un équilibre susceptible de neutraliser ce conflit engendré par la polyfonctionnalité. On observe ainsi qu'après *l'introduction* du combinat comme forme dominante dans l'industrie (à partir de 1928 en Union soviétique, entre 1945 et 1950 en Europe de l'Est) s'est déployée une phase de *complexification* durant laquelle le combinat cherchait à intégrer un maximum de nouvelles fonctions *productives* et *sociales*, devenant ainsi l'acteur dominant au niveau local (en Europe de l'Est dans les années 50-60). La troisième phase, marquée par un processus de concentration des combinats locaux au sein de 'combinats de branche' dits 'Kombinats', était au contraire motivée par un souci des échelons nationaux des Partis d'augmenter leur *contrôle* direct sur l'industrie (en Union soviétique et Europe de l'Est dans les années 70-80). Nous observons, contrairement à ce que laisse supposer une interprétation classique qui voit dans ces concentrations la recherche d'économies d'échelles, que la *Kombinatisation* n'a pas amené de concentrations importantes de l'outil productif (chapitre III.2).

Cette caractérisation du combinat permet de trouver une rationalité à des décisions relatives aux activités productives, qui paraissent au contraire, dans une lecture comparative, comme atteintes des dérives 'typiques' d'une entreprise publique inefficace. Un phénomène curieux domine nos observations sur le *contrôle de qualité* : dans de nombreux combinats visités, nous avons observé l'absence d'un équipement, fût-il rudimentaire, de mesure ou de pesée. Ce constat conduit à l'hypothèse de l'existence, dans les faits, de deux circuits *indépendants* : le circuit que nous appelons 'réel', de production, et celui que nous appelons 'papier', de planification. De même avons-nous observé des *innovations socialistes*, techniquement caduques et incohérentes au regard d'une logique capitaliste, mais qui, dans la logique du combinat socialiste, visaient à maintenir une activité productive et à créer de l''utilité sociale'. Les stratégies *d'investissement* font apparaître plus clairement encore le conflit permanent entre les exigences du productif et des services sociaux : ces investissements visaient surtout le maintien en vie de *tous* les combinats, plutôt que la concentration des activités productives dans quelques unités modernes et la fermeture des autres. Son caractère de 'morceau' du Parti/État accordait ainsi au combinat socialiste une pérennité jamais remise en cause (chapitre VI).

3.2 *Les politiques industrielles dans le post-socialisme*

La seconde partie s'interroge sur la nature et les perspectives du post-socialisme et, en particulier, des réformes industrielles. Est maintenu, comme niveau d'analyse, celui du combinat. Si dans le socialisme celui-ci a été le lieu de la plus forte polyfonctionnalité, c'est à ce même niveau que l'on appréhendera le mieux les spécificités des restructurations post-socialistes.

Le post-socialisme commence avec la *monétarisation*, c'est-à-dire avec l'introduction d'un équivalent général monétaire mettant fin au cloisonnement et à l'inconvertibilité entre les 'pseudo-monnaies' socialistes (monnaie scripturale, monnaie papier, devise). La monétarisation interrompt le primat du Parti/État en permettant une médiation monétaire entre production et besoins ; elle introduit la valeur marchande, y compris celle des facteurs de production. Si les principales écoles économiques que nous passons en revue caractérisent le post-socialisme comme une phase de 'transition' d'une économie capitaliste étatique planifiée vers une économie capitaliste de marché, nous proposons une lecture du post-socialisme en termes de *rupture* ; il ne peut pas y avoir passage graduel entre le socialisme non monétaire et le post-socialisme monétaire (chapitre V). Au niveau industriel, la monétarisation fait du combinat un post-combinat, que nous préférons nommer un '*ex-combinat*', composé de multiples fonctions productives, sociales et de contrôle. L'enjeu des réformes industrielles post-socialistes ne porte donc *pas* sur la privatisation, simple distribution de droits de propriété sur les ex-combinats *existants*. Il s'agit, au contraire, de faire éclater la structure même des ex-combinats et de déterminer les morceaux productifs susceptibles d'attirer un nouveau propriétaire, prêt à y fixer du capital et à en faire ainsi une *nouvelle* entreprise ; c'est ce que nous appelons la *capitalisation* (chapitre VI).

L'étude de la restructuration de quatre ex-combinats sidérurgiques en Pologne et en ex-RDA offre des exemples d'approches locales de restructuration industrielle et de capitalisation. Dans tous les cas, la situation de départ est caractérisée par : l'existence d'un outil productif très hétérogène et incomplet hérité du socialisme, une forte imbrication entre le productif et le social, la domination des ex-combinats socialistes sur le tissu industriel local, enfin par le faible intérêt manifesté par les investisseurs étrangers. Ces facteurs sont observés régulièrement dans les pays de l'Est depuis le début des réformes. La procédure proposée initialement, la privatisation de l'ensemble d'un ex-combinat, s'est révélée une solution impraticable. En réalité, on observe un processus complexe d'éclatement des ex-combinats et de construction de nouvelles entreprises, processus dans lequel interviennent l'État, les investisseurs potentiels, la direction et les employés des ex-combinats. Autre résultat : il n'existe en aucun cas de solution optimale unique ; les schémas de restructuration retenus se développent au fur et à mesure que les obstacles à l'éclatement-construction peuvent être résolus (chapitres VII et VIII).

Enfin, nous comparons différentes approches nationales de capitalisation en ex-RDA, Pologne, Tchécoslovaquie, Hongrie et Roumanie. Dans tous ces pays, deux phases distinctes de réforme peuvent être observées. Dans une '*phase I*', l'accent est mis partout sur le transfert rapide de la propriété des ex-combinats *existants* (transformation juridique en société par actions - 'commercialisation' - et privatisation). A la différence d'approches centralisées, comme celles qui prévalaient en Pologne, Hongrie et ex-RDA, la privatisation de masse de la République Tchèque permet d'obtenir un niveau maximum d'information interne et externe sur l'évaluation de la situation relative des ex-combinats. Mais la stratégie de la première phase s'épuise partout rapidement, les ex-combinats étant trop difficiles à privatiser en tant que tels. Les gouvernements mettent alors en place, dans une *'phase II'*, de nouveaux instruments spécifiques visant à accélérer la destruction des ex-combinats et la construction de nouvelles entreprises capitalisées. En conséquence, ce n'est que dans la phase II que les singularités des restructurations industrielles post-socialistes sont pleinement prises en compte, et que s'affirment les différences entre les approches nationales (chapitre IX).

En conclusion, nous affirmons qu'une 'troisième voie', espérance des réformateurs socialistes pendant le temps du socialisme, et régulièrement évoquée dans le post-socialisme, n'existe pas. Dans les pays de l'Est, le socialisme soviétique n'était pas réformable : il s'est immédiatement effondré avec la monétarisation. Le post-socialisme, quant à lui, est une période distincte et non transitoire exigeant des interventions et des concepts d'analyse spécifiques. Au-delà de la stabilisation macroéconomique, les pays post-socialistes, tant qu'il leur reste des ex-combinats, vont devoir mettre en œuvre des processus d'éclatement graduel et d'encadrement de la construction de nouvelles configurations industrielles.

PREMIÈRE PARTIE

SUR LA NATURE DU SOCIALISME ET DU COMBINAT SOCIALISTE

Chapitre I

LE SOCIALISME SANS ÉCONOMIE ?

Le système soviétique s'est effondré. Au-delà de ce constat unanime, l'événement conduit à des questions qui, au lieu de clore un débat, incitent à le relancer. Ce débat porte à la fois sur la nature même du socialisme et, désormais, sur les perspectives du post-socialisme. Les deux volets de la question sont indissociables. Comment se situe l'économie par rapport à cette question ? Le socialisme peut-il être appréhendé avec des concepts économiques développés à l'extérieur de celui-ci et dont il se voulait la négation dialectique ? Si oui, quels sont les modèles proposés, leurs hypothèses et leurs conséquences ; sinon, le socialisme est-il pensable en dehors de l'économie ? Telles sont les questions centrales de ce chapitre.

L'intérêt de la problématique est double : en premier lieu, il s'agit de tirer profit de l'ouverture de ces pays aux recherches sur le terrain pour relancer le débat sur la dynamique, l'échec et la nature du socialisme soviétique. En effet, maintes hypothèses reçues sur le socialisme sont remises en cause par les observations faites sur des lieux auparavant inaccessibles ; c'est le cas notamment du lien que l'on avait cru identifier entre le processus formel de *planification* et le processus réel de *production*. D'autres questions surgissent, comme celle du caractère 'antiproductif' - ne correspondant pas à une recherche de meilleure productivité - de l'outil de production dans l'industrie socialiste. Depuis que l'on peut enquêter systématiquement dans l'industrie de ces pays, il s'est avéré que les analyses, menées à partir des statistiques macroéconomiques et celles des réformes hiérarchiques, ne suffisent pas à expliquer le développement singulier de l'industrie socialiste. Il apparaît, en effet que la méthode de recherche par interprétation d'indices obtenus de seconde main, dominante et obligatoire durant le socialisme, n'a pu rendre compte des phénomènes internes au système industriel que l'on découvre aujourd'hui. La question de la nature de la 'coordination mystérieuse' du socialisme est ainsi relancée.

En second lieu, une juste appréhension de la nature du socialisme est une condition nécessaire pour identifier les bonnes questions quant aux phénomènes post-socialistes, phénomènes remettant en question de nombreuses interprétations antérieures. Lorsque, en 1989, le premier pays réformateur, la Pologne, a cherché à mettre en place une politique économique post-socialiste, la vision économique dominante considérait le socialisme comme une économie capitaliste planifiée constituée d'entreprises à capital public. Les premières politiques post-socialistes ont été déduites de cette caractérisation ; elles identifiaient le *transfert de propriété* comme l'enjeu principal des réformes industrielles. Or, plus on progresse dans le post-socialisme, plus il devient évident que l'héritage du socialisme est constitué d'entités n'étant *pas* des entreprises telles que nous les connaissons dans les économies capitalistes de marché. L'interprétation initiale a été, selon nous, à l'origine d'incompréhensions et de 'mauvaises' questions dans le post-socialisme. En 1994, la Pologne, qui affiche pourtant désormais des taux de croissance macroéconomique et de production industrielle positifs, n'a pas encore trouvé, dans le cadre des schémas de privatisation initialement prévus, d'instruments adaptés à la transformation du statut de propriété de *deux tiers* de son industrie. En Russie, en revanche, malgré la privatisation de plus de 80 % de l'industrie, les réformes n'ont pas encore abouti à une stabilisation des structures industrielles. Il semble donc justifié de chercher d'autres critères pour analyser le fonctionnement de l'industrie socialiste et les réformes industrielles dans le post-socialisme.

Ce chapitre introductif propose de relancer le débat sur la nature du socialisme. Pendant la période du socialisme soviétique, on s'était habitué, dans le contexte de la guerre froide, à une bipolarisation de ce débat. Les courants 'pour' et 'contre' le socialisme s'étaient alors confrontés, le débat ne portant plus que sur des comparaisons normatives entre les deux modèles 'économiques' opposés. Dans ce travail, partant de l'idée qu'il n'existe pas *une* science économique unifiée, mais une *pluralité de discours économiques,* nous cherchons à identifier, dans les discours principaux sur le socialisme, le dispositif d'analyse et les critères d'évaluation déployés. La justification d'un discours économique vient de sa capacité à rendre compte de phénomènes observés et de sa démarcation par rapport à d'autres sciences. C'est avec ces critères que nous allons examiner les principales analyses du socialisme. S'agit-il d'un système *économique* obéissant à des règles identifiables et séparables au regard d'autres faits sociaux ? Le socialisme n'avait-il pas plutôt l'ambition d'être un projet d'envergure plus large, et à l'intérieur duquel il est, par conséquent, impossible de séparer la médiation entre production et besoins (la consommation) de la conjoncture politico-étatique ?

Nous distinguons alors deux approches : la première consiste à poser qu'un discours économique ne peut *pas* rendre compte du socialisme, ce qui implique que son analyse engage d'autres critères. Curieusement, il revient à un *économiste,* Ludwig von Mises, d'avoir, dès 1920, lancé ce débat, en niant au socialisme un caractère économique. La seconde est constituée de courants interprétant au contraire le socialisme avec leurs théories *économiques* respectives ; il s'agit de l'école néoclassique, des courants institutionnalistes et de l'école de la régulation. Une fois les enjeux théoriques identifiés, nous résumons l'évidence observée sur le terrain grâce à l'ouverture post-socialiste. Il s'avère que nos observations, faites à travers une soixantaine de combinats dans tous les pays d'Europe de l'Est et en Union soviétique, correspondent en grande partie à ce qu'avait affiché le projet socialiste théorique : abandon de la monnaie et abandon du principe de l'accumulation du capital dans l'entreprise. L'hypothèse est alors qu'il existe un lien entre ce projet, défini avant 1917, et le fonctionnement du système soviétique, tel que nous avons pu l'observer *a posteriori*. La relance du débat sur la nature du socialisme passe alors par cette hypothèse inattendue : on observerait une certaine cohérence entre le projet socialiste théorique et sa mise en œuvre dans le socialisme réel.

1. L. von Mises : sans calcul économique... pas d'économie

Le débat économique sur le socialisme commence avec l'hypothèse que celui-ci ne relève *pas* de l'économie. Ludwig von Mises est le premier a avoir avancé cette hypothèse, en 1920, contre les courants qui cherchaient à modéliser une économie planifiée. Dans ce débat, Mises (1920, 1932, 1949) a cherché à démontrer le caractère 'non économique' - parce que non monétaire - du système socialiste et sa dimension nécessairement répressive - car supprimant la *responsabilité individuelle*. L'œuvre de Mises nous semble primordiale : elle constitue la première interrogation systématique, non pas sur un modèle théorique, mais sur la nature du socialisme réel.

1.1 La planification 'économique' : un tâtonnement dans les ténèbres

Mises s'est imposé à partir de 1920 comme le théoricien principal du socialisme au sein de l'École autrichienne, pour qui l'entrepreneur constitue la force principale d'une dynamique capitaliste. Dans une approche volontairement opposée aux modèles statiques de l'équilibre, les auteurs de cette école s'intéressent surtout aux modes de coordination permettant aux individus d'identifier les opportunités de saisir des profits imprévisibles : les 'profits entrepreneuriaux'. Dès le début du débat sur le socialisme, Mises a distingué deux aspects : celui de l'efficacité de certains modes de coordination économique et celui de la singularité du socialisme. A l'encontre d'Oskar Lange (1936), Mises rejetait l'idée que le capitalisme privé a une tendance à augmenter les barrières à l'entrée. Dans un système de laisser-aller, le fonctionnement concurrentiel des marchés est assuré, selon lui, par les entrepreneurs en quête de nouvelles activités. C'est au contraire l'absence de *rentes entrepreneuriales* qui fige les structures monopolistiques dans un système à propriété publique.[2]

Le débat sur les monopoles opposait ainsi différentes conceptions du capitalisme, mais se situait à *l'intérieur* même du capitalisme. Or, le débat sur le *socialisme* a été, chez Mises, séparé de la question de l'efficacité ; il se jouait sur un autre registre. En effet, Mises distinguait d'un côté le débat économique sur l'efficacité dans l'*économie monétaire* et de l'autre celui sur la nature du *socialisme*. Dans son essai *Le socialisme - étude économique et sociologique* (1932), puis dans le traité global *Human Action* (1949), Mises a davantage développé la distinction nette entre économie et socialisme. Au centre de ce débat se trouve la possibilité d'évaluer les décisions des acteurs suivant le critère de la rationalité économique. Cette rationalité, chez Mises, est liée à l'existence de critères objectifs d'évaluation, à savoir les bénéfices et les pertes, liés à des activités entrepreneuriales, exprimés en *monnaie*. Mises distinguait deux types de monnaie : la monnaie-marchandise et la monnaie de crédit. La monnaie de crédit doit sa crédibilité à la solvabilité incontestée du débiteur, la monnaie-marchandise sert de mesure de base à *toutes* les transactions. La monnaie-marchandise est définie par sa capacité à convertir n'importe quelle quantité d'autres moyens de paiement (grâce à son contenu d'un poids fixe d'or). Autrement dit, la monnaie-marchandise permet d'assigner à chaque bien une valeur convertible, en l'occurrence une quantité d'or : la monnaie-marchandise constitue un *équivalent général.*

Or, la singularité du socialisme soviétique consiste, selon Mises, en *l'absence* d'une monnaie comme équivalent général ; ceci rend *impossible* le calcul économique, condition nécessaire de toute décision économique. Il n'y a pas moyen de faire de choix rationnels, non seulement au niveau de la consommation finale, mais aussi à chaque étape de la production. L'absence de cette rationalité, que Mises repère au niveau de l'individu - 'l'entrepreneur' - implique qu'il ne peut pas y avoir de rationalité dans l'ensemble du système. Sans un équivalent permettant de ramener les décisions à une rationalité commune, il ne peut y avoir de planification économique quelconque.[3] Mises en a tiré une

[2] 'It is a grotesque distortion of the true state of affairs to speak of *monopoly capitalism* instead of *monopoly interventionism* and of *private cartels* instead of *government-made cartels*' Mises (1949, p. 384).

[3] Mises (1949, pp. 696/697) l'exprime ainsi : 'The paradox of 'planning' is that it cannot plan, because of the absence of economic calculation. What is called a planned economy is no economy at all. It is just a system of groping about in the dark. There is no question of a rational choice for the best possible attainment of the ultimate ends sought. What is called conscious planning is precisely the elimination of conscious purposive action.'

conclusion radicale : le socialisme ne peut, et ne doit pas, être identifié comme un système économique. L'absence de calcul économique rend impossible l'évaluation des choix des agents selon une rationalité reproductible.[4]

Si Mises niait au socialisme un caractère économique, il lui niait également la possibilité d'être composé d'*entreprises*. L'absence d'un équivalent général rend en effet arbitraire non seulement les décisions du consommateur, mais aussi celles de tous les producteurs. Il n'y a pas moyen de planifier les étapes de la production par rapport à une rationalité productive, selon l'objectif de maximisation du profit entrepreneurial, alors même que, pour qu'il y ait entreprise, il faut un moyen d'évaluer la gestion économique. Mises a alors refusé de parler de l''entreprise socialiste', il ne parlait que de l'*organisation socialiste*. Dans cette 'organisation', il n'y a pas moyen d'évaluer les décisions prises au niveau des gestionnaires, pas plus qu'à celui des propriétaires. La question de l'efficacité est alors impensable.[5] Mises limitait ainsi le débat sur l'efficacité respective de la propriété privée et de celle publique à la sphère de l'*économie monétaire*, c'est-à-dire du *capitalisme*. Ceci lui permettait d'introduire une distinction nette entre l'entreprise publique, dont il ne contestait pas l'existence, et l''organisation' socialiste. Mises admettait que dans une économie monétaire, la propriété privée n'est pas la seule forme de propriété ; mais, dans cette économie, l'existence d'entreprises publiques n'empêche *pas* l'évaluation de leurs décisions par rapport à celles des entreprises privées. Dans l'entreprise capitaliste publique, la gestion peut être qualifiée, avec raison selon Mises, de mauvaise gestion, 'mais au moins, c'est une gestion'. Mises distinguait ainsi clairement la question de la *propriété* (publique - privée) de celle de la *coordination* (non monétaire - monétaire). Il peut y avoir des entreprises publiques dans le système de coordination monétaire, mais il ne peut y avoir de quelconques entreprises dans le système de coordination non monétaire qu'est le socialisme. La quintessence de la pensée de Mises est le lien qu'il fait entre l'économie et l'existence de décisions individuelles 'rationnelles' et économiques, celles de l'entrepreneur. Il ne peut y avoir les secondes sans la première. Par conséquent, une division économique du travail existe, selon lui, uniquement dans l'économie monétaire du capitalisme.[6]

1.2 M. Weber et B. Brutzkus : absence de rationalité reproductible

Si Mises a ouvert le débat sur la nature du socialisme réel, il n'a pas été le seul à développer et à soutenir qu'il ne pouvait *pas* s'agir d'un phénomène dont l'économie pouvait rendre compte. Deux autres chercheurs de l'époque étaient, chacun de leur côté, arrivés au même résultat. Sans connaître les arguments de Mises, le sociologue Max Weber et l'économiste Boris Brutzkus ont développé, en 1920, leurs propres raisonnements selon

---

[4] 'Sans calcul économique il ne peut pas y avoir économie. Le fait que le calcul économique soit impossible a pour conséquence qu'aucune économie n'est possible, au sens où nous entendons ce mot, dans la société socialiste. Dans le détail et dans les choses accessoires on peut encore continuer d'y procéder rationnellement, mais dans l'ensemble, on n'y saurait plus parler de production rationnelle. Le socialisme, c'est la suppression du rationnel et par là même de l'économie.' Mises (1932, pp. 137/140).

[5] 'L'administration ne saura jamais déterminer si un bien donné n'est pas resté trop longtemps dans le processus de production, si travail ou matériel n'ont pas été gaspillés pour le produire.' Mises (1932, ch. 5).

[6] 'En effet, cette forme d'économie sociale <d'ordre capitaliste> est la seule où soit possible une application rigoureuse du principe de la responsabilité personnelle de chaque camarade. Le capitalisme est la réalisation d'une économie sociale sans les manques et les défauts du système socialiste... Le capitalisme est la seule forme possible et concevable d'une économie sociale avec division du travail.' Mises (1932, p. 253).

lesquels on ne pouvait parler d'une 'économie' planifiée. Tous deux élargissent, à leur manière, le champ de l'argumentation.

L'argumentation de Weber contre la possibilité d'une économie planifiée est fondée sur l'absence de reproductibilité de la rationalité des décisions. Pour le sociologue qu'il était, la question n'était pas celle de l'efficacité relative d'un système par rapport à un autre, mais celle du processus de *prise de décision* à l'intérieur d'une société. Selon lui, dans le socialisme, l'absence de monnaie rend les décisions de planification arbitraires. Il n'y aurait pas moyen de lier les décisions prises dans le présent à celles qui seront prises dans le futur.[7] Pour Weber l'absence d'une rationalité économique rend impensable toute économie planifiée. On ne pourrait en parler que si, un jour, on trouvait un nouveau système de comptabilité permettant de rendre compte d'une rationalité de décisions *en dehors* du contexte monétaire. Or, Weber doutait qu'un tel système puisse être trouvé.[8] La même année, l'économiste russe Boris Bruztkus a rédigé un article intitulé 'The problems of social economy under socialism', dans lequel il a développé l'idée qu'une économie socialiste est impossible. Contrairement à Mises et Weber, Brutzkus s'appuyait sur son expérience personnelle de ce qu'il appelait 'quatre ans d'action communiste' en Russie. Selon lui, l'*absence de prix* librement établis dans le système est incompatible avec un calcul économique rationnel.[9]

Par la suite, on observe un déplacement du centre du débat. L'argumentation de Mises, Weber et Brutzkus *contre* une interprétation hâtive du socialisme comme phénomène économique s'est trouvée marginalisée par la stabilisation d'un socialisme réel en Union soviétique et l'émergence d'un débat, normatif, sur l'efficacité *relative* entre socialisme et capitalisme. Il a alors fallu prouver la suprématie d'un système sur l'autre ; or, pour pouvoir opérer cette comparaison, il fallait ramener les deux systèmes sur un même plan. L'insistance avec laquelle Mises distinguait l'entreprise monétaire et l'organisation socialiste a donc été remplacée par un débat sur l'efficacité comparée de la coordination dans les deux systèmes. C'est l'élève de Mises, Friedrich Hayek, qui, le premier, a abandonné la ligne de partage tracée par Mises en définissant le socialisme seulement comme un rapport à la propriété.[10] Ceci permettait à Hayek de développer une argumentation économique normative contre *Le chemin de la servitude* (1944). Il appuyait son raisonnement en faveur de la société libre, fondée sur la propriété privée, sur la supériorité intrinsèque de cette forme de coordination dans la captation des *flux d'information*. Hayek a distingué deux types d'informations : l'information extérieure à l'entreprise (par les prix) et l'information interne, incarnée dans les individus. Le dilemme pour l'entreprise socialiste est, pour Hayek, le suivant : moins l'information externe est disponible via le marché, plus les dirigeants doivent concentrer en eux l'information pour prendre les bonnes décisions, sélectionner les bonnes technologies et les méthodes de production les plus efficaces. Hayek

---

[7] Weber 'insisted that the *in natura* calculations proposed by the leading advocates of a planned economy could not provide a rational solution to the problem which the authorities in such a system would have to solve. He emphasized in particular that the rational use and the preservation of capital would be secured only in a system based on exchange and the use of money.' Commentaire fait par Hayek (1935, p. 34).

[8] Weber conclut, dans *Wirtschaft und Gesellschaft* (1921, *Économie et société*) : 'the assumption that some system of accounting would in time be found or invented if one only tried seriously to tackle the problem of a moneyless economy does not help here : the problem is the fundamental problem of any complete socialization and it is certainly impossible to talk of a rationally 'planned economy', while in so far as the all-decisive point is concerned no means for the construction of a 'plan' is known.' Weber (1921 ; *Wirtschaft und Gesellschaft (Grundriss der Sozialökonomik)*, vol. III. Tübingen. pp. 55/56). Traduction chez Hayek (1935, p. 34).

[9] Cf. Brutzkus (1921/22 ; Problems of Social Economy under Socialism. *Ekonomist* ; Winter).

[10] 'Socialism covers any case of collectivist control of productive resources'. Hayek (1935, p. 17).

postulait alors que même l'excellence des meilleurs fonctionnaires ne pouvait compenser l'absence d'information externe et décentralisée.[11] Dans la suite de ce texte, nous proposons au contraire de retenir l'argument *initial* évoqué par Mises, qui avait ouvert le débat sur la nature du socialisme et le faisait relever d'autre chose que de l'économie, en insistant sur le rôle central de la monnaie, sans laquelle des décisions économiques ne sont pas pensables.

2. Discours sur l''économie socialiste'

Si le débat sur la nature du socialisme a été ouvert par un économiste lui *contestant* son caractère économique, on a vu apparaître, dans la suite de ce débat, de multiples interprétations du socialisme par des théories économiques. Il n'existe, entre ces théories, ni unité d'objet ni unité d'approche. Dans cette section, nous cherchons à identifier ce que chacune en déduit sur le socialisme et, en particulier, sur le rôle de la monnaie et de l'entreprise. Une distinction nette s'impose entre deux types de discours. D'une part, les théoriciens de la planification (Barone, Lange) se sont uniquement occupés de la formalisation de ce qu'ils considéraient comme une économie planifiée ; il n'y a pas, dans cette approche, de réflexion sur ce qui caractérise l'économie socialiste par rapport à d'autres économies. Néanmoins, ces modèles sont évoqués ici parce qu'ils entendent traiter le socialisme comme une *économie*. D'autre part, dans les trois courants suivants, l'interprétation du socialisme est liée à un corpus cohérent de théorie économique.

2.1 O. Lange : la conception théorique de la planification rationnelle

Les historiens de la pensée économique ont souvent interprété l'œuvre d'Oskar Lange, des années 30 aux années 60, à la lumière de sa prétendue opposition avec celle de Mises, et insisté sur le 'débat' entre l'adversaire du socialisme (Mises) et son défenseur (Lange). Il nous semble que cette interprétation néglige le déplacement des débats que nous venons d'évoquer. En fait Lange, opérant une modélisation théorique d'un système socialiste, tentait de démontrer la possibilité d'une planification rationnelle. Il s'agit d'un modèle *purement théorique* qui n'a pas vocation à être vérifié ou invalidé.

E. Barone (1908) avait été le premier à construire un modèle de planification de l'ensemble des entreprises au niveau national. Il développait ainsi l'hypothèse de Pareto selon laquelle la propriété publique pourrait mieux gérer les industries bénéficiant d'économies d'échelles. Barone assignait à un fictif 'Ministère de la production' la responsabilité de coordonner les plans de *chacune* des entreprises ; pour lui, la planification par le ministère était la seule manière d'optimiser la coordination entre les entreprises. Dans les années 30, Oskar Lange a repris l'idée de Barone, tout en critiquant la complexité de son modèle. En s'appuyant sur l'exemple de l'économie des États-Unis, caractérisée par l'apparition des très grandes firmes intégrées (les 'trusts'), Lange justifiait le besoin d'une planification par une simple observation : dans un système de propriété privée, l'accumulation du capital et les économies d'échelles profitant aux grandes entreprises créent une tendance aux structures monopolistiques. Cette structure est ensuite maintenue par les

[11] 'It is hardly necessary to emphasize that this is an absurd idea even in so far as that knowledge is concerned which can properly be said to 'exist' at any moment in time.' Hayek (1935, p. 210), l'argument sera développé par Hayek (1945 ; The use of knowledge in society. *American Economic Review*, vol. 35, September. Traduction française (1986) : L'utilisation de l'information dans la société. *Revue Française d'Économie*, vol. I, n° 2, automne).

monopolistes essayant d'agir toujours plus fortement sur les autorités publiques.[12] Pour Lange, le socialisme consiste en la propriété étatique de la grande industrie et en la coordination des entreprises par un Bureau central. Dans son article 'Sur la théorie économique du socialisme' (1938), il présente le socialisme comme la seule solution de remplacement à la tendance monopolistique capitaliste. Rejetant la vision de Mises, Lange reproche au modèle entrepreneurial son incompatibilité avec la réalité de la vie économique 'moderne', cette réalité étant aussi éloignée de la libre compétition que du socialisme.[13]

A partir de là, Lange a conçu un système de planification qui, selon lui, tout en évitant les pièges de la bureaucratie, obtient la même efficacité d'ajustement macroéconomique que le marché. Dans ce modèle dynamique, un 'Bureau central' a le pouvoir de fixer les prix et d'affecter des investissements. Le Bureau connaît la demande globale (salaires, primes) et les quantités produites. Il fixe alors les prix pour la période p_0, et attend la réponse du marché, qui apparaît sous forme de différences entre demandes et offres. Intervient ensuite un ajustement des prix fixés pour la période p_1 par le Bureau, etc. Graduellement, le Bureau arrive alors à diminuer les différences entre offre et demande en ajustant les prix à chaque période. Pour Lange, cette 'fonction paramétrique des prix' était la seule manière de jumeler le contrôle de la production globale et de l'investissement, tout en laissant aux individus un libre choix de consommation. La *monnaie* garde ainsi son caractère d'équivalent, permettant aux agents d'effectuer des choix. Le calcul économique est possible *sans* l'obligation de résoudre des millions d'équations (reproche fait à Barone). Le Bureau, censé être un agent rationnel, veille sur le fonctionnement des marchés et affecte les investissements selon les préférences sociales. Lange proposait de laisser à *l'entreprise* une liberté maximale de gestion des flux physiques ; elle devient alors le lieu de recherche d'une fonction de production optimale. Pour l'y inciter sont introduits des 'fonds de stimulation', correspondant à un système de primes en fonction de la réalisation des Plans.

Malgré le rôle important qu'a joué Lange comme président du Conseil économique consultatif au gouvernement polonais en 1956, la planification macroéconomique par la 'fonction paramétrique des prix' n'a pas été appliquée. Les 'Thèses' polonaises d'avril 1957, proposées par Lange, prévoyaient de limiter la planification centralisée aux grandes orientations macroéconomiques, tout en mettant l'accent sur la concurrence entre les entreprises, incitées à produire par des 'primes de stimulation de long terme'. Or ce programme s'est heurté à la résistance du Parti communiste qui, après un court relâchement, abandonnait rapidement les orientations décentralisatrices. Le Parti reprenait rigoureusement le contrôle de toute l'organisation de l'industrie, y compris des conseils ouvriers, auxquels les thèses de Lange avaient accordé un droit de participation à la gestion. Ces conseils ont été transformés en 'conférences de l'autogestion'. Le Parti y exerçait en réalité un pouvoir absolu. Le modèle de Lange est alors resté une idée théorique de réforme, issue d'un modèle théorique du socialisme. La réforme économique a échoué en se heurtant aux structures du pouvoir. Ceci est représentatif d'autres tentatives des courants proposant de réformer le socialisme réellement existant par des modifications graduelles du modèle en appliquant différents instruments économiques (Brus, Kornai, Sik). Il apparaît néanmoins que la

---

[12] Par conséquent, Lange conclut : 'monopoly, restrictionism, and interventionism can be done only together with private enterprise, and the private ownership of the means of production, which, from being promoters have turned into obstacles of economic progress.' Lange (1938, p. 120).

[13] 'When the incompatibility <of private ownership> with economic progress will have become obvious, and when it will be recognized that it is impossible to return to free competition, or to have successful public control of enterprises and of investment without taking them out of private hands, then socialism will remain as the only solution available.' Lange (1938, p. 121).

conception de Lange n'a pas été capable de rendre compte du socialisme *réel*.

2.2 *L'école néoclassique : coordination, incitations et équilibre général*

L'approche des auteurs néoclassiques, fondée sur une démarche d'*individualisme méthodologique*, consiste à définir les conditions dans lesquelles un ensemble d'agents peut maximiser le bien-être social en 'optimisant l'allocation de ressources rares à des usages alternatifs' (L. Robbins). Dans cette vision, l'économie correspond à une science dont l'objectif est de définir les mesures politiques susceptibles d'approcher un groupe d'individus (société) de l'état optimal.[14] Celui-ci est parfaitement identifiable en théorie, même si en pratique il n'est jamais atteint : il s'agit de l'*équilibre général*. L'équilibre général correspond à une situation dans laquelle chacun des trois types de marchés qui constituent l'économie est en équilibre partiel : le marché des *fonds prêtables*, les marchés des *biens* et les marchés du *travail*. Théoriquement, une fois l'équilibre général atteint, le processus d'échange entre agents s'arrête ; le bien-être d'aucun d'entre eux ne peut plus être augmenté sans diminuer celui d'un autre (critère d'optimalité de Pareto).

Dans ce modèle, l'école néoclassique définit deux conditions d'optimalité portant sur le système de *coordination* et d'*incitations*. Sur la coordination, c'est l'existence d'une concurrence parfaite, représentation idéale du système de *marché* ; sur les incitations, c'est la *propriété privée*. Le marché est le mécanisme qui établit les prix relatifs assurant que demande et offre se retrouvent au niveau souhaité par les agents. La propriété privée des facteurs de production garantit l'allocation optimale des ressources, car elle est la maximisation de l'utilité individuelle des individus. Le modèle de base de cette école repose sur l'hypothèse que l'équilibre peut s'établir en l'absence de la *monnaie*. Celle-ci n'intervient pas en tant que *bien* procurant une utilité à l'agent, mais seulement par sa capacité à *faciliter* les échanges : unité de compte et moyen de transaction. Son rôle se limite ainsi à faciliter les transactions, l'illusion monétaire est exclue. Il s'agit en fait d'un modèle *sans* incertitude. L'école néoclassique entend donc par *économie* tout système où s'effectuent des échanges de biens. Le critère qui permet de distinguer différentes économies est leur différent degré de déséquilibre ; celui-ci se mesure par sa distance à l'optimum - l'équilibre général - sur chacun des deux axes : *coordination* et *incitation*.

Dans ce modèle, le socialisme apparaît comme une *économie en déséquilibre* grave, car il est, de très loin, éloigné de l'optimum sur les deux axes. La planification est un mécanisme de coordination qui empêche les prix d'atteindre les prix relatifs d'équilibre. Cette distorsion des prix relatifs augmente avec le degré occupé par la *planification* au détriment de la coordination par le marché dans le système. Côté incitation, la forme de propriété dans le socialisme est définie comme une *propriété publique* ; les *entreprises étatiques* ne sont soumises ni à des incitations ni à des contrôles suffisants.[15] Les trois types de marchés y sont également en déséquilibre permanent : les marchés du *travail*,

---

14 'The principle policy insight of economics is that a competitive price system produces desirable results and that government interference will generally lead to an inefficient allocation of resources.' Fisher, F. M. (1987 ; Adjustment processes and stability. in : John Eatwell, Murray Milgate, and Peter Newman, eds. : *The New Palgrave : A Dictionnary of Economics*. New York ; Mac Millan). Cf. également B. Guerrien (1989 ; *L'économie néo-classique*. Paris ; La Découverte).

15 On retrouve une version compacte de la caractérisation du système soviétique dans l'introduction de l'étude des ' Quatre ' sur l'économie soviétique : IMF, *et al.* (1991 ; vol. I, pp. 8/11) ; d'autres textes chez Fischer, Dornbusch, Blanchard, Sachs, Hinds (cf. bibliographie).

déséquilibrés par les faibles variations du salaire, sa déconnexion de la productivité du travail et l'immobilité géographique des employés ; les marchés des *biens*, déséquilibrés par la fixation arbitraire des prix ; le marché des *fonds prêtables*, déséquilibré par les faibles taux d'intérêt et le système monobancaire. De ce double éloignement des conditions d'optimalité, l'école néoclassique conclut que le socialisme est un système intrinsèquement *sous-optimal*.[16] Alors que l'école constate ces multiples déséquilibres, elle ne met pas en cause l'existence de la *monnaie* dans le socialisme. Elle considère que la monnaie est utilisée comme un équivalent permettant aux consommateurs d'effectuer des choix. L'entreprise, elle aussi, est sensible aux signaux donnés par les prix relatifs : elle cherche alors à adapter la *valeur* de sa production, et son profit, à ces prix relatifs. Bien que contrôlée par l'État, l'accumulation de la monnaie dans les entreprises et dans les ménages existe.

La caractérisation du socialisme comme sous-optimal implique un certain nombre de conclusions quant à l'entreprise socialiste : c'est toujours une entreprise à *propriété publique* et, dans la plupart des cas, *monopoliste*. Le système de planification renforce cette tendance en favorisant la minimisation des coûts de coordination dans un secteur. L'entreprise s'intègre ainsi dans la hiérarchie étatique où elle est soumise aux décisions des ministères de branche. Ces ministères déterminent les investissements, l'allocation des profits, les amortissements et tous les indicateurs physiques des Plans (bilans matériels). L'inefficacité de ce système de coordination est, selon cette interprétation, évidente.[17] Dans l'école néoclassique, l'interprétation du socialisme se limite ainsi à une question d'efficacité relative ; à aucun moment, l'école ne lui nie un caractère économique. C'est là que réside la différence fondamentale avec la vision de Mises. Ce dernier avait nié toute rationalité économique à la planification ; l'école néoclassique, en revanche, considère que l'on peut lui en accorder une, bien que sous-optimale.

2.3 Courants institutionnalistes : le poids des institutions

Les courants institutionnalistes élargissent l'analyse de l'école néoclassique en insistant sur le partage qui existe entre une coordination par le *marché* et une coordination par l'*organisation* (bureaucratie, hiérarchie, institution).[18] Le point de départ commun des courants institutionnalistes est l'observation empirique de l'existence de différents types d'organisation dans *toutes* les économies. L'explication qui en est donnée est que la vie économique est constituée d'un grand nombre de *transactions*, dont une partie seulement

---

16 Cette identification de l'économie socialiste permet à l'école d'effectuer des comparaisons quantitatives très poussées afin d'établir différents niveaux de déséquilibre entre les économies socialistes elles-mêmes et également entre économies socialistes et économies de marché. Dans les années 70 et 80, Summers et Heston ont conduit un programme important cherchant à rendre les indicateurs macroéconomiques des pays socialistes compatibles avec ceux du reste du monde ; cf. Summers, Robert, and Heston, Alan (1988 ; A New Set of International Comparisons of Real Product and Price Level Estimates for 130 Countries, 1950-1985. *Review of Income and Wealth*, vol. 34, March. 1-25). Une autre tentative pour évaluer les déséquilibres fut celle de l'Institut de Recherche Appliquée DIW de Berlin, qui publiait régulièrement des comparaisons d'indicateurs macroéconomiques entre la RDA et la RFA.

17 'Principal factors contributing to this phenomenon <inefficient allocation> are the unreliability of input supply, resulting from the increasingly inefficient centrally administered supply system ; and the vertical organization and jealously guarded self-interests of the branch ministries responsible for the enterprises.' IMF et al. (1991, vol. II, p. 17).

18 Font partie de ces courants les chercheurs dont l'objet d'étude est le lien entre performance économique et cadre organisationnel et institutionnel. Les principaux sont les théoriciens néo-institutionnalistes (R. Coase, O. Williamson, D. North), et J. Kornai, appliquant ce cadre aux situations concrètes dans les pays socialistes. Bien que de filiation plus éloignée, quelques économistes industriels (D. Audretsch, J. Tirole, X. Richet, par exemple) peuvent également être rangés dans cette catégorie.

s'effectue sur le marché. Or, *toutes* les transactions, monétaires ou non monétaires, ont un *coût*. L'objectif de chaque agent consiste à minimiser les *coûts des transactions* dans lesquelles il s'engage. Le marché n'est qu'*un* mécanisme de coordination ; il peut être plus efficace de 'planifier' les transactions, en passant par des organisations. Par rapport à l'école néoclassique, les courants institutionnalistes opèrent un élargissement du champ d'analyse : l'identification de *toutes* les relations entre agents, en terme de transactions coûteuses, leur permet de *penser le non-marché - l'organisation - dans des termes monétaires*. Dès lors, il est possible de caractériser comme 'économique' *tous* les phénomènes qui relèvent des rapports entre agents. Nous nous limitons ici à l'analyse des interprétations du socialisme, dont l'étude a en effet stimulé le développement de ces courants.[19]

Quand Ronald Coase (1937) pose la question 'pourquoi les firmes existent ?', il ne critique pas uniquement les théories microéconomiques classiques, qui excluent les phénomènes de diversité entre entreprises ; il vise aussi le débat émergeant sur la nature du socialisme. Sa conclusion, qui pose l'entreprise comme organisation permettant d'économiser l'accès coûteux au marché, fonde l'approche transactionnelle ; celle-ci sert à modéliser les comportements des entreprises en l'absence de signes du marché - les prix. L'entreprise ainsi 'planifiée' constitue selon Coase un modèle alternatif au marché, 'l'îlot de pouvoir conscient dans un océan de pouvoirs inconscients'.[20] Oliver Williamson (1975, 1985) a repris l'idée de Coase, tout en critiquant l'absence chez Coase de facteurs déterminant le degré *optimal* d'organisation. Williamson propose alors d'intégrer dans l'analyse les comportements individuels : la rationalité limitée et l'opportunisme des agents.[21] Douglas North (1991 a, b) applique le cadre institutionnel à l'histoire économique qu'il lit comme l'histoire des institutions économiques. North part de l'hypothèse que la division du travail exige la formalisation des échanges. L'efficacité des institutions ainsi créées, dont la complexité a tendance à augmenter, détermine la valorisation de la production et incite ainsi à son augmentation. La contribution théorique de North porte sur l'*élargissement* des facteurs déterminants des transactions. Les institutions sont non seulement soumises à des comportements 'universels', identifiés par Williamson, mais aussi à des spécificités culturelles, historiques et formelles.[22]

L'absence d'analyses détaillées du socialisme par les institutionnalistes ne résulte pas d'un désintérêt pour la question. Tout au contraire, les résultats de leurs réflexions, souvent

---

[19] Ayant opéré cet élargissement, l'approche institutionnaliste a par ailleurs permis à la 'nouvelle microéconomie' d'occuper de nouvelles disciplines, telles que l'économie de la famille, l'économie de la culture ou celle de l'amour. Cf. P. Cahuc (1993 ; *La nouvelle microéconomie*. Paris ; La Découverte).

[20] Coase (1937). Prix Nobel en 1991, Coase confirme que ses recherches au début des années 20 ont été fortement influencées par les comparaisons systémiques contemporaines : 'the Russian Revolution had taken place only 14 years earlier. We knew then very little about how planning would actually be carried out in a communist system. Lenin had said that the economic system in Russia would be run as one big factory. However, many economists in the West maintained that this was an impossibility. And yet there were factories in the West, and some of them were extremely large. How did one reconcile the views expressed by economists on the role of the pricing system and the impossibility of successful central economic planning with the existence of management and of these apparently planned societies, firmes, operating within our own economy ?' Coase (1992 ; The Institutional Structure of Production. Nobel Price Lecture. *American Economic Review*, vol 82, n° 4, p. 715).

[21] Williamson (1985, p. xiii) pose ainsi le problème que *chaque* organisation économique, monétaire ou non monétaire, doit résoudre : 'devise contract and governance structures that have the purpose and effect on economizing on bounded rationality while simultaneously safeguarding transactions against the hazards of opportunism. ... I submit that any study of organization purporting to deal with economic realities must come to terms with this behavioural pair.'

[22] 'Institutions are the humanly devised constraints that structure political, economic, and social interaction. They consist of both informal constraints (sanctions, taboos, customs, traditions, and codes of conduct), and formal rules (constitutions, laws, proprerty rights).' North (1991 a, p. 97).

fondées sur des phénomènes réels du capitalisme, couvrent aussi largement l'économie socialiste.[23] Concrètement, le socialisme est caractérisé comme un système dans lequel *trop de transactions passent par les organisations* (entreprises, ministères, planification). L'entreprise socialiste engendre ainsi des coûts importants de bureaucratie. Étant donné la rationalité limitée et l'opportunisme, supposés chez le planificateur *et* l'industriel, il n'existe pas de moyen de contrôle efficace sur les coûts. L'absence, dans ce modèle, de considérations sur la *monnaie* s'explique par le fait que l'approche transactionnelle considère la monnaie uniquement comme *un* moyen parmi d'autres de réaliser les transactions. Ce point distingue cette interprétation du socialisme de celle de l'école néoclassique. Williamson en conclut que le socialisme n'a *pas* buté sur son incapacité à déterminer les prix relatifs optimaux, mais sur son éloignement de l'optimum entre marché et bureaucratie.[24]

Avec sa thèse sur 'La surcentralisation de l'administration économique', Jànos Kornai (1959) a démarré une carrière l'amenant à devenir le principal théoricien du socialisme des pays de l'Est. Dans les années 50 et 60, le jeune théoricien socialiste réformateur analyse l'équilibre entre centralisation et décentralisation à l'*intérieur* de la planification ; dans les années 70 et 80, déçu par ces réformes, il se radicalise graduellement, pour prendre position, en 1989, contre la bureaucratie et la propriété publique et postuler l'*affinité* entre le marché et la propriété privée ; déçu, encore une fois, par la manière dont la thérapie de choc a annihilé un modèle de consensus social, Kornai (1994) réoriente sa réflexion sur le post-socialisme ; désormais, il plaide contre la réforme radicale, pour 'un peu plus' de gradualisme et de sauvetage des structures dans le post-socialisme. Dans son analyse d'économie politique du socialisme, Kornai (1992) met l'accent sur les rapports entre les différentes organisations qui coordonnent l'économie socialiste : agents individuels, entreprises, administrations, Parti. La plus grande partie des rapports entre les organisations est d'ordre *hiérarchique*. Il en résulte que les rapports de force dépendent plus des marchandages interne à l''appareil' que des incitations par le marché. Le concept de base dont Kornai se sert est celui de '*contrainte budgétaire molle*' : les rapports monétaires entre les entreprises, les banques et le planificateur sont organisés de manière à rendre impossible l'augmentation durable de l'efficacité des entreprises.[25] Le système socialiste débouche ainsi automatiquement sur une '*économie de pénurie*', que Kornai définit par l'existence parallèle de quatre types de pénurie : la pénurie *générale* (touchant *tous* les secteurs de l'économie : production, consommation, commerce, travail, etc.), la pénurie *fréquente*, la pénurie *intensive* (pesant sur tous les agents économiques) et la pénurie *chronique*.[26] En effet, l'existence de pénuries n'est pas, en soi, une caractéristique

---

[23] Williamson (1992, p. 69) insiste notamment sur le fait que tout système de coordination peut être optimal, y compris la bureaucratie : 'transaction cost economics ... insists that the scope of economics needs to be enlargened to include bureaucracy. ... The propensity to prescribe benign purposes to bureaucracy needs to give way to analyses in which there are no privilidged forms but all ... are subject to bounded rationality and opportunism.'

[24] 'Socialism was brought down not by the failure to implement marginal cost pricing, but by the overweening (and cumulative) costs of bureaucracy.' Williamson (1992, pp. 68/69).

[25] 'The notion of a soft budget constraint refers to a situation where the state bureaucracy assists the state-owned firm in a variety of ways, through subsidies, tax exemptions, soft credits, negotiable administrative prices, and so on and where the firm is protected from financial failure. Thus survival and growth of the firm depends more on its relation to the bureaucracy than on success of the market.' Kornai, Jànos (1990 ; The Affinity Between Ownership Forms and Coordination Mechanisms : The Common Experience of Reform in Socialist Countries. *Journal of Economic Perspectives*, vol. 4, n° 3, Summer, p. 140) ; cf. Kornai, Jànos (1986 ; The Soft Budget Constraint. *Kyklos*).

[26] Kornai (1992, p. 233).

du socialisme. Le capitalisme en connaît aussi, dans les secteurs de la santé, de l'éducation, du logement ou bien pendant les situations d'économie de guerre. Or, les pénuries dans le capitalisme sont beaucoup moins aiguës.

Parmi les économistes industriels inspirés par le cadre analytique institutionnaliste, D. Audretsch (1991) a cherché à établir un lien entre la distribution de la *taille* des entreprises dans un pays, et la performance macroéconomique de celui-ci. Audretsch explique l'efficacité inférieure du système socialiste par la distribution de la taille des entreprises. La politique de centralisation aurait éloigné le système socialiste de la distribution optimale et cela n'a pu être compensé par le système d'incitations. X. Richet (1992 a, b) caractérise l'économie socialiste par trois critères qui la distinguent de l'économie de marché : 'La propriété des moyens de production, l'organisation des activités économiques et les mécanismes économiques en œuvre pour atteindre les objectifs planifiés.'[27] L'organisation industrielle se caractérise par un système hiérarchique à trois niveaux dans lequel le 'centre' ne dispose pas seulement du monopole de planificateur économique, mais aussi celui de l'expression politique. La surcentralisation, économique *et* politique, est à l'origine d'un degré élevé de monopolisation et d'une structure industrielle déformée.[28] Enfin, J. Tirole et la nouvelle 'regulatory economics' interprètent les différences de fond entre *toutes* les formes d'entreprises par la manière dont se règlent les conflits entre des 'principaux' (propriétaire, régulateur) et des 'agents' (manager, employé) en situation d'information asymétrique. L'entreprise socialiste est particulièrement sensible aux problèmes d'asymétrie d'information à cause des mécanismes lourds de contrôle et de l'absence de bonnes institutions de coordination et d'incitation.[29]

Les auteurs des courants institutionnalistes *élargissent* ainsi le champ d'analyse défini par l'école néoclassique. Selon eux, il y a économie dès qu'il y a *transactions*, marchandes *ou* non marchandes. Par conséquent, l'existence de la monnaie n'est pas une condition nécessaire pour concevoir une économie. Cette hypothèse leur permet alors d'analyser et de comparer sur le même plan tous les systèmes dans lesquels il existe des transactions, de celles instaurées entre Robinson Crusoe et Vendredi jusqu'aux formes les plus complexes des économies contemporaines capitalistes ou socialistes.

2.4 L'école de la régulation : stabilités et crises politico-économiques

Par rapport aux néoclassiques et aux institutionnalistes, les auteurs s'inspirant de l'école de la régulation ont encore opéré un autre élargissement de l'objet ; ils intègrent dans leurs modèles, au-delà du marché et des organisations, les *formes de régulation* des systèmes économiques. Cette approche positive s'éloigne des deux approches normatives antérieures, dont elle n'ignore pourtant pas les constructions de base (par exemple, la théorie de la pénurie) ; le projet est comparatif, historique et pluridisciplinaire : la systématisation des

---

[27] Richet (1992 b, p. 29).

[28] 'Il faut mentionner le degré élevé de monopolisation de l'économie, découlant de la distribution des droits de propriété, et de la gestion administrative. Le niveau élevé des pénuries a conduit les firmes à accroitre l'internalisation de nombreuses activités (intégration verticale), créant des monopoles successifs, à opérer des regroupements de firmes, à amalgamer les coopératives aux firmes d'État. Il en résulte une part très importante du secteur d'État dans le produit national brut et un degré élevé de concentration industrielle.' Richet (1992 a, p. 7).

[29] Cf. Tirole (1992), Laffont, J. J., and Tirole, J. (1993 ; *A Theory of Incentives in Procurement and Regulation*. Cambridge, Mass. ; The MIT-Press, ch. 17).

formes - ou 'modes' - de fonctionnement économique, suivant l'hypothèse de la limitation, dans l'espace comme dans le temps, de leur stabilité. Il s'agit simultanément d'une théorie des stabilités transitoires et d'une théorie des changements systémiques.[30]

Un mode de régulation est défini comme la combinaison entre un *régime d'accumulation* et des *formes institutionnelles* spécifiques. Un mode de régulation est stable s'il a la capacité d'absorber les déséquilibres des marchés et de contrôler le régime d'accumulation à travers ses institutions spécifiques. Trois types de 'crises' peuvent intervenir dans le système : les crises cycliques (type 1) correspondent à des cycles d'activité qui ne modifient pas un mode de régulation, les crises structurelles (type 2) interviennent si un mode de régulation entre en contradiction avec les formes institutionnelles, un nouveau mode se mettant alors en place. La crise de troisième type, en revanche, est un 'épisode au cours duquel la dynamique économique impulsée par le mode de régulation en vigueur décompose les bases les plus institutionnelles du mode de développement' ; elle ouvre ainsi une période longue d'incertitude, sans régulation stable.[31] Ainsi, les auteurs régulationnistes caractérisent le socialisme par ses deux 'piliers de base' distincts : une sphère *économique*, caractérisée comme *capitalisme étatique* et une sphère *politique*, dominée par le *Parti* (Chavance, 1992). La sphère économique n'est pas indépendante de la sphère politique, mais la domination politique dans les décisions économiques n'empêche pas qu'à l'*intérieur* de la sphère économique on peut identifier des règles *indépendantes* du fonctionnement économique, débouchant sur des modes de régulation. L'économie socialiste soviétique est caractérisée par un mode de régulation pénurique, composé d'une part d'un *mode d'accumulation extensive tirée par l'investissement*, dans le contexte d'une pénurie durable des biens de consommation et donc d'épargne forcée, et d'autre part de *formes institutionnelles originales*.[32] La stabilité de ce mode de régulation est caractérisée par un compromis social, résumant les conséquences de la pénurie généralisée et de la gestion étatique de l'économie : '*nous feignons de travailler, ils feignent de nous payer*.'[33] La séparation à l'intérieur du socle institutionnel (propriété d'État et Parti unique) fournit une caractérisation *économique* de l'entreprise socialiste. L'entreprise publique s'intègre dans la hiérarchie de la planification économique (centre-ministères-entreprises) ; elle opère selon une fonction de production donnée.

L'identification des modes de régulation dépend de l'identification des *crises*. De là l'importance qu'accordent les auteurs régulationnistes à l'identification de crises dans le socialisme soviétique. Un élément caractéristique du système serait à la base des crises, la 'loi tendancielle' de la baisse des taux de croissance.[34] Chavance (1992 a) interprète l'histoire des économies en Europe de l'Est comme l'histoire de crises cycliques et de crises du mode de régulation. Alors que les ajustements systémiques n'ont entraîné que des changements marginaux, les réformes radicales ont été stimulées par les crises de type 2 ;

---

[30] Aglietta, M. (1982 ; *Régulation et crises du capitalisme*. Paris ; Calmann-Lévy). Appartiennent à ce courant les soviétologues s'inspirant de la théorie de la régulation (p.e. J. Sapir, B. Chavance, G. Roland, I. Samson) ainsi que les régulationnistes s'intéressant également au socialisme (p.e. R. Boyer, M. Aglietta).

[31] Boyer (1993, p. 36).

[32] Un rapport salarial tayloriste imparfait et arythmique (à cause des pénuries), l'inexistence de concurrence sur les produits finaux, mais la présence d'une concurrence sur les produits intermédiaires, une contrainte monétaire molle et du crédit passif (enregistrant les déséquilibres des marchés des produits et des comptes des entreprises), une relation état-économie dominée par la planification de l'état et son omniprésence, enfin, pas ou peu d'insertion des monopoles d'Etat dans l'économie internationale. Boyer (1993, pp. 23 sq.).

[33] *ibid.* (p. 30).

[34] Boyer (1993, p. 25), Chavance (1992 a, p. 10).

elles ont modifié certaines institutions socialistes de manière substantielle (par exemple la tentative de supprimer la planification centralisée ou la décollectivisation de l'agriculture). L'échec des réformes radicales s'explique alors par le fait qu'elles n'ont pas eu le temps d'être conduites à terme.[35] En revanche, Boyer (1993) soutient qu'indépendamment des ajustements systémiques et radicaux, l'effondrement du système socialiste a résulté de l'épuisement graduel de son mode de régulation par accumulation extensive. Quatre mécanismes sont, selon lui, à l'origine de cet épuisement :

- l'impossibilité de prolonger la croissance exceptionnelle de l'après-guerre (dépassant les 10% par an dans les années 50) ;
- l'épuisement des réserves de main-d'œuvre, en particulier celle provenant de l'agriculture ;
- l'incapacité à appliquer les innovations scientifiques à la production (désarticulation entre avancées scientifiques et techniques) ;
- l'absence de stimulation des travailleurs (le niveau de vie ne profitant pas de la croissance).

Ces tendances se sont aggravées dans les années 80, déclenchant ainsi une crise de type 3 : la destruction intégrale des institutions de régulation et le passage à une phase de forte instabilité.

L'élargissement du cadre d'analyse permet ainsi aux auteurs régulationnistes de différencier plusieurs types de régulation socialiste, ce que ni l'école néoclassique ni les courants transactionnels et organisationnels n'avaient tenté. Selon eux, le socialisme peut être appréhendé en tant qu'*économie*, car on dispose d'un moyen d'y repérer les éléments de base caractérisant les modes de régulation économique (marché du travail, des biens, de l'argent, État).

3. L'hypothèse de l'incompatibilité entre socialisme et pensée économique

Si nous revenons sur les questions théoriques des diverses interprétations du socialisme, c'est parce que le *nouveau* regard que le post-socialisme permet aujourd'hui de poser sur le socialisme fournit l'opportunité de reconsidérer les différentes interprétations qui en ont été données. Le débat sur la nature du socialisme, qui s'était ouvert dans les années 20, a été bloqué par la fermeture hermétique des pays socialistes pendant les dernières décennies, on l'a même cru clos avec l'effondrement du système soviétique. Or, le post-socialisme ouvre à nouveau ce débat sur le fonctionnement et la logique interne du socialisme. Nous souhaitons contribuer à cet ancien-nouveau débat en proposant un point de vue partant d'une analyse du fonctionnement *interne* du socialisme, tel qu'il peut être saisi après son effondrement. Les enquêtes nombreuses, possibles depuis quelques années dans ces pays, ouvrent en effet de nouvelles perspectives pour analyser le socialisme. Nos enquêtes dans une cinquantaine de combinats socialistes nous ont permis de constater qu'une

---

[35] 'Les effets des réformes radicales <par opposition aux réformes internes> ont montré que contrairement à une idée reçue, les systèmes socialistes étaient réformables. ... Les réformes radicales qui n'ont pas été interrompues brutalement, comme celle de la Tchécoslovaquie, ont conduit à un changement systémique significatif, à une sortie du modèle traditionnel et à l'émergence d'une 'économie socialiste réformée'.' Chavance (1992 a, pp. 202/203). La Pologne de 1956-1979, l'URSS (1957-1985) et la RDA (1963-1989) appartiennent au groupe des pays n'ayant réalisé que des ajustements *graduels* ; en Yougoslavie (1950-1964), Tchécoslovaquie (1966-1986), Hongrie (1968-1979), puis en Chine (1979-1989) des réformes *radicales* sont constatées.

certaine convergence avait existé dans ces pays, entre le projet théorique et les résultats réels du socialisme de type soviétique. C'est la confrontation de nos observations empiriques avec les théories émises par ses fondateurs qui nous permet de formuler l'hypothèse que le projet socialiste avait remporté un 'succès' certain, au regard de ses *propres* objectifs ; cette hypothèse va de pair avec la mise en cause d'idées reçues sur le socialisme.

3.1 Le projet radical : la 'non-monnaie' et la 'non entreprise'

'Money circulation gradually dies away, supplanted by natural exchange, indeed, by the direct allocation of products. Foreseeing this, the People's Commissariat of Finance deliberately aims at the doing away of money.'[36] Cette directive - émise dès la Révolution d'Octobre 1917 - définit l'objectif principal des socialistes visant la fin de l' 'exploitation de l'homme par l'homme' : éliminer la loi de la valeur et de la marchandise et, à cette fin, faire disparaître graduellement les rapports marchands et la monnaie.

'La société ne sera plus qu'un seul bureau et un seul atelier, avec égalité du travail et égalité de salaire.'[37] Quand Lénine définit, à la veille de la révolution, le projet par lequel le système de classes doit être remplacé, il va au-delà du modèle de l'État-entreprise, qui avait dominé la pensée socialiste modérée. *Le programme d'Erfurt* (1892) de la social-démocratie allemande rédigé par K. Kautsky raisonne en effet toujours dans une optique de transformation *graduelle* de capital privé en capital socialisé, pour créer l' 'immense et unique entreprise industrielle' [38] ; mais ce programme ne prétend pas que la planification de la production et des salaires aboutisse à l'abolition de toutes les inégalités sociales. Lénine rejette les propositions du 'renégat Kautsky'. Pour lui, il ne s'agit *pas* du transfert de capital privé en capital public ; la définition de Lénine d'un seul 'cartel' étatique, dont tous les citoyens deviendraient les employés *et* les ouvriers, va bien au-delà du modèle de l'entreprise capitaliste publique.[39] Le raisonnement ne s'appuie plus sur une comparaison de l'efficacité et de la justesse *relative* du capitalisme privé et de l'État-entreprise. La coordination par le système de la dictature du prolétariat doit, au contraire, *vider les concepts capitalistes (monnaie, prix, salaire, profit, etc.) de leur contenu même.*

Si l'on considère le fait que ces deux concepts radicaux - la 'non-monnaie' et la 'non-entreprise' - ont été à la base du système en Union soviétique, et qu'ils ont toujours été dominants lors de sa mise en place en Europe de l'Est, on doit mettre en doute une interprétation du socialisme soviétique par l'application de concepts dont, justement, le système se voulait la négation dialectique. L'observation de l'existence *formelle* de catégories communes (prix, salaires, etc.) risque de cacher la rupture de ces concepts avec le cadre de référence. Cette *rupture* entre catégories capitalistes et catégories socialistes constitue en effet le fil rouge de la pensée socialiste. L'avènement du socialisme, la 'transition', doit permettre de se débarrasser de ces catégories économiques : 'en même temps que grandit le système naturel des rapports économiques de la société, les catégories

---

[36] N. Kovalevsky, Directeur de l'Office Soviétique de la Planification, en 1926, cité par : L. Szamuely (1974 ; *First models of the Socialist Economic Systems. Principles and Theories*. Akademiai Kiado ; Budapest).

[37] Lénine (1917 ; *L'État et la révolution*. dans : *Œuvres*, vol. 25).

[38] Kautsky, Karl (1892 ; *Das Erfuter Programm*. traduction française (1922) : *Le programme socialiste*. Paris ; Marcel Rivière).

[39] Lénine s'était référé à la Metallgesellschaft, entreprise minière et métallurgique déjà active en Russie au début du siècle, comme à un exemple classique de 'succès' d'un capitaliste monopoliste (volume 28 des *'Etudes de l'impérialisme'*).

idéologiques correspondantes s'effondrent.'[40]

3.2 Observations dans le socialisme : constat d'une convergence certaine entre le projet et le socialisme réel

La prise au pied de la lettre du projet socialiste doit s'articuler sur les faits stylisés que le post-socialisme permet désormais de caractériser. On constate d'abord que de nombreuses hypothèses sur le fonctionnement de la planification socialiste étaient insuffisantes. Mais, ce qui est surtout frappant dans les études de cas détaillées, c'est une certaine *convergence* entre les phénomènes observés et les énoncés radicaux. C'est au travers de ces observations que le débat théorique prend aujourd'hui un sens nouveau:

La plupart des analyses du socialisme se sont surtout intéressées aux mécanismes de *sanction* de la production par la planification, et à la mesure d'incitation du planificateur à l'industrie afin d'augmenter la productivité. Par contre, aucune attention n'a jusque-là été accordée au processus de *vérification* (physique) des réalisations de ces Plans. Or, on observe souvent que dans les lieux de production il n'existe pas de moyens pour *mesurer* les quantités produites, chiffres qui devaient ensuite être transmis au Plan. Dans maints combinats de l'industrie lourde, qui est pourtant une industrie dans laquelle la gestion des flux de matières est importante, nous avons systématiquement pu identifier l'*absence* d'un système de quantification physique des produits, ne serait-ce que par une simple balance placée à l'entrée et à la sortie de la production. Nous appelons ce phénomène 'désarticulation entre '*cycle réel*' des flux des matières et '*cycle papier*' de la planification'. L'absence de moyens de contrôle des objectifs fixés par le Plan met directement en cause le terme de 'planification'. D'un côté, tout est *formellement* planifiable, mais de l'autre, il est difficile, voire impossible, d'évaluer physiquement la réalisation de ces objectifs. La désarticulation entre *cycle réel* et *cycle papier* réduit donc la planification à une routine *formelle*, qui ne peut être qu'un facteur secondaire régissant la production. Ceci implique l'instauration d'*autres* mécanismes pour assurer la coordination.

Les observations sur les règles de distribution des produits de consommation vérifient l'évidence relevée par Kornai et beaucoup d'autres auteurs sur les effets de pénurie. Or, au-delà de ce simple constat, il importe d'analyser les mécanismes qui ont permis la *gestion* de cette pénurie généralisée pour parvenir à assurer une distribution créant un certain degré d'égalité matérielle, objectif affiché et largement atteint. Le mécanisme principal en est la *distribution non monétaire*. Ce mode de distribution s'appuie non seulement sur la distribution non monétaire massive à l'intérieur même des lieux de travail - les combinats - mais aussi sur la fixation arbitraire des prix des biens de consommation. La minimisation des prix des biens de consommation de base visait à la marginalisation des échanges marchands monétaires.[41]

Le troisième type d'observation porte sur la divergence entre les modèles de l'industrie bâtis par les théories de l'économie socialiste et la structure et la dynamique réelles tout à fait singulières de cette industrie. On observe d'abord que les stratégies

---

40 N. Boukharine (1920/1976 ; *Économie de la période de transition. Théorie générale des processus de transformation.* Paris ; EDI).

41 Les exemples les plus frappants sont bien connus. En Union Soviétique, par exemple, le prix du pain n'a pas été modifié de 1934 à 1988 ; dans plusieurs pays se sont développées, au niveau des villes ou des quartiers, des 'cantines populaires' assurant des repas gratuits. Le constat d'une distribution largement non monétaire n'implique évidement pas l'absence d'autres mécanismes de formation de 'prix', tels les files d'attente, les échanges informels ou encore la corruption.

d'investissement n'ont *pas* systématiquement obéi à un renforcement des secteurs dits prioritaires et que, même à l'intérieur des secteurs, la répartition des investissements ne semble *pas* avoir été effectuée dans l'objectif de maximiser la productivité. Aucun modèle 'économique' du socialisme ne rend compte d'un phénomène particulièrement frappant dans l'industrie socialiste, celui de la composition souvent 'antiproductive' de l'outil industriel productif des combinats. Il apparaît en effet que ces structures n'ont pas été développées avec l'objectif d'optimiser le processus de production, ni de minimiser les activités secondaires 'improductives' (le transport par exemple). Au contraire, on observe souvent que dans les industries de process, les lignes de production à l'intérieur d'un site manquent d'un maillon important. Dans les grands combinats sidérurgiques, par exemple, il manque régulièrement un élément à l'*intérieur* même de la chaîne de production.[42] Ces configurations singulières impliquent régulièrement des efforts supplémentaires de coordination entre combinats et des niveaux élevés de consommation de matières premières.

On observe de même que la *gamme des produits* d'un combinat peut être très vaste, sans que l'on puisse repérer une cohérence entre les métiers nécessaires à leur production. Sont ainsi rassemblés, par exemple, dans les combinats de l'industrie lourde, à côté de la production principale tout une gamme de 'co-produits' de composition très hétérogène : biens de consommation, meubles, jouets, nourriture, etc. Et il apparaît que plus un combinat perd ses capacités dans son produit de base, plus il s'engage dans la production de ces 'co-produits'. Par ailleurs, la fermeture d'un combinat semble avoir été exclue. Aucun modèle de l'entreprise socialiste 'sous-optimale' n'est capable de rendre compte de ces phénomènes.

On constate, enfin, que les modifications hiérarchiques des structures institutionnelles de l'industrie n'ont pas été accompagnées par des modifications correspondantes dans l'outil de production. C'était pourtant sur cette hypothèse que les analyses hiérarchiques du système socialiste avaient tenté d'établir un lien entre réformes institutionnelles - par exemple la création des associations industrielles de branche - et résultats au niveau micro-économique. Or, on observe au contraire un *faible* lien entre ces réformes formelles et les résultats réels (physiques) ; on retrouve ici un phénomène équivalent à la désarticulation dans la production entre le cycle papier et le cycle réel.

3.3 Le socialisme sans économie

Si l'on admet, comme nous l'avons fait dans l'introduction de ce chapitre, qu'*une* 'science économique' unifiée n'existe pas mais qu'il y a plusieurs discours économiques qui se distinguent à la fois par l'objet et le dispositif d'analyse, la caractérisation de ce dispositif dans chaque discours devient essentielle. Le rapport d'un discours à un 'réel', méconnaissable dans sa totalité, se fait par la mise au point de concepts capables de structurer et périodiser les phénomènes regroupés dans un nombre limité de faits stylisés. La nécessité d'une démarcation par rapport à d'autres sciences sociales est évidente : *tout* ne peut relever d'un discours économique. Il importe, par conséquent, d'identifier en quoi un discours économique se distingue de celui des autres sciences, en ce sens qu'il n'est *pas* histoire, politologie, sociologie, psychologie, etc.

Dans le capitalisme, des faits stylisés relevant de l'existence de la monnaie et de la propriété privée permettent d'identifier une sphère économique ; il y *a* économie car la

---

[42] Soit un élément dans la chaîne : hauts-fourneaux - aciérie - coulée continue - laminoir à chaud - laminoir à froid.

plupart des actes des entreprises (composées par les détenteurs du capital, les gestionnaires et les employés) peuvent être expliqués par la dynamique de la concurrence, sanctionnée par la demande finale monétaire des consommateurs. Nous dirons qu'il y *a* économie car *la production et son lien avec les besoins (la distribution, la demande) peuvent être pensés indépendamment d'autres phénomènes de la société.* Les discours économiques opérant cette séparation sont limités en amont par les sciences politiques, en ceci qu'ils ne soumettent pas les décisions gouvernementales à leur logique indépendante propre ; ils sont limités en aval par la prise en compte, comme donnée, des comportements des individus, ceux où la logique économique peut être séparée d'autres phénomènes. Dans les deux premières sections de ce chapitre nous avons essayé de montrer les différences présentées par les divers discours examinés, quant à l'étendue du champ des faits stylisés dont chacun cherche à rendre compte. Ces discours relèvent également d'hypothèses divergentes sur le concept de rationalité et sur les agents économiques intervenant dans les modèles. Malgré ces différences, il nous a semblé que *tous* s'accordent sur la possibilité de séparer les faits économiques d'autres faits, qui relèvent alors d'autres discours en sciences sociales.

Dans le socialisme, nous n'avons pu détecter aucune séparation de ce type. Au contraire, il est évident que l'abolition de l'entreprise comme lieu monétaire a été réalisée et qu'elle a donné lieu à un mécanisme de coordination uniquement soumis au cadre politico-étatique. Si l'on met en rapport les énoncés socialistes et les faits stylisés que le post-socialisme permet désormais d'identifier, il n'est pas possible de repérer de mécanismes coordonnant la production et les besoins qui ne relèveraient *pas* de ce cadre. Dans le socialisme, la coordination de la production et les liens entre la production et les besoins ne sont *pas* pensables en dehors du contexte politico-étatique ; d'ailleurs, le socialisme *lui-même* ne les définit pas en dehors de ce contexte. *Le socialisme est incompatible avec la pensée économique.*

Notre hypothèse rejoint ainsi celles qui, en 1920, avaient mis en garde *contre* une interprétation du socialisme comme phénomène économique. Nous avons été mis sur cette piste par les travaux de S. Lazarus (1992, 1993, 1994), *'L'anthropologie du nom'*, qui, de manière indépendante, avait perçu, à la fin des années 80, le caractère non économique du socialisme à travers une réflexion sur l'historicité du socialisme et sur son *rapport à l'État*. Lazarus identifie trois critères du caractère non-économique du socialisme : son incapacité à se redéployer économiquement, la soumission de la production aux mouvements politiques et aux réglementations étatiques, et la séparation entre production et travail. Nous les retrouverons à plusieurs reprises dans ce travail. L'homogénéité des trajectoires scientifiques des 'faux frères' Mises et Lazarus, auxquels on pourrait associer Weber et Brutzkus, est d'autant plus frappante qu'en partant de problématiques opposées, ils arrivent à la *même conclusion*. Nous proposons alors d'élargir l'argumentation pour une analyse spécifique du socialisme, en ajoutant à l'approche micro-économique (Mises) et anthropologique (Lazarus) notre propre approche, celle de la *dynamique industrielle*.

Conclusion

C'est curieusement la *fin* du socialisme en Union soviétique et en Europe de l'Est qui permet de s'interroger désormais plus spécifiquement sur la 'coordination mystérieuse' du système socialiste. Trois facteurs sont à l'origine de ce renouveau : la dés-idéologisation de la question, l'accès direct à un terrain appréhendé jusque-là surtout à travers les méthodes de la 'kremlinologie', et les observations faites au moment de la rupture entre socialisme et post-socialisme. Le post-socialisme, plutôt que d'enterrer un débat qui n'avait pas évolué depuis longtemps, et que l'on avait cru clos avec l'effondrement du socialisme soviétique, permet au contraire de relancer cette discussion avec de nouveaux arguments. C'est à travers ce débat sur le socialisme que nous avons interrogé les principales écoles économiques sur leur discours. L'école néoclassique posait que tout rapport d'échange de biens relève de l'économie ; elle caractérisait donc le socialisme comme une forme '*sous-optimale*' d'organisation de ces échanges. Les courants institutionnalistes ont élargi le champ d'analyse, pour y intégrer *toutes* les transactions, marchandes *et* non-marchandes ; le socialisme apparaissait alors comme une économie souffrant d'un *trop* d'institution, ou de bureaucratie. L'hypothèse des auteurs s'inspirant de la théorie de la régulation était qu'économie équivaut à un régime d'accumulation et à une régulation spécifique ; le socialisme est caractérisé comme une économie pénurique mal régulée. Contre ces approches *définitionnelles*, Mises avait posé, comme *condition d'existence* de l'économie, l'existence d'un calcul économique et la liberté de choix individuel ; Lazarus avait posé la condition d'une séparabilité entre production et État.

La critique des interprétations 'économiques' du socialisme que nous développons ne prend son sens que dans la perspective spécifiquement *post-socialiste* que nous comptons examiner. Cinq ans d'études sur la restructuration industrielle dans des pays post-socialistes ont permis d'analyser les différentes théories du socialisme et de l'entreprise socialiste qui avaient été proposées. Le socialisme sous-optimal, le socialisme trop bureaucratique et le socialisme mal régulé sont des concepts dont ont découlé des conséquences importantes dans la définition de politiques économiques post-socialistes ; nous le verrons en deuxième partie. Mais nous pouvons déjà dire que l'utilisation de concepts *économiques* dans l'interprétation du socialisme, qui s'était défini lui-même par la *négation* de ces concepts, n'est pas sans poser de problèmes.

Nous faisons au contraire l'hypothèse que, dans le socialisme, il n'y a pas moyen de définir une sphère *économique*, dont la coordination se distinguerait de celle de la société entière. Notre hypothèse du socialisme non économique, déjà formulée dans d'autres conditions par Mises dès les années 20, et relancée par Lazarus dans les années 80, devrait nous permettre de bâtir un cadre théorique dans lequel les observations sur la dynamique industrielle peuvent être interprétées. C'est à travers ces observations de terrain que nous établissons les faits stylisés qui semblent indiquer que le fonctionnement du socialisme réel a convergé vers le projet théorique socialiste, la 'non-monnaie' et la 'non-entreprise'. Nous l'étudions en déployant une approche pragmatique. S'il n'y avait pas d'économie dans le socialisme, il y avait pourtant production, technologie, innovation, modernisation, etc. L'analyse minutieuse de ces phénomènes est la méthode que nous suivrons, une fois adoptée la thèse de la 'non-monnaie' (chapitre II), pour appréhender cette 'coordination mystérieuse' dans la 'non-entreprise' : le combinat socialiste polyfonctionnel (chapitres III et IV).

Chapitre II

UN SYSTÈME NON MONÉTAIRE

'Nous feignons de travailler - ils feignent de nous payer.' Cette formule, anecdotique certes, mais récurrente dans les caractérisations du socialisme, est plus qu'une expression emblématique du compromis social qui aurait fonctionné dans les pays socialistes, plus que le fondement d'une cohérence interne : c'est un premier indice de l'abandon de la monnaie comme 'expression de l'utilité sociale d'un travail individuel', objectif du socialisme. L'hypothèse que la coordination du système socialiste se serait passée d'une coordination par la monnaie semble évidente si l'on se réfère aux notions fondamentales du projet socialiste ; elle n'est d'ailleurs, en soi, ni nouvelle ni très originale. Nous ne l'avons pourtant émise qu'*après* avoir constitué quelques faits stylisés sur la base d'observations faites sur nos terrains de recherche : la dévalorisation du salaire et des primes, l'extension de la sphère non marchande aux biens de consommation, la différenciation des normes de production suivant la destination des produits (exportations monétaires *versus* livraisons non monétaires).

Une série d'autres indices vient renforcer l'hypothèse. L'analyse comptable des unités industrielles socialistes montre que les indicateurs monétisés (profit, taux de profit, etc.) ne sont pas en rapport avec la production matérielle : la fixation arbitraire des prix, la prise en compte des 'subventions' *avant* le calcul du profit et l'incompatibilité entre prix des biens et prix du travail en sont des signes. Une fois constatée la désarticulation entre le cycle 'réel' de la production et le cycle 'papier' de la planification, il serait également vain de chercher, à l'intérieur même du cycle papier, une logique liée à une unité de valeur monétaire. Ce constat est confirmé par les approches qui posent l'hypothèse de l'existence d'une monnaie indicatrice de rareté. Quand Kornai entreprend des comparaisons entre prix relatifs dans le capitalisme et dans le socialisme, il cherche à montrer l'irrationalité de la fixation de ces prix par le planificateur socialiste. Même de ce point de vue, Kornai finit par constater que la planification n'est monétaire qu'en apparence.[43] L'expérience de Kornai, comme celle d'autres chercheurs engagés dans des comparaisons quantitatives, confirme du moins qu'une étude quantitative des prix et des flux monétaires ne peut pas trancher la question du rôle, ou de l'absence de rôle, d'une monnaie. Tous les courants de pensée étudiant le socialisme s'accordent pour supposer que, dans le système socialiste, les prix ne reflètent pas la rareté relative ; c'est ce que l'école néoclassique caractérise comme une distorsion des prix relatifs. Or, au-delà de ce consensus, nous pensons qu'il est impossible de *quantifier* ces distorsions. Pour tenter cette quantification, les approches comparatives ont essayé de comparer les prix d'un panier de biens dans le socialisme avec ceux du même panier exprimés en prix mondiaux ; Mises appelait justement cela 'tâtonner dans les ténèbres'.

Au lieu d'adopter, une fois de plus, une approche quantitative et comparative, nous avons choisi de travailler notre hypothèse de la coordination non monétaire selon une approche inductive, qui nous permet de jumeler trois aspects différents de la même question. En partant d'une brève relecture de l'évolution des principales doctrines théoriques

---

43 'The desire to abolish money ... has been granted in part after all.' Kornai (1992, p. 131).

socialistes sur la question de la monnaie, nous verrons d'abord que l'objectif de l'abolition de la monnaie est resté un objectif intouchable de tous les Partis socialistes pendant la période socialiste (section 1). Ces systèmes se sont alors efforcés de créer plusieurs types de 'pseudo-monnaies', dont aucune n'a vocation d'équivalent général ; nous cherchons dans un second temps à les caractériser (section 2). Nous complétons notre approche par une analyse de la monnaie papier, seul moyen de paiement dont on pourrait supposer qu'il fasse figure d'un équivalent monétaire local (section 3).

1. Évolution du projet théorique

L'énoncé du Bureau de la planification sur la disparition graduelle de la marchandise ('money circulation gradually dies away') constitue notre fil de lecture des débats théoriques sur la monnaie ayant jalonné la réflexion socialiste. Malgré les modifications idéologiques, le bien-fondé du projet n'a jamais été mis en question par le Parti. Des propositions initiales de Lénine au 'socialisme du goulasch' en Hongrie, l'objectif de l'élimination d'un équivalent général n'a pas été aboli par les Partis socialistes.

1.1 Propositions initiales

Dès lors qu'il y a division du travail, il doit y avoir mécanisme de coordination entre la production des biens et les besoins (la consommation). Deux mécanismes alternatifs peuvent être distingués. Dans un système *monétaire*, un produit n'obtient une valeur marchande que s'il se vend ; le travail, lui aussi, n'accède *in fine* à une valeur que par la vente du produit auquel il a servi. Ainsi, dans le capitalisme, c'est 'la possibilité ou l'impossibilité de vendre un produit qui témoigne du fait que ce produit <et le travail contenu> est socialement utile ou inutile'.[44]

Le projet soviétique consiste, lui, à *abandonner* la soumission du travail à la marchandise, et à la remplacer par la distribution selon les 'besoins' déterminés 'socialement'. Ainsi est censé se préparer l'avènement d'une 'ère nouvelle', ouverte par une société réalisant la maxime définie par Marx dans la *Critique du programme de Gotha* (1875) : 'de chacun selon ses capacités, à chacun selon ses besoins.'

Dès le début de la Révolution d'Octobre 1917, Lénine a nié la possibilité d'une coexistence entre sphère capitaliste et sphère socialiste à l'intérieur d'un même espace ; selon lui, 'le capitalisme commence au marché du village'. L'unique alternative au capitalisme consiste donc à *abolir* la marchandise, et avec elle la contradiction inhérente entre valeur marchande et valeur d'usage. Dès lors, le débat sur la mise en œuvre du projet ne porte plus sur l'objectif (l'abandon de la monnaie), mais sur la *manière* de le réaliser. C'est sur ce 'comment' que portent les discussions sur la 'transition' socialisme communisme.

1.2 La transition vers l'abolition de la monnaie

Le passage en Russie de l'économie de guerre à la Nouvelle Politique Économique (NEP) et la persistance objective de rapports marchands et de secteurs entiers non nationalisés ont inspiré à l'époque un débat sur la cohérence entre projet théorique et réalité. Ce débat opposait au début des années 20 la 'gauche' (Preobrajenski, Trotski) et la 'droite'

---

[44] Bettelheim (1966, p. 36).

(Boukharine). Malgré la violence sur laquelle il déboucha, ce débat ne mit pas davantage en doute ce but ultime de l'abolition de la monnaie.[45]

Preobrajenski admettait l'existence d'un système dual et conflictuel pour la période de la NEP ; mais il ne mettait pas en doute la nécessité de dépasser le dualisme entre les différentes formes de propriété. Il caractérisait le système dual comme un système 'socialiste-marchand', constitué d'un secteur étatique planifié et d'un secteur marchand (encore) régulé par la monnaie. Le secteur marchand, selon lui, comprend le commerce et la petite industrie, mais surtout l'agriculture, qui constitue la seule source importante de surplus monétaire. Preobrajenski percevait un danger provenant du secteur marchand, qui encercle le secteur socialiste et peut empêcher la transformation systémique de ce dernier, et ainsi l'objectif de la 'super-industrialisation'. Selon lui, il faut abolir l'accumulation selon la loi de la valeur dans l'agriculture par une 'accumulation socialiste primitive', celle de l'industrie. La seule manière d'assurer cette transition est de prélever le surplus agricole au bénéfice de l'industrie ; cette politique doit passer par l'augmentation des prix industriels et la diminution des prix agricoles. Boukharine, en revanche, se prononçait pour une véritable 'transition' des forces de production, en proposant une transformation en douceur des sphères marchandes, et surtout de l'agriculture. Au lieu de contraindre l'agriculture à la collectivisation, le maintien d'un 'peu de marché' doit, selon lui, assurer l'augmentation régulière de la production agricole. Les profits ainsi réalisés peuvent financer les achats d'équipement et de biens industriels à l'industrie, créant ainsi un cycle vertueux entre agriculture et secteurs industriels socialisés. Selon Boukharine, c'est la recherche d'une meilleure *productivité*, et non pas la contrainte - corollaire du modèle dual conflictuel -, qui devait inciter le secteur agricole à former des coopératives (l'agriculture occupait encore 80% de la population active russe en 1917). Une fois ces coopératives établies, on peut procéder à la socialisation graduelle. Boukharine insistait sur la nécessité d'utiliser les incitations du *marché* pendant la transition.[46]

Au modèle dual de Preobrajenski, qui propose l'abolition des secteurs marchands par la force de l'accumulation socialiste, s'oppose alors le modèle mixte préconisé par Boukharine, qui accepte l'utilisation de la monnaie pour abolir la monnaie. Malgré ce différend sur les politiques économiques à mener pendant la transition, le consensus sur le rôle de la monnaie n'est pas rompu. Une fois la transition achevée doit régner, à en croire Boukharine (1926), la 'loi générale et universelle de l'équilibre économique', assurant la répartition du travail social entre les branches en proportions déterminées par les besoins sociaux.[47]

1.3 La 'valeur nouvellement créée'

L'accession au pouvoir de Staline s'est accompagnée d'une tentative pour accélérer la convergence entre sphères marchandes et sphères non marchandes. Rompant avec la NEP,

---

[45] Preobrajenski, E. (1926/1966 ; *La nouvelle économique*. Paris ; EDI), Boukharine, N. (1920/1976 ; *Economie de la période de transition. Théorie générale des processus de transformation*. Paris ; EDI), Boukharine, N. (1925/1974 ; *Le socialisme dans un seul pays*. Paris ; EGE 10/18).
Discussion et références de ce débat chez Chavance (1993), Richet (1992 b) et Lavigne (1993).

[46] 'C'est par l'intermédiaire du marché que nous approchons de la victoire de la production socialiste et par conséquent de la suprématie sur le marché ; telle est la loi de notre développement.' Boukharine (1925).

[47] Chavance (1993, p. 4) caractérise ainsi ce consensus : 'parmi les théoriciens bolcheviks, un consensus implicite demeure : l'économie socialiste future sera marquée par l'hégémonie des formes socialisées de propriété, par la planification globale et par la disparition des catégories marchandes et monétaires.'

Staline opte, lors du XVe Congrès du PCUS (1927), pour la collectivisation forcée afin de pouvoir, entre autres, diminuer le rôle de la monnaie comme médiateur entre les coopératives et les secteurs socialisés ; l'agriculture serait ainsi soumise aux mêmes lois que l'industrie. La seule raison justifiant la subsistance d'une production marchande serait alors l'existence en parallèle de deux types de propriétés sociales : la propriété d'État et la propriété kolkhozienne dans l'agriculture. La monnaie perdrait son dernier champ d'application lors du passage prévu du système socialiste au système communiste, avec la disparition de différences entre les formes de propriété. Quant à l'industrie, le XVe Congrès introduit un modèle nouveau pour les structures industrielles : le *trust*, permettant de démonétiser en grande partie les transferts. Staline met également en place un système de planification centralisée, qui correspond à l'institutionnalisation du *contrôle* par le Parti. Le zèle avec lequel Staline poursuit l'alignement de tous les secteurs, industriels et agricoles, sur les nouvelles structures indique que l'objectif de la démonétarisation demeure prioritaire ; il est accompagné désormais par une concentration de la prise de décision, débouchant rapidement sur le 'totalitarisme stalinien' (A. Nove).

La dernière adaptation théorique sous Staline est repérable dans le *Manuel d'économie politique* (1954), qui reconnaît l'existence d'une 'valeur nouvellement créée'. Le manuel revient en effet sur une ancienne question, celle de la détermination de la valeur du travail. Il admet qu'il existe plusieurs types de travail, se distinguant par la qualité et l'intensité ; ceci s'oppose à l'utilisation du *temps* du travail comme seul déterminant de sa valeur. En créant la notion de 'valeur nouvellement créée', le manuel prétend rendre compte de ces différences. Malgré l'adoption de ce concept ambigu, le manuel confirme néanmoins que seuls les articles d'usage personnel doivent constituer des marchandises. La persistance de différents types de travail et, par conséquent, de différentes valeurs sociales, n'implique pas, selon le manuel, la nécessité de passer par leur 'marchandisation' pour en évaluer les valeurs correspondantes. L'objectif reste la minimisation de ces marchandises personnelles.

1.4 Débats en Europe de l'Est

Un débat sur le rôle de la monnaie est engagé en Europe de l'Est dans les années 50 et 60. Le courant des réformateurs graduels cherche à accorder un rôle plus important à la monnaie dans quelques secteurs particuliers, mais le principe de l'inconvertibilité de la monnaie est maintenu. W. Brus propose de distinguer la monnaie passive et la monnaie active. La monnaie *passive* servirait dans les circuits planifiés alors que la monnaie *active* jouerait un rôle de régulateur décentralisé.[48] Or, la distinction entre monnaie active et monnaie passive néglige le fait que, dans les différents domaines du système socialiste, *différents* moyens d'échange sont utilisés. Ceux-ci ne se distinguent pas par leur capacité à être utilisés sur un marché ou un autre, par leur caractère plus ou moins actif. Il s'agit plutôt de différents *types* de monnaie, inconvertibles, cloisonnés et ne pouvant devenir valeur réelle que par décision administrative. En introduisant leur différenciation, les réformateurs graduels admettent qu'il n'y a pas *une* monnaie ; leur tentative vise alors à introduire, dans un espace non monétaire, quelques 'niches' marchandes dans lesquelles la 'monnaie papier' peut jouer un rôle plus actif. Il s'agit alors de réformateurs *graduels* (Brus, Kornai, Sik).

---

[48] 'Il apparaît que la monnaie ... joue un rôle actif sur le marché du travail et le marché des biens de consommation', alors que 'le rôle de la monnaie se présente différemment (de façon passive) entre l'échelon central et les entreprises, et entre les entreprises elles-mêmes.' W. Brus (1986, pp. 98 sq.).

En revanche, d'autres auteurs, que nous appelons *réformateurs radicaux*, ne croyaient pas en la réformabilité du système par l'introduction graduelle d'un 'peu de monnaie'. Le jeune Vaclav Klaus, alors chercheur inconnu à l'Académie des Sciences tchécoslovaque, en fait partie. Dans un rapport publié en 1968, qui critique les réformes du printemps de Prague, Klaus insiste sur le fait que sans l'introduction d'un équivalent unique, librement échangeable et stockable, toutes les réformes graduelles sont vouées à l'échec.[49] Au lieu de reprendre les concepts de monnaie active et monnaie passive, qui visent en fait à relativiser l'objectif initial d'élimination de la monnaie, il nous semble plus cohérent de parler de *la* monnaie tout court, s'il s'agit d'un équivalent général, et sinon d'absence de monnaie et de présence de *plusieurs* '*pseudo-monnaies*', l'existence d'*une* monnaie étant incompatible avec la présence de *plusieurs* pseudo-monnaies. Nous devons alors étudier comment l'objectif d'abolir *la* monnaie, incontesté par les théoriciens socialistes, a pu être mis en œuvre.

2. Conséquences : les circuits monétaires cloisonnés

Limiter le champ d'utilisation d'une monnaie, c'est en supprimer l'équivalence. Dès lors, la 'monnaie' utilisée pour équilibrer les comptes internes d'un combinat n'a plus rien de commun avec la 'monnaie' utilisée pour effectuer le commerce international ou la 'monnaie' donnée aux employés. La récusation de la loi de la valeur mène nécessairement à l'éclatement de *la* monnaie en plusieurs circuits cloisonnés, dotés de 'pseudo-monnaies'. Il faut, par conséquent, toujours préciser de quel type de 'pseudo-monnaie' l'on parle pour désigner une transaction concrète. L'existence en parallèle de plusieurs sphères monétaires cloisonnées a souvent été mise en évidence ; nous nous référons ici à la démonstration faite par G. Duchêne (1989) étudiant les marchés et les monnaies en Union soviétique. Nous définissons, dans un premier temps, chacun de ces circuits, puis démontrons les effets de ce cloisonnement sur la coordination entre ces circuits.

2.1 Monnaie scripturale, monnaie papier, devises

Schématiquement, le système socialiste 'en transition', c'est-à-dire n'ayant pas achevé son passage vers le communisme, peut être représenté par des flux de biens, de services et de transferts, effectués et coordonnés dans des sphères monétaires spécifiques et cloisonnées (cf. figure II.1).

A l'intérieur du secteur Parti/État, toutes les transactions sont comptabilisées en monnaie *scripturale* (1). Ce circuit a pour objectif de coordonner les flux des facteurs de production et des biens intermédiaires et finaux. La fixation des prix des facteurs de production n'a rien de commun avec la fixation des prix des produits, et encore moins avec la rémunération du travail. La monnaie scripturale est nécessairement inconvertible. La libre fixation des prix relatifs constitue le levier central du planificateur ; celui-ci est libre de modifier ces prix à son gré. Les relations entre banques et unités productives sont bilatérales, mais les banques ne disposent pas d'une autonomie propre ; l'idée de la valeur sociale du travail implique que la production ne doit pas être contrainte par l'absence de dotations monétaires. Dans le socialisme, le 'capital' n'est pas un facteur rare. Le système

---

[49] Klaus demande notamment la création d'un véritable marché monétaire, 'permettant à l'investisseur de faire un choix entre investissement réel ou dans d'autres activités *non réelles*'. Cité par Chavance (1992 a, p. 84).
V. Klaus - un des architectes des réformes économiques en Tchécoslovaquie en 1990 - est en 1995 Premier ministre de la République tchèque.

monobancaire n'est alors qu'un lieu de compensation comptable, qui assure le bouclage des flux scripturaux ; il ne représente pas une unité de sanction propre. La monnaie *papier* (2) s'utilise pour l'achat des biens personnels, les consommations de base. Comme nous l'avons évoqué à propos du débat théorique, la justification de l'existence d'une monnaie billet est la persistance, dans le socialisme, d'activités auxquelles la distribution directe, 'selon les besoins', ne s'applique pas encore. Ceci est surtout le cas du secteur agricole ; l'existence d'une agriculture coopérative implique le besoin d'un moyen de transfert pour régler les échanges avec les secteurs socialistes. En vendant sur les marchés kolkhoziens, ce secteur obtient des moyens pour s'approvisionner en biens de consommation à l'extérieur (vêtements, chaussures, etc.). La monnaie *devise* (3) est uniquement destinée à gérer le commerce extérieur, organisé par le Ministère du commerce extérieur, et dont la banque du commerce extérieur assure la gestion 'financière'. Peuvent être distinguées la monnaie devise pour le commerce international et la monnaie transférable pour le règlement des paiements à l'intérieur de la Division Internationale Socialiste du Travail (DIST, à partir de 1962). Cette distinction ne modifie pas le cloisonnement entre ce troisième circuit et les deux précédents.

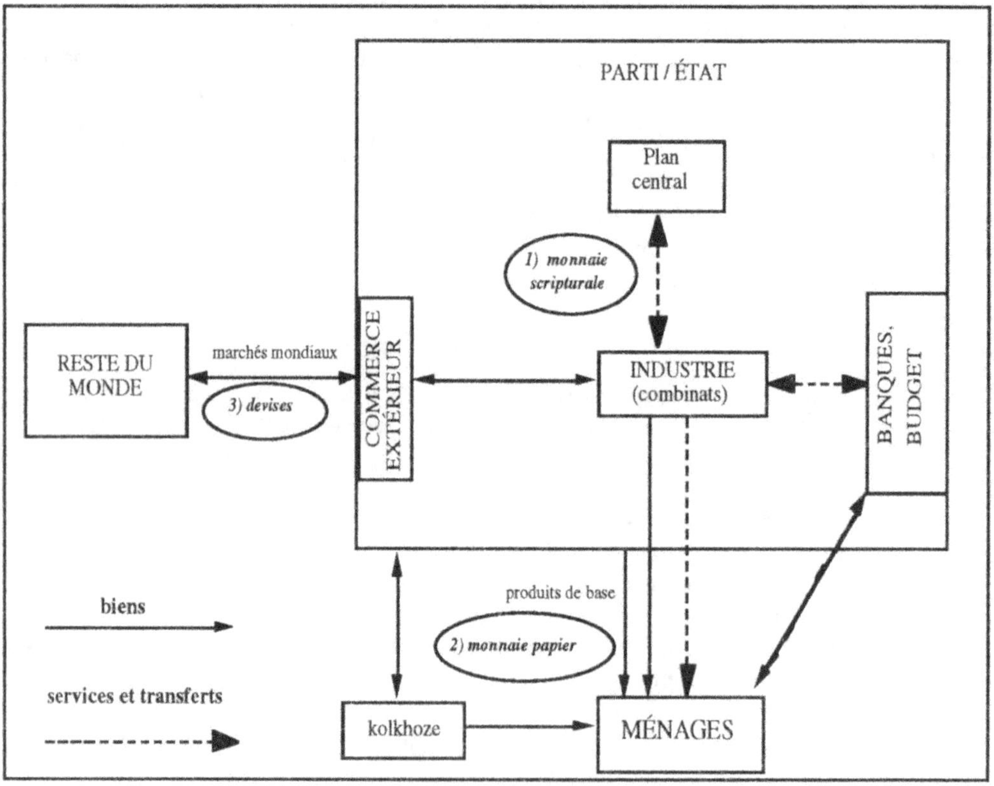

Figure II.1 : Les trois circuits 'monétaires' dans le socialisme[50]

[50] Adapté de Duchêne (1989, p. 46).

Notons qu'en théorie le cloisonnement des différents circuits est intégral. Chaque flux correspond à un, et un seul, circuit monétaire. Il peut y avoir utilisation de devises à l'intérieur des combinats, mais dans ce cas ces dernières ne s'appliquent qu'à des fins prédéfinies (par exemple pour importer des matières premières ou des machines). L'achat de devises avec de la monnaie scripturale n'est pas possible. Le transfert en monnaie billet aux ménages est largement indépendant des résultats financiers en monnaie scripturale. Enfin, il n'y a pas de liens entre devises et monnaie billet, la monnaie devise étant absente des circuits internes à un pays.[51]

2.2 Une application : les flux 'monétaires' dans le combinat

Ce cloisonnement des circuits permet au système socialiste de coordonner les activités de production et les besoins, activités que V. Klaus appelait 'non réelles' - car non monétaires. Nous tâcherons de montrer les implications de ce système lors de l'étude d'un cas particulier en stylisant les flux monétaires qui parcourent un *combinat*. L'existence de différents circuits cloisonnés fait du combinat un lieu de transactions multiples, s'effectuant en deux monnaies différentes, si l'on fait abstraction du commerce extérieur. L'évaluation de la performance d'un combinat en termes monétaires convertibles est alors *impossible*. Sans prendre en compte les spécificités, qui ont effectivement existé entre pays et entre combinats, on peut modéliser les flux dans le combinat en séparant les deux circuits principaux : celui de la *monnaie scripturale* et celui de la *monnaie papier*.

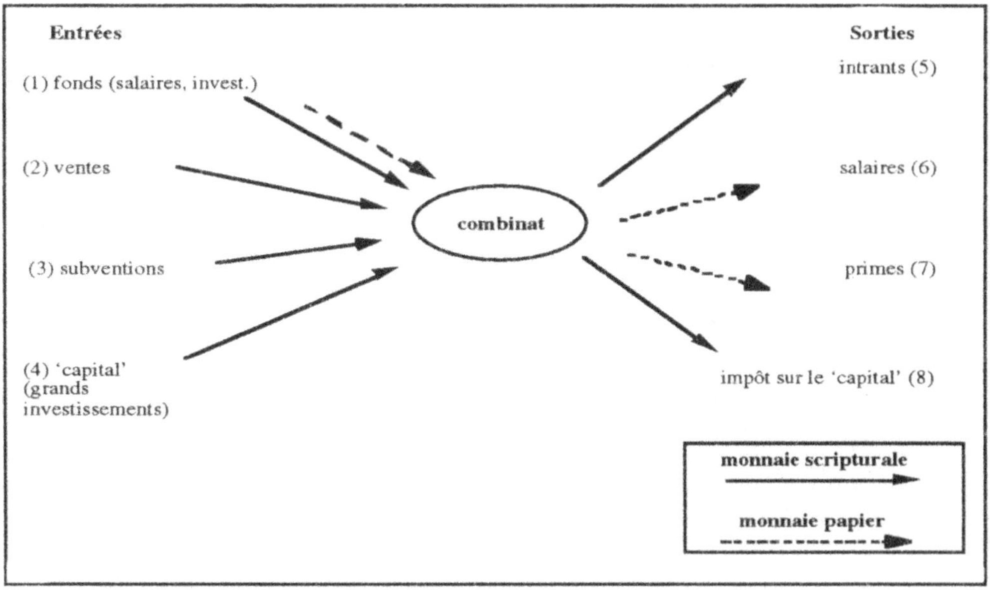

Figure II.2 : Schéma des principaux flux 'monétaires' dans le combinat, entrées et sorties

[51] Ici nous ne prenons pas en considération les échanges au *noir* de devises et de biens qui ont existé, à des degrés divers, dans tous les pays.

La figure II.2 présente les principaux flux 'monétaires' qui parcourent un combinat. Regardons d'abord les flux en monnaie *scripturale* : les prix des produits (2) et des intrants (5) sont fixés par le Comité d'État aux prix. Ces prix sont définis en fonction d'un certain nombre de préférences, surtout sectorielles, dans un moment donné ; ils dépendent de leur 'valeur sociale' accordée par le Parti. Le Comité central de la planification est d'ailleurs libre d'octroyer des subventions (3), ponctuelles ou régulières, aux produits d'un secteur (à la sidérurgie par exemple) ou à des produits spécifiques (comme les tôles automobiles). Le 'profit' d'un combinat est calculé *après* prise en compte des subventions ; il dépend donc de *plusieurs* décisions que l'on ne peut qualifier que d'arbitraires. La dotation en 'capital' (4) est décidée par le Comité d'investissement, s'il s'agit d'investissements importants. Le 'capital' d'un combinat, correspondant aux dotations cumulées, fait l'objet d'un impôt (8), calculé sur la base d'une formule centrale. Les combinats ne sont en fait que 'locataires' du capital, qui selon la théorie ne représente pas un facteur limitant la production. Par conséquent, les taux de dépréciation sont très bas, fondés sur des estimations de cycles de vie des investissements de 30-50 ans. La décision d'effectuer un grand investissement n'est donc pas contrainte par les frais financiers, mais par l'affectation des 'dotations', soumises à des décisions du Parti/État. Les transactions sur le capital se limitent également à des manœuvres comptables, elles n'ont que des effets secondaires sur le degré de liberté financière d'un combinat.

Les seuls flux qui impliquent la monnaie *papier* concernent les fonds (1) et les transferts aux membres du combinat : le salaire (6) et les primes (7). Les deux fonds importants sont le fond de salaire et le fond d'investissement (fond de stimulation). Le fond de salaire est doté en monnaie billet, équivalent au montant planifié des dépenses en salaires (le salaire étant composé du salaire de base plus un complément individuel, calculé en fonction des conditions de travail). Les primes, autre élément du transfert, sont prélevées sur les 'profits' d'un combinat. Or, la fixation arbitraire des prix et des subventions minimise le caractère incitatif des primes, qui deviennent le plus souvent une partie quasi fixe du salaire. Le fond d'investissement est à la libre disposition du combinat, il s'applique à des investissements mineurs. Ce fond est utilisé en vue de mesures productives (l'automatisation d'une aciérie par exemple) comme de mesures sociales (construction d'un village de repos, d'équipements sportifs ou culturels par exemple).

L'analyse multi-monétaire des flux dans un combinat met en évidence deux points : en premier lieu, la fixation arbitraire des prix rend impossible une interprétation 'économique' des profits, entre secteurs ou entre pays. Il ne *peut* pas y avoir une planification économique 'neutre', car il n'y a pas de mécanismes de fixation de prix en dehors de celui prescrit par le Parti/État. En réalité, la planification n'est qu'un instrument de transmission des directives du Parti/État. Deuxièmement, la déconnexion entre salaires et résultat financier, condition nécessaire pour abolir le caractère marchand du travail, apparaît clairement.

3. La monnaie papier dévalorisée

'La petite production marchande donne chaque jour, à chaque instant, naissance au capitalisme et à la bourgeoisie d'une façon spontanée... Là où subsiste la petite exploitation et la liberté des échanges, le capitalisme apparaît.'[52] Se trouve exprimée dans cet énoncé

---

[52] Lénine, *Œuvres*, tomes 41 et 42, cité par Basile Kerblay (1968 ; *Les marchés paysans en URSS*, pp.

programmatique de Lénine la volonté d'aller au-delà de l'entreprise-État et d'étendre la sphère non marchande à *tout* échange, quelle que soit son importance. La mise hors sphère marchande de la production industrielle ne suffirait pas alors pour installer le socialisme, ni le cloisonnement entre différentes sphères monétaires ; il faut, selon cette maxime, éviter encore une possible 'marchandisation' à l'intérieur de chaque circuit, surtout dans celui de la *monnaie papier*. Comment le système soviétique est-il parvenu à atteindre cet objectif ? On observe en effet que malgré la persistance de quelques échanges monétaires, le rôle de la monnaie papier a été globalement marginalisé. Nous posons cette affirmation en nous appuyant sur l'analyse de quelques sous-secteurs, où les théoriciens 'réformateurs' socialistes ont essayé de voir des marchés. Cette question a également été abordée en termes comparables par T. Lowit et N. Fratellini (1979, 1983) : ils concluent que la recherche par le Parti d'une extension maximale de son pouvoir est *incompatible* avec la liberté individuelle d'utilisation de la monnaie papier. Les deux approches convergent vers un même constat : même à l'intérieur du circuit de la monnaie papier, il n'y a *ni* équivalent monétaire *ni* échanges marchands.

3.1 Les niches potentielles pour une monnaie équivalent : biens de consommation, travail, secteur secondaire

Notre propre démarche s'appuie sur une 'preuve par le contraire'. Les arguments développés *en faveur* de sphères marchandes se réfèrent généralement à une ou plusieurs des trois 'niches' au sein desquelles la monnaie aurait gardé un rôle d'équivalent : la niche des *biens de consommation*, celle du *travail*, enfin celle de l'*économie secondaire*.

Il n'y a pas de doute que dans les pays socialistes la monnaie papier est toujours demeurée une condition nécessaire à l'accès aux biens de consommation de base. Mais on observe que ce mécanisme ne concerne qu'un nombre très *limité* de produits ; dès que l'on s'écarte des biens de subsistance, d'autres mécanismes de distribution prennent le relais. Kornai (1992, ch. 9) donne déjà une liste complexe des transferts démonétarisés : subventions de prix de biens de consommation de base, distribution gratuite des biens et des services sociaux, paiement de salaire en biens rares, logements, voyages, etc. Trois différents *mécanismes* de distribution qui, en se substituant à la distribution par la monnaie, sont à l'origine de la démonétarisation :

- la *socialisation des besoins* se traduit en effet par l'intégration d'une vaste gamme de biens sur le lieu de travail. La distribution par le combinat n'est pas limitée aux services immatériels : en font partie également l'approvisionnement en alimentation, produits ou co-produits du combinat, etc. Le logement occupe un rôle particulier dans ce mode de distribution ;
- *l'institutionnalisation de la distribution*, dans des organisations politiques ou étatiques (syndicats, jeunesse du PC) ; ce mode de distribution concerne surtout les biens de consommation de longue durée : voitures, lignes téléphoniques, voyages, etc. ;
- la *distribution gratuite* ou quasi gratuite de produits essentiels, permettant de satisfaire des besoins fondamentaux (pain, lait, repas, livres).[53]

Il en résulte une absence de choix d'affectation de la monnaie billet entre de

---

113/114).

[53] Rappelons les deux exemples, évoqués ci-dessus, du prix inchangé du pain en Union soviétique entre 1934 et 1988 et des cantines populaires.

nombreux biens substituables. Autrement dit, il n'y a, chez les particuliers, que des différences marginales entre les élasticités de la demande, les prix ne jouant qu'un rôle marginal dans la détermination des quantités demandées. L'inflation réprimée, par laquelle la macroéconomie caractérise ce déséquilibre dans l'économie socialiste, n'est qu'un autre visage du même phénomène.[54]

L'existence de rapports marchands de *travail* exigerait deux conditions : à *l'intérieur* du combinat un lien entre qualification et productivité d'un côté, et la rémunération de l'autre, à *l'extérieur* une certaine flexibilité d'adaptation du prix du travail aux fluctuations de l'offre et de la demande. Sur le premier point, la rigidité de la grille des salaires et du 'Plan d'utilisation du facteur travail' limite les possibilités de différenciation. Les divers moyens de distribution non monétaire minimisent le rôle du salaire dans la satisfaction individuelle de besoins matériels. Les primes sont perçues non comme une incitation, mais quasiment comme un droit. Pour la seconde condition, on observe que les salaires ne varient pas en fonction des conditions de l'offre proposée par les combinats et de la demande des individus. L'offre est très inflexible à cause de la dotation fixée pour le fond de salaire et de la rigidité de la grille des salaires. Chaque combinat tente évidemment de prouver au Comité du Plan que la réalisation des normes exigerait une augmentation des effectifs, ce qui provoque une 'pénurie' de main-d'œuvre généralisée - phénomène notoirement connu du système. Mais ceci n'implique pas l'existence d'une demande différenciée ; les raisons en sont principalement l'absence de transparence sur le 'marché', la forte immobilité géographique, et les faibles différenciations entre les qualifications. L'absence de rapports marchands de travail n'exclut pas que les systèmes socialistes, et surtout l'Union soviétique, aient connu lors de certaines périodes des mouvements importants de main-d'œuvre.[55] Mais ces mouvements sont le plus souvent le résultat de stratégies d'industrialisation, de 'mobilisation', voire de déplacements forcés ; ils ne s'inscrivent pas dans une logique marchande.[56]

Reste l'argument de l'existence d'une 'économie' secondaire qui, loin de la coordination officielle, constituerait un véritable lieu d'équivalence monétaire ; dans cette niche marchande, les lois de l'offre et de la demande prévaudraient. Kornai propose ainsi de considérer le secteur informel dans le socialisme comme un véritable marché, caractérisé par des rapports horizontaux entre acteurs.[57] Il y a donc incontestablement un segment où l'adaptation des prix s'opère en fonction des déséquilibres entre offre et demande. On ne peut

---

54 Dans une approche volontairement *quantitative*, Kornai (1992, p. 314) a tenté de calculer le taux de la consommation publique divisible ('divisible public consumption') par rapport à la consommation totale (le taux de 'consommation publique divisible' correspond aux transferts publics des biens et des services qui pourraient théoriquement être assurés par le marché). Kornai en conclut que, dans les pays socialistes, presque la moitié de la consommation passe par la distribution étatique (entre 44,2% pour la Pologne et 48,9% pour l'Union soviétique (1969)). Ce taux ne tournerait qu'autour d'un septième en France et en Italie.

55 Cf. Sapir (1990 ; Le rapport salarial soviétique au risque des lectures occidentales. Colloque de l'IRSES) qui cite le renversement de la tendance passant d'une situation de chômage important en Russie (1 à 1,7 million en 1927/28) à une pénurie généralisée de main-d'œuvre de l'ordre de 30% dans les grandes villes en 1930. On trouve une autre étude détaillée sur les rapports salariaux chez Redor (1985 ; dans : Lavigne, Marie, et Andreff, Wladimir (1985) : *La réalité socialiste : crise, adaptation, progrès*. Paris ; Economica), et un argument mettant en cause l'existence d'un salariat marchand en Union soviétique chez Andreff (1978, p. 260).

56 En partant d'une analyse du marché du travail, 'l'Étude des Quatre' (IMF et al., 1991, vol. I, p. 17) sur l'économie de l'Union soviétique conclut que le marché du travail y avait été en 'déséquilibre grave' ; les auteurs insistent par ailleurs sur l'absence de mobilité géographique : 'the main factor inhibiting labor mobility in the post-Stalin period was (and still is) the difficulty of obtaining housing.'

57 'Prices based on an unmistakable horizontal market relation, buyer-seller agreement, emerge only in the area where the seller is the informal private sector and the buyers are households or the formal and informal private sector.' Kornai (1992, p. 155).

pourtant pas en conclure que ce phénomène constitue 'un îlot important de marché dans l'océan du Plan'. Le nombre très limité de produits échangés et le caractère souvent illégal de ces transactions limitent très fortement l'étendue de ce type d'échanges, qui correspondent en fait plutôt à du troc. Malgré l'importance locale que peut représenter le secteur informel, son volume global reste négligeable.[58]

3.2 La dévalorisation de la monnaie papier par le Parti polymorphe

T. Lowit et N. Fratellini, ayant conduit de multiples enquêtes de sociologie ouvrière dans les combinats depuis 1970, ont proposé de lier l'effet de marginalisation de la monnaie papier au caractère oppressif d'un système qu'ils définissent comme entièrement dominé par le Parti. Ils rejettent la thèse selon laquelle le socialisme ne serait qu'*une* forme spécifique d'organisation de l'économie par l'État. Selon eux, l'État a au contraire *disparu* de la structure du pouvoir des régimes soviétiques. Ne reste que le *Parti polymorphe* se substituant à l'État à tous les niveaux institutionnels. Ce Parti polymorphe, 'non prévu par les théories sociales du XIXe siècle, assure à lui seul l'ensemble des fonctions politiques, administratives et économiques, culturelles et sociales d'un pays donné.'[59] Lowit établit ainsi un lien entre les structures de domination et la démonétarisation : la volonté du Parti d'étendre son pouvoir à toutes les activités de la vie publique et privée ne laisse pas de place aux individus pour disposer librement de la monnaie papier. Ce constat revient à reprocher au socialisme réel de ne pas avoir remplacé la distribution monétaire par la distribution selon les besoins, mais par la distribution selon 'l'idéologie' (du Parti).

Lowit et Fratellini en concluent que le mode de distribution non monétaire domine également le circuit de la monnaie billet, et qu'il constitue un des principaux rouages du système de contrôle social des pays de l'Est. Quant au salaire, 'la *paie en espèces* ne constitue en définitive ni une condition nécessaire, ni une condition suffisante pour pouvoir accéder à toute une gamme de biens de consommation indispensables'.[60] Leur approche trouve son aboutissement en caractérisant la monnaie papier comme *dévalorisée*, en concluant à une absence de sphères marchandes dans le système soviétique.

Conclusion

Le projet socialiste est incompatible avec l'existence d'une monnaie comme expression de la valeur des marchandises et du travail. Sur ce point, les Partis socialistes n'ont jamais accepté de modifications. Malgré des réformes proposées par certains théoriciens socialistes, l'absence d'une monnaie active constitue un fil conducteur dans leurs analyses du socialisme. Les différences d'interprétation portent sur les politiques d'introduction et d'adaptation du système, d'abord dans un contexte de 'transition' socialisme-communisme dans les années 20, puis dans un contexte de 'stabilisation' du socialisme. On retrouve dans le débat sur le rôle de la monnaie les mêmes arguments que

---

[58] Des études empiriques estiment que le taux de l'informel dans le système soviétique tourne au maximum autour de 10% des revenus officiels ; les principaux postes en sont 'la production au noir d'alcool, la prestation des services divers (location, éducation, soins médicaux et dentaires, réparation et entretien de biens durables), des activités de construction ou de finition des logements, auxquelles s'ajoutent bien entendu les produits du vol et de corruptions diverses.' Duchêne (1989, p. 104).

[59] Lowit (1979, p. 449).

[60] Lowit et Fratellini (1983, p. 192).

ceux qui étaient invoqués pour caractériser la nature même du socialisme. On identifie ainsi, en regroupant les auteurs au-delà des frontières idéologiques et historiques, deux visions distinctes. D'abord celle des *réformateurs gradualistes,* de Boukharine jusqu'à Kornai, qui insistent systématiquement sur le rôle que peut jouer l'élargissement sélectif de la sphère marchande ; pour eux, l'introduction ou le maintien d'un 'peu de marché' ne sont pas contradictoires avec le projet socialiste, cela peut au contraire aider à sa stabilisation. L'autre vision, que nous dirons *radicale,* est préconisée par ceux qui, de Preobrajenski à Klaus, en passant par Mises et Lazarus, considèrent qu'il ne peut (ou ne doit) pas y avoir coordination monétaire sans que la monnaie en question détermine une valeur marchande commune à *tous* les biens et services, sur laquelle les anticipations peuvent être basées.

Notre analyse confirme - avec ces derniers - que, dans les systèmes soviétiques, cette monnaie n'existe pas. Ce qui est appelé 'monnaie' est en réalité ou un moyen de gérer la planification ('pseudo-monnaie' scripturale) ou un moyen de faciliter l'achat d'un nombre très limité de biens non substituables ('pseudo-monnaie' papier), ou encore un moyen d'effectuer du commerce extérieur ('pseudo-monnaie' devise). Le cloisonnement des trois circuits 'monétaires' permet une coordination non monétaire, en séparant la rémunération des facteurs de production (travail) de la 'valeur' même de celle-ci. La fixation des 'prix' dans le système devient alors un processus entièrement soumis à la prise de décision à l'intérieur du Parti/État, en l'absence de mécanismes de sanction externe - par exemple de demande finale. De même, pour les particuliers, la monnaie papier ne permet pas de choisir entre un nombre significatif d'utilisations alternatives. Même à l'intérieur des 'niches' potentiellement marchandes, on observe que l'utilisation de la monnaie papier est très restreinte ; elle ne joue aucunement le rôle d'un équivalent. Ceci n'empêche pas *d'autres* mécanismes de coordination d'exister, au contraire : les files d'attente, les réseaux d'entraide, la corruption et bien d'autres phénomènes encore se sont substitués à la distribution par la monnaie. Or, la dominante non monétaire de ces phénomènes empêche leur évaluation économique, c'est-à-dire liée à l'existence d'un système de prix permettant de prendre des décisions reproductibles.

Les systèmes socialistes soviétiques ont ainsi réalisé leur projet de 'vider les concepts capitalistes de leur contenu' : s'il n'y a pas de *monnaie*, le concept même de capital est impensable. La dévalorisation de la monnaie billet implique qu'il n'y a pas de *salaire* ; la fixation arbitraire des prix fait perdre tout sens au concept de *profit*, etc. Rien ne permet de supposer qu'une de ces variables, une fois substituée aux concepts 'capitalistes', représente une donnée *économiquement* significative. Les 'prix' socialistes, les 'profits' socialistes, les 'coûts' socialistes, etc. sont autant de concepts vidés, de 'non-concepts' impossibles à interpréter en dehors de leur cadre socialiste spécifique, contrôlé par le Parti/État. Et, surtout, autant de concepts sans rapport avec ceux appliqués en économie monétaire capitaliste. Ainsi, vouloir comparer, par exemple, les profits d'une branche industrielle d'un pays socialiste et d'un pays capitaliste serait comparer deux objets *sans* disposer d'une unité de valeur commune. De même est-il impossible de déterminer le degré de déformation de prix dans le système socialiste, par rapport aux prix déterminés dans une économie monétaire. Ceci rend impossible toute comparaison des valeurs de PNB des pays capitalistes, exprimés en équivalent dollars avec les 'chiffres' du PMN (Produit matériel net) dans les pays socialistes.

Cela donne toute sa force à l'expression de Mises qui avait appelé 'tâtonner dans les ténèbres' les tentatives pour donner un sens économique là où il n'y avait que des chiffres. Ce 'tâtonnement' a pourtant prévalu pendant longtemps comme principale méthode d'interprétation du fonctionnement et de la dynamique du système socialiste. Aujourd'hui, c'est au contraire sur les phénomènes *réels* de la coordination non monétaire que devrait se centrer la recherche sur le socialisme. Nous abordons, dans les deux chapitres suivants, ceux repérés au niveau élémentaire du système industriel socialiste, le *combinat* ; ils sont particulièrement révélateurs de ce fonctionnement non monétaire.

Chapitre III

STRUCTURE ET DYNAMIQUE DU COMBINAT SOCIALISTE POLYFONCTIONNEL

Une fois établie l'absence de coordination monétaire dans le socialisme - la 'non monnaie', se pose la question des mécanismes coordonnant la production industrielle socialiste - appelons-la pour l'instant la 'non-entreprise' - qui ont permis au système de se développer et qui lui ont donné sa cohérence interne. Il s'agit, aujourd'hui, de comprendre *comment* les pays socialistes ont su engendrer un développement industriel, incontesté, et comment ils ont su maintenir, pendant plusieurs décennies, un certain consensus social. Les comparaisons entre entreprise capitaliste et entreprise socialiste, qu'elles aient été organisationnelles, financières, ou techniques, n'ont pu éclaircir davantage ces phénomènes. Dans ces interprétations *comparatives*, l'entreprise socialiste demeure une boîte noire, caractérisée par la fonction de production qui lui est imposée par le Plan. L'analyse de la dynamique du système se limite le plus souvent à la description du processus de planification, des tentatives de réforme par modification des liens hiérarchiques, et des grandes évolutions macroéconomiques. Dans ce cadre institutionnel et comparatif, l'entreprise typique d'une 'économie de pénurie' poursuit une double stratégie : par rapport à ses instances hiérarchiques supérieures, la direction tend à sous-estimer les capacités de production pour adoucir la contrainte en amont ; elle cherche, par contre, à l'intérieur, à dépasser les Plans pour accumuler des réserves.

Nous établissons dans ce chapitre un modèle alternatif du fonctionnement de l'industrie socialiste, défini de l'*intérieur* du système, et non pas par opposition à un modèle transféré de l'entreprise capitaliste. Notre modèle s'articule sur un mode de coordination spécifique résultant d'une médiation non monétaire entre production et besoins, inséparable des structures du Parti/État. C'est donc au niveau de l'unité de base de l'industrie que doivent être résolus les conflits d'intérêt ainsi générés. Reprenant l'usage établi dans la plupart des pays que nous étudions, nous appellerons cette unité industrielle de base *le combinat*. Nous ne cherchons pas ici à différencier, à l'intérieur du bloc socialiste, différents modèles de coordination ; nous faisons au contraire l'hypothèse d'une forte *convergence* de ces pays autour d'un modèle de base commun : le combinat. Un même système non monétaire a engendré un même modèle de base, dont on retrouve les traits principaux dans tous les pays. 'Inventé' en Union soviétique à la fin des années 20, le combinat s'est imposé comme forme principale de l'organisation industrielle dans les pays de l'Est de l'après-guerre. Comme le souligne l'économiste-historien des pays de l'Est, W. Brus (1986), c'est l'*uniformité* de l'introduction de ce modèle à travers tous ces pays différents - Pologne, Tchécoslovaquie, Hongrie, RDA, Roumanie, Bulgarie - qui frappe. C'est donc ce modèle uniforme du *combinat* qu'il convient d'étudier (section 1). Ce même constat du parallélisme vaut également pour la *dynamique* connue par les combinats en Europe de l'Est après leur consolidation au début des années 50. Notre analyse tente d'identifier la dynamique industrielle socialiste résultant de la nature polyfonctionnelle de ses unités de base. Nous cherchons dans la section 2 de ce chapitre à structurer les étapes de cette dynamique.

1. Le combinat polyfonctionnel

Si nous insistons sur le terme de 'combinat', avant même d'en avoir introduit le concept, c'est parce que l'hypothèse de la non-séparabilité entre activités économiques et sphère politico-étatique rend, selon notre conception du socialisme, inopérant le terme d''entreprise socialiste'. Mises (1920, 1932) avait résolu la question en créant le terme d''organisation socialiste'. En reprenant les conventions du système que nous étudions, nous parlons de *combinat*. Dans les pays de l'Est, le terme de combinat prévaut en effet lorsque l'on parle d'unités industrielles ; les gens eux-mêmes parlent le plus souvent de 'leur combinat' pour caractériser leur lieu d'appartenance professionnelle et sociale. En Union soviétique, Yougoslavie, Pologne, RDA, Roumanie, Albanie et Tchécoslovaquie, le terme de *combinat* figurait dans les noms propres des sites industriels. Ce terme ne recouvre pas toujours les mêmes structures administratives, ayant subi des modifications selon les pays. Ce que nous appelons par la suite 'le combinat' correspond, par exemple, à la *predpriyatiye* en Union soviétique, au VEB - fabrique du peuple - en RDA, etc. Notre analyse part d'un constat simple : on trouve, sur un site industriel socialiste, en plus des unités de production d'autres éléments qui ne leur sont pas directement liés. Nous établirons ensuite que la forme prise par le combinat n'est pas uniquement dépendante de l'organisation de la production, mais qu'elle est inséparable du système de Parti/État qui l'encadre.

1.1 Combinat-Parti-État

L'objectif d'une industrie socialiste est d'abolir la médiation entre production et besoins par la marchandise, prévalant dans le capitalisme, pour soumettre directement la production au critère de l''utilité sociale'. La coordination monétaire, opérant à travers la variation des prix relatifs, doit donc être remplacée par un mécanisme alternatif, capable d'imposer les nouvelles préférences 'sociales' aux activités de production. Seul l'ensemble *Parti/État*, s'étant approprié le rôle d'arbitre de tous les aspects de la société, peut jouer ce rôle.

En enquêtant systématiquement dans les sites industriels socialistes, on observe dans chacun d'eux l'existence en parallèle d'éléments qui, apparemment, ne relèvent pas de la même logique fonctionnelle. On observe ainsi que l'outil productif n'a pas été développé de manière systématique, que de très vieilles installations coexistent avec de très modernes dans un même cycle de production, et que souvent il manque des unités de production importantes à l'intérieur même d'une chaîne technique (par exemple un laminoir dans un combinat sidérurgique). On observe que les activités qui lient les gens au site ne se limitent pas aux heures de travail, mais s'étendent aux domaines de la formation, du loisir, de l'enseignement (technique et idéologique) et à beaucoup d'autres activités, pour eux-mêmes et pour les membres de leurs familles. On observe enfin la présence, sur le site même, d'institutions relevant de fonctions idéologiques, étatiques et militaires (cellules du Parti, prison, contingents militaires), qui semblent n'avoir aucun lien avec la production ni avec les services sociaux. Cette configuration spécifique, et unique, doit être considérée comme le résultat réel du socialisme, correspondant au projet sous-jacent. On ne peut donc en comprendre la nature et la dynamique par une simple analyse de la productivité technique. Nous visons au contraire à interroger les spécificités du système auquel elle appartient et les normes et sanctions auxquelles elle est soumise. Contre l'interprétation du combinat comme entreprise publique, et donc comme unité économique indépendante, nous affirmons au contraire le caractère spécifique de la *polyfonctionnalité* du combinat, résultant directement de sa soumission au Parti/État.

L'interprétation 'économique' : l'entreprise publique comme élément de la hiérarchie économique

Les interprétations économiques du socialisme s'accordaient à qualifier l'entreprise socialiste d'échelon hiérarchique de la planification étatique. Selon cette interprétation, la direction de l'économie nationale est assurée par le 'Centre', constitué d'un côté par un Office du Plan et les ministères fonctionnels et de l'autre par les instances de contrôle politique (Comité central, Bureau politique). Dans ce modèle, l'État dispose d'un patrimoine *économique* propre. Les structures de commande de cette économie suivent une logique hiérarchique, suivant un ordonnancement territorial ou sectoriel. Cette caractérisation établit une séparation entre la sphère du Parti et la sphère économique. Les institutions étatiques de la planification sont contrôlées par le Parti, mais elles suivent une logique économique *propre* : celle de la 'réalisation optimale des Plans avec des ressources limitées'.

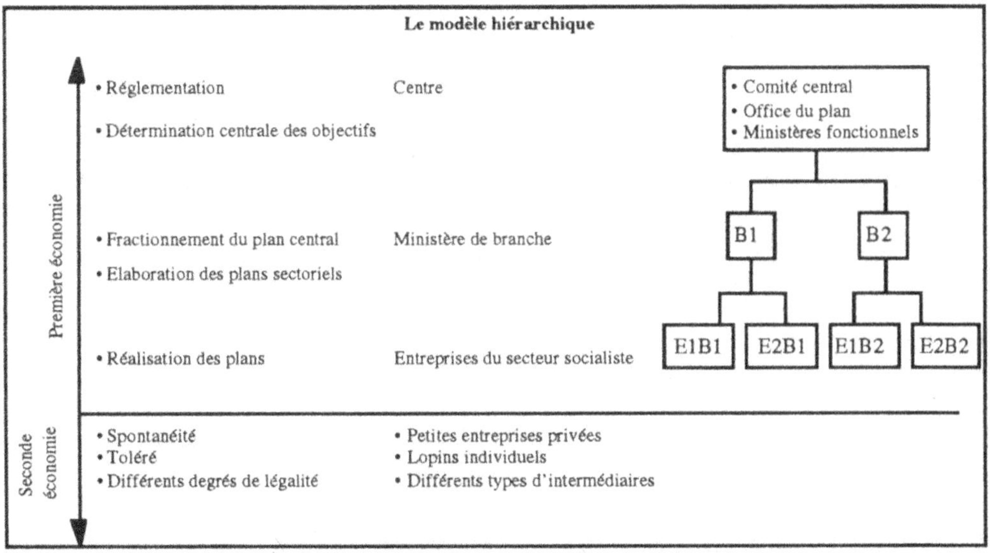

Figure III.1 : L'analyse classique de l'économie socialiste : le modèle hiérarchique[61]

L'entreprise socialiste apparaît dans cette hiérarchie (cf. figure III.1) comme un élément d'exécution du Plan, recevant par les ministères de branche des directives sous la forme de fractions des Plans sectoriels qu'elle adapte ensuite pour ses usines (aussi appelées 'établissements', au niveau hiérarchique inférieur à celui des 'entreprises'). Les entreprises du secteur socialiste, caractérisées par leur fonction de production, assurent la production et, à travers des fonctions de redistribution, une grande partie de la satisfaction des besoins.

[61] Tiré de Richet (1992 b, p. 32).

L'État veille à la répartition des Plans entre les différentes filières. Dans cette représentation de la vision hiérarchique de l'économie socialiste, les normes *et* les sanctions proviennent de la hiérarchie étatique. Les normes ne sont rien d'autre que les Plans désagrégés. La structure hiérarchique du secteur d'État permet 'd'aboutir à un ensemble détaillé d'injonctions au niveau de l'entreprise, dont le plan opérationnel (annuel) constitue en principe un fragment de celui du ministère, qui n'est à son tour qu'un fragment du plan national'.[62] Quant aux sanctions, elles jouent sur les niveaux variables d'investissement et de primes, versés en fonction de la réalisation du Plan. Selon ce modèle que nous appelons désormais le '*modèle hiérarchique*', l'entreprise socialiste peut être analysée selon les mêmes critères que l'entreprise dans une économie de marché. La direction de l'entreprise, par exemple, bien que nommée suivant le système de la nomenclature, veille à une gestion *économique* de l'entreprise. Le directeur d'un combinat est censé se comporter comme un gestionnaire 'normal', prenant le même type de décisions que le directeur d'une entreprise monétaire, quoique dans un système de normes et de sanctions différentes. L'entreprise socialiste apparaît donc, dans ce modèle hiérarchique, comme une unité économique *indépendante*, malgré la forte interdépendance des sphères économique et politique. Le modèle insiste sur les liens hiérarchiques et les relations formelles entre les différents niveaux de la planification. Mais, dans ce modèle, l'entreprise socialiste reste, quant à son fonctionnement interne, une 'boîte noire'.

L'interprétation du combinat inséparable *du primat du Parti*

A l'inverse de cette approche, nous focalisons notre attention sur la manière dont le combinat fonctionne sous les contraintes extérieures *et* intérieures. Au centre de cette interrogation se trouve la question du mécanisme liant le *cycle papier* - la planification - au *cycle réel* - la production. Il s'est avéré, lors des enquêtes, que ce lien entre la planification formelle et l'exécution est *faible*. Si tout est théoriquement planifiable, on observe que souvent ni les quantités, ni les tonnages, ni la qualité ne sont effectivement contrôlés dans les combinats. L'institution assurant la cohérence à l'intérieur d'un combinat n'est *pas* le Plan mais le *Parti*. Celui-ci a non seulement le primat dans les négociations du Plan, mais il veille également, à l'intérieur du combinat, aux conditions de son exécution. Le Parti intervient en effet à *tous* les niveaux à l'intérieur du combinat ; il détermine la négociation des Plans *et* les activités de production. En effet, il existe, à l'intérieur du combinat, un double système de direction. D'abord, la direction 'officielle' du combinat, que nous appelons la *direction technique*. Elle gère les affaires courantes, suivant une répartition fonctionnelle des tâches ; ainsi, les négociations avec la Commission étatique du plan et le suivi de la réalisation du Plan relèvent de sa responsabilité. La direction technique s'intègre, comme prévu par le modèle hiérarchique, dans la hiérarchie formelle de l'industrie. Mais, hors de cette hiérarchie formelle, s'opère un contrôle par le Parti, au niveau de la section du combinat, que nous appelons *direction du Parti*.[63] Les décisions de la direction du Parti priment sur celles de la direction technique dans toutes les questions stratégiques, telles que les décisions d'investissement, la distribution des primes, ou en matière disciplinaire. La direction du Parti veille sur les négociations du contreplan, élaboré dans les ateliers par les

---

[62] Chavance (1992 a, p. 22).

[63] Le caractère plus ou moins explicite de la direction du Parti peut varier. En Roumanie et en RDA, par exemple, on parlait ouvertement d'une 'direction du Parti', en Tchécoslovaquie on mentionnait les 'cellules du Parti' à l'intérieur du combinat. La séparation entre 'direction technique' et 'direction du Parti' peut ne pas toujours être très nette.

antennes du syndicat (les brigades), elle maintient l'ordre idéologique, elle contrôle la nomenclature à l'intérieur du combinat, enfin, c'est elle qui introduit les demandes d'investissements dans les canaux de décision du Parti.

La marque du Parti peut être repérée dans le processus d'établissement du Plan, caractérisé par trois niveaux d'élaboration : celui de *l'amont* du combinat, celui de la *direction du Parti* du combinat et celui des *brigades* à l'intérieur des unités de production. En amont, la Commission étatique du Plan fixe aux ministères de branche, et sur directive du Comité central, les normes générales. Les 'propositions' sont basées sur une augmentation d'un pourcentage fixe du plan antérieur et une augmentation variable qui dépend des objectifs fixés par le Comité central.[64] La tâche principale des ministères de branche consiste à découper en tranches le Plan général. Au niveau suivant, à la direction du combinat, s'ouvre un *conflit* entre la direction technique et la direction du Parti. La crainte de pénuries pousse effectivement la direction technique à *sous-estimer* sa capacité de production. La direction du Parti, en revanche, est censée veiller à ce que le combinat affiche un *maximum* de capacité. La direction du Parti doit ainsi trancher entre une position de loyauté vis-à-vis du Parti central, et sa responsabilité à l'égard de la cohérence interne du combinat. Ce conflit est l'une des origines de la divergence observée entre le cycle papier de planification et le cycle réel de production. Le troisième levier du Parti est constitué par les représentants des syndicats au niveau de l'atelier : les brigades. L'un des rôles des brigades est d'élaborer un 'contreplan', c'est-à-dire de faire leur propre estimation des capacités de production. Le contreplan permet à la direction du Parti de contrôler les Plans désagrégés officiels, établis par la direction technique. Dans l'élaboration de ce contreplan, le syndicat doit résoudre la même contradiction que la direction du Parti dans le combinat : loyauté à l'égard du Parti, et faisabilité technique de ses propositions. C'est également au niveau des brigades qu'ont lieu les campagnes de mobilisation du Parti - la 'compétition socialiste'.

Quant à la *vérification* physique des Plans, il est apparu que les planificateurs étatiques ne disposaient *pas* systématiquement des moyens de vérifier les chiffres annoncés par les combinats. Même à l'intérieur d'un combinat, la comptabilité du Plan semble avoir souvent été incapable de vérifier physiquement les chiffres que lui annonçaient la production. Par conséquent, d'autres mécanismes de contrôle et de sanction ont dû fonctionner, à l'intérieur même de la hiérarchie du *Parti*.

Et l'État ? Si tous les aspects concernant la production sont contrôlés par le Parti, quel est le rôle de l'État ? Il apparaît que la distinction théorique opérée par le modèle hiérarchique entre les deux piliers du système - l'État-économie d'un côté et le Parti-politique de l'autre - ne rend pas compte de leur inextricable imbrication. Est-il alors possible d'identifier les fonctions qui, au sein du système socialiste, permettraient de repérer l'existence d'un *État* et de le distinguer du Parti ? En répondant par la négative à la question *'Y a-t-il un État en Europe de l'Est ?'*, T. Lowit (1979) opte pour une solution extrême. Il insiste sur le rôle tout-puissant du Parti, à tous les échelons : le *Parti polymorphe*, selon lui, non seulement domine, mais *absorbe* l'État.[65] Selon cette lecture, la triple présence du Parti dans le combinat s'inscrit dans sa tentative de *tout* dominer. Au-delà de cette domination 'institutionnelle', le Parti consolide sa position en s'appuyant sur des fonctions de répression : la police et la milice, également présentes dans le combinat. La thèse du

[64] Les augmentations fixes sont calculées sur la base d'un gain de productivité moyen pour une industrie ; elles concernent surtout les volumes physiques de la production. Au contraire, les augmentations variables peuvent également concerner les améliorations des services sociaux et les normes qualitatives.

[65] Lowit (1979), cf. notre chapitre II, section 3 (discussion à propos de la monnaie papier dévalorisée).

Parti polymorphe dénonce les dérapages du socialisme ; elle ne reconnaît pas au socialisme réel d'avoir opéré une rupture nette avec son modèle concurrent - le capitalisme. L'État aurait disparu non pas grâce à la réussite du projet, mais à cause de son échec, manifeste dans la nouvelle domination par le Parti. S. Lazarus (1992, 1994), au contraire, identifie un indice matériel en *faveur* de l'existence d'un État dans le socialisme : le caractère fonctionnarisé du travail. Selon lui, le fonctionnariat ouvrier assure dans le socialisme le lien entre la production et le social, créant un 'espace ouvrier singulier'. Il n'y a, par conséquent, pas de séparation entre l'État, couvrant le champ du social, et le Parti, dispositif de contrôle ; 'le Parti dirigeait l'État formant un État singulier à fonction polymorphe.'[66] Nous ne pouvons pas, à partir de notre problématique, trancher sur cette question délicate des relations entre Parti et État. Nous observons simplement que la séparation entre sphère économique et sphère politique semble être artificielle. Retenons que, dans le système socialiste, il existe une curieuse combinaison du Parti et de l'État, qui intervient *directement* dans les choix de production et de distribution des biens. Dans la suite de ce travail, nous appelons cette curieuse et unique combinaison le *Parti/État*.

1.2 La polyfonctionnalité du combinat socialiste

Constatons, à ce stade du raisonnement, que le combinat apparaît comme un lieu stratégique du système socialiste : soumis aux forces contradictoires qui traversent les intérêts multiples du Parti/État, c'est en son centre que doivent être prises et matérialisées les décisions de production et leur distribution selon les besoins, en fonction du critère de l'utilité sociale. L'objectif d'un combinat, comme celui du Parti/État, ne peut donc être réduit à la *seule* fonction principale de production que lui assigne le modèle hiérarchique. Un combinat est au contraire obligé de gérer les exigences *multiples* qui lui sont imposées par le Parti/État : c'est ce que nous appelons la *polyfonctionnalité*. C'est sur la base de ce concept que nous pouvons ouvrir la boîte noire du combinat en systématisant les différentes activités qu'il assure en son sein même : *production*, *services sociaux* et *contrôle*.[67]

Nous appelons le *productif* l'ensemble des activités qui contribuent à la production des biens dans la filière principale d'un combinat. Elles peuvent avoir avec la production physique d'un produit des liens directs - 'production' proprement dite - ou indirects - comme par exemple la R&D, la maintenance ou la logistique interne. Par voie d'exclusion, sont dites activités non productives toutes celles dont l'absence n'empêcherait pas, dans l'immédiat, le maintien du cycle de production.

Le *social* ou les *services sociaux* sont plus difficiles à cerner. Nous désignons par les services sociaux l'ensemble des activités qui sont destinées à ce que la théorie socialiste appelle la 'reproduction de la force du travail' et, au-delà, celles qui assurent une certaine autonomie du combinat dans la distribution de biens de consommation (la satisfaction des besoins). La ligne de démarcation entre le productif et le social dépend de leur degré d'implication dans la production ; cette démarcation est nécessairement flexible. Nous différencions trois types de services sociaux :

- les services *généraux* bénéficient à la totalité de la population d'un combinat (santé, sécurité sociale, formation à tous les niveaux, etc.) ;
- les services aux *individus* sont disponibles sans restrictions mais ils ne sont utilisés

---

[66] Lazarus et Michel (1992, pp. 9-10).

[67] Nous reprenons ici la classification des fonctions proposée par S. Lazarus (1992) à la suite d'enquêtes d'anthropologie ouvrière dans des combinats, ou *dan wei industriels*, en Chine.

que par une partie limitée de la population (activités culturelles, vacances, bibliothèques, clubs, formation continue, etc.) ;

- les services *matériels* visent plus particulièrement la dévalorisation de la monnaie billet (distribution de biens de consommation, alimentation, repas gratuits, logements, etc.).

Le *contrôle* constitue le dispositif assurant le maintien d'un combinat et de ses membres sur une trajectoire définie par le Parti/État. Ces activités couvrent le contrôle de la production proprement dite, ainsi que celui de l'ensemble des activités du combinat, en son sein et dans ses rapports avec l'extérieur ; le combinat assure un contrôle strict sur les activités individuelles et collectives de ses membres. Le contrôle comprend des aspects idéologiques et étatiques. Les activités de contrôle assurent notamment :

- la représentation du Parti à l'intérieur du combinat (direction du Parti, syndicat, brigade) ;
- la formation idéologique des membres, la formation d'élites politiques, la mobilisation idéologique ;
- la surveillance des individus ;
- le maintien de l'ordre public ;
- l'autorité d'exécution pénale (prison, travail forcé) ;
- le contingent militaire (équipé et armé).

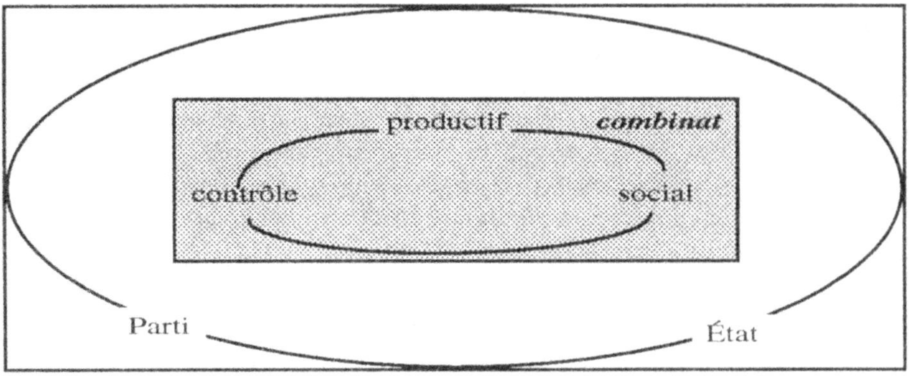

Figure III.2 : Le combinat polyfonctionnel

A la caractérisation hiérarchique de l'entreprise socialiste s'oppose donc une caractérisation du combinat par sa logique *interne*. Nous avons tenté d'en donner une représentation schématique (cf. figure III.2) : dans un combinat, il y *a* du productif, du social et du contrôle. Le combinat assure systématiquement ces activités diverses ; il les privilégie à tour de rôle (d'où le cercle sur lequel elles se situent dans le schéma). Le combinat, lui-même, se situe à l'intérieur de la sphère délimitée par le Parti/État qui se sert du combinat industriel comme d'un lieu, central, pour assurer ses objectifs.

1.3 Caractéristiques induites du combinat

Cette interprétation du combinat socialiste nous conduit à définir quelques-unes de ses caractéristiques générales induites. Le constat que le travail n'est pas régi par la 'vente de la marchandise' équivaut au constat que la production n'est pas séparée de l'État.[68] Les activités sociales sont l'instrument par lequel l'État assure la valeur sociale du travail, en mettant à la disposition de ce dernier une gamme de services, *indépendamment* de sa contribution à la production. La condition nécessaire de cette disjonction est la possibilité de séparer les flux monétaires impliqués. Cette disjonction travail-marchandise, opérée au sein même du combinat, conduit à reconsidérer le terme de 'travail'. Nous proposons plutôt de caractériser les personnes qu'englobe le combinat comme ses *membres*. Un combinat n'emploie pas de travailleurs, il a des *membres* qui lui sont *attachés*. Les activités de formation nous offrent un exemple de cet attachement liant le combinat à ses membres.

L'encadrement de ceux-ci par le combinat peut commencer à la crèche et se terminer au 'club-culture troisième âge', en passant par toutes les étapes de formation que peut offrir le combinat : l'école primaire, le lycée technique, l'apprentissage, la formation technique continue. Le rattachement des membres ne concerne pas uniquement les personnes actives dans le combinat, la plupart des services sociaux étant également accessibles aux autres membres de leur famille.

Un deuxième résultat de la polyfonctionnalité du combinat porte sur sa capacité à dominer localement les réseaux physiques (infrastructures), administratifs et idéologiques (Parti). Le combinat n'est pas *un* lieu quelconque de production de tel ou tel bien, mais il est *le* lieu même de *création de l''utilité sociale'*. Le combinat se trouve ainsi en position de force vis-à-vis d'autres institutions locales (administration étatique, infrastructures). L'intégration des infrastructures logistiques (de transport notamment) et techniques (électricité, eau, gaz) dans le combinat en est un résultat souvent observé. Le rôle central accordé à l'utilité sociale fonde également l'importance de l'appareil de contrôle à l'intérieur du combinat. Comme nous l'avons vu, le combinat est contrôlé à plusieurs niveaux, mais il contrôle lui même la vie publique locale. A ce niveau, la marque du Parti s'imprime sur l'administration : le combinat échappe à la tutelle administrative locale. Le combinat se trouve donc en position de force par rapport aux institutions régionales où il ne s'intègre que très peu. L'existence de combinats est incompatible avec le concept d'autonomie régionale.[69] L'indépendance du combinat, y compris pour les affaires sociales de ses membres, fonde son degré élevé d'autarcie et sa *domination locale*.

La jonction entre le social et le contrôle fonde un troisième trait caractéristique : celui de la mobilité contrôlée du facteur travail. Chaque membre dépend de son combinat pour des services importants qu'il ne peut pas ou difficilement se procurer ailleurs. Cette exclusivité du combinat permet son pouvoir de contrôle : contrôle civil, d'abord, par surveillance facilité des déplacements de ses membres ; contrôle idéologique ensuite, par la mise à disposition de multiples leviers d'incitations ou de sanctions. L'exemple classique du *logement* éclaire cette interdépendance des fonctions sociales et de contrôle. Les logements-ouvriers de R. Owen du début du XIXe siècle ont été considérés, selon les points de vue, tantôt comme une conquête de droits sociaux, tantôt comme un moyen puissant de contrôle sur la main-d'œuvre. On retrouve cette même ambivalence au sein du combinat : l'appartenance à un combinat d'un individu se définit autant par son activité productive que par le logement de toute sa famille dans des habitations contrôlées par le combinat. On peut ainsi faire correspondre ce caractère de contrôle avec plusieurs fonctions sociales. En effet, la

---

68 Cf. Lazarus (1994).

69 Nous retrouvons un résultat semblable dans l'analyse que font certains géographes du socialisme, qu'ils considèrent comme incompatible avec le concept de *région* (Radvanyi et Rey, 1989).

centralisation des services généraux (santé, formation) facilite le contrôle civil ; les services matériels (logement, biens de consommation, alimentation, prêts, etc.) attachent l'ouvrier à son combinat ; les services individuels renforcent cet attachement (permissions de voyage). La restriction de la mobilité n'implique pas une absence de mouvements de la main-d'œuvre. Ceux-ci ont même été importants, surtout pendant la phase d'expansion géographique de l'industrie en Union soviétique. Mais, dans la plupart des cas, il s'agit de mouvements planifiés : la création de nouveaux pôles industriels et la délocalisation de la main-d'œuvre inscrivent ces mouvements dans la logique du développement polyfonctionnel de l'industrie.

1.4 Modèle élargi du combinat polyfonctionnel

Nous pouvons donc résumer ainsi le concept proposé pour caractériser l'élément essentiel de l'industrie socialiste : un *combinat* est l'unité de base de l'industrie socialiste, créée pour rendre possible le remplacement de la production marchande par la production selon le critère de l'utilité sociale ; c'est à son niveau que les objectifs généraux, fixés par le Parti/État, doivent concrètement être transformés en actes de production, puis de distribution pour la satisfaction des besoins. Pour résoudre ces conflits d'intérêts, le combinat s'appuie sur sa *polyfonctionnalité*, c'est-à-dire sur l'existence, en son sein, d'activités multiples de caractère très différent, relevant du productif, du social et du contrôle. La singularité du combinat socialiste est qu'à l'intérieur de ce que nous appelons la polyfonctionnalité, il n'y a *pas* de priorité fixée entre les diverses activités. Un combinat est caractérisé par l'appartenance de ses membres, par sa domination locale et par la mobilité contrôlée de ses membres. L'inséparabilité des objectifs du combinat et du Parti/État fait du combinat un *morceau* même du Parti/État. La figure III.3 tente de rendre compte de cette structure particulière.

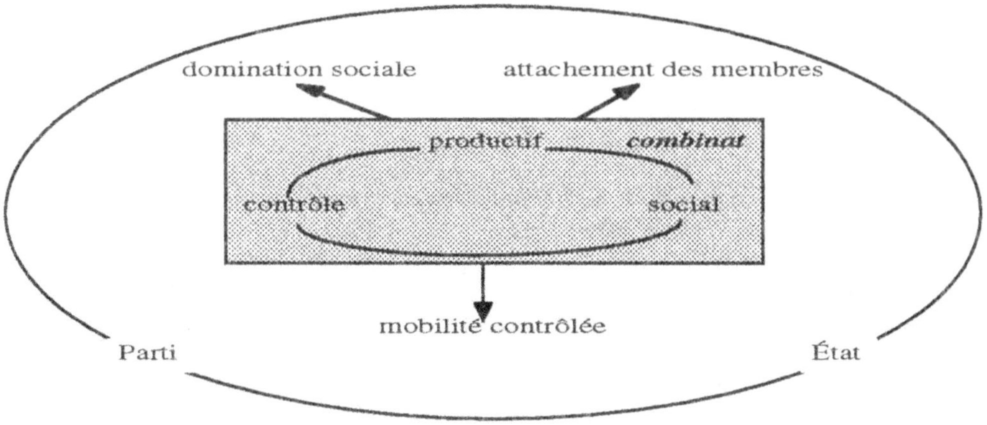

Figure III.3 : Modèle élargi du combinat polyfonctionnel

Le combinat polyfonctionnel est le niveau pertinent pour analyser la dynamique industrielle du socialisme, comme étant le lieu de contact direct entre les décisions de production et la superstructure politico-étatique dans laquelle il s'insère. Ni l'usine, en aval, ni les structures hiérarchiques, en amont, ne peuvent remplir les mêmes fonctions : en aval, l'usine est un lieu d'exécution qui assure surtout du productif ; en amont, les structures du Parti/État n'ont pas de prise directe sur le mode de réalisation de leurs décisions (Plans). Dans le socialisme, *le lieu de la plus forte polyfonctionnalité est le combinat.*

Ce qui est innovateur dans ce modèle d'interprétation n'est pas le constat même de l'existence d'activités multiples à l'intérieur du combinat et d'une différence par rapport à d'autres formes d' 'entreprises', mais son *interprétation en termes de polyfonctionnalité.* Le constat de l'existence de multiples activités non productives dans le combinat, n'a en effet, en soi, rien de nouveau. Or, les interprétations hiérarchiques de l'entreprise socialiste ont surtout vu dans en cette multitude de fonctions une contrainte supplémentaire pour la fonction principale : celle de *production.* Selon Kornai, la production d'une 'entreprise socialiste' souffre de trop de bureaucratie dans l'appareil ; selon lui, l'entreprise a constitué un lieu de pouvoir supplémentaire pour les dirigeants-managers et secrétaires du Parti. Par rapport à l'entreprise capitaliste privée, ces dirigeants ont été plus libres dans leur prise de décision, ce qui les a conduits à des décisions productives moins efficaces. X. Richet appelle les trois types d'objectifs auxquels l'entreprise doit répondre : *économique* (Plan), *social* (redistribution) et *politique* (conformité aux objectifs du Parti).[70] Enfin, une analyse voisine du concept de polyfonctionnalité est menée par K. Fazekas sur le problème du redéploiement des bassins industriels en Hongrie. Fazekas conclut que le paternalisme d'entreprise a cédé la place au paternalisme d'État, se substituant à l'entreprise 'dans toutes ses fonctions de propriétaire et d'employeur pour contrôler l'économique et le social. Il ne reste alors que des institutions placées sous la tutelle de l'État et du Parti.'[71]

Le système socialiste n'est évidemment pas le seul à disposer d'unités polyfonctionnelles. Au cours de ce travail, nous avons repéré plusieurs pistes de recherche permettant ultérieurement d'élargir le concept à d'autres formes spécifiques polyfonctionnelles d'organisation industrielle. Les exemples ne manquent pas, telle la ville-usine du XIXe siècle (Jeumont-Schneider), la mine-ville en Alaska (à Red Dog), la firme post-coloniale africaine, ou encore certains arsenaux militaires contemporains. Si nous insistons sur la *singularité* de la polyfonctionnalité du combinat socialiste, c'est parce que celui-ci est au cœur du développement industriel dans les pays et dans la période historique qui nous intéresse ici, et que cette dynamique doit donc être analysée dans ce contexte spécifique.

2. La dynamique : 'complexification' et 'Kombinatisation'

Dans les analyses caractérisant le socialisme par son 'économie planifiée', la dynamique industrielle est le plus souvent présentée comme l'histoire de réformes institutionnelles et de leurs résultats au niveau macroéconomique. Cette approche a permis de repérer quelques tendances générales - telles les phases de croissance par rapport aux phases de stagnation - et également quelques phénomènes plus spécifiques - tel celui de la 'loi tendancielle de la baisse des taux de croissance'. La méthode se révèle néanmoins insuffisante dès lors que l'on prend en compte la *faiblesse* des liens entre réformes

---

70 'En outre, les firmes ont une fonction de redistribution (logement, écoles, santé, vacances) qui fait que généralement leurs dirigeants poursuivaient de multiples objectifs à côté des objectifs purement économiques.' Richet (1992 a, p. 4).

71 Fazekas (1990, p. 207), qui identifie également une triade fonctionnelle : à la *production*, selon lui nécessairement dominée par le 'politique', s'ajoute l'emprise idéologique sur 'tous les domaines de la vie *sociale*', allant 'jusqu'aux plus petites cellules de la société civile' (*contrôle).*

institutionnelles et structures productives, ainsi que la difficulté de lier les statistiques globales au réel. En effet, s'agissant des réformes institutionnelles, il est difficile d'établir une relation précise entre les transformations hiérarchiques et les résultats qu'elles auraient provoqués. D'abord parce qu'il est impossible de vérifier le degré de réalisation des changements officiellement annoncés ; mais, surtout, parce qu'une transformation des hiérarchies au plan institutionnel n'implique pas, *a priori*, de modifications des conditions de la production et de la productivité. D'autre part, l'analyse des statistiques ne peut donner que des indications approximatives. D'abord, parce qu'on est dans l'impossibilité de vérifier la cohérence entre le cycle papier (celui du Plan) et le cycle réel (celui de la production) ; mais, surtout, parce que les modifications arbitraires des prix et l'incompatibilité entre monnaies scripturales nationales rendent toute comparaison entre indicateurs globaux - comme le produit matériel net - inopérante. En l'absence d'un équivalent monétaire, il n'y a aucun moyen d'interpréter de manière cohérente les 'chiffres' figurant dans les Plans, ou dans les statistiques de la comptabilité nationale.[72] Nous préférons expliquer la dynamique industrielle dans les pays de l'Est et en développer une périodisation à partir de l'analyse de la dynamique de l'unité de base que constitue le *combinat polyfonctionnel*.

2.1 Diffusion du combinat polyfonctionnel en Union soviétique et en Europe de l'Est

Le combinat émerge comme forme dominante de l'organisation industrielle à la suite du XVe Congrès du PCUS (1927). Lors de ce Congrès, Staline réorganise la direction, en remplaçant tous les membres du Politburo s'opposant à ses orientations, et réoriente les choix idéologiques (pour le socialisme dans un *seul* pays, abandonnant l'idée de la révolution internationale). Il arrête brusquement la NEP, dont les résultats sont jugés insuffisants au niveau économique et, surtout, au niveau idéologique pour l'avancée du socialisme. La coexistence de formes différentes de propriété est abandonnée, pour instaurer un nouveau mode de développement : l'industrialisation à marche forcée et l'augmentation de la masse salariale (par la collectivisation de l'agriculture). Ces mesures sont accompagnées d'un nouveau modèle centralisé de commandement et d'exécution.

Les deux premiers Plans quinquennaux (1928-1937) mettent en œuvre un très ambitieux programme de développement de l'industrie lourde s'appuyant sur l'exploitation maximale des ressources naturelles et sur l'expansion territoriale. Parallèlement, les Plans prescrivent une nouvelle forme de gestion des unités de base dans l'industrie, caractérisée par le regroupement de plusieurs unités de *production* d'une filière en *trust*. Le trust agit comme une unité comptable indépendante ; il est responsable devant le Plan à travers le ministère de branche, mais il est déjà libre de gérer toutes les questions d'approvisionnement entre ses unités. Les trusts regroupent également une gamme de *services sociaux* dont ils assument la responsabilité financière et de gestion. La production des services sociaux fait partie des objectifs fixés par le Plan. Dès le début, sont intégrés les services de logement, les services de formation, les services médicaux, les vacances et les loisirs. Cette intégration a un

---

[72] Produit matériel net = Produit matériel brut (valeurs brutes de la production matérielle, excluant les services) - consommations intermédiaires - amortissements.
Kornai (1992, pp. 193 sq.) identifie les multiples distorsions comptables entre le Système de Matériel Produit ('Material Product System', MPS) des pays socialistes et le Système des Comptes Nationaux ('System of National Accounts', SNA) utilisé dans les pays capitalistes. Ces distorsions ont été renforcées, selon Kornai, par des différences, non quantifiables, dans la qualité des produits, l'inflation réprimée, et par la falsification volontaire des statistiques de production. Nous en concluons que ni le PMN ni le PMB ne représentent des chiffres économiquement interprétables.

objectif clairement explicité : la démonétarisation, l'augmentation rapide des bénéfices non monétaires étant censée minimiser le rôle de la monnaie papier. Un nouveau type de contrat collectif constitue un instrument particulier de cette stratégie. Il impose systématiquement la réduction des salaires réels des ouvriers, en contrepartie d'une augmentation des bénéfices non monétaires.[73] Côté *contrôle*, le trust intègre le besoin de consolidation du système stalinien, encore fragile en 1928, en augmentant l'emprise du Parti sur l'industrie. La concentration de la main-d'œuvre dans les trusts permet d'augmenter la surveillance des individus et de ces 'classes laborieuses, qui apparaissent, comme lors de la révolution industrielle en France et en Grande-Bretagne, ... comme des classes dangereuses'.[74] Le gigantisme des trusts soviétiques peut être expliqué, en partie, par le besoin de centraliser le contrôle sur les ouvriers comme sur les cadres.

Au-delà du contrôle civil, le contrôle idéologique est également renforcé. Les contrats collectifs introduisent la primauté idéologique que le Parti compte désormais exercer. En septembre 1929, le PCUS trace les grands traits de ces contrats qui deviennent obligatoires à l'intérieur de chaque branche et de chaque trust. La directive des organes du Parti (Conseil suprême de l'économie) et des syndicats (Conseil central des syndicats soviétiques) préconise que 'la campagne actuelle doit être utilisée, non seulement pour mobiliser l'intérêt des ouvriers sur leur situation matérielle, mais aussi pour servir de propagande politique et économique'.[75] Les organes syndicaux et les directions du Parti dans l'industrie sont chargé de le contrôler.[76] Le trust soviétique des premiers plans quinquennaux doit ainsi être considéré comme la première forme du combinat polyfonctionnel.

L'occupation, en 1944/45, de ce qui va devenir l''Europe de l'Est' et l'introduction du système socialiste permettent la diffusion rapide du modèle du combinat industriel dans ces pays. Dans l'agriculture, le processus de collectivisation n'est stabilisé qu'à la fin des années 50. Les transformations dans l'industrie, en revanche, sont radicales ; les structures industrielles sont instantanément modifiées et engagées dans une trajectoire industrielle socialiste unique. Dès 1949, les industries de base, le transport, les banques et le commerce extérieur voient leur organisation uniformisée dans la plupart des pays.[77] Les combinats, dans leur processus de création et leurs premières étapes de développement, se *ressemblent* de pays en pays. Les premiers Plans annuels accordent la priorité absolue à l'industrie lourde, censée assurer la base productive *et* idéologique des nouvelles sociétés. Si l'héritage d'une industrie lourde capitaliste d'avant-guerre n'est pas niée, la construction des combinats est considérée comme en *rupture* avec le passé, représentant en quelque sorte la négation 'dialectique' du système industriel capitaliste. Dans une première phase, le *contrôle* fait l'objet de soins particuliers. Il s'agit de la mise en œuvre de structures permettant le contrôle, idéologique et civil, et du transfert graduel de ce contrôle des forces soviétiques aux structures nationales.[78] Même après la fin de l'occupation militaire, la double structure de

---

[73] Cf. Lowit (1991).

[74] Sapir, J. (1983 ; L'industrialisation en Union soviétique. *Communications*, n° 42. 79-86. citation : p. 83).

[75] Cité par Lowit (1991, p. 19.).

[76] 'Ils <les syndicats> doivent s'efforcer de concentrer l'attention de la classe ouvrière sur les questions politiques et économiques découlant des tâches fixées par le plan économique de 1929-1930 et sur la nécessité d'intensifier le rendement individuel du travail conformément aux prévisions établies pour chaque entreprise.' *ibid.*

[77] Pour un historique détaillé de ce processus : Brus (1986), Bogdan (1990).

[78] 'Ainsi, avant 1956, ... le plus petit cabinet ministériel est-européen était doté d'un réseau de conseillers soviétiques civils et militaires. Le nombre de ces 'coopérants' atteignait plusieurs dizaines de milliers, logés à l'écart de la population autochtone.' Mink (1986, p. 197).

contrôle reste un facteur important de l'organisation du combinat : à côté du Parti national, les 'conseillers' soviétiques assurent une cohérence globale à l'intérieur du bloc socialiste. Quant aux *services sociaux*, le combinat héritera, par simple décret administratif, de l'essentiel des activités locales de service public. Les traits de similitude avec les trusts du premier Plan en Union soviétique sont frappants : les premiers services intégrés dans les combinats est-européens sont la formation, les écoles techniques, les institutions de santé, l'approvisionnement alimentaire et en biens de consommation. La création de syndicats uniques facilite l'imposition des nouvelles structures ; ces syndicats assurent, dès le début, un triple rôle : contrôle, service, production.

Il n'y a plus de débat, aujourd'hui, concernant l'*uniformité* du modèle du combinat introduit dans l'ensemble des pays de l'Est. Ce débat avait, pendant un temps, permis à ces pays d'affirmer l'existence de trajectoires nationales distinctes.[79] Mais c'est au contraire le *parallélisme* des étapes d'introduction d'*un* modèle industriel qui frappe. Le modèle soviétique, calibré dans les années 30, fait son chemin. Ainsi, W. Brus (1986) introduit son étude détaillée de *L'histoire économique de l'Europe de l'Est* en constatant que 'le système de fonctionnement de l'économie, agriculture mise à part, s'est trouvé entièrement calqué sur la pratique soviétique dans toutes les démocraties populaires. ... Quelques différences minimes ont subsisté ..., mais aucune n'avait de portée réelle.'[80] Alors que Brus se réfère aux seuls aspects économiques, les modalités d'introduction des fonctions de *contrôle* au sein du combinat apparaissent également uniformes. L'entrée du Parti, par plusieurs voies, suit partout le même schéma : formation de syndicats, imposition d'une direction du Parti dans le combinat, contrôle sur la distribution non monétaire des biens. T. Lowit (1991) conclut son analyse des contrats collectifs, à travers tous les pays de l'Est entre 1947 et 1950, en résumant qu'*aucune* place n'a été laissée à des modifications du modèle soviétique, ni au niveau économique ni au niveau syndical, ni encore au niveau des fonctions sociales.[81] Nous adhérons alors sans hésiter au conseil de W. Brus : 'Il semble donc superflu de décrire un par un les systèmes adoptés par chaque pays.'[82]

2.2 L'inévitable 'complexification'

A partir de l'introduction du combinat polyfonctionnel en Europe de l'Est, on observe dans ces pays des activités régulières d'extension de ses champs d'activité. Nous appelons '*complexification*' le processus par lequel le combinat étend ses frontières, dans les années 50 et 60, pour devenir *l'acteur industriel dominant* dans les pays socialistes. Si les années 45-49 ont permis l'introduction du combinat polyfonctionnel, celui-ci accroît sa domination par un processus de complexification, en intégrant de nouvelles fonctions et en

---

[79] L'historien Bogdan (1990) distingue deux modes d'instauration du régime socialiste : la méthode 'expéditive' (Bulgarie, Albanie, Pologne) et la méthode 'progressive' (Roumanie, Hongrie, Tchécoslovaquie, RDA). L'économiste Wilczynksi (1972 ; *Socialist Economic Development and Reforms*. London ; Macmillan) identifie des trajectoires nationales en fonction des taux de nationalisation dans l'industrie et dans l'agriculture. Mais ces modèles ne parviennent pas à définir un critère pertinent de distinction de fond entre les différents modes de soviétisation.

[80] Brus (1986, p. 37).

[81] 'Ce qui frappe en effet en premier lieu, c'est bien le peu d'altération que subira le modèle d'origine, une fois transplanté dans des contextes apparemment très différents. ... C'est le même système d'encadrement et de contraintes qui s'installe dans toutes les entreprises industrielles et dans l'ensemble de l'orbite soviétique dès le début des années cinquante.' Lowit (1991, pp. 1-2).

[82] Brus (1986, p. 37).

marginalisant d'autres institutions.[83] Sur le plan macroéconomique, cette période de complexification (années 50 et 60) est caractérisée par une croissance forte et régulière du produit matériel net ; malgré l'absence de données fiables, on peut supposer qu'elle correspond également à une augmentation considérable de la production. Quelques modifications hiérarchiques sont introduites, visant une certaine décentralisation de la production. Mais la complexification des combinats progresse indépendamment de ces 'réformes'. Nous interprétons la dynamique du processus de complexification comme une tentative pour résoudre, à l'intérieur du combinat, le conflit surgissant entre les différentes fonctions (de production, de service, de contrôle). En effet, une expansion des activités semble avoir constitué la meilleure stratégie pour le combinat, afin de neutraliser les conflits de la polyfonctionnalité. Nous analysons ici quelques éléments de cette stratégie de complexification.

L'industrialisation de l'agriculture

La croissance de l'industrie lourde et les besoins conséquents en main-d'œuvre ne peuvent être satisfaits, dans des pays à forte prédominance agricole, que par un transfert massif de main-d'œuvre agraire vers l'industrie. La collectivisation forcée et l'établissement de fermes d'État, calquées sur un mode d'organisation industrielle, permettent la libération rapide d'une partie de la population rurale et son affectation à l'industrie. L'industrialisation des campagnes est une stratégie importante visant à rapprocher l'agriculture de l'industrie ; aussi beaucoup de nouveaux combinats sont-ils implantés dans des zones à prédominance agricole.

L'idéologie officielle justifie ce rapprochement sur plusieurs plans : abolir les différences entre l'ouvrier et le paysan, fournir un lieu d'apprentissage à l'industrialisation de l'agriculture, permettre l'augmentation des échanges directs - et donc démonétarisés - entre les deux secteurs. La modernisation des zones agricoles par l'implantation de pôles industriels accélère ainsi, selon cette idéologie, l'unification des deux sphères, étape élémentaire du passage du socialisme au communisme. Mais ce rapprochement permet surtout au combinat industriel d'étendre son contrôle sur l'agriculture. D'abord, parce qu'il devient souvent l'employeur principal de la main-d'œuvre. La double activité (industrielle-agricole) est désormais sous contrôle industriel ; le combinat absorbe le travail masculin *et* féminin. Souvent, seuls les combinats industriels d'une région sont capables de mobiliser la main-d'œuvre nécessaire aux récoltes. Les stations de machines dépendent également souvent du combinat pour l'approvisionnement en fioul, pièces de rechange et pour la maintenance. Mais le combinat jouit également d'un pouvoir idéologique sur l'agriculture, puisque c'est sur son modèle que la construction de la 'nouvelle société' doit être fondée. Ce qui est nommé 'l'accord historique entre ouvrier et paysan' fonde en réalité un rapport de subordination de l'agriculture au combinat industriel.

Épuisement de ressources naturelles et émergence de 'co-produits'

Dans les premiers plans quinquennaux, les industries extractives de ressources naturelles et les industries de base jouissent d'une priorité absolue dans la définition des Plans ainsi que dans leur rôle idéologique. La stratégie de croissance extensive et l'objectif

---

[83] Le terme de *complexification* a été mentionné à plusieurs reprises par nos interlocuteurs dans les combinats ; il surgissait toujours lorsque le débat portait sur l'origine des liens complexes entre le combinat et son environnement (agriculture, ville, petite industrie, infrastructures). Nous avons décidé de reprendre ce terme tel quel.

d'une autarcie orientent les technologies vers des procédés matériel-intensifs. Installés dans des régions traditionnellement pauvres en matières premières, les combinats des pays de l'Est sont obligés de pousser l'utilisation des ressources locales jusqu'à l'épuisement. Cette stratégie a deux conséquences. Dans un premier temps, tant que restent des gisements exploitables, le combinat est libre de les exploiter sans être contraint du côté de la main-d'œuvre ou des moyens techniques. Ensuite, une fois le gisement entièrement exploité pour sa ressource principale (celle qui avait justifié son ouverture), le combinat, qui ne peut pas disparaître, est obligé de développer des *co-produits* pour lesquels existe une 'valeur sociale positive'.

A ce stade, nous allons essayer de démontrer, à partir de la caractérisation d'un gisement socialiste, ce qui est, dans le langage socialiste, un *co-produit*, notion essentielle pour comprendre la dynamique industrielle. La définition socialiste d'un gisement permet déjà d'éclairer les conditions dans lesquelles se développe un combinat : un gisement est défini par l'utilité sociale que fournit l'*ensemble* de ses minéraux. L'utilité sociale ne se réduit donc *pas* au produit principal, mais à l'ensemble des matières traitées, *quels que soient* leur contenu en métal ou les difficultés d'extraction. Une explication de ce phénomène est donnée par H. Kholodniakov, directeur du département d'exploitation minière à l'Institut des mines de Leningrad, à qui nous devons la compréhension de ce concept, inconnu dans les économies capitalistes. Kholodniakov définit la tâche principale de l'industrie extractive comme une 'exploitation sans déchets'. Il entend par là que *toute* matière traitée dans le processus peut, et doit, rendre un service à la société : 'l'exploitation *sans déchets* prévoit l'utilisation complète de *toute* la masse minière récupérée dans une carrière. ... La conception d'une masse minière dans une carrière comme l'ensemble d'un minerai utile principal *et* des minéraux utiles associés <les 'co-produits'> répond aux exigences de l'exploitation sans déchets et prévoit une utilisation *complète* ou presque totale de *toutes* les matières premières récupérées.'[84]

Ainsi la définition de la valeur sociale permet en effet la négation dialectique des concepts capitalistes, comme ceux de 'roche inutile' et de 'taux de coupure'.[85] L'exemple de l'industrie extractive montre comment la définition de la valeur sociale détermine entièrement le système technique en amont *et* en aval, de la R&D et de la conception du projet jusqu'au traitement des produits et à leurs applications.[86] La deuxième conséquence de la primauté de l'utilité sociale comme leitmotiv de toutes les activités dans un combinat porte sur *l'impossibilité de le fermer*, pour une simple raison d'épuisement des gisements initialement prévus. Une fois que le produit principal est épuisé, il suffit pour le combinat de trouver d'autres produits pour lesquels l'utilité sociale est positive ; c'est ce que Kholodniakov appelle un '*co-produit* de valeur positive'. Autrement dit, l'existence d'un combinat n'est pas liée au produit pour lequel il était conçu. Même l'épuisement entier d'un gisement ne suffit pas à fermer un combinat ; celui-ci peut toujours faire valoir sa capacité à produire des co-produits nouveaux et spécifiques, susceptibles de fournir de la 'valeur

---

[84] Kholodniakov, H. (1987 ; *L'exploitation des carrières à minéraux complexes*. Leningrad) (en russe, original sans italiques).

[85] Dans un gisement exploité par une entreprise capitaliste, le *taux de coupure* définit une teneur minimale en métal à partir de laquelle l'exploitation du gisement n'est plus rentable.

[86] Selon Kholodniakov (1988), la tâche principale de la R&D industrielle doit être 'la conception de *tous* les gisements comme gisements complexes' ; il définit une trajectoire technologique socialiste ainsi : 'la conception des roches dans le contour d'une carrière comme des minéraux *utiles* est la nécessité vitale de la solution du problème de la nouvelle direction progressive dans le domaine de la science minière et de l'exploitation.'

sociale'.[87] La notion de co-produit est donc directement liée au rejet de la notion capitaliste de produit marchand. L'existence de co-produits permet ainsi théoriquement au combinat de se diversifier éternellement ; elle contribue ainsi à la *pérennité du combinat.*

Intégration des infrastructures

Un autre facteur de la complexification est celui de l'intégration, *dans* le combinat, des infrastructures logistiques, d'électricité, de gaz, etc. Dès l'instauration du socialisme dans les pays de l'Est, la consolidation des structures industrielles passe aussi par la soumission des réseaux d'infrastructure à l'industrie. La priorité accordée aux industries de base implique de très importants flux de matières. C'est donc à travers l'intégration des transports que se poursuit la complexification : chemins de fer, gares et ports passent en grande partie sous le contrôle du combinat.

L'exemple des *réseaux électriques* peut éclairer les résultats de la complexification en matière d'infrastructures. Pour des raisons idéologiques et pragmatiques, l'électrification fait partie des premières priorités de chaque combinat. La priorité ne porte pas seulement sur l'approvisionnement, mais aussi sur l'*autarcie* de distribution, voire même de production de l'électricité. Ainsi, la plupart des combinats de l'industrie lourde se sont approprié le contrôle des positions clés du réseau électrique : production, points de distribution, circuits de secours. On observe que souvent les points de commande des flux électriques d'une région sont installés à l'*intérieur* même des combinats, qui peuvent alors en disposer librement.

Logements

'Citizens of the USSR shall have the right to housing.'[88] Parmi les *services sociaux* qui contribuent à la complexification, citons le logement comme l'un des plus importants. Dans une situation de pénurie de logements, dès le départ, la capacité du combinat à abriter ses 'membres' lui garantit un statut particulier. Avec le droit au travail, le combinat établit le droit au logement comme un droit fondamental. Cette obligation, dont le double caractère (social et de contrôle) persiste, va forcer le combinat à développer, dès les années 50, des activités de développement et de gestion de parcs de logements. Souvent, le combinat en assure lui-même les étapes de projection, de réalisation et, évidemment, de distribution. En résultent l'absorption de nouvelles fonctions et la complexification accrue.

Intégration des PME et division internationale socialiste du travail (DIST)

Si l'introduction du combinat dans les nouveaux pays socialistes n'a pas toujours été accompagnée de la nationalisation de toutes les activités industrielles, le processus de complexification y mène 'naturellement'. Dans la phase initiale, les filières industrielles ne

---

[87] Notons que cette approche, appliquée à l'agriculture, donnera lieu à des spécificités de l'exploitation agricole socialiste : sont définies comme terres arables tous les champs ayant une fertilité positive. Par conséquent, seront exploitées des terres dans des conditions qui seraient jugées 'anti productives' dans une agriculture capitaliste, par exemple en pente forte, tant que cette exploitation peut fournir de la 'valeur sociale'.
Roland (1989) fonde son analyse de l' 'Économie politique du système soviétique' sur le décalage entre l'ambition du système socialiste de médiation sociale des valeurs d'usage et les valeurs d'indice que les planificateurs accordent en réalité aux biens, sans référence à une évaluation microéconomique de cette valeur.

[88] Article 44 de la Constitution de l'Union Soviétique de 1977, l'article continue : 'The right shall be ensured by the development and protection of state and social housing, the promotion of cooperative and individual housing construction, the just distribution, under social control, of housing space allocated in step with the implementation of the production programme for comfortable dwellings, and also by low rents and low charges for communal services.' Cité par Kornai (1992, p. 312).

sont pas encore centralisées et les combinats ont encore de multiples fournisseurs et prestataires de service. Commence alors, dans un contexte de 'compétition socialiste', une course entre combinats, chacun cherchant à intégrer des fonctions de production transversales (par exemple de maintenance, de mécanique, de transport, d'informatique). Le processus d'intégration s'achève souvent avec la disparition du secteur industriel privé et l'élargissement des frontières productives des combinats. La concentration de la production est poussée plus loin par l'introduction de la division internationale socialiste du travail (DIST) au sein du CAEM, en 1962/63. La DIST va déboucher, quelques années plus tard, sur la coordination des investissements, et, dans une étape suivante, sur les Plans concertés d'actions multilatérales (1975). La dynamique du CAEM pourrait ainsi être vue comme un facteur supplémentaire de la complexification.

On peut dater avec précision le point de départ de la complexification qui correspond en fait au moment d'introduction du combinat. Il est, au contraire, impossible d'en définir un stade fixe d'aboutissement. Le rapprochement entre combinat et agriculture, par exemple, date surtout des années 50, alors que l'intégration des PME apparaît comme un axe de la complexification des années 60. On observe néanmoins, de pays en pays, qu'à la fin des années 60 les structures industrielles issues de la complexification ne sont plus considérées comme suffisantes pour maintenir la dynamique recherchée. C'est alors que commence la quête de nouveaux mécanismes de coordination de l'industrie, caractérisés par des restructurations au-delà du niveau du combinat : cette recherche débouche sur la *Kombinatisation*.

2.3 Recherche d'un modèle optimal au-delà du combinat : le processus de création de combinats de branche, la 'Kombinatisation'

La création de combinats de branche, la '*Kombinatisation*', est le processus d'installation de nouvelles formes organisationnelles visant à gérer la polyfonctionnalité au-delà du combinat. Nous appelons *Kombinat*, ou *combinat de branche*, le rassemblement en une seule structure de plusieurs combinats locaux, en fonction de leur appartenance à une filière technique.[89] La Kombinatisation intervient au début des années 70 et se poursuit jusqu'à la première moitié des années 80 ; en Union soviétique, elle continue même dans la seconde moitié des années 80. La complexification des années 50 et 60 avait renforcé le caractère du combinat comme morceau du Parti/État dominant au niveau local. La Kombinatisation est la tentative menée pour étendre ce modèle à un niveau supérieur, celui de la coordination d'industries entières.

Les interprétations hiérarchiques : abaisser les 'coûts de transaction'

Ces effets de restructuration, que l'on observe dans tous les pays socialistes, ont le plus souvent été interprétés en termes *hiérarchiques* (institutionnels) et en termes de *coûts de transaction*.[90] Cette interprétation met l'accent sur les aspects de la réorganisation *institutionnelle* qui est censée chercher de meilleures structures de coordination entre les agents, afin d'abaisser les coûts de transaction dans l'économie. Ainsi ce courant interprète la Kombinatisation comme le résultat d'une réforme administrative cherchant à réduire les

---

[89] Le nom du 'Kombinat' est emprunté aux premiers combinats de branche dans les pays de l'Est, les Kombinats est-allemands ; le terme anglais pour 'Kombinat' est '*combine*'. Insistons sur le fait que le phénomène de 'Kombinatisation' ne se limite nullement à la RDA.

[90] Cf. Melzer (1987), Jeffries (1981), plus récemment : Joskow (1994).

problèmes de coordination, et il tente de le prouver par des analyses institutionnelles et quantitatives sur le nombre et la taille des entreprises. Selon cette interprétation, la Kombinatisation correspond à un processus d'extension des frontières des entreprises, tel que l'économie des coûts de transaction l'avait révélé dans l'étude de la grande firme intégrée - la firme dite A-méricaine. I. Jeffries, un des pionniers de la recherche sur l'industrie socialiste, explique ainsi la logique de la Kombinatisation comme un résultat direct d'une quête d'économies d'échelles.[91] Dans ce même courant, Joskow interprète la création des 'associations de production' et des 'associations industrielles' en Union soviétique à partir de 1973 par la volonté de réduction des coûts de transaction *et* des coûts d'information entre l'industrie et les ministères.[92]

Deux observations, faites de manière systématique dans les pays de l'Est, font apparaître une lacune dans cette analyse des réformes économiques en termes hiérarchiques. Premièrement, le constat de la désarticulation entre le cycle papier et le cycle réel nous oblige à être prudent quant au lien entre réformes hiérarchiques *formelles* et leurs effets *réels* au niveau de la gestion des combinats locaux. Deuxièmement, nous avons pu nous rendre compte que, dans de nombreux cas, ces réformes n'ont entraîné *aucune* modification au niveau de l'outil productif des combinats locaux, ce que les interprétations hiérarchiques supposaient. De ce fait, il paraît risqué d'établir un lien direct entre réformes hiérarchiques et résultats macroéconomiques.

Interprétation en termes de polyfonctionnalité

Nous proposons plutôt, par la suite, d'interpréter la Kombinatisation comme une nouvelle tentative visant à résoudre les conflits permanents de la *polyfonctionnalité* au niveau industriel élémentaire, que la complexification n'était plus parvenue à contrôler. On observe en effet les premiers regroupements de combinats locaux dans des combinats de branche à la fin des années 60. Cette décennie a été marquée par plusieurs tentatives pour donner plus de liberté de gestion aux combinats, mais elles se sont soldées par un échec ; les améliorations attendues de la productivité ne se sont pas produites.[93] Mais c'est *l'année 1968* qui constitue ensuite un tournant décisif : la déclaration de la doctrine Brejnev, effaçant les essais modernisateurs de Kossyguine, et sa mise en œuvre, l'écrasement du printemps de Prague (août 1968), mettent fin aux tentatives de réforme, en Union soviétique ainsi que dans les pays de l'Est.[94] Il s'agit en effet d'une période de crise de commandement à

---

[91] 'Enterprises began or continued to be amalgated into larger-scale units. ... Important reasons included the desire to reap economies of scale, encourage technological progress (by linking research and development with production) and streamline the planning system by reducing the number of production units directly controlled by central planners.' Jeffries (1981, p.6).

[92] Joskow (1994, p. 8) définit ainsi le Kombinat : 'A production association <Kombinat> consists of individual enterprises producing horizontally and vertically related products, along with associated R&D establishments. These associations were intended to integrate their associated enterprises in order to obtain the benefits of economies of scale, increased specialization of production, improved coordination and enhanced flexibility among enterprises encouraging R&D and its application and reducing information and transactions costs by reducing the number of entities with which the ministries had to deal.'
Dans une autre interprétation, en termes d'*économie de guerre*, le renforcement de la concentration apparaît comme un alignement de l'industrie sur le modèle militaire. F. Bafoil (1991, p. 115) caractérise ainsi la Kombinatisation en RDA en termes de mobilisation idéologique : 'la constitution des combinats <de branche> correspondait à la volonté de créer de véritables 'bastions' productifs dans un environnement économique, constamment défini comme étant en lutte, voire en guerre contre l'ennemi principal, le capitalisme. ... 'L'organisation militaire, avec les notions de discipline, d'ordre et de respect, s'y trouva adaptée et l'idée d'état de siège fût constamment présente, justifiant la prétention à l'autarcie de ces unités.'

[93] Jeffries (1981).

[94] Cf. Brus (1986), Chavance (1992 a).

l'intérieur du CAEM et de légitimité du PCUS et des autres Partis d'Europe de l'Est. Cette crise interne est renforcée par une instabilité économique externe (déclin du système de Bretton Woods, fin des 'trente glorieuses', choc pétrolier). Les transformations institutionnelles visent alors surtout le rétablissement du contrôle par le renforcement des Partis et la recherche de coordination de l'industrie, facilitant ce contrôle.

L'intégration verticale et horizontale des combinats locaux, que nous appelons Kombinatisation, doit donc, à notre avis, être interprétée dans cette logique de renforcement du *contrôle*. Elle opère une *centralisation* du pouvoir du Parti dans les Kombinats et un *affaiblissement* des organes étatiques de planification. Les maisons-mères des Kombinats ainsi créées deviennent les véritables lieux de contrôle par le Parti central, permettant un resserrement de la hiérarchie politique. Les directions des Kombinats sont le plus souvent directement nommées par le Bureau central du Parti. Le pouvoir ministériel sur les Kombinats s'en trouve marginalisé. Les négociations des normes se font de plus en plus entre la direction des Kombinats et les responsables économiques du Parti. La tutelle hiérarchique du ministère de branche perd encore de son poids et le Plan devient un simple outil de gestion secondaire. Nous proposons donc de reconsidérer l'interprétation de la Kombinatisation en termes polyfonctionnels. Si, pendant la complexification, les fonctions sociales et productives ont joui d'une certaine priorité, la Kombinatisation correspond avant tout à un renforcement des fonctions de *contrôle*. Il s'agit d'une *décentralisation centralisée* : décentralisation de la planification, mais en même temps une centralisation du contrôle par le Parti.[95]

Différentes formes nationales de Kombinatisation

Tout comme lors de l'introduction des combinats, on observe une *convergence* des modèles nationaux de Kombinatisation, avec seulement quelques différences de forme (séquences et dates). Sur le plan de la restructuration administrative, la Kombinatisation inclut toujours des éléments d'intégrations verticale et horizontale. L'uniformité des modèles nationaux de la Kombinatisation peut être illustrée par l'analyse de quelques exemples types.

Le premier pays à créer des combinats de branche est la RDA. Le 'Kombinat' est-allemand est également la forme d'intégration la plus poussée. Il émerge, dès 1969, avec l'abandon de la NEP est-allemande des années 60 et le resserrement des liens avec l'Union soviétique. Mais ce n'est qu'en 1971, après le remplacement de W. Ulbricht par E. Honecker à la tête du Parti, que la Kombinatisation connaît son plein essor. 99% des combinats locaux sont regroupés en 175 Kombinats de branche : 131 appartiennent formellement au ministère de l'Industrie, 21 au ministère de la Construction, 13 au ministère de l'Agro-alimentaire et des Forêts. La restructuration institutionnelle abandonne les formes anciennes de coopération, l''association des entreprises du peuple VVB', regroupement administratif des années 60.

Sur le plan idéologique, la création des Kombinats est justifiée comme un moyen d'optimiser la division socialiste du travail. G. Mittag, responsable des réformes économiques et membre dirigeant du Politburo, affirme que les Kombinats permettent une

---

95 Samson (1989, pp. 31-32), dans une analyse des Kombinats est-allemands, a identifié le double caractère des réformes des années 70. Il constate que, pour les directeurs des entreprises, 'la réforme des combinats est véritablement une centralisation, alors que pour les ministres industriels, pour l'État, il s'agit d'une décentralisation'.

adaptation plus flexible aux nouvelles exigences de la demande nationale et internationale.[96] *A posteriori*, E. Honecker insiste également sur l'amélioration de la productivité de l'industrie que seule la Kombinatisation peut assurer : 'le processus de production du Kombinat est formé de telle manière qu'il va en principe de la matière première jusqu'aux plus hauts degrés de la transformation.... Il faut développer les Kombinats de façon à ce qu'ils produisent eux-mêmes les approvisionnements qui seront déterminants pour la qualité. C'est une condition de base pour travailler partout avec une grande efficacité, et avant tout pour pouvoir réagir rapidement aux exigences changeantes de la demande.'[97] Or, derrière ces justifications, on repère également un autre objectif de ce mouvement qui vise aussi la centralisation du *contrôle*. En témoigne le rôle dominant accordé aux dirigeants des Kombinats dans la gestion au niveau national : le directeur d'un Kombinat est issu directement de la haute nomenclature du Parti, 'il est le seul habilité, et non plus le Ministre, à intervenir auprès des directeurs d'entreprises et à leur donner des directives'.[98] La marginalisation de la planification officielle par les voies du Plan est évidente.[99]

Tous les pays du bloc soviétique optent pour une forme de décentralisation centralisée.[100] *L'Union soviétique*, dès 1973, avec la création des *associations de production* regroupant des combinats en amont et en aval selon le type de produit, puis des *associations industrielles* qui peuvent regrouper *tous* les combinats appartenant à un ministère de branche. En 1977, les associations de production réunissent 45% de l'emploi industriel, l'emploi moyen par association étant de 5 000 membres. La résistance des ministères - qui se considèrent écartés du processus de décision - à la Kombinatisation ralentit quelque peu le processus, sans pour autant pouvoir l'arrêter. C'est, au contraire, par une *accélération* de la Kombinatisation que M. Gorbatchev croit, en 1985, pouvoir réformer l'industrie soviétique. Considérant comme un succès le modèle du Kombinat est-allemand, il exige, les deux premières années de sa nomination au poste de secrétaire général du PCUS (1985-86), l'approfondissement du processus de concentration de l'industrie, au-delà même des frontières entre ministères de branche.[101]

En *Tchécoslovaquie*, les *associations industrielles VHJ* (appelées également Kombinat, trust ou concern) poussent l'intégration verticale et horizontale dans la deuxième moitié des années 70. Les ministères ne définissent plus que les plans quinquennaux, les VHJ sont libres d'affecter des investissements à leurs combinats locaux. En 1980, les douze plus grandes VHJ rassemblent 150 combinats locaux. En *Pologne*, 27 *WOG* (Wielkie

---

96 'Within the combine <Kombinat> the most important phases of the process of reproduction are coordinated, beginning with research and development, followed by the projecting and self-sufficient production of rationalization means, leading to production itself, including high quality products and sales to both the domestic and foreign markets.' Cité par Melzer (1987, p. 97).

97 Cité par Samson (1989).

98 Samson (1989, p. 31) en observe les résultats concrets : 'dans une procédure informelle, mais qui s'institutionnalise, le responsable de l'économie, Günter Mittag, réunit chaque année depuis 1981 à Leipzig les DG, passant ainsi au-dessus de la tête des ministres industriels, dans un 'séminaire' où ils sont tenus de s'engager individuellement sur des objectifs annuels élevés de performances économiques quantitatives et qualitatives. ... Le DG <du Kombinat> est devenu le personnage clé de l'économie est-allemande.'

99 *Ibid.* (p. 32).

100 L'ouvrage de référence est celui de Jeffries (1981) qui comprend une collection d'études de cas par pays sur laquelle cette partie s'appuie.

101 Joskow (1994, p. 13) rapporte : 'The first two years of the Gorbachev reforms (1985-86) were mainly devoted to efforts to streamline, strengthen and further consolidate the central planning process. A set of superministries was created to oversee and rationalize the behaviour of related groups of previously independent industrial branch ministries, and industrial concentration was encouraged through mergers and the expansion of closely knit production associations.'

Organizacje Gospodarcze, 'très grandes organisations') sont créées en 1973. En 1975, les WOG concentrent 50% de la valeur industrielle et 40% de l'emploi industriel. La tentative menée pour renforcer les ministères de branche à la fin des années 70 ne changera pas le rôle central des Kombinats. Cette tentative confirme plutôt l'impuissance des mesures formelles (Nuti, 1981).[102]

La *Roumanie* applique le modèle avec une rigueur particulière à la suite de la décision en 1971 du premier secrétaire du Parti, N. Ceausescu, de créer de 'larges institutions d'administration *et* de production'. La *Centràla* de 1973 est composée, en moyenne, de 15 combinats locaux et de 32 000 membres. Le nombre de Centrales passe de 102 en 1973 à 112 en 1977. Le contrôle politique à l'intérieur des Centrales a, selon Smith, été encore plus strict que dans les Kombinats en RDA ou en Tchécoslovaquie.[103] En *Bulgarie*, le décret du 31/12/1970 prévoit la disparition du concept d'entreprise et son remplacement par le *DSO industriel* ('organisation économique étatique'). 64 DSO sont reparties sur une dizaine de ministères, elles comprennent en moyenne 27 combinats et 17 000 membres. La réforme de 1974 introduit de nouvelles formes organisationnelles et surtout la création de 'Kombinats-industries', i.e. d'unités industrielles responsables de la coordination d'une industrie *entière* (construction, transport, sidérurgie, etc.). Une spécificité du modèle bulgare provient de l'organisation du complexe agro-industriel sous la même forme de Kombinat, le PAK ('complexe agro-industriel'). Seule la *Hongrie* semble échapper formellement à la Kombinatisation. Mais on observe que, malgré les réformes décentralisatrices des années 70, le contrôle par le Parti de toutes les décisions stratégiques, et surtout celles touchant à l'investissement, reste centralisé. Les *trusts* hongrois, verticalement intégrés, ressemblent beaucoup aux Kombinats. A l'intérieur de ces trusts, les décisions principales pour les combinats locaux viennent de la direction du trust, qui, lui, représente les directives du Parti. La Hongrie des années 80 tente quelques réformes de gestion et elle est plus ouverte au commerce extérieur. Il n'empêche que les activités de production sont restées, là aussi, soumises aux décisions du Parti.[104]

La Kombinatisation marque ainsi la dernière phase de la dynamique industrielle avant son effondrement ; cette dynamique est, malgré quelques différences nationales, caractérisée par une forte convergence de trajectoire entre les pays socialistes.

Conclusion

Le combinat n'est pas une entreprise. Le refus des systèmes socialistes d'utiliser la monnaie comme moyen de médiation entre la production et les besoins confère un statut très particulier aux unités de production : celles-ci ne sont *pas* le lieu de création de la valeur

---

102 'The evolution of the Polish industrial enterprise illustrates, perhaps better than the experience of any other Eastern European country including the Soviet Union, ... the greater proclinity of communist leaders to undertake organizational change than to revise their policy of high and accelerated accumulation, leading to a contradiction between reformed institutions and their economic environment.' Nuti : Industrial Enterprises in Poland, 1973-1980. in : Jeffries (1981).

103 Smith : Romania. in : Jeffries (1981).

104 Le soviétologue-hongrologue H. Radice constate notamment la conformité des réformes hongroises avec celles des autres pays socialistes à travers des études détaillées des programmes de réformes, et de leurs effets réels ; '<in Eastern Europe>, attempts at reforming the planning system barely touched the firm. 'Streamlining' reforms, most notably in the GDR, merely led to the formation of even larger and cumbersome units. 'Market-oriented' reforms focuses on the need to weaken the vertical ties : but even in Hungary this had little real effect before 1989.' H. Radice (1994 ; Organizing markets in Central and Eastern Europe. EMOT-workshop draft. Nuremberg).

monétaire, à l'inverse des entreprises publiques poursuivant l'objectif de l'accumulation du capital. L'unité de base industrielle socialiste est en revanche le niveau auquel doivent se réaliser les objectifs, fixés à la société par le Parti/État, de maximisation de la 'valeur sociale'. *Le combinat est un morceau du Parti/État.*

L'inséparabilité des activités de production et de distribution d'un côté et du Parti/État de l'autre est à l'origine de la *polyfonctionnalité*. Son objectif est d'harmoniser ces trois exigences : *production, services sociaux* et *contrôle*. La caractérisation 'économique' de l'entreprise socialiste, interprétation largement répandue, subordonnait ces deux dernières activités à celle de la production. Contrairement aux tentatives visant à identifier une hiérarchie fixe entre les fonctions au sein du combinat, nous affirmons que l'indissociabilité du combinat du Parti/État interdit la priorité à *aucune* des fonctions. Il est en effet *impossible* de déterminer *une* raison spécifique unique de conception puis de diffusion du combinat comme forme dominante de l'industrie socialiste : était-ce pour favoriser la *production* ? Pour veiller à une plus équitable redistribution des *services* ? Ou encore pour faciliter le *contrôle* idéologique sur les individus ? Rien ne permet de trancher cette question.

L'approche en termes de polyfonctionnalité permet d'expliquer la composition curieuse des combinats et la dynamique du système productif socialiste. La structure du combinat comme morceau du Parti/État implique trois traits caractéristiques : un combinat n'a pas d'employés, mais il a des *membres* qui lui sont attachés ; l'existence d'un combinat conduit les réseaux administratifs et l'infrastructure de la région à sa *domination locale* ; enfin, le combinat comme lieu de services sociaux et de contrôle impose une *mobilité* individuelle nécessairement *limitée*. Par ailleurs, ce modèle du combinat permet d'interpréter la dynamique industrielle en Europe de l'Est, en allant au-delà de l'interprétation hiérarchique en termes de coûts de transaction. Une fois qu'un combinat est établi, sa polyfonctionnalité le pousse inévitablement à une '*complexification*' de ses structures. Par là nous entendons le processus par lequel le combinat étend ses frontières dans les années 50 et 60, en intégrant de nouvelles activités et en marginalisant d'autres institutions autour de lui. L'extension de la sphère du combinat s'avère la solution 'naturelle' aux conflits internes entre les trois fonctions. Cela permet de comprendre les divers phénomènes observés dans le socialisme à partir d'une origine commune : l'industrialisation du rural, l'émergence de la notion du 'co-produit' utile, l'intégration des infrastructures, des logements et des PME.

Mais la dynamique interne ne s'arrête pas avec la fin de l'inévitable complexification. Le besoin de renforcer la cohérence à l'intérieur du bloc soviétique (CAEM) et l'épuisement des tentatives de décentralisation prolongent l'expansion des structures industrielles *au-delà* de la complexification. Du combinat local on passe alors au combinat de branche, ou Kombinat. Leur création, dès 1969, la *Kombinatisation*, a souvent été interprétée comme une mesure économique visant la recherche d'économies d'échelle. Or, nos observations de la genèse des Kombinats montre que cette interprétation n'est pas suffisante : la structure de l'outil productif n'est que rarement directement touchée par le regroupement de plusieurs combinats. En revanche, on y observe un resserrement des liens entre le Parti et la direction des nouveaux Kombinats ; ce resserrement va de pair avec l'affaiblissement des structures formelles de planification. Plutôt que d'y voir la recherche d'une meilleure productivité, la Kombinatisation peut être, elle aussi, regardée au travers du phénomène de *polyfonctionnalité*. Nous l'interprétons comme le renforcement de l'aspect de *contrôle* au détriment des structures formelles de planification ; il s'agirait alors d'une *centralisation* des structures de contrôle, mais d'une *décentralisation* des structures étatiques formelles. Il est frappant de noter le parallélisme des processus nationaux de Kombinatisation à travers les pays d'Europe de l'Est. Ce phénomène, que nous avons déjà rencontré lors de l'introduction du combinat, puis de la complexification, confirme, au-delà des différences nationales locales, la cohérence de la dynamique des structures industrielles socialistes. Le modèle polyfonctionnel permet de structurer les différents aspects de la dynamique du combinat industriel socialiste en Europe de l'Est et de la périodiser en trois phases de développement : *introduction* du combinat (1945-1949), *complexification* (années 50/60), *Kombinatisation* (années 70/80).

Il nous reste, avant de procéder à l'interprétation de quelques phénomènes concrets du fonctionnement de l'industrie socialiste, à poser la question délicate de l'*effondrement* du système. Malgré, ou à cause, de nombreuses explications, cet effondrement reste obscur. Il l'est d'autant plus si l'on se limite aux statistiques et modèles économiques disponibles ; autant la dégradation graduelle des indicateurs 'macroéconomiques' des années 80 est incontestée, autant cette détérioration est incapable d'expliquer l'*effondrement* du système socialiste entier. Nous ne pouvons, à ce sujet, que proposer une piste de réflexion, qui découle de l'hypothèse de la non-séparabilité du combinat et du Parti/État : elle conduit à s'interroger sur les conséquences de l'incapacité du Parti/État à maintenir une cohérence interne au combinat, à gérer la polyfonctionnalité. Nous constations que la complexification et la Kombinatisation étaient provoquées par la recherche de nouvelles formes de maintien de l'équilibre entre les fonctions. Si, dans la complexification, les activités productives et sociales semblent avoir dominé, la Kombinatisation a été clairement une tentative de renforcement du *contrôle* du Parti sur l'industrie. Or, il n'est pas sûr que les organes locaux du Parti se soient toujours alignés sur cette stratégie. En particulier, le Parti local s'est trouvé de plus en plus dans la situation délicate de devoir trancher entre la ligne idéologique officielle, définie par le Parti central, et les exigences polyfonctionnelles du combinat local. Ainsi se seraient introduites, à l'intérieur du système de coordination, des tensions qui se seraient amplifiées vers la fin de la période de Kombinatisation (années 80). On peut faire l'hypothèse que l'amplification de ces tensions a provoqué l'ébranlement du Parti, et avec lui, du Parti/État.

Chapitre IV

INNOVATION, QUALITÉ ET INVESTISSEMENT DANS LE COMBINAT POLYFONCTIONNEL - ÉTUDES DE CAS

Dans le chapitre précédent, nous avons tenté d'ouvrir la 'boîte noire' qu'est le combinat pour la plupart des analyses de l'industrie socialiste. Nous déplacions l'objet d'étude dominant, les liens hiérarchiques dans le système, pour en adopter un autre, celui du *combinat polyfonctionnel*. A ce même niveau, nous cherchons maintenant à appliquer le concept de la polyfonctionnalité à quelques phénomènes précis, internes au combinat, touchant directement la production : l'*innovation*, le *contrôle qualité*, et l'*investissement*. La sélection de ces phénomènes s'est imposée dans les enquêtes parce que s'y révèlent quelques traits caractéristiques de la difficile gestion de la polyfonctionnalité. La plupart des analyses de l'entreprise socialiste relèvent en effet d'une approche classique et *comparative* d'économie industrielle. Celle-ci consiste, on l'a vu dans le premier chapitre, à modéliser le fonctionnement de *la* firme socialiste, puis à la mettre en rapport avec d'autres types d'organisation industrielle, tels les idéaux types de la firme A-méricaine, la firme J-aponaise ou encore du D-istrict industriel à l'italienne. Or, classer le combinat, la '*C-firme*' pour ainsi dire, parmi ces autres modèles revient à ignorer le fait que si à l'*intérieur* du monde capitaliste, différents modèles d'organisation industrielle sont effectivement en compétition entre eux, il n'y a pas moyen d'étendre cette comparaison au monde socialiste *non monétaire*.

Nous faisons au contraire l'hypothèse qu'il existe, à l'intérieur du système productif socialiste, des mécanismes de coordination spécifiques et singuliers, que l'on peut repérer au niveau du combinat, unité de base de ce système. Selon cette hypothèse, les trois phénomènes que nous analysons dans ce chapitre sont liés par une rationalité commune de décision, guidée par la recherche permanente d'un compromis entre les trois fonctions de production, de services sociaux et de contrôle, expressions de la polyfonctionnalité. Pour chaque phénomène analysé (innovation, contrôle qualité, investissement), nous rappelons d'abord les résultats d'analyses antérieures, que nous complétons par notre propre interprétation du combinat polyfonctionnel. Nous indiquons ensuite les spécificités de ces phénomènes en nous focalisant sur les différentes configurations *techniques* auxquelles cette rationalité singulière a donné lieu. Pour ce faire, nous nous fondons sur l'étude détaillée de quelques combinats 'types'.

1. L'innovation

'Les vieux procédés seront conservés non pas parce qu'on les considérera comme rationnels, mais comme consacrés par la tradition. Il pourra se faire qu'ils soient entre temps devenus irrationnels comme ne correspondant plus aux conditions...'[105] L'hypothèse qu'avait faite Ludwig von Mises sur la difficulté pour le socialisme d'intégrer des innovations n'est certainement pas la plus subtile qu'il ait développée ; mais il éveille déjà des doutes quant à la capacité de l'industrie socialiste à fonder sur un calcul économique ses décisions concernant le processus d'innovation. Dans beaucoup de discours sur l'économie

---

[105] Mises (1932/52, p. 137).

de marché, l'analyse des phénomènes relatifs à l'innovation a connu un renouveau, dans les années 70 et 80, souvent inspiré par l'école autrichienne (Schumpeter, Kirzner). L'analyse de l'innovation dans l''entreprise socialiste' s'en est tenue, au contraire, au constat général de l'inefficacité du processus planifié de l'innovation. La 'preuve' en est donnée par l'infériorité des technologies et des produits issus de ce processus *par rapport* aux technologies et aux produits utilisés dans des économies de marché. Nous essayons d'aller au-delà en évaluant les décisions d'innovation dans le combinat au regard de l'intention socialiste d'en faire un lieu de création d''utilité sociale'. En d'autres termes, les innovations que nous y observons peuvent paraître rationnelles si l'on considère le cadre particulier du combinat socialiste dans lequel elles ont été développées.

1.1 Progrès matérialiste et utilité sociale

Interprétation de l'innovation socialiste en termes hiérarchiques

'All that can be said, on the basis of the qualitative evidence,... is that the decision to innovate or not is heavily influenced by the structure of the economic arrangements within which such decisions are made.'[106] Tel est le socle sur lequel J. Berliner fonde sa théorie institutionnaliste de l'innovation socialiste. Analysant longuement le cadre institutionnel de l'innovation (Académie, instituts de recherche appliquée, Comité de science et technologie, organisations de R&D, etc.), Berliner accorde beaucoup d'importance au processus *formel* et hiérarchique dans lequel se prennent les décisions. A partir de là, il explique les obstacles à la *réalisation* de ces innovations par des dysfonctionnements à l'intérieur de ce processus. Selon Berliner, ces obstacles se résument en quatre points[107] :
en l'absence d'une contrainte budgétaire dure et d'incitations financières pour les chercheurs à réaliser leurs idées, le nombre d'innovations est *limité* ; il est surtout largement inférieur à celui des *inventions* ;

- en l'absence d'un réel degré de liberté d'approvisionnement et de moyens de sanctions par l'aval, les innovations dans un combinat visent surtout l'allégement des contraintes en amont. Pour cette raison, l'*innovation-procédé* est largement préférée à l'innovation-produit. La recherche d'une exploitation maximale d'économies d'échelle renforce cette tendance, en privilégiant la production quantitative au détriment de la spécialisation et de la qualité ;
- en l'absence d'un système efficace de détermination des prix, l'avantage réel que représente une innovation ne peut pas être évalué correctement ; les décisions d'innovation sont d'autant plus biaisées que la fixation des prix relatifs est arbitraire ;
- en l'absence de compétition et en présence d'une structure de marché considérée comme 'monopolistique', l'entrepreneur dynamique et preneur de risque est remplacé par la *planification* de l'innovation par la hiérarchie. L'innovation sert alors à maintenir les structures techniques existantes plutôt qu'à les mettre systématiquement en cause.

Ces quatre critères principaux retenus par Berliner (de contraintes budgétaires molles, d'orientation en amont, d'absence de compétition et de faux système de prix) relèvent d'une analyse institutionnelle qui explique surtout les *différences* entre les modèles d'innovation

---

106 Berliner (1976, pp. 7-8).

107 Voir également Berko, L. *et al.* (1990), Berliner (1991), Gomulka (1986), Dyker (1976).

dans le système soviétique et les économies de marché. L'analyse rejoint ainsi la théorie de la pénurie : dans une économie de pénurie, l'innovation ne peut pas jouer son rôle habituel de moteur de la concurrence, alimentée par la recherche permanente d'une rente dégagée par des situations de monopole temporaire. Les combinats sont incapables d'intégrer l'innovation 'comme une des conditions *sine qua non* de la survie et donc de l'efficience des entreprises dans un environnement concurrentiel'.[108] On trouverait ainsi, à travers ce modèle de l'absence d'innovation, la 'non-innovation', une explication du retard technique qu'ont pris les systèmes socialistes.

Interprétations de l'innovation en termes de polyfonctionnalité

Plutôt que de chercher à expliquer un retard technologique des combinats par rapport aux entreprises innovatrices dans l'économie monétaire capitaliste, nous proposons de partir du constat qu'il y *a* des innovations dans le combinat et d'en chercher, à partir de ce constat, une rationalité interne. En effet, l'articulation et les conflits entre les trois fonctions fondamentales assurées par le combinat apparaissent au cours de toutes les phases d'innovation.

Considérons d'abord l'aspect *productif* : on observe, en étudiant la trajectoire technologique de nombreux combinats, qu'il y a eu, à tous les niveaux, des innovations, radicales *et* incrémentales. Ces innovations relèvent en partie du processus propre de planification qui a effectivement réussi à fournir à l'industrie des innovations lui permettant d'augmenter ses capacités ; le plus souvent il s'agit, comme l'ont remarqué les études citées ci-dessus, d'innovations *procédés*. Mais l'on observe également qu'à l'intérieur même des combinats ont eu lieu nombre d'innovations *incrémentales*. Au niveau des brigades de travail, l'innovation incrémentale fut en effet un moyen important d'augmenter le degré de flexibilité.[109]

Le *contrôle* constitue également une dimension importante attachée aux activités de R&D et d'innovation. Contrôle idéologique, d'abord, puisqu'une innovation radicale n'est admise que si elle s'inscrit dans une trajectoire idéologique définie par le Parti. Nous avons déjà vu comment, dans la définition socialiste d'un gisement minéral 'utile' donnée par H. Kholodniakov, la détermination des objectifs idéologiques oriente la recherche et les champs d'application des innovations. De même, l'objectif d'une uniformisation des trajectoires technologiques nationales, au sein du bloc socialiste, jouait un rôle important. Dans la période d'introduction des combinats en Europe de l'Est (années 40/50), la présence de conseillers soviétiques ne fut pas seulement motivée par la nécessité d'un encadrement idéologique ; la transplantation de la technologie soviétique et la rupture des liens avec les fournisseurs traditionnels - dans les pays capitalistes - ont également joué un rôle important. La Kombinatisation des années 70, résultant de la recherche de nouvelles formes de contrôle, a constitué un obstacle supplémentaire à la diffusion des innovations. Dans le processus d'intégration horizontale, un grand nombre de centres de recherche ont été rattachés à *un* seul Kombinat de branche. La diffusion des innovations s'est ainsi trouvée bloquée par ces nouvelles frontières institutionnelles.

---

108 Berko, L. *et al.* (1990, p. 31).

109 G. Grabher (1994) définit cette capacité des brigades à s'adapter à des situations imprévisibles et instables comme des 'qualités proto-entrepreneuriales' ; ces comportements entrepreneuriaux montrent que les capacités innovatrices dépendent moins des rapports hiérarchiques officiels que des incitations spécifiques locales. Il doit donc y avoir, en dehors des circuits hiérarchiques formels, d'autres mécanismes d'incitation et de réalisation d'innovations.

Les activités de *service*, enfin, ne peuvent pas non plus être absentes du processus d'innovation. Si le combinat est un lieu de distribution de services sociaux, on doit supposer qu'il cherche à améliorer non seulement sa productivité physique mais également les conditions de travail et de vie. Dans le combinat, on appelle innovation non seulement un processus permettant l'augmentation de la production physique, mais également toute mesure permettant 'la mise à la disposition, voire l'amélioration, des conditions de vie élevant la morale de travail'.[110] Dans l'idéologie socialiste, il n'y a *pas* de contradiction entre innovation technique et innovation sociale. Les deux sont conçues dans un seul et même objectif : 'accélérer le processus de reproduction des forces productives *et* d'augmentation de la production'.[111] Les chercheurs socialistes analysant les politiques de l'innovation rejetaient d'ailleurs systématiquement la séparation 'artificielle' faite dans les pays capitalistes, entre innovations productives et innovations sociales.[112]

Une manière d'imposer l'innovation : le mouvement du 'renouvellement permanent'

Une manière spécifique d'organiser les innovations incrémentales consiste à les intégrer dans les mécanismes de *contrôle*, en cherchant à lier une augmentation de la productivité à une meilleure cohérence idéologique. Cette mobilisation généralisée passe par la participation obligatoire des brigades au mouvement du *renouvellement permanent*. Ce mouvement, introduit en Union soviétique dans les années 30, a servi de modèle, dans les années 50, pour les nouveaux combinats socialistes d'Europe de l'Est. Il s'agit d'un système de propositions d'améliorations, avancées par des individus ou par des brigades, concernant la sphère technique *et* la sphère sociale. Chaque brigade est dans l'*obligation* d'y contribuer par un nombre déterminé de propositions et de veiller, par la suite, à leur mise en œuvre. Le mouvement est initié et contrôlé par le Parti.[113] A travers cette mobilisation, *chaque* membre du combinat devient responsable de 'l'accomplissement quotidien et du dépassement du plan, de l'application du savoir scientifique et technique, de l'utilisation de toutes les capacités techniques, de l'économie la plus rigoureuse de chaque minute, chaque gramme de matériel'.[114]

1.2 Étude de cas : l'innovation dans un combinat socialiste de l'industrie lourde

Dans les études de cas suivantes, nous indiquons les origines et le caractère singulier de quelques innovations socialistes observées. Pour ce faire, nous analysons d'abord l'historique et la configuration d'un combinat polyfonctionnel type, la Maxhütte

---

[110] Citations de ce paragraphe de la chronique du premier combinat est-allemand (1979 ; *Unsere Maxhütte und ihre Kameraden*. Unterwellenborn).

[111] Ibid.

[112] Cf. D. Bormann et D. Naumann (1989 ; Strategien. in : Elle, H.D., Thom, N. : *Management von Produktinnovationen in der DDR*. Eine betriebswirtschaftliche-organisatorische Analyse. Berlin ; Verlag A. Spitz), mettant sur le même plan trois types d'innovation : produit, procédé, et *l'innovation sociale*.

[113] Un autre nom donné à ce phénomène est celui du 'système de suggestion', qui risque pourtant d'être confondu avec son homonyme dans les entreprises occidentales ; cf. Elle et Thom (*op. cit.*, pp. 103-107). Le terme utilisé en RDA était 'mouvement des novateurs' (*Neurerbewegung*).

[114] W. Ulbricht, secrétaire du Parti en RDA, devant le Quatrième Plenum du Comité central (1959), cité par Bafoil (1990, p. 66). Ulbricht continue sur les 'devoirs de la brigade socialiste du travail' : 'Cela s'appelle la lutte contre les pertes de temps, et les temps d'attente de même que l'abaissement des coûts propres. Cela s'appelle avant tout le respect de l'assortissement et de la qualité de la production. Les membres de la brigade assument leurs devoirs par l'élévation de leurs capacités et de leurs connaissances. Les membres de la brigade s'obligent à un comportement socialiste dans la vie même de tous les jours où ils appliquent les principes fondamentaux de l'éthique et de la morale socialiste comme conduite juste.'

Unterwellenborn en RDA. Nous étudions ensuite la genèse de deux innovations importantes dans ce combinat.

Un combinat polyfonctionnel : la Maxhütte Unterwellenborn

La Maxhütte Unterwellenborn est un combinat sidérurgique situé dans l'extrême Sud-Ouest de la RDA. En 1945, la Maxhütte est la *seule* unité du pays à disposer d'un cycle métallurgique complet (fonte-acier-laminoirs).[115] Elle est à ce titre définie comme *stratégique* pour la phase de reconstruction, mais également pour l'introduction du nouveau modèle industriel socialiste. La Maxhütte reçoit immédiatement un statut prioritaire lui permettant d'augmenter ses capacités de *production* d'acier. Le 2 février 1946, un décret de l'administration militaire soviétique (SMAD) lui accorde un approvisionnement inconditionnel en fioul, ressources naturelles et autres intrants ainsi qu'en wagons de transport.[116] Le 'premier combinat socialiste sur le sol allemand', titre que lui accorde le Parti, se voit également accorder une vaste gamme d'institutions *sociales* qui fondent sa renommée de combinat modèle de la jeune RDA socialiste : des centaines de logements (1946-49), un hôpital (1947), une école polytechnique, un lycée, une crèche, un palais de la culture (1948), plusieurs centres de vacances (1950), une polyclinique (1951). Dès 1946, des produits de consommation de base (vêtements, nourriture, fioul) sont distribués gratuitement aux membres du combinat. Le *contrôle idéologique* y est d'abord assuré par l'administration militaire soviétique. En avril 1946, il passe formellement au Parti unique (SED), mais les 'conseillers' soviétiques resteront pendant longtemps une instance importante de contrôle à l'intérieur du combinat. Le syndicat unique (FDGB) voit le jour en juin 1948. 20 brigades de jeunesse sont créées, annonçant l'organisation de masse 'jeunesse libre' (FDJ). Côté *contrôle public*, les membres de la Maxhütte participent activement à la création de la police nationale (1946). A l'intérieur du combinat est créé un groupement militaire 'pour la protection de la patrie' (1946) chargé de défendre cette région sensible, à quelques kilomètres de la frontière avec la RFA. Chaque brigade de travail est obligée de déléguer des participants aux troupes paramilitaires.

L'installation du combinat est consolidée en 1951, date à laquelle la Maxhütte Unterwellenborn intègre toutes les activités que l'on considère indispensables pour le nouveau modèle industriel. Le premier combinat socialiste est également devenu un *combinat phare* dans la construction d'une nouvelle industrie sidérurgique. Les ingénieurs de la Maxhütte vont jouer un rôle décisif dans la conception, puis dans la mise en œuvre d'autres combinats dans le pays (Eisenhüttenstadt et Calbe). La figure IV.1 présente la structure polyfonctionnelle du combinat en 1951.

Commence alors, après la consolidation du combinat, le processus de *complexification* qui va faire de la Maxhütte l'acteur central et dominant de la région. Pendant les années 50, la Maxhütte absorbe plusieurs centaines d'anciens agriculteurs qui avaient été forcés de céder leurs terres à la coopérative récemment créée. La construction de nouvelles infrastructures (entre autres une centrale électrique, des réseaux d'adduction d'eau, de vapeur et d'azote) est surveillée par la direction de la Maxhütte qui assure par la suite son contrôle sur les installations. En 1960, le 'village des ouvriers' de Gamsdorf, à quelques centaines de mètres du site, accueille 2 200 membres du combinat et leurs familles ; en

---

[115] En 1945, 1,5% seulement des capacités en fonte de l'ancien Reich et 8,3% en acier brut se trouvaient sur le sol est-allemand.

[116] Les éléments empiriques de cette étude ont été rassemblés lors des enquêtes dans la Maxhütte Unterwellenborn en 1990 et en 1992 ainsi que par dépouillement de ses archives.

1975, 563 nouveaux appartements et 32 maisons individuelles s'y ajoutent. La production de *co-produits* commence avec la fermeture de la mine de fer ; les membres de ce département, cherchant à diversifier la production, se mettent à produire des biens de consommation : palettes en plastique et, plus tard, des éléments pour camping-cars. Durant cette phase de complexification, les investissements importants sont les suivants : années 50-60, un convertisseur, des jardins d'enfants, une cantine centrale, un palais de la culture, une agglomération, un traitement de slags ; années 1960-69, la reconstruction d'un haut fourneau, la carrière de chaux, le village de vacances. La complexification s'achève en 1972, avec l'intégration des PME locales, jusque-là privées (ateliers de réparation mécanique et électrique). La Maxhütte compte alors 7 059 membres, sa production d'acier est de 400 kt environ. La figure IV.2 donne un plan schématique du combinat polyfonctionnel montrant l'existence en parallèle de la production, du social et du contrôle. Au cours de la *Kombinatisation*, qui débute en 1969, la Maxhütte est intégrée dans le Kombinat Brandebourg rassemblant tous les producteurs de produits longs en RDA. Désormais, la Maxhütte reçoit les directives du Plan directement de la maison-mère du Kombinat (Brandebourg). Les décisions d'investissement se prennent également au niveau du Kombinat. Or, on n'enregistre aucun effet réel de cette réorganisation hiérarchique sur le fonctionnement de la Maxhütte.

PRODUCTION

- mines de fer Schmiedefeld, Wittmannsgereuth
- carrières de pierres à chaux Kamsdorf
- carrières de dolomite Wünschensdorf
- usine à chaux Opitz

- agglomération
- hauts fourneaux (3)
- aciérie (2 Thomas, 2 convertisseurs)
- laminoirs (à vapeur)
- ajustage
- emboutissage
- transformations Ohrdruff

- cimenterie
- fonderie
- briques
- scierie
- traitement de slags

CONTRÔLE

- Administration militaire soviétique (SMAD),
- -> conseillers techniques et politiques
- direction du Parti (SED)
- syndicat unique (FDGB)
- jeunesse libre (FDJ)
- VVB association des entreprises du peuple, et
- ministère de l'Industrie, département métallurgie (contrôle formel)
- police interne
- groupement paramilitaire (GST)
- prison

- logements
- hôpital
- école polytechnique
- lycée
- internat
- crèche
- palais de culture
- centres de vacances
- polyclinique
- distribution de biens de consommation de base (vêtements, fioul, nourriture)

SOCIAL

Figure IV.1 : Le combinat socialiste polyfonctionnel Maxhütte Unterwellenborn en 1951 : activités productives, sociales et de contrôle[117]

[117] Source : chronique de la Maxhütte Unterwellenborn.

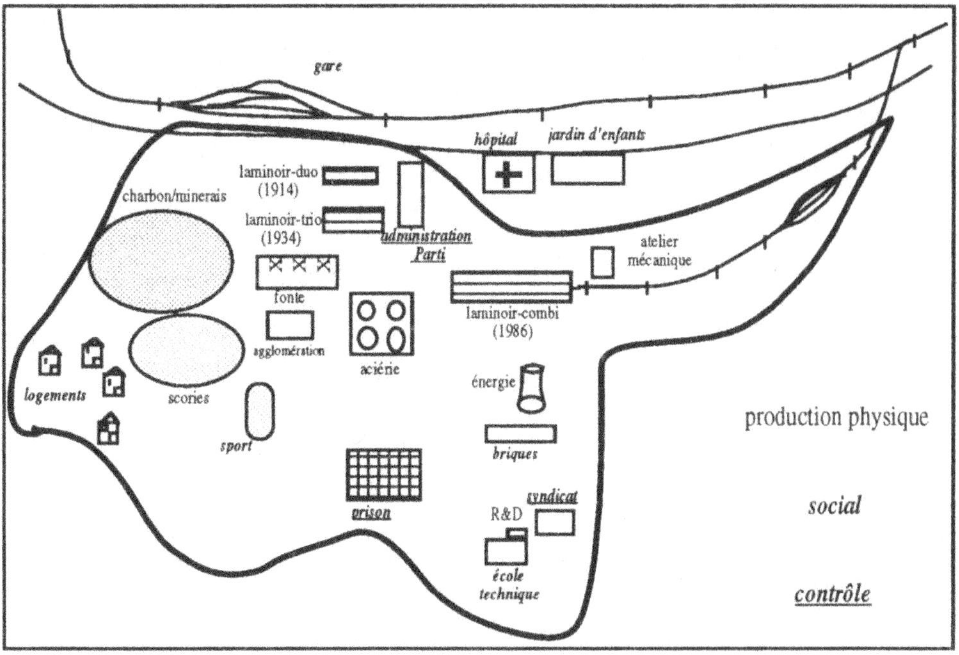

Figure IV.2 : Plan schématique du combinat socialiste sidérurgique Maxhütte Unterwellenborn (1989)

La production devant deux dilemmes et leur dépassement par innovation

Alors que rien ne peut arrêter l'élargissement et la complexification du combinat polyfonctionnel, il s'avère que la production d'acier serait vite condamnée sans une modification de l'outil productif. Après la guerre, la Maxhütte s'est trouvée en effet confrontée à la difficile question technique de sa rupture avec ses fournisseurs traditionnels en coke (Ruhr) et en minerais (Basse-Saxe). Or, les mines de fer de la région sont épuisées, leur contenu en fer ne permettant plus leur charge dans un haut fourneau. La RDA manque de charbon et n'est pas en mesure de produire du coke. Les capacités d'importation de ces intrants d'Union soviétique ou de Pologne sont limitées, en cette période d'immédiat après-guerre, par des problèmes de paiement, de transport et de coordination. Dès l'établissement du combinat, à la fin des années 40, et durant *toute* son existence, la Maxhütte a donc dû chercher comment assurer au combinat, dont le caractère symbolique interdit la fermeture, une production 'socialement utile', malgré ces fortes contraintes techniques. Pour rééquilibrer la fonction productive, il a donc fallu songer à des *innovations* permettant d'augmenter la production. Le Parti local exige alors, dès 1947, l'engagement de recherches sur des innovations capables de développer une 'nouvelle' technologie, et permettant la production de fonte à partir des ressources disponibles *localement*. Le *bas fourneau* est alors identifié comme seul procédé permettant l'utilisation des minerais très pauvres et des sources d'énergie locales de très faible valeur calorifique. Le bas fourneau est historiquement le prédécesseur du haut fourneau, qui l'a remplacé dans les pays industrialisés entre 1900 et 1920. Le bas fourneau, à cause de son cycle de fonte long et des moyens de contrôle de processus de fabrication limités, ne permet pas de produire une fonte de qualité.

En 1948, la direction du Parti dans le combinat met d'importants moyens en ingénieurs et main-d'œuvre à la disposition des chercheurs afin qu'ils 'adaptent la technologie du bas fourneau aux ressources locales'. Malgré leur très basse teneur en fer, les mines de fer de Wittmannsgereuth et de Schmiedefeld sont rouvertes, ainsi que la carrière de dolomie de Wünschensdorf ; la direction leur a attribué une 'nouvelle valeur socio-technique'. Les *co-produits* des carrières doivent également être mis en valeur : aussi la Maxhütte développe de nouvelles chaînes de production de briques et de ciment. Ayant résolu le problème de l'approvisionnement en minerais de fer, il reste à résoudre celui du coke. C'est le Comité central du Parti, pour lequel l'autarcie du pays en coke est un enjeu important, qui se charge de ce projet d'innovation. Il demande aux carrières de lignite de Cottbus de développer un procédé permettant de fabriquer du coke à partir du lignite. Le combinat de Cottbus est le premier producteur mondial de lignite, mais les teneurs calorifiques y sont très basses (7-8 MJ/t).[118] Le projet réussit néanmoins : en 1951, Cottbus parvient à produire, à grande échelle, un coke à base de lignite.[119]

Ainsi l'innovation du bas-fourneau est 'adaptée' afin de permettre la production de fonte de la Maxhütte. La consommation très élevée d'énergie, de minerais et de temps est acceptée comme la contrepartie incontournable de l'augmentation des capacités en fonte. Le tableau IV.1 met en évidence la différence entre les paramètres techniques du procédé utilisé à la Maxhütte Unterwellenborn (bas fourneau) et le haut fourneau standard de l'époque. L'utilisation de ses propres minerais et du coke national permet alors à la Maxhütte Unterwellenborn de continuer la production de fonte dans le bas fourneau. L'innovation, dont le succès conforte le prestige du combinat, sera diffusée dans d'autres sites sidérurgiques rencontrant les mêmes problèmes d'approvisionnement (Calbe, Gera). Le dernier bas fourneau est arrêté à Calbe en 1970 ; l'innovation aura servi vingt ans.

	Maxhütte (bas fourneau)	**Moyenne internationale** (haut fourneau)
Minerais (teneur en Fe)	15-20 %	40-50 %
Coke (valeur calorifique)	8 MJ/t	30 MJ/t
Consommation d'énergie (charbon)	2 500 - 3 000 kg/t	600 kg/t
Temps de fonte	24 h	5 h

Tableau IV.1 : Comparaison des paramètres techniques dans la production de fonte, Maxhütte Unterwellenborn (bas fourneau) et moyenne internationale (haut fourneau)[120]

Reste un autre goulot d'étranglement : la capacité de la Maxhütte à convertir la fonte en *acier*. La capacité des convertisseurs à oxygène est limitée, alors que les convertisseurs Thomas ne peuvent être remplacés à cause d'un effet singulier de la complexification : malgré la qualité médiocre de son acier, les *co-produits* de l'aciérie, *engrais phosphoriques*, constituent la seule source d'approvisionnement pour les coopératives agricoles de la région. La seule ressource métallique abondante disponible localement est la ferraille ; or, techniquement, la ferraille ne peut être utilisée dans l'équipement présent sur place (les

[118] Le coke (40 MJ/kg) est normalement produit sur la base de charbon de haute valeur calorifique (30-32 MJ/kg).

[119] Ce procédé HAB (Hochtemparaturkoks aus Braunkohle) est l'une des *trois* innovations radicales, reconnues comme telles au niveau international, pour lesquelles la RDA obtiendra des brevets ; les deux autres, un procédé électrique et une technologie de radiologie, sont nées, elles aussi, d'une situation d'innovation décrétée. Schwarz (1991 ; WZB-Mitteilungen, n° 53, p. 1).

[120] Source : Maxhütte Unterwellenborn, direction technique.

convertisseurs oxygène et Thomas). Aussi la capacité de la production d'acier reste, pendant les années 60, limitée à 400 kt, alors que les applications en aval (rails, poutres) connaissent une consommation croissante. D'autres combinats sidérurgiques du pays - plus modernes - commencent alors à mettre en question le maintien de la production à la Maxhütte.

Or, la complexification avait encore renforcé le statut et la *domination locale* de la Maxhütte. La fermeture du combinat est, plus que jamais, inimaginable pour la région où non seulement l'agriculture, mais également les infrastructures (chemin de fer, électricité, eau, gaz) et de nombreux services sociaux dépendent du combinat. La solution exigée par la politique locale est, encore une fois, l'augmentation de la capacité productive du combinat par *innovation*. A la fin des années 60, une brigade de R&D est chargée de résoudre le problème des capacités de l'aciérie. En l'absence de fonds d'investissement, l'achat d'une nouvelle technologie est impossible ; l'augmentation de la capacité doit être effectuée avec l'équipement existant sur place. Sous la surveillance très stricte du syndicat, les ingénieurs de la brigade développent un 'convertisseur pour l'utilisation de ferraille' (EFK). Il s'agit en fait d'une technologie *hybride*, singulière, combinaison des deux technologies classiques de production d'acier (le convertisseur à oxygène et le four électrique). L'originalité du convertisseur EFK est qu'il utilise un équipement prévu pour convertir de la *fonte* (un convertisseur), tout en acceptant comme charge de la *ferraille*[121]. La figure IV.3 montre le caractère hybride de cette innovation qui se situe *entre* les deux filières techniques classiques de la production d'acier.

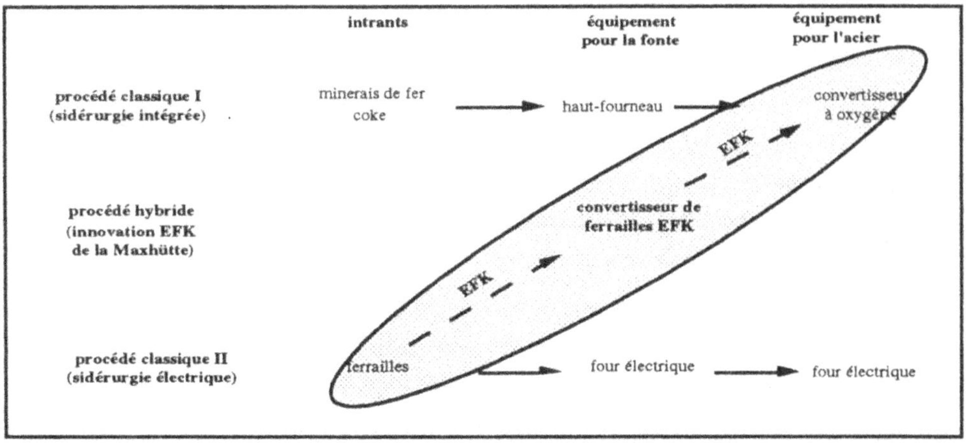

Figure IV.3 : La production d'acier : le 'convertisseur de ferraille EFK' de la Maxhütte, système hybride entre les deux procédés techniques sidérurgiques classiques

Le convertisseur de ferraille entre en service en 1975. Moyennant une consommation très élevée en énergie, il permet d'augmenter la production d'acier de 50%, jusque-là limitée à 400 kt ! A partir de 1976, et jusqu'à la fin du combinat, la production stagnera de nouveau autour de 600 kt (cf. figure IV.4). Comme le bas fourneau dans les années 50, le

121 L'EFK permet l'utilisation de 60% de ferraille dans la charge, avec des temps de conversion acceptables (45-60 min.). Le taux d'utilisation de ferraille dans un convertisseur classique est de 10-15%, le temps de conversion 30-40 min.

convertisseur de ferraille connaîtra une diffusion large dans les années 80. Plusieurs combinats tchécoslovaques, également contraints par l'approvisionnement en minerais, adoptent le brevet. Deux combinats soviétiques se font transférer la technologie contre une livraison supplémentaire de minerais. Dans les années 80, l'Inde et la Chine s'intéressent également à l'introduction de l'EFK dans leur sidérurgie. La capacité du combinat Maxhütte à produire de l'utilité sociale est, encore une fois, assurée.

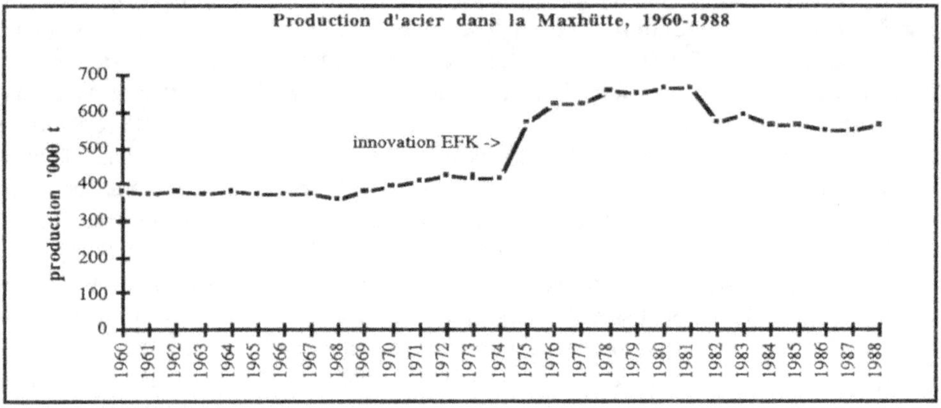

Figure IV.4 : La production d'acier à la Maxhütte, 1960-1988 : l'impact de l'innovation de l'EFK[122]

Innovation incrémentale par mobilisation : le mouvement du 'renouvellement permanent' dans la Maxhütte

Pendant l'introduction du combinat, une 'routine' de mobilisation idéologique s'était mise en place suivant le modèle soviétique des années 30. Le 13 octobre 1948, date à laquelle la RDA, imitant le stakhanovisme en Union soviétique, introduit le 'henneckisme' allemand, marque le lancement de la *compétition socialiste*.[123] Dans la sidérurgie, celle-ci se traduit par la 'bataille de l'acier', qui met en compétition socialiste la Maxhütte avec les nouveaux combinats sidérurgiques dans le pays. Selon la direction du Parti au sein de la Maxhütte, le mouvement doit 'permettre la représentation de la conscience socialiste à travers la volonté de participer à la solution de tâches techniques, organisationnelles, économiques et autres'. La direction du Parti rappelle ainsi les objectifs multiples du mouvement : l'augmentation de la *productivité*, l'amélioration des conditions *sociales* et une pénétration *idéologique* systématique.[124]

Au sein du combinat, les vecteurs du mouvement sont les *brigades*. Elles lancent le 'renouvellement permanent' dans la Maxhütte, visant l'augmentation du nombre des innovations incrémentales à un rythme soutenu. Les analyses quantitatives, réalisées par la direction du Parti, montrent l'ampleur qu'a pris le projet (cf. figure IV.5) : le taux d'acceptation des propositions de renouvellement technique augmente régulièrement. Selon les responsables de ce mouvement, cette augmentation des taux d'acceptation ne tient nullement à la meilleure qualité des propositions, mais à la nécessité subjective de

[122] Source : Maxhütte Unterwellenborn, direction technique.

[123] Cf. Bafoil (1991 ; chapitre 1 : Adolf Hennecke, un stakhanoviste allemand vers la RDA).

[124] *Chronique de la Maxhütte* (1979, *op.cit.*).

maintenir élevée la mobilisation des brigades. Sur le plan 'financier', la comptabilité de la Maxhütte tente de prouver que l'utilité nationale des propositions a augmenté régulièrement, de 1 million de marks (de la RDA) en 1948 à environ 8 millions de marks en 1972.

Les deux procédures d'innovation de la Maxhütte, l'innovation radicale sur l'ordre du Parti et l'innovation incrémentale par mobilisation, s'inscrivent dans le contexte polyfonctionnel du combinat. Il serait erroné de juger les deux innovations radicales, dont nous avons montré le caractère technique unique, comme de 'mauvaises' innovations, au regard des standards internationaux. Les innovations particulières que nous observons à la Maxhütte, le bas fourneau et le convertisseur de ferraille, peuvent, au contraire, être considérées comme des innovations socialistes 'réussies', au regard de leurs *propres objectifs*, puisqu'elles permirent au combinat de continuer la production de la valeur sociale.

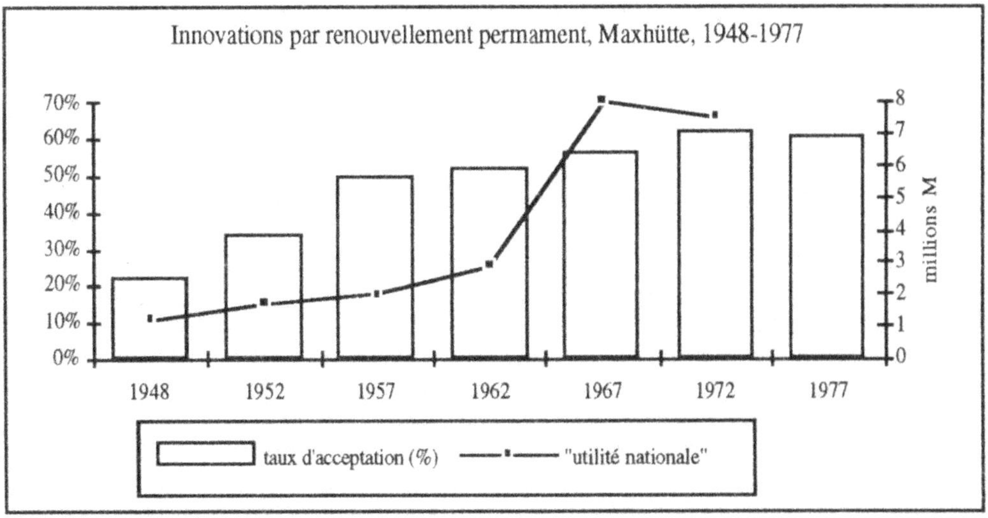

Figure IV.5 : Taux de réalisation de propositions de renouvellement, et leur 'utilité nationale', dans la Maxhütte, 1948-1977[125]

2. La qualité et le contrôle de qualité

La fin d'un mode de régulation fordiste, dans les économies américaine et ouest-européennes, a favorisé l'émergence de la notion de *qualité* comme concept omniprésent dans maints discours économiques. La *qualité produit* comme le *contrôle de qualité* constituent, depuis, un axe de la concurrence ; l'importance accordée aux procédures de contrôle de la qualité, normalisées au niveau mondial avec l'introduction des normes ISO 9000, le montre. La définition de ce qu'est une qualité 'adéquate' dépend des négociations entre producteurs et utilisateurs, elle est donc variable. Mais l'approche de la qualité est liée, *in fine*, à une sanction *monétaire*.

Quels sont les mécanismes qui dominent les aspects de qualité dans un combinat *non monétaire* ? Cette question est le plus souvent abordée, dans la littérature comparative, par

[125] Source : Maxhütte Unterwellenborn, direction financière.

le constat que, dans les pays socialistes, les produits - intermédiaires ou de consommation - sont d'une qualité inférieure, *au regard* de leurs homologues des économies de marché. Selon cette interprétation, la qualité ne peut être imposée dans une économie socialiste de pénurie, soit à cause de l'absence de paramètres objectifs, soit à cause de l'absence de mécanismes d'incitation et de sanction. Or, curieusement, on observe l'existence, dans le combinat, de *nombreuses* consignes de qualité portant sur les produits *et* sur les procédés. En enquêtant dans les lieux de production, on se rend également compte que chaque brigade est au fait des divergences des paramètres techniques entre le produit réel et les normes officielles. La question est alors : comment se fait-il qu'il ne soit pas remédié aux dysfonctionnements ?

2.1 Désarticulation entre produit et qualité

Dans la plupart des analyses économiques hiérarchiques du système de production socialiste, l'infériorité de la qualité des produits est vue comme un résultat de multiples pénuries marginalisant la qualité par rapport à la quantité. Citons Kornai (1992, chapitre 13) expliquant l'infériorité de la qualité produit dans le système socialiste par quatre facteurs :

- la qualité est un paramètre *inopérant*, elle ne peut pas être imposée de manière précise,
- les différences potentielles de qualité ne sont jamais reflétées par une différenciation de *prix*,
- la stratégie de croissance forcée avantage la *quantité* au détriment de la qualité,
- dans un marché de vendeurs (*sellers market*), l'entreprise peut vendre sa production *indépendamment* de la qualité de celle-ci.

Le constat de l'infériorité de la qualité des produits dans les pays socialistes, mesurée à l'aune de celle obtenue dans d'autres pays non socialistes, est correct et incontesté. Cette interprétation ne permet néanmoins pas de comprendre *comment* s'opère, à l'intérieur des unités de production, la gestion de la qualité. Le reproche fait au caractère inopérant de la qualité ne pose pas en effet la bonne question : on observe, au contraire, que les brigades disposent de cahiers de normes *très détaillés*. Ces normes précisent les paramètres techniques de chaque produit, le processus de production et également les conditions de travail et la sécurité. Ce n'est pas l'*absence* de normes de qualité qui est en question, mais leur *non-respect.*

La prise en compte des normes concernant l'environnement peut éclairer ce paradoxe apparent. Dans aucun pays du monde ces normes n'étaient aussi *strictes* que dans les pays socialistes d'Europe de l'Est ; paradoxalement, on observe que ces normes et, par conséquent, l'environnement, y étaient particulièrement négligés. La négligence du combinat à l'égard des normes ne peut être réduite à leur imprécision ou à une incapacité technique à les atteindre. La raison principale semble plutôt porter, selon nous, sur la *faible valeur sociale* qui leur est attribuée, au regard de celle accordée aux produits. La valeur sociale d'un produit ne semble en fait *pas* être liée à des critères objectifs de qualité.[126] Le

---

[126] Rappelons ce qu'était, dans l'industrie soviétique, la définition, fournie par H. Kholodniakov, d'une ressource 'utile', ou d'un *produit utile* (cf. chapitre III.2) : 'il est rationnel d'estimer que toutes les roches dans les alentours d'une carrière sont potentiellement des minéraux utiles. Elles peuvent être des minerais <produits> principaux *et* sous-produits.' Kholodniakov (1988, introduction). Il est entendu par cette définition qu'un produit obtient une valeur sociale dès lors qu'on lui trouve une application. Ce n'est pas une qualité objective qui donne une valeur à un produit, c'est le fait que ce produit *sert*. Il en découle que dès qu'un bien est produit, il représente *par définition* une valeur positive. Nous pouvons, pour éclairer cette logique, emprunter des concepts plus habituels dans l'analyse des phénomènes de qualité, ceux de 'poussé par l'offre' (*supply-push*) et de 'tiré par la demande'

concept de qualité n'est jamais absent des incitations aux réformes de l'industrie socialiste, bien au contraire. Les appels idéologiques à l'amélioration de la qualité n'ont jamais manqué. Mais, au-delà de ces discours, l'analyse du concept de qualité dans le combinat permet de saisir une *désarticulation* existant entre la qualité objective d'un produit et sa valeur sociale.[127]

2.2 Étude de cas : des phénomènes du contrôle qualité dans une ligne de galvanisation

Un combinat polyfonctionnel : Nova Huta im Lenina

Nova Huta im Lenina, situé dans la banlieue de Cracovie, est le plus grand combinat sidérurgique de Pologne. Bâtie *ex nihilo* en pleine campagne, près de l'ancienne capitale, Nova Huta est dans les années 50 la 'première ville socialiste' du pays. Les investissements productifs dans une sidérurgie intégrée y sont accompagnés d'investissements sociaux et de l'établissement de nombreuses fonctions de contrôle. Dès 1955, la *polyfonctionnalité* est acquise. Alors que l'outil *productif* n'est pas encore opérationnel, le combinat occupe déjà un rôle dominant dans la distribution des *services* dans la région : il gère la ville nouvelle de 80 000 habitants, les réseaux d'approvisionnement (eau, gaz, électricité), le transport urbain et les terrains avoisinants. Parmi les fonctions de *contrôle* on trouve la direction du Parti, une milice, des unités paramilitaires de défense nationale ainsi qu'une prison dont les détenus travaillent à la cokerie. L'interaction entre le combinat Nova Huta et le ministère de tutelle (Industrie) est forte : le poste de directeur général de Nova Huta est considéré comme une excellente référence pour l'ascension dans la hiérarchie du Parti. En 1974, Nova Huta compte 35 000 membres, il est le second combinat de Pologne (après celui du cuivre de Lubin, 45 000), et il s'étend sur 5 000 hectares !

Sur le plan technique, Nova Huta est le seul grand producteur polonais de produits plats (tôles, bandes, produits revêtus), servant surtout l'industrie automobile et l'électroménager. Or, malgré le rôle stratégique qu'occupe Nova Huta pour les industries en aval, l'outil productif n'est *pas* développé systématiquement. En résulte, dans les années 70, une frappante *hétérogénéité* de l'outil productif : les installations en amont (agglomération, hauts fourneaux) n'ont pas connu de modernisations depuis 1950, alors que l'aciérie et le laminoir à froid ont été quelque peu modernisés dans les années 70. Il manque pourtant l'élément central d'un procédé sidérurgique moderne : une *coulée continue* qui assurerait la connexion entre la production d'acier brut et le laminage. Le projet d'une grande restructuration de la sidérurgie polonaise (1970-80) prévoit l'installation d'une coulée continue au combinat de Huta Katowice, à 80 kilomètres de distance. En l'absence d'une telle installation, Nova Huta continue d'utiliser son laminoir *slabbing* des années 60 ; celui-ci fonctionne en *discontinu*, il n'est pas réglable et ne permet pas de contrôler la granulométrie des bobines à chaud. Le combinat Nova Huta inaugure, en 1961, une ligne de galvanisation - de construction polono-soviétique - pour produits plats. Cette ligne est la seule installation dans le pays à produire des tôles et bandes zinguées, destinées à l'industrie alimentaire, à l'électronique et au bâtiment. Les modalités du *contrôle qualité* dans la ligne,

---

(*demand-pull*), et caractériser la marginalisation de la qualité par un effet unique d'une '*poussé par l'offre*' (*supply-pull*) : l'existence même d'un produit attire, automatiquement, de multiples utilisations, indépendamment de sa qualité objective.

[127] Cf. Lazarus et Michel (1993, pp. 21. *sq.*) développant le concept de *qualité subjective* dans les unités de production d'un combinat est-allemand.

que nous étudions par la suite, montrent l'émergence quasi incontournable de dysfonctionnements dans un combinat d'industries de process.

Amplification des irrégularités techniques

La figure IV.6 montre la chaîne de production dans le combinat Nova Huta, depuis les intrants (minerais - coke) et l'agglomération jusqu'au produit fini zingué. Si l'absence d'une coulée continue, en plein milieu du procédé, est le signe le plus évident de l'hétérogénéité de la chaîne de production, le décalage temporel entre les dates de modernisation des installations en est un autre (1950 pour l'agglomération - 1984 pour le laminoir à chaud). Par ailleurs, il n'existe aucun système global de suivi des flux physiques à l'intérieur du combinat. Ces facteurs sont à l'origine d'un décalage entre les normes techniques et l'état réel de l'acier ; cet écart s'amplifie à chaque phase de traitement, il rend impossible l'identification des responsabilités individuelles.

Pour appréhender l'amplification de la 'non-qualité' le long de la chaîne de production des bobines zinguées sortant de la ligne de *galvanisation*, nous proposons de remonter le flux physique à l'origine de ces bobines. La galvanisation reçoit les bobines du laminoir à froid. Ces bobines ne subissent, entre le laminoir à froid et la ligne de galvanisation, aucun contrôle technique. Pourtant, l'atelier de galvanisation observe systématiquement *trois insuffisances* techniques des bobines : la planéité de la surface, la granulométrie physique et la métallurgie chimique de l'acier sont sous des normes techniques fixées par le cahier des charges. Le chef de l'atelier de galvanisation voit clairement les responsables de ces défauts : l'irrégularité de la surface dérive d'un défaut du lamineur à froid, la granulométrie d'un défaut du lamineur à chaud, la métallurgie enfin d'un défaut de l'aciériste.

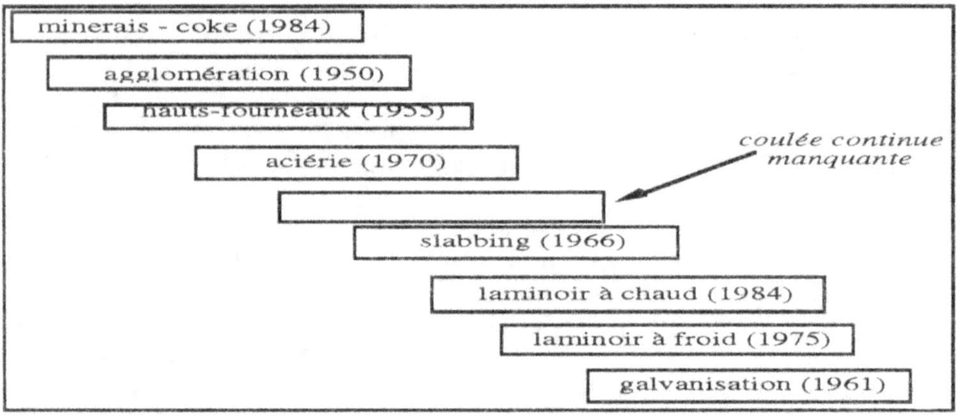

Figure IV.6 : Le combinat sidérurgique Nova Huta : les installations techniques en amont de l'atelier de galvanisation (entre parenthèses : date de la dernière modernisation)[128]

Un niveau en amont, le directeur de l'atelier du *laminoir à froid* est bien conscient des défauts de surface de ses bobines. De son côté, il sait repérer, au niveau du laminoir à chaud, le responsable : les retassures dans les bobines à chaud ne peuvent plus être égalisées

[128] Source : Nova Huta, direction technique.

par le laminage à froid. Le directeur du *laminoir à chaud*, lui, admet ces défauts, qui seraient le résultat de l'absence de *coulée continue* ; il est, selon lui, impossible de rattraper les défauts mécaniques causé par le laminoir *slabbing*. En continuant de remonter la chaîne, on apprend que la brigade de *l'aciérie* décline toute responsabilité pour la mauvaise métallurgie chimique de son acier que lui reprochent les lamineurs. Selon les aciéristes, il est impossible de rattraper les défauts de composition chimique de la fonte des hauts fourneaux. Le chef des *hauts fourneaux*, lui, déplore l'absence d'un système de réglage continu de l'enfournement, responsable des problèmes chimiques de la fonte. Mais il voit également dans la composition erratique des *intrants* (minerais, coke) un facteur d'irrégularité ; leur provenance : ... l'Ukraine.

Séparation entre production et contrôle qualité

Si l'on reconnaît ainsi une chaîne de facteurs externes, et 'involontaires', de l'état insatisfaisant des bobines zinguées sortant de la ligne de galvanisation, le fonctionnement du contrôle qualité à l'*intérieur* de la chaîne même n'en est pas moins responsable. Le *seul* moyen de contrôler le processus existant se situe directement après le bain de zingage : il s'agit d'une vérification optique. L'unique paramètre de réglage dans le processus est la hauteur du décrasseur, qui peut être réglé manuellement.[129] Il est impossible, par contre, d'arrêter le processus de galvanisation pendant le déroulement d'une bobine ; ainsi une irrégularité sur un rouleau, une poussière par exemple, ne peut pas être corrigée et s'imprime sur toute la longueur de la bobine. L'autre procédure de contrôle n'intervient qu'*a posteriori*, après le refroidissement de la bobine zinguée, où un échantillon est pris pour une analyse chimique. L'atelier chimique se situe à une grande distance de la galvanisation. Il ne dispose pas d'équipement pour détecter rapidement d'éventuelles irrégularités dans le taux de zingage. L'atelier ne transmet les résultats de l'analyse qu'après 45-60 min. ; pendant ce temps, la ligne de galvanisation continue de tourner. Même si un défaut est détecté, réparations mécaniques ou réglages ne peuvent être réalisées que par une équipe distincte de maintenance qui n'est disponible que pendant certaines heures dans la journée.

A la sortie de la ligne de galvanisation, seulement 10% des bobines sont envoyés directement aux combinats en aval alors que 90% sont stockés. La gamme de produits à Nova Huta intègre trois épaisseurs différentes de couverture en zinc (200, 260, 360 μm), cinq compositions métallurgiques différentes d'acier (St 33, Nt 33, St 37, Nt 37, C10), puis cinq largeurs différentes (700, 800, 900, 1 000, 1 200 mm). Le parachèvement doit, par conséquent, gérer non pas un produit, mais *75 produits* finis différents, ce qui demande une gestion complexe des stocks. En l'absence d'un système de stockage, les produits finis attendent la livraison près des lignes de transformation ; l'atmosphère humide, chaude et poussiéreuse les dégrade rapidement. Un contact direct avec le client n'existe pas. C'est le département de distribution du combinat qui gère les relations commerciales avec l'agence nationale de distribution (Polstal). Aucun contrôle des bobines n'a lieu avant l'envoi. Le taux de réclamation est pourtant très bas (0,5-1%). Le directeur de la galvanisation explique ce faible taux de réclamation par le fait que les clients n'ont pas de problèmes à écouler leurs produits, quelle qu'en soit la qualité technique. Ainsi, les irrégularités, qui avaient commencé avec les livraisons de minerais de fer ukrainiens, se perpétuent dans les industries en aval.

---

[129] Un décrasseur est une installation mécanique qui permet de niveler l'épaisseur de la couverture de zinc.

Impossibilité de vérification quantitative : désarticulation entre 'cycle papier' et 'cycle réel'

Si le suivi technique d'un procédé de production est un aspect du contrôle qualité, la vérification des *quantités* consommées et produites en est un autre. En industrie lourde, la gestion des volumes et des masses, des matières premières aux produits finis, est particulièrement complexe. Il est donc d'autant plus étonnant de constater dans le combinat Nova Huta une *absence totale* d'équipement de mesure et de pesée. Il n'existe pas *un* seul endroit où les tonnages sont vérifiés ; même à l'entrée ou à la sortie du combinat, il n'y a pas de balance.

Les données transmises aux instances de planification sont alors déduites par des *calculs approximatifs* et subjectifs. Ainsi, l'unité de mesure pour les produits finis est la *bobine* ; le chef de la ligne de galvanisation rapporte à la comptabilité du combinat le nombre des bobines qu'il a zinguées, multiplié par le poids moyen d'une bobine (estimé à 5 t). Le laminoir à froid calcule sa production par un multiple de *brames*, reçues du laminoir à chaud (poids moyen d'une brame : estimé à ~25 t). Le laminoir *slabbing* rapporte le nombre de *lingots* qu'il a traités (poids d'un lingot : estimé à ~25 t). Le calcul est encore plus complexe dans l'aciérie, où l'on multiplie, pour arriver à un résultat quantitatif, le nombre des *coulées*, le *volume* et le *taux de remplissage* du convertisseur. Les opérateurs des hauts fourneaux fondent leurs calculs sur le *nombre de charges* et la répartition entre fonte et slag (en moyenne : 60% de slags, 40% de fonte dans une charge). Arrivé aux piles de matières premières, on apprend que les quantités livrées de minerais sont calculées comme un multiple des nombres de *wagons* de train...

Le cas du 'non suivi' des flux physiques à Nova Huta est un exemple type de ce que nous appelions la désarticulation entre cycle papier et cycle réel. Le *cycle papier* est le résultat du processus de planification formelle et de négociation entre combinat et planificateur. Les flux des biens y sont précisément définis par des processus techniques et par une fonction de production. Le *cycle réel,* en revanche, échappe à toute vérification systématique. En théorie, ces deux cycles se prêtent à une parfaite planification à tous les niveaux ; en réalité, ils fonctionnent *indépendamment* l'un de l'autre. La désarticulation dont nous parlons n'a rien de commun avec l'incontestable falsification systématique des statistiques officielles, qui s'effectue, elle, à l'*intérieur* même du cycle papier. La désarticulation entre cycle papier et cycle réel implique, en revanche, que les sanctions auxquelles est soumis le combinat ne dépendent *pas* des sanctions formelles décidées par le planificateur, car celui-ci n'a pas les moyens de vérifier les déclarations faites. On peut supposer que l'effet de désarticulation observé pour les bobines zinguées s'est perpétué au-delà du combinat, et que la 'non qualité' s'est répercutée dans la production des combinats en aval. Il est donc possible que la désarticulation entre la planification formelle et la production réelle existe dans des *secteurs entiers*.

Les phénomènes observés liés au contrôle-qualité dans le combinat ont pour origine commune le faible poids de la qualité dans la création de la 'valeur sociale'. L'absence de qualité, la 'non qualité', résulte non pas uniquement de l'absence de mécanismes de sanction - par le marché par exemple - ou de la difficulté à préciser les critères de qualité ; nous interprétons les phénomènes observés comme le résultat d'une soumission volontaire de la qualité à d'autres objectifs du combinat. L'examen des modalités de l'investissement en apporte la confirmation.

3. L'investissement

Dans les sections précédentes, mention a déjà été faite à plusieurs reprises de configurations techniques '*hétérogènes*' décelées dans l'incohérence entre les fonctions productives à l'intérieur d'un combinat. L'outil productif de Nova Huta en était un exemple : un amont vétuste (aciérie) est accompagné par un aval relativement moderne (laminoir à froid), alors qu'au milieu de cette chaîne manque le maillon technique central (la coulée continue). Lors de nos enquêtes, nous décelions cette hétérogénéité dès les premières visites des unités de production dans maints combinats. Elle était techniquement évidente et particulièrement frappante, violant de toute évidence les règles les plus banales de recherche de productivité. Aussi la question motivant notre recherche sur la 'coordination mystérieuse' de l'industrie socialiste est-elle devenue : comment de telles configurations, que nous considérions, selon nos critères en économie capitaliste, 'antiproductives', ont-elles émergé et se sont-elles maintenues ? Et comment expliquer que nos interlocuteurs dans les combinats les considéraient comme 'normales', malgré leur hétérogénéité apparente ? L'analyse de la singularité des modalités de l'innovation et du contrôle qualité a déjà apporté quelques éléments permettant de saisir les effets de cette hétérogénéité ; encore faut-il chercher à en comprendre *l'origine*. Pour ce faire, il faut s'interroger sur le caractère spécifique de *l'investissement socialiste*.

3.1 Croissance extensive et polyfonctionnalité

Toutes les écoles principales de l'économie socialiste considèrent la question de la stratégie d'investissement dans le socialisme comme centrale ; la stratégie socialiste explique, entre autres, le retard pris par ces économies par rapport aux économies capitalistes. Les investissements socialistes apparaissent le plus souvent comme 'sous-optimaux'. Dans la théorie de la pénurie, les décisions d'investissement productif constituent un élément central de la politique économique, permettant de déconnecter le profit d'une branche de l'investissement qui lui est attribué. La sous-optimalité des décisions d'investissement est souvent expliquée par cette stratégie de croissance extensive, censée engendrer une 'faim chronique d'investissement' ('investment hunger', selon Kornai) dans les combinats. Dans le conflit permanent entre la pression politique et l'absence de critères monétaires de décision, les planificateurs choisissent les investissements favorisant un taux de croissance maximal. Ainsi le système classique est caractérisé par un cercle vicieux d'augmentation de l'investissement et de la croissance des moyens de production. Le faible niveau de satisfaction de la population en biens de consommation en est un résultat 'naturel'. Kornai (1992) établit une liste des priorités d'investissement, qu'il considère représentative d'une économie socialiste cherchant une croissance extensive maximale ; les secteurs favorisés sont, dans l'ordre des priorités [130] :

- les biens d'investissement,
- la production nationale (par rapport aux importations),
- la sphère productive (par rapport à la sphère 'non productive' des services),
- l'industrie lourde, l'industrie d'armement,
- la construction de nouvelles installations (par rapport aux vieilles installations à moderniser),

---

[130] Kornai (1992, pp. 171 *sq*.), également Dyker (1976, ch. 5, et 1983).

- les unités de grande taille.

La rigidité de la stratégie d'investissement est ainsi à l'origine d'un cercle vicieux de déséquilibres et de pénuries.[131]

Il manque à cette caractérisation la prise en compte du *conflit permanent entre investissement productif et investissement social*. Ce conflit est pourtant omniprésent au niveau de la planification centrale comme au niveau du combinat local. Nous considérons comme *investissement productif* une modification des capacités productives principales d'un combinat ; un *investissement social* correspond à une affectation recouvrant la sphère sociale, mais *également* à la création de nouvelles activités secondaires, produisant ce que nous avons appelé 'co-produits'.

Au niveau du *combinat*, les décisions d'investissement doivent prendre en compte l'objectif principal de celui-ci, l'augmentation de la valeur sociale. Or, celle-ci dépend des améliorations de la *sphère sociale* aussi bien que de l'investissement *productif*. Il existe donc une inévitable compétition entre investissements pour l'augmentation des capacités productives et investissements dans les services sociaux. On peut supposer que la direction technique favorise la sphère productive alors que la plupart des membres du combinat sont en faveur de l'extension de la sphère sociale. C'est le *Parti*, gardant en vue l'augmentation des capacités productives *et* de la sphère sociale, qui doit absorber le conflit de manière à harmoniser les deux exigences. Dans une conjoncture où le combinat remplit déjà ses fonctions sociales, l'investissement dans l'extension du productif peut être envisagée ; par contre, si le combinat assure mal les besoins sociaux de ses membres, ce sont eux qui pourront bénéficier en priorité des investissements. Pour la direction du Parti, l'octroi d'un investissement *social* peut donc avoir la même valeur que l'augmentation de la *production*.

L'inséparabilité entre investissement productif et investissement social apparaît également dans l'analyse de leur affectation au niveau d'un *Kombinat de branche* ou d'une industrie entière. Tout investissement est soumis au critère de la valeur sociale. Or, cette valeur, produite par un combinat donné, ne se définit *pas* par la maximisation de la production et de la qualité objective de 'son' produit, mais par la mise à contribution d'un maximum de ses membres à la production de 'valeur sociale'. Autrement dit, la *pérennité* du combinat est souvent l'objectif prioritaire d'une stratégie d'investissement. On peut ainsi justifier des investissements dans l'augmentation d'une capacité en co-produits par le seul fait que ceux-ci fournissent un travail 'utile' aux membres du combinat, leur permettant ainsi de continuer à produire de la valeur sociale. On devrait parler, dans ce cas, non pas d'un investissement productif mais bien d'un investissement *social*.

Le conflit entre investissement productif et investissement social s'applique à *tous* les combinats, quel que soit leur secteur. Les industries d'armement et les industries lourdes ont certes bénéficié, dès leur apparition, d'investissements productifs et sociaux importants, qui leur ont valu des configurations particulièrement polyfonctionnelles - le cas extrême étant le *zavod-gorod*, la ville-usine militaro-industrielle autarcique. Mais nous soutenons que le conflit de l'affectation des investissements n'a *pas* été fondamentalement différent dans les autres secteurs, devenant prioritaires dans les années 70 (électronique ou optique par exemple) ou 80 (semi-conducteurs). Une fois établis, ces combinats exigeaient également des investissements polyfonctionnels ; ils ont ainsi reproduit la trajectoire tracée par l'industrie lourde.

---

131 Kornai (1992, p. 180) le formule ainsi : 'as a consequence of <wrong> priorities, the structure of the economy becomes disharmonious and sets in that disharmonious state.'

L'analyse de deux stratégies nationales d'investissement, qui nous ont paru, lorsque nous enquêtions pour la première fois en 1990, comme particulièrement irrationnelles et 'antiproductives', nous permet d'appliquer à des cas observés ce concept de l'investissement polyfonctionnel.

3.2 Étude de cas : Pologne, un grand projet d'investissement sans effets induits, Huta Katowice

La stratégie d'investissement dans la sidérurgie polonaise est un exemple de l'imbrication des investissements *productifs* et des impératifs *sociaux* et de *contrôle*. Elle montre qu'une stratégie d'investissement dans les fonctions productives d'un combinat est indissociable du contexte polyfonctionnel dans lequel elle s'inscrit.

Un projet ambitieux de 'Kombinatisation' : la nouvelle sidérurgie de Huta Katowice

Dans les années 60, la sidérurgie polonaise est la plus importante d'Europe de l'Est, mais l'état de l'outil productif a stagné depuis l'après-guerre. Entre 1945 et 1970, le seul grand projet de modernisation a été la construction du nouveau combinat de Nova Huta im Lenina à Cracovie. Parallèlement, une vingtaine d'aciéries, de petite taille et dotées d'un équipement des années 30, continuent de fonctionner. C'est ainsi qu'à l'exception de Nova Huta, toutes les aciéries intégrées utilisent encore le vieux procédé Martin, le taux de coulée continue ne dépasse pas 2%, et la mise au mille est très élevée : 1,4.[132] Dans un contexte caractérisé par le ralentissement de la croissance industrielle, le Parti désigne, à la fin des années 60, la sidérurgie comme un des secteurs porteurs d'une 'nouvelle dynamique'.[133] La restructuration intégrale de ce secteur est considérée comme une condition nécessaire au développement des industries en aval. La croissance de la sidérurgie doit être emmenée par une augmentation rapide des capacités *et* par la modernisation de l'équipement. Le quatrième Plan quinquennal (1971-75) prévoit ainsi un *triplement* de la production d'acier entre 1970 (11,7 Mt) et les années 90 (>30 Mt) !

L'ouverture de la Pologne au financement par crédit étranger rend possible l'importation de technologies étrangères. Alors qu'en Pologne les tentatives de décentralisations s'essoufflent, les pays voisins préparent les premières réformes de recentrage de l'industrie par création de grands combinats de branche, la *Kombinatisation* (RDA, Tchécoslovaquie). Dans ce contexte, le plus grand projet d'investissement qu'ait jamais connu la Pologne voit le jour. Il s'agit de la construction d'un nouveau combinat sidérurgique en Silésie : Huta Katowice, d'une capacité de 6 Mt d'acier brut, soit 51% de la production nationale en 1970. L'ambition technologique du projet est très élevée ; en témoigne le fait que la capacité des autres combinats sidérurgiques de l'époque en Europe de l'Est ne dépasse guère les 2 Mt, soit 1/3 seulement de la capacité prévue pour Huta Katowice (cf. figure IV.7).

---

[132] La mise au mille mesure le ratio acier brut / acier laminé. Une mise au mille de 1,4 indique que la production d'acier liquide excède la production d'acier laminé de 40%, autrement dit que l'on produit 40% en 'trop' d'acier liquide. (Dans les années 80, on considérait qu'une entreprise sidérurgique en économie monétaire devait parvenir à une mise au mille en dessous de 1,1).

[133] Les années 60 ont été caractérisées par une volonté certaine de décentralisation et d'intensification de la croissance. Or, le troisième Plan quinquennal (1966-70) semblait incapable de créer la dynamique espérée ; Mink (1986, p.67) soutient qu' 'une forte politique inflationniste, débouchant sur un développement autarcique de la Pologne, aurait été à l'origine du ralentissement de la croissance'.

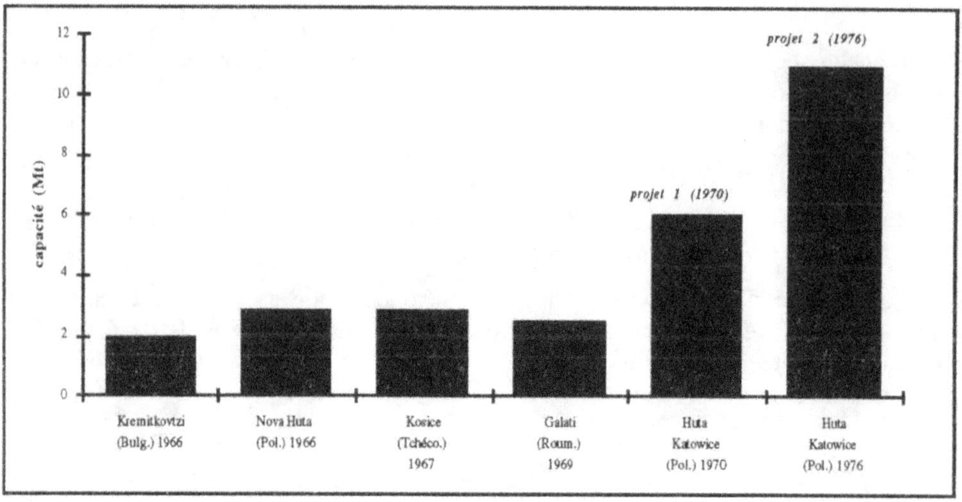

Figure IV.7 : Les deux projets d'investissements de Huta Katowice : saut qualitatif au regard des standards à l'époque[134]

Le deuxième volet important du projet est la *fermeture* envisagée de nombreux aciéries et laminoirs dans une dizaine de combinats en Silésie.[135] Ceux-ci devaient céder leurs activités principales, et maintenir seulement quelques lignes de laminage. Huta Katowice deviendrait alors le pivot de la sidérurgie polonaise : plus gros producteur d'acier brut, fournisseur principal des autres sidérurgistes en demi-produits, plus gros producteur de produits profilés, coordinateur de l'industrie au niveau national. La centralisation de la production engendre également la création de deux Kombinats de branche (WOG) regroupant l'ensemble de la sidérurgie polonaise : Huta Katowice et Nova Huta.

Le projet de Huta Katowice est déclaré 'projet d'ambition nationale' en 1970. Ceci implique, en plus d'une dotation importante en moyens d'investissement, des délocalisations massives de main-d'œuvre. La révolte de la Baltique (janvier 1971) interrompt le projet temporairement, mais la nouvelle direction du PC sous E. Gierek confirme les décisions prises auparavant. L'objectif que poursuit Gierek au niveau national est le maintien de la dynamique d'investissement, tout en assurant un niveau élevé de consommation. Selon ce programme, les investissements lourds dans Huta Katowice, comme dans d'autres secteurs, ne devaient pas entraîner une baisse de la consommation. Les importations en capital, machines et équipements devaient permettre des investissements massifs ainsi qu'une forte hausse des revenus monétaires de la population. L'augmentation radicale de l'efficacité des nouvelles structures industrielles devait permettre de réaliser le double objectif d'une croissance poussée de l'investissement *et* de la consommation.[136] Cette double stratégie conduit à augmenter encore les capacités projetées : le Parti décrète en 1974 que la capacité nationale d'acier doit atteindre les 33 Mt en 2000. Le projet de Huta

---

134 Source chiffrée : Bomsel, von Hirschhausen (1991, vol. III).

135 Il s'agit des Huta Bankowa, Kosciuszko, Bobrek, Florian, Pôkos, Labedy, Imaja, Jednosc, Ferrum et Zygmunt.

136 Mink (1986, p. 69) constate que 'le résultat de cette politique économique fut une progression, rarement observée simultanément, des salaires réels et de l'investissement, comme si on avait suspendu pour un temps la contradiction qu'il y a à accroître en même temps le rythme de l'investissement et de la consommation'.

Katowice est alors porté à 9 Mt à l'horizon 1981, et à *11 (!) Mt* à l'horizon 1984.

Des résultats contraires

Pourtant, le projet Huta Katowice n'atteindra *pas* ses objectifs. Deux facteurs empêchent la réalisation du projet : d'une part, les petits combinats sidérurgiques résistent à leur fermeture prévue par le programme ; sur les onze combinats de la région, deux ateliers seulement ferment. D'autre part, des limitations financières, techniques et d'infrastructure empêchent Huta Katowice de réaliser le schéma technique prévu. Par conséquent, la capacité d'Huta Katowice n'augmentera que très irrégulièrement : portée à 3 Mt en 1980, elle atteindra son maximum de 4,5 Mt seulement en 1988, très loin des résultats planifiés.

Comment expliquer cet échec de la stratégie d'investissement ?

La résistance de petits combinats à la fermeture n'est pas, dans ce cas concret, liée à leur domination régionale. Concentrés dans un périmètre de 100 km autour de Katowice, ces combinats n'exercent pas le pouvoir de domination d'un combinat isolé ; des transferts de personnel seraient alors possibles. C'est plutôt leur caractère de lieu *social* et de *contrôle* qui les rend sensibles. Dans le climat de forte instabilité politique de la Pologne au début des années 80, la mise en question de l'existence de plusieurs combinats équivaudrait à l'affaiblissement du pouvoir du Parti et risquerait de donner lieu à de fortes réactions. Les représentants *locaux* du Parti considèrent impossible de procéder aux fermetures prévues et s'y refusent. Par conséquent, l'abandon des vieux combinats n'a pas lieu ; ceux-ci gardent presque l'intégralité de leurs capacités productives. D'autre part, le projet Huta Katowice lui-même rencontre d'importants obstacles. Avant que le combinat puisse couler la première tonne d'acier (1977), il devient victime du 'piège du crédit', empêchant la Pologne d'assumer le service de sa dette extérieure. Le Comité central révise par conséquent à la baisse la part des importations dans les investissements ; celles-ci devaient être remplacées par une technologie *nationale*. Par conséquent, l'achat à l'étranger de la métallurgie secondaire d'affinage et des laminoirs est annulé. La suppression de ces investissements importants est à l'origine d'un déséquilibre grave dans le cycle de production : l'amont (aciérie), déjà en construction, atteindra une capacité de 4,5 Mt, alors que l'aval (laminoirs) restera limité à 2,5 Mt.

Mais les dérapages du projet ne s'arrêtent pas là. Entre 1981 et 1984, à la suite de la déclaration de l'État de guerre (13 décembre 1981), tout investissement est de nouveau suspendu dans la sidérurgie polonaise. De timides essais pour reprendre les anciens Plans resurgissent dès 1983 : 280 milliards Zl ($ 2,2 milliards) sont prévus pour la sidérurgie dans le nouveau Plan quinquennal 1986-1990. A Huta Katowice, on prévoit toujours la réalisation d'une *coulée continue* et de *laminoirs*. La coulée continue est indispensable pour assurer le fonctionnement normal - c'est-à-dire en continu - de la production. Mais, encore une fois, il ne s'agit que de 'Plans' ; le Comité central, de plus en plus limité financièrement, décide d'atomiser les investissements pour assurer la survie de plusieurs autres combinats sidérurgiques. Par ailleurs, les montants accordés à la sidérurgie diminuent d'année en année (1986 : 200 milliards Zl, 1987 : 140 milliards Zl, 1988 : 94 milliards Zl).

Les conséquences de cette stratégie sur l'outil productif de Huta Katowice sont considérables : malgré l'existence d'une large gamme de fonctions sociales pour ses 28 000 membres (1984), deux maillons élémentaires manquent dans la chaîne technique de production : la *coulée continue*, prévue dès le premier projet en 1970, et le *laminoir à chaud*. Huta Katowice est obligée d'organiser une partie de sa production en *discontinu* ; la production de produits finis reste limité à 2,5 Mt (contre 9 Mt prévus dans le Plan de 1976) de qualité granulométrique et de surface limitées. D'autre part, l'équipement de finition des produits longs initialement prévus (traitement thermique de rails, profilés lourds spéciaux) n'est pas installé. La figure IV.8 montre le caractère hétérogène et 'antiproductif' de l'outil productif à Huta Katowice : absence de coulée continue et d'un laminoir à chaud, et déséquilibre important entre les capacités d'amont (agglomération : 9 Mt, aciérie : 4,5 Mt) et d'aval (laminage : 2,5 Mt seulement). Le tableau IV. 2 résume les écarts considérables entre capacités prévues et capacités réalisées à Huta Katowice entre 1970 et 1988.

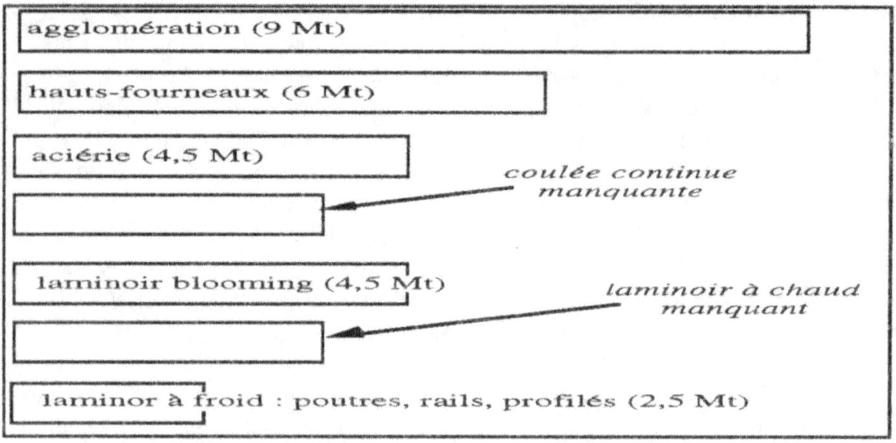

Figure IV.8 : L'outil productif incomplet de Huta Katowice : absence de coulée continue et déséquilibre entre les capacités (entre parenthèses : capacité)[137]

année	capacité prévue	capacité réelle
1970	6 Mt en 1976	
1974	6 Mt en 1977 plus coulée continue	
1976	9 Mt en 1981 11 Mt en 1984	
1977		2,0 Mt
1980		3,0 Mt
1988		4,5 Mt

Tableau IV.2 : Chronique des projets d'investissement et des capacités réelles à Huta Katowice, 1970-1988[138]

L'hétérogénéité de l'outil productif de Huta Katowice aggrave par ailleurs la saturation sur les infrastructures de transport au niveau national, le combinat étant obligé d'envoyer en grandes quantités (2-3 Mt) ses demi-produits à d'autres combinats. Une vaste circulation de demi-produits se développe : matières premières, demi-produits et produits finaux. Le réseau ferroviaire, déjà sous-capacitaire, ne peut que difficilement accueillir ces tonnes supplémentaires. La coordination entre combinats sidérurgiques se complexifie. Résultat : les tendances à l'*autarcie* s'accroissent dans chacun des combinats.

Le dérapage du projet d'investissement de Huta Katowice révèle plusieurs traits

[137] Source : Huta Katowice, direction technique.

[138] Source : Huta Katowice, direction technique.

spécifiques de la coordination socialiste de l'industrie. On comprend que l'outil productif, que nous caractérisions comme 'antiproductif', n'est *pas* le résultat d'une stratégie 'sous-optimale' d'investissement comme le soutient l'interprétation de l'école néoclassique. En effet, la stratégie retenue initialement répondait, en théorie, parfaitement aux besoins de modernisation. L'échec de la stratégie résulte plutôt du primat des activités sociales et de contrôle des combinats sur le productif.[139] On observe par ailleurs que l'état d'inachèvement du combinat Huta Katowice n'est pas une exception dans la sidérurgie est-européenne, mais qu'il est au contraire *représentatif* de tous les autres grands combinats sidérurgiques : Galati (Roumanie), Nova Hut Ostrava (Tchécoslovaquie), Eisenhüttenstadt (RDA), Dunaujvaros (Hongrie), Smederevo (Yougoslavie).[140] Cette étonnante convergence d'outils productifs 'antiproductifs' et inachevés laisse supposer qu'il y avait, derrière ces stratégies d'apparence bizarre, une rationalité sous-jacente commune.

3.3 Étude de cas : RDA, le poids des investissements de maintien

La Kombinatisation : une manœuvre pour augmenter le contrôle par le Parti, sans conséquences sur la sphère productive

La sidérurgie est-allemande des années 60 est caractérisée par un vaste éparpillement : une production de seulement 5 Mt répartie entre *sept* combinats sidérurgiques.[141] Chacun de ces combinats résulte d'un développement polyfonctionnel, tel celui constaté pour la Maxhütte Unterwellenborn ci-dessus (cf. chapitre VI.1). Ils disposent *tous* d'un outil productif techniquement hétérogène. Par exemple, le combinat Eisenhüttenstadt, censé prendre le relais de la Maxhütte en tant que combinat phare de la sidérurgie nationale, ne produit toujours que de la fonte après *vingt ans* de développement ; il ne dispose ni d'aciérie ni de laminoir. Le deuxième combinat du pays, Brandebourg, est surcapacitaire en acier, mais il manque de capacités de laminage. Aucun des sept combinats n'a une capacité supérieure à 1,5 Mt ; par conséquent, les besoins en transports de matières premières et demi-produits sont importants.

Depuis l'instauration du système socialiste en 1945, plusieurs structures organisationnelles se sont succédées dans la sidérurgie. La première phase (1945-1951) a été caractérisée par la consolidation de la position dominante des combinats et par le primat des 'conseillers' soviétiques. Entre janvier 1951 et mars 1958, les combinats étaient formellement soumis au ministère des Mines et de la Métallurgie. La décentralisation des structures, poussée par W. Ulbricht au cours de la NEP allemande (1963-1968), avait introduit un niveau intermédiaire : les 'associations d'entreprises du peuple' (VVB). Mais ce niveau était resté sans effet réel sur la coordination entre combinats. Avec l'arrivée en 1971 du nouveau Secrétaire Général du Parti, E. Honecker, s'accélère alors la *Kombinatisation*, projet volontariste du Parti pour rétablir sa domination sur les industries. Il revient à la sidérurgie de lancer ces réformes : le regroupement de l'industrie en combinats de branche - les Kombinats - devient le modèle pour la Kombinatisation dans les pays socialistes des

139 On pouvait en plus faire l'hypothèse que l'état d'inachèvement de Huta Katowice correspond à un autre besoin du Parti central : celui de maintenir son contrôle sur l'industrie, en ne transférant pas à un *seul* combinat local le pouvoir de contrôler lui-même une industrie d'une telle importance.

140 Cf. Bomsel et von Hirschhausen (1991).

141 Eisenhüttenstadt, Brandenburg, Maxhütte Unterwellenborn, Henningsdorf, Riesa, Freital, Gröditz.

années 70 et 80. Tous les combinats sidérurgiques sont regroupés, selon les produits, dans trois Kombinats. Sont ainsi créés les Kombinats d'*Eisenhüttenstadt* pour les produits plats (19000 membres), *Brandebourg* (produits longs, 34 000 membres) et *Riesa* (tubes, 28 000) (cf. figure IV.9).

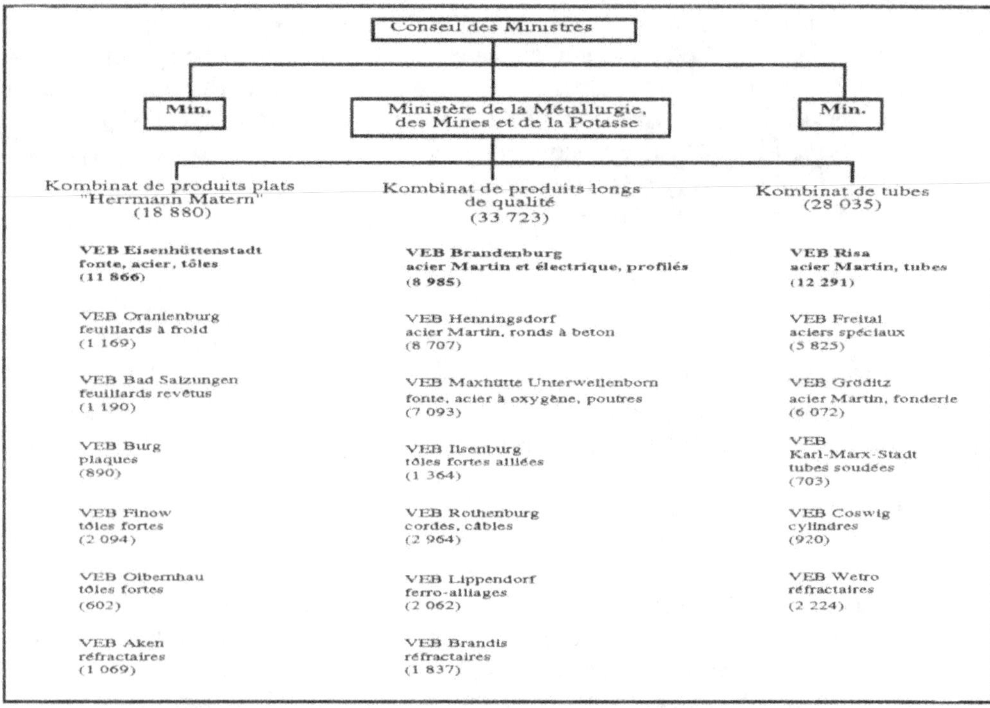

Figure IV.9 : La structure hiérarchique de la sidérurgie est-allemande après la Kombinatisation (années 80, entre parenthèses : nombre de 'membres' par combinat)[142]

La 'décentralisation' de la gestion dans les maisons-mères des Kombinats (Eisenhüttenstadt, Brandebourg, Riesa) correspond en réalité à un *resserrement* des liens entre le Parti central et ses relais directs dans l'industrie. Les directeurs des Kombinats sont directement nommés par le Comité central ; la tutelle officielle du ministère s'en trouve ainsi encore affaiblie. Or, on observe que les manœuvres hiérarchiques n'ont aucun effet réel sur la structure *productive* des combinats locaux. En 1980, *dix* ans après la Kombinatisation, *aucune* modification n'est encore intervenue dans l'appareil productif des sept combinats sidérurgiques.[143] Il n'y a eu *ni* tentatives pour concentrer la production et bénéficier des économies d'échelles, *ni* spécialisations dans les gammes des produits. En 1980, les *sept mêmes combinats* des années 60 sont toujours en fonction, ils produisent

[142] Source : ministère de la Métallurgie (*Stahlberatungsstelle Freiberg*).
VEB (~ entreprise du peuple) est le nom donné aux combinats est-allemands. En **gras**, les maisons-mères des Kombinats.

[143] La seule exception est la construction d'un petit four électrique à Henningsdorf ; le convertisseur de ferrailles à la Maxhütte Unterwellenborn ne peut guère compter comme changement d'appareil productif.

maintenant 7 Mt d'acier. La *constance* de la mise au mille, très élevée (entre 1,4-1,5), indique qu'il n'y a pas eu de modernisation dans les méthodes de production entre 1965 et 1980 (cf. figure IV.10).[144]

Si la Kombinatisation réussit ainsi, au niveau des structures de contrôle, à augmenter l'emprise du Parti dans les Kombinats, elle *renforce* l'hétérogénéité des capacités productives. A la fin des années 70, dix ans après l'introduction des Kombinats, Eisenhüttenstadt n'a toujours ni aciérie ni train à chaud, Brandebourg manque d'une coulée continue et de trains pour profilés, la Maxhütte tourne avec un équipement aval d'avant guerre et des laminoirs datant de 1912, Riesa - à cause de l'absence de convertisseur - est incapable de produire des aciers pour tubes de précision.

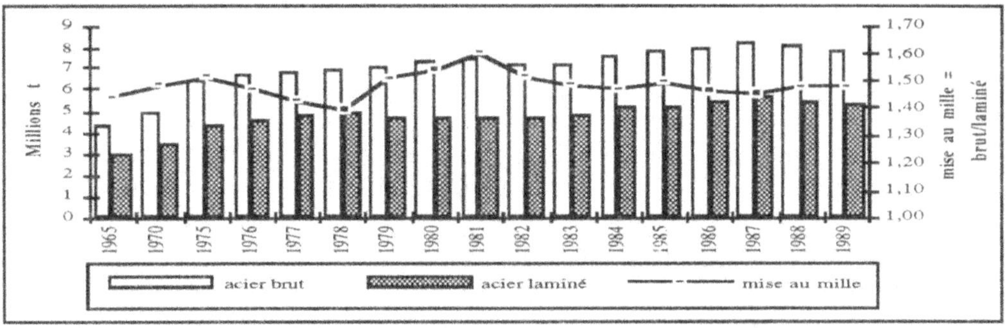

Figure IV.10 : Constance de la mise au mille dans la sidérurgie est-allemande, 1965-1989[145]

Les années 80 : le maintien *des combinats avant tout*

Les difficultés croissantes de production et l'inefficacité de la coordination entre combinats ne sont pas passées inaperçues du Parti. En 1980, le VIIIe Congrès du Parti décide de moderniser la branche, toujours considérée comme stratégique. Il affecte des moyens globaux d'investissements importants à la sidérurgie ; les nouveaux projets doivent être définis par les responsables de l'économie du Parti et les directeurs des Kombinats. Sur le plan technique, il est certain qu'il faudrait *concentrer* la sidérurgie en deux combinats de taille moyenne. La sidérurgie mondiale s'est centrée, dans les années 70 déjà, sur de grands sites maritimes ; dans les pays socialistes, le grand projet de Huta Katowice est considéré comme la bonne réponse à ce changement structurel. Pour la RDA, cela signifierait de compléter le cycle métallurgique à *Eisenhüttenstadt* et à *Brandebourg* et d'abandonner la sidérurgie dans les autres combinats. Les négociations entre le Comité Central du Parti et les Kombinats se poursuivent pendant deux ans (1980-82). Elles débouchent sur... l'affectation de sept projets d'investissement aux sept combinats, *chaque* combinat recevant un *petit* projet d'investissement. Cette décision ne prévoit ainsi aucune concentration de la production, ni de spécialisation : elle *fige les anciennes structures.*

Comment cette décision, d'apparence 'antiproductive', peut-elle être appréhendée ?

---

[144] La mise au mille correspond à la consommation d'acier brut par tonne d'acier laminé (produit fini).

[145] Source : ministère de la Métallurgie (1990 ; *Handbuch : Schwarzmetallurgie der DDR - technische-wirtschaftliche Kennziffern*. Leipzig).

Depuis les années 50, et jusqu'au début des années 70, les combinats ont consolidé leur pouvoir et leur domination industrielle locale. La *complexification* a rattaché des fonctions sociales et de contrôle supplémentaires aux combinats. A la complexification se sont ajoutés d'autres leviers de pouvoir : les maisons-mères des Kombinats (*Eisenhüttenstadt, Brandebourg, Riesa*) occupent un rôle important dans la coordination de l'industrie entière, leur existence ne peut pas être mise en doute. La *Maxhütte Unterwellenborn* bénéficie toujours de son image de berceau de la sidérurgie socialiste est-allemande. *Henningsdorf*, situé dans la banlieue de Berlin, est devenu le bijou du Parti central, servant d'objet de prestige devant les délégations internationales. *Freital* peut faire valoir d'être le seul producteur d'aciers spéciaux, produit essentiel pour les industries stratégiques en aval (nucléaire, énergétique). Ainsi, chaque combinat peut se targuer d'être indispensable dans la 'division socialiste du travail'. Devant l'impossibilité de toucher à aucun des combinats, le Parti a pris donc la solution opposée à la concentration : il assure la survie de *tous* les combinats, en affectant à chacun un investissement mineur. Ce traitement permet alors à chaque combinat de se doter d'*une* installation moderne, sans qu'aucun d'entre eux puisse jouir d'un cycle métallurgique homogène et complet. Résultat, le caractère hétérogène de l'outil productif persiste partout :

- la construction d'une aciérie à oxygène (1982-87) permet au combinat d'*Eisenhüttenstadt* de convertir sur place la fonte de ses hauts fourneaux en acier ; il lui manque toujours le maillon central, le train à chaud, ce qui l'empêche de travailler de façon autonome ;
- l'investissement dans un four électrique (1982) et dans un train à fil machine permet à *Brandebourg* de développer ses capacités de produits finis ; le combinat souffre toujours de son amont surdimensionné (12 fours Martin) et de l'absence de coulée continue ;
- l'investissement dans un laminoir de tubes non soudés (1980-81) permet au combinat de *Riesa* de compléter sa gamme de tubes et d'approvisionner les secteurs de construction mécanique et énergétique ; mais il produit toujours de l'acier Martin - équipement des années 50 - et opère dans des laminoirs vétustes (de 1954, 1955 et 1962) ;
- la *Maxhütte Unterwellenborn* se voit accorder le plus moderne des laminoirs de poutres d'Europe (1983-86) ; ceci ne résout pas pour autant les problèmes d'approvisionnement de l'aciérie, ancienne et de petite taille ;
- *Henningsdorf* peut étendre ses capacités en aciérie électrique et coulée continue ; par contre, ses capacités de laminage restent marginales ;
- le producteur d'aciers spéciaux, *Freital*, peut construire deux fours plasma et une métallurgie de poche [146] ; mais, lui aussi, ne dispose ni d'une coulée continue ni de laminoirs correspondants et continue d'importer des quantités importantes de demi-produits ;
- le combinat de *Gröditz* modernise deux de ses quatre fours électriques ; mais il est obligé de maintenir ses deux fours Martin (des années 60) et ses capacités de laminage restent limitées.

Le programme d'investissement réussit donc à *maintenir* tous les sites. A l'intérieur

[146] Le four plasma constitue une autre 'innovation' de la sidérurgie socialiste : il devait se substituer au four électrique, mais sa consommation en énergie et la difficulté de contrôle du processus ont obligé les ingénieurs de Freital à abandonner le projet dans les années 80.

de chaque combinat, la mise en œuvre des nouvelles installations est accompagnée par l'extension des fonctions sociales et surtout par une 'diversification' de la production (développement de 'co-produits'). La modernisation de l'outil productif et la fermeture de quelques ateliers (mines épuisées, laminoirs à vapeur) ont en effet rendu nécessaire l'ouverture de nouvelles activités pour permettre aux membres de rester actifs dans le combinat et de produire de la valeur sociale. Par conséquent, la production de biens de consommation se développe rapidement ; pour le seul Kombinat Brandebourg, la part de ces co-produits dans la production totale des combinats atteint 25 à 30% en 1988.[147] La stratégie d'investissements éparpillés a pour résultat de figer les structures de production pour les décennies à venir. Une comparaison de la distribution de la production entre les combinats, en 1960 et dans les années 80, montre le peu de modification qu'ont subi les structures industrielles : la variation entre les quotients production$_{\text{années 80}}$/production$_{\text{années 60}}$ est très faible (cf. tableau IV.3). Quand la RDA cesse d'exister en 1990, les *sept combinats* locaux créés dans les années 50 et 60 se partagent *toujours* fidèlement la production nationale d'acier.

	Années 60 (kt)	**Années 80** (kt)	**Quotient 1980/1960**
Eisenhüttenstadt	1408	1650	1,17
Brandenbourg	1482	2600	1,75
Maxhütte Unterwellerborn	395	554	1,40
Henningsdorf	760	1275	1,68
Riesa	930	745	0,80
Freital	154	302	1,96
Gröditz	236	176	0,75
Total	**5365**	**7302**	**1,36**

Tableau IV.3 : La pérennité des combinats sidérurgiques en RDA : l'éparpillement de la production, années 60 et années 80[148]

Le développement de la sidérurgie allemande éclaire les caractéristiques d'une stratégie socialiste d'investissement, centrée sur le *maintien* des combinats comme lieu de création de valeur sociale, objectif auquel a dû se soumettre l'amélioration de la productivité. Les réformes hiérarchiques, surtout la Kombinatisation, n'ont pas eu d'impact réel sur le développement de l'outil productif. Comme dans le cas polonais, on ne peut caractériser cette stratégie de 'sous-optimale', car les critères qui permettraient d'identifier cette sous-optimalité ne sont, de toute évidence, pas les mêmes que ceux qui ont motivé les responsables du Parti. On constate, au contraire, derrière les décisions donnant lieu à des configurations techniques 'antiproductives' une certaine rationalité propre liée au caractère polyfonctionnel du combinat socialiste.

Conclusion

L'interprétation de trois phénomènes directement liés à la production clôt notre interrogation sur la nature du socialisme et du combinat socialiste en faisant apparaître une certaine cohérence interne des décisions concernant la production et la médiation non

[147] Le rapport annuel du Kombinat Brandenburg de 1985 mentionne une gamme de *80 (!)* produits de consommation que le Kombinat assure, aussi diversifiés que des containers de camping, des meubles en bois, des jouets pour enfants, ou encore des cheminées ménagères.

[148] Source : ministère de la Métallurgie, *op.cit.*

monétaire avec les besoins. Cette rationalité résulte du lien particulier établi entre le combinat et le Parti/État, la *polyfonctionnalité*. Nous avons été obligés, pour pouvoir identifier ce lien, d'évacuer l'hypothèse de l'existence d''entreprises socialistes' dotées d'objectifs propres, du calcul économique, et d'échanges monétaires, pour ne retenir que des observations portant sur les spécificités techniques de l'outil *productif* socialiste et sur son rapport avec les autres fonctions de *service* et de *contrôle*.

C'est à travers cette méthode, nécessairement orientée sur des indicateurs techniques, que nous pouvons appréhender ces faits stylisés. L'*innovation socialiste*, en dehors de son aspect formel planifié, s'avère un moyen d'assurer le développement d'un combinat et de lui permettre de continuer à produire de l'utilité sociale ; celle-ci peut provenir d'une amélioration des produits ou des procédés, mais *également* du seul renforcement de ses fonctions sociales. Nous observons que les innovations socialistes dans la sidérurgie de la Maxhütte Unterwellenborn ne sont apparues que dans les moments où la capacité du combinat à produire de la valeur sociale était mise en question. L'analyse du *contrôle qualité* montre que la notion de qualité existe bel et bien dans le combinat, mais que celle-ci ne conduit pas nécessairement à une qualité objective du produit final. Un produit final n'obtient pas sa valeur en raison des normes techniques qu'il remplit (ou ne remplit pas). Par ailleurs, il était difficile, voire impossible, surtout dans les combinats d'industries de process, d'imposer le respect de ces normes ; c'est ce qu'illustrent les études de cas. Celles-ci font également apparaître à la lumière des analyses sur le contrôle qualité que la désarticulation entre le 'cycle papier' de planification et le 'cycle réel' de production résulte de la *difficulté d'un contrôle quantitatif* des volumes de production.

On retrouve, de même, dans les décisions d'*investissements* une rationalité singulière de l'industrie socialiste, tant au niveau d'un combinat local qu'au niveau agrégé d'un Kombinat de branche. Les décisions d'investissement sont constamment soumises au conflit entre l'extension des fonctions productives et celle des fonctions sociales ; le contrôle s'affirme comme un objectif omniprésent. L'échec du projet du très grand combinat Huta Katowice ne s'explique pas uniquement par la conjoncture exceptionnelle de la Pologne des années 80 ; à l'intérieur même de cette conjoncture, on repère des décisions favorisant les fonctions sociales et de contrôle au détriment de l'homogénéité des fonctions productives. Ainsi, les trente ans que la sidérurgie est-allemande a traversés sans que la division socialiste de la production entre les sept combinats, petits et hétérogènes, ait été touchée, ne prennent également un sens qu'à travers une lecture en termes de rationalité polyfonctionnelle, accordant une priorité absolue au maintien de tous les combinats.

L'interprétation en termes de polyfonctionnalité de ces phénomènes permet ainsi de démontrer une certaine *cohérence* interne de la coordination non monétaire de l'industrie socialiste. Celle-ci lui est niée par la plupart des interprétations 'économiques'. Ces dernières, en effet, voient des incohérences *économiques* ou des décisions sous-optimales, là où il s'agit de décisions qui ne *peuvent* pas obéir à des critères de rentabilité de la production. Comme le dirait Ludwig von Mises : 'Sans calcul économique, ... pas d'économie.' Or, dans cette perspective 'économiciste', les innovations apparaissent en effet trop planifiées, la qualité absente, et les décisions d'investissement semblent obéir à des priorités mal définies. En optant pour un dispositif expérimental orienté selon des critères techniques, non monétaires, le plus 'neutres' possibles, notre modèle apporte, nous semble-t-il, un point de vue original sur l'interprétation des phénomènes observés. Il ne faudrait plus voir dans les investissements ou les innovations polyfonctionnels socialistes de 'mauvais' investissements ou de 'mauvaises' innovations productifs.

La capacité de ce modèle interprétatif du combinat polyfonctionnel à reconnaître une cohérence interne à la dynamique industrielle socialiste semble justifier sa validité. Ce modèle n'a pas la moindre prétention de justifier ces choix ou de leur conférer une cohérence 'infaillible'. Mais le modèle entend rendre *lisible* l'hétérogénéité de l'outil productif socialiste, choquant au premier abord, et qui avait fondé notre interrogation initiale ; cette hétérogénéité - et la logique sous-jacente - ne devraient désormais plus étonner.

DEUXIÈME PARTIE

LES POLITIQUES INDUSTRIELLES DANS LE POST-SOCIALISME

Sans la réflexion que nous avons menée en première partie sur la nature du socialisme et sur celle du combinat, nous ne pourrions aborder le post-socialisme et les débats à son propos avec de nouveaux arguments. L'interprétation que nous donnons dans cette deuxième partie du devenir du combinat dans le post-socialisme, et des politiques qu'il suscite, est directement liée à celle que nous avons développée pour la période antérieure, le socialisme. Nous posons pour principe qu'il existe un lien direct entre l'interprétation proposée du combinat socialiste et les politiques industrielles préconisées dans le post-socialisme. Si, comme nous le pensons, le socialisme n'était pas une économie monétaire, et si le combinat n'était pas une entreprise, il faut chercher à expliquer son devenir dans le post-socialisme autrement que par le concept de 'transition' et qu'en considérant une continuité entre l'entreprise socialiste et l'entreprise capitaliste. Nous avons vu qu'il y a eu, dans les pays de l'Est, un processus de création de combinats puis de complexification de ceux-ci. Après l'effondrement du socialisme, les pays d'Europe Centrale et Orientale (PECO) et ceux de la Communauté des États indépendants doivent donc connaître, d'une manière ou d'une autre, un processus de 'décombinatisation', c'est-à-dire d'éclatement des anciennes structures industrielles socialistes et l'émergence de quelque chose de nouveau. L'*après*, le post-socialisme, hérite de l'*avant*, du socialisme, des configurations industrielles spécifiques que notre modèle du combinat polyfonctionnel a permis d'identifier. Pour appréhender l'impact de ces spécificités dans le post-socialisme, nous continuons de suivre le devenir de l'outil *productif* ainsi que des activités *sociales* et de *contrôle*.

C'est dans ce travail sur la *singularité* des processus de restructuration post-socialiste que les résultats de la première partie prennent leur plein sens. Lier la période socialiste à la période post-socialiste n'est pas seulement un défi théorique ; cinq ans de réforme économique dans les PECO, et trois ans en ex-Union soviétique, ont modifié la vision initiale que l'on s'était faite du post-socialisme. Dans les pays post-socialistes, la trajectoire des restructurations industrielles diverge aujourd'hui considérablement des programmes de réformes initialement fixés. Malgré la stabilisation des agrégats macroéconomiques, à un niveau plus bas que le niveau attendu, les transformations industrielles se révèlent plus complexes que prévues. Après la réussite de la 'petite' privatisation, la restructuration de la grande industrie est devenue, dans ces pays, un facteur central de blocage des réformes. Cette situation est accompagnée par une difficile intégration dans l'économie européenne et internationale, un niveau d'investissement étranger plus faible que prévu et l'arrivée rapide au pouvoir de partis 'post-socialistes', issus des anciens Partis communistes, facteurs inattendus lors de l'effondrement du socialisme.

L'objectif de notre analyse n'est pas de critiquer telles ou telles politiques concrètes mises en place par les pays post-socialistes, en essayant de montrer, *a posteriori*, que l'on aurait pu mieux faire. Notre analyse vise plutôt une lacune dans l'appréhension de la *nature* du processus en cours et du caractère des réformes. De là, nous développons notre propre interprétation des phénomènes observés.

chapitre V

DE LA RUPTURE ET DE LA CONTINUITÉ

Quand le rideau de fer s'ouvre en Hongrie, en septembre 1989, quand le premier gouvernement non communiste dans les pays de l'Est s'installe en Pologne le même mois, quand le mur de Berlin s'écroule en novembre 1989, les hommes politiques et les économistes ont une vision encore très floue des conséquences de ces événements historiques sur les réformes économiques qu'ils vont susciter. Devant ces développements inattendus et inespérés encore peu de temps auparavant, les prévisions et les concepts élaborés relèvent nécessairement davantage des hypothèses et des souhaits que de cadres théoriques établis ; il ne peut en être autrement. Aussi les premières décisions prises sont-elles surtout dominées par la nécessité d'adopter, dans cette phase charnière d'effondrement du socialisme et de large soutien populaire aux réformes, des mesures rompant irréversiblement avec le régime antérieur. Ce n'est que par la suite, en effet, qu'émerge le débat sur les différentes politiques post-socialistes.

Nous retraçons d'abord, dans ce chapitre, l'évolution des interprétations de la nature des changements qui ont suivi l'effondrement de systèmes socialistes en Europe de l'Est. Cette mise en perspective historique nous semble utile pour inscrire les arguments dans le débat économique qui a suivi, débat caractérisé par une certaine instabilité des théories proposées. Dans un tout premier temps, le concept dominant fut celui d'une *adaptation quasi instantanée* des pays socialistes à un modèle alternatif, dit tantôt 'occidental', tantôt 'de marché', tantôt 'démocratique' ; quelques-uns n'ont pas hésité à parler d'une 'fin de l'histoire'. Dans un deuxième temps s'est substituée à cette vision l'idée d'une convergence *graduelle* entre systèmes, d'une *transition* dont le point d'arrivée était censé être connu, malgré les incertitudes régnant sur les étapes. Ce n'est que graduellement, à partir de la prise de conscience des divergences entre les projets initiaux de réforme et la dynamique réelle du post-socialisme que, devant la complexité des phénomènes réels, l'insuffisance du concept de transition est apparue, ouvrant un débat de fond sur la nature du post-socialisme. Nous rendons compte de l'évolution de ce débat en interrogeant les trois courants principaux de l'économie socialiste sur le lien que chacune établit entre l'*avant*, le socialisme, et l'*après*, le post-socialisme. Ceci permettra de repérer les énoncés de chaque école sur la nature du post-socialisme. Ensuite, nous présentons notre propre approche, fondée sur les résultats de la première partie, et qui est centrée non sur la transition entre une 'économie étatique' et une 'économie désétatisée', mais sur l'*apparition* même de l'économie dans le post-socialisme.

1. Émergence d'un concept réducteur : la 'transition'

Pourquoi les changements dans les pays post-socialistes ont-ils été rapidement caractérisés par le terme générique de *transition*, terme dont on mesure aujourd'hui combien il dit peu sur la complexité du post-socialisme ? Le concept est, nous semble-t-il, apparu en deux étapes : dans une première phase, très courte mais charnière, c'est la pensée en termes de 'fin de l'histoire' qui dominait ; sur le plan économique, on posait qu'un 'big bang' pourrait rapidement balayer les effets structurels que les décennies de socialisme avaient laissés derrière elles. Ce n'est que dans un deuxième temps que le concept de transition a émergé.

1.1 La vision en 1989 : unité accomplie et 'big bang'

Dès l'ouverture du rideau de fer en Hongrie et de la chute du mur de Berlin, en 1989, dans le langage scientifique aussi bien que politique a surgi l'idée qu'avec la fin de la séparation - entre systèmes politiques, peuples, etc. - on pouvait proclamer la 'fin de l'histoire', c'est-à-dire espérer la disparition à jamais des différences idéologiques et des séparations vécues pendant un demi-siècle. La première sphère à s'approprier la nouvelle situation créée par la fin du socialisme fut celle du débat politique. L'écroulement à l'Est, selon lui, représentait la fin de la guerre froide, et, avec elle, la fin du dualisme entre systèmes. Ainsi s'achevait une période géopolitique bâtarde, qui avait été acceptée de fait, mais qui n'avait pas trouvé de règlement depuis 1945. Cette affirmation culminait avec l'annonce d'une ère nouvelle, constatant que l'effondrement du socialisme permettait de clore un conflit historique. C'est dans ce contexte que d'aucuns ont pu parler de *fin de l'histoire*.[149] Les pays socialistes, qui avaient cherché à imposer, de leur côté, la fin de l'histoire par la victoire du communisme, étaient finalement victimes de leur propre projet. L'espace soviétique, que l'on avait eu tendance à considérer comme homogène, redevenait un espace hétérogène en se recomposant selon ses parties nationales originaires.

jours 1 - 99 mesures d'urgence	* décollectivisation de l'agriculture * élimination du déficit budgétaire (aides à l'étranger, KGB, militaire) * élimination de toutes subventions aux entreprises
jours 100 - 249 libéralisation et contrôle financier strict	* réaliser 50% de la petite privatisation * début de la libéralisation des prix * début de la grande privatisation * réduction de l'inflation, moyennant un 'contrat social' pour limiter les revenus
jours 250 - 399 stabilisation du marché	* 50% de la grande privatisation achevée * 70-80% des prix libéralisés (exceptions : pétrole, gaz, acier, pain, viande, lait, sucre, médicaments, manuels d'école) * les nouvelles PME compensent les pertes d'emploi dans l'industrie * les rachats d'immobilier absorbent le surplus de la demande (*excess demand*)
jours 400 - 500 reprise	* 70% de l'industrie et 80% du secteur de construction, du transport et des service sont privatisés * accroissement de la mobilité des ouvriers * ouverture des frontières commerciales * reprise de la demande et de la production

Tableau V.1 : Le Plan des 500 jours, dit 'Plan Chataline'

Dans un premier temps, que l'on peut qualifier d'euphorique, l'idée de la fin de l'histoire a été transposée, par quelques économistes, en une sorte de 'fin de la pensée économique', exprimant l'espoir de voir disparaître les divergences fondamentales sur les 'lois' du fonctionnement économique. 'Humanity has not yet developed anything more efficient than a market economy.'[150] Cette introduction du programme de réforme radicale pour l'Union soviétique était révélateur de cette pensée. Le *Plan des 500 jours*, ou Plan Chataline, préparé dès fin 1989 par un groupe de travail international à l'IIASA (Autriche), réduisait effectivement le processus de réforme à un événement de très courte période. Remplaçant le plan Ryzkhov en faveur d'une phase de stabilisation préalable aux réformes

[149] Fukuyama, F. (1989 : The End of History. *The National Interest*, n° 16, Summer).

[150] Introduction du Pr. Chataline du Plan des 500 jours (*The Economist*, 15/9/1990, p. 91).

structurelles, le Plan Chataline proposait de s'en prendre simultanément à tous les obstacles. Non sans une certaine proximité d'esprit avec la tradition utopiste, le Plan préconisait une adaptation macroéconomique et industrielle *immédiate* du système soviétique, par l'arrêt des subventions, la libéralisation des prix et la privatisation (cf. tableau V.1). Chataline lui-même insistait sur le fait que le calendrier prévu n'était qu'un cadre formel ; *a priori*, toutes les réformes devaient être réalisées simultanément. Par analogie avec le langage de l'astrophysique, le terme de 'big bang' était alors transposé à l'économie, pour désigner le processus de réforme, que l'on ne considérait, en fait, que comme un événement quasi instantané.

1.2 La transition systémique

Or, le Plan des 500 jours n'en vécut pas plus de 15. Le 15 octobre 1990, jour 15 du programme, le Pr. Chataline déclarait son Plan 'dépassé par les mesures inflationnistes prises par le gouvernement central à la suite de certains gouvernements républicains et par M. Gorbatchev dans un de ses derniers oukases (relatif à la semi-liberté des prix contractuels)'.[151] Le 9 février 1992, l'hypothétique 500e jour du Plan, Boris Eltsine était reçu à Paris, en tant que président de la *Russie* ; le plan du Pr. Chataline comme l'Union soviétique n'étaient plus que du domaine de l'histoire. L'idée de la convergence instantanée n'a donc duré qu'une très courte période. L'impossibilité d'atteindre immédiatement les objectifs monétaires, fiscaux et industriels était devenue évidente. Surtout, les premières évaluations sérieuses de l'outil productif 'réellement existant' hérité du socialisme en avaient dévoilé l'hétérogénéité et le caractère 'antiproductif'. L'expérience est-allemande de juillet 1990 (date de la réforme monétaire) avait d'ailleurs donné un exemple inaugural des effets réels de la rupture avec le socialisme : au bout de quelques mois, l'outil productif, que l'on avait cru le premier au sein du CAEM, s'était effondré, sa production chutant d'environ 60%. Tout en prenant en compte le caractère institutionnel singulier de l'unification économique allemande, la vision du processus de réforme changea de caractère. En maintenant l'objectif inchangé, l'idée de *transition* s'est substituée à celle du 'big bang'.

Le concept de *transition* désignait le passage graduel d'une économie socialiste à une économie de marché. Il s'agissait en fait de l'inversion des étapes sur lesquelles les socialistes du premier jour s'étaient disputés (Boukharine, Preobrajenski, etc.), faisant de la 'transition' une étape nécessaire de la victoire du communisme. Des œuvres mettant en garde *contre* ce développement s'étaient également articulées autour de la question de la transition, tel Hayek (1944) dans *Le chemin de la servitude*, avertissant des dangers d'une introduction de la planification centrale et de l'abolition de la propriété privée, ou encore Schumpeter (1942) qui, à la même époque, assimilait le passage au socialisme à une dégénérescence du capitalisme moderne.[152]

C'est parallèlement au retour sur le devant de la scène des œuvres classiques qu'émergeait la référence à un autre type de 'transition', celui des programmes dits d'*ajustement structurel* dont l'application, surtout en Amérique latine, faisait figure de modèle pour interpréter les changements à l'Est. Ces programmes d'ajustement structurel

---

[151] *Le Monde* (16/10/1990).

[152] 'Le capitalisme peut-il survivre ? Non, je ne crois pas qu'il le puisse.'... 'Le socialisme peut-il fonctionner ? A coup sûr, il le peut.' Schumpeter (1942 ; 2e partie prologue ; 3e partie : introduction ; 3e partie : chapitre 19 : Transition). Contrairement à Hayek, Schumpeter ne se prononce en fait ni 'pour' ni 'contre' *le* socialisme, mais il définit les conditions dans lesquelles un socialisme démocratique pourrait fonctionner.

avaient préconisé 'une politique restrictive du crédit pour entraîner simultanément une baisse du taux d'inflation et une amélioration du compte courant sans aucune variation du niveau de production'.[153] Le succès supposé de ces programmes semblait justifier leur application aux pays de l'Est, considérés comme des pays en 'déséquilibre conjoncturel'.

C'est ainsi que s'est diffusée l'idée de la transition, désignant les changements à trois différents niveaux de réforme au moins : au niveau de la *production*, transition de l'entreprise étatique vers l'entreprise privée ; au niveau de la *coordination*, transition de la planification centrale vers l'économie de marché ; enfin au niveau *étatique*, transition du mono-Parti vers le pluripartisme démocratique. Malgré des divergences sur les modalités d'étapes précises et sur la durée, l'idée d'une *transition linéaire systémique* faisait consensus, ce que J. Kornai, dans *The Road to a Free Economy* (1990) énonçait ainsi : 'we in Eastern Europe are on the road to a free society and a free economy.'[154] Les deux principales banques chargées d'accompagner le processus s'y référaient dans les titres mêmes de leurs revues : *Transition* (Banque mondiale) et *The economics of transition* (Banque européenne de reconstruction et de développement, BERD).

2. Rupture et continuité dans l'interprétation du post-socialisme par les principales écoles économiques

La question de l'origine du concept de 'transition' ne prend son sens qu'en précisant l'interprétation que différentes écoles donnent du post-socialisme. Nous les interrogeons donc sur les critères selon lesquels chacune caractérise le post-socialisme, en nous appuyant sur le travail théorique présenté dans le premier chapitre. De là, nous repérons les principales questions que chaque école juge importantes dans l'évaluation du post-socialisme

2.1 L'école néoclassique : approcher l'économie de l'équilibre

Les auteurs de l'école néoclassique considèrent que les économies socialistes ont été en déséquilibre économique grave et que la 'transition' consiste à passer à 'moins' de déséquilibre. Au centre de leur dispositif figure l'établissement de bons *prix relatifs*, seuls capables d'indiquer aux agents les décisions économiques à prendre. La formation des prix constitue le mécanisme principal permettant aux trois marchés (fonds prêtables, biens, travail) de s'équilibrer. A la transition sur l'axe de la *coordination* s'ajoute celle des *incitations* : le transfert de la propriété des 'entreprises publiques' au secteur *privé* doit créer les incitations et le contrôle nécessaire pour répondre correctement aux nouveaux signaux des marchés. L'objectif est alors de progresser rapidement dans le transfert de propriété aux mains des agents privés. Après un moment d'hésitation sur les vertus d'une privatisation contrôlée, la plupart des auteurs optent pour une privatisation rapide, si possible de *masse*. Sont invoquées des raisons pratiques, mais aussi 'politiques'. Sur le plan pratique, ni les institutions ni les compétences n'existeraient, dans ces pays, pour réaliser des privatisations

---

[153] Dembrinski et Morisset (1991, p. 76) ; ceux-ci estiment, au contraire, que l'ajustement structurel en Amérique latine et, par la suite, en Pologne, n'ont *pas* eu le succès attendu car, entre autres facteurs, 'même si une politique de stabilisation était en mesure de s'attaquer aux sources conjoncturelles des déséquilibres macro-économiques, elle laisse - presque par définition - de côté la dimension structurelle et systémique de l'ajustement. Or, dans nombre de cas - notamment en Amérique latine et en Europe de l'Est - l'origine des difficultés économiques n'appartient pas exclusivement au conjoncturel.' (*ibid.*, p. 91).

[154] Kornai (1990, p. 17).

organisées.[155] Sur le plan politique, la privatisation de masse est considérée comme la meilleure manière d'établir un consensus large au sein de la population, en créant des millions de nouveaux propriétaires.

Pour l'école néoclassique, trois étapes sont nécessaires *et* suffisantes pour réussir la transition : la libéralisation des prix et du commerce, la stabilisation macroéconomique et la privatisation. Dans ce contexte, 'la *libéralisation* économique signifie l'introduction de la concurrence économique et la création d'un cadre légal à la propriété et aux industries privées. La *stabilisation* entretient un climat dans lequel des entreprises de toutes natures peuvent survivre ; elle impose une limitation des déficits budgétaires, une réduction de la croissance de la masse monétaire et l'établissement d'un taux de conversion réaliste et uniforme encourageant à la fois la stabilité des prix et le commerce extérieur. La *privatisation* est certainement le domaine des réformes le plus délicat'.[156] Fischer et Gelb (1991) explicitent cette approche : ils insistent sur la nécessité d'approcher ces économies de l'équilibre, condition indispensable au démarrage des réformes structurelles. Selon eux, les réformes adoptées par un pays doivent dépendre du degré d'équilibre macroéconomique, au moment t_0 de la réforme. La Tchécoslovaquie et la Hongrie, par exemple, pays plus proches de l'équilibre macroéconomique, pouvaient envisager des réformes structurelles dès le début ; dans d'autres pays en fort déséquilibre, telles la Pologne et la Bulgarie, la stabilisation macroéconomique rapide devait précéder les réformes structurelles.[157]

Un certain infléchissement peut cependant être observé chez quelques auteurs de l'école, depuis la fin de 1992, époque à laquelle ils constatent que les programmes de restructuration et de privatisation n'ont pas engendré les résultats attendus. S'agissant de la Pologne, on comprend que l'économie émergente ne corresponde *pas* au capitalisme classique attendu.[158] Sachs (1992 a) constate que, malgré la bonne volonté des réformateurs polonais, les 'grandes entreprises industrielles' sont restées dans le secteur étatique, et que l'effondrement de l'ancien système n'a pas encore été absorbé. Réagissant aux critiques faites à l'insuffisance des programmes de réforme, Fischer (1992) relativise l'idée de la priorité du volet macroéconomique des réformes. Désormais, la création d'un filet de sécurité sociale et d'un cadre légal et *institutionnel* favorable devaient recevoir la même

---

155 Référence est souvent faite à l'expérience de la Grande-Bretagne, qui n'a privatisé que quelques dizaines d'entreprises par an, alors que les PECO en ont plusieurs milliers à transférer ; cf. Lipton and Sachs (1990 b), Sachs (1994).

156 Sachs (1991, p. 34) dans un conseil donné au gouvernement polonais. D'autres programmes de réforme de cette école chez Fischer and Gelb (1991), IMF *et al.* (1991), Blanchard (1990), et Blanchard *et al.* (1991).

157 Au sein de cette école s'est développé un débat théorique sur le 'meilleur' enchaînement des trois étapes : débat dit du *séquençage*. Un point de désaccord portait, par exemple, sur le rapport entre la libéralisation des prix et la mise en place de structures concurrentielles de marché ; une autre question concernait la libéralisation du marché financier par rapport à la stabilisation macroéconomique. Au début du post-socialisme (1990/91), ce débat du séquençage a suscité un intérêt certain ; on croyait en effet pouvoir y distinguer les positions des 'thérapeutes de choc' contre celles des 'gradualistes'. Si l'on considère aujourd'hui ce débat d'un intérêt surtout théorique, c'est parce que ne se distinguent que très peu les propositions sur les principales étapes proposées ; il n'y a pas de différend de fond sur les trajectoires prescrites. Surtout, ne sont pris en compte dans l'analyse que les paramètres macroéconomiques au moment t_0, lors de l'introduction des réformes. Cf. Funke, N. (1993 : Timing and Sequencing of Reforms : Competing Views and the Role of Credibility. *Kyklos*, vol. 46), et Falk, M. und Funke, N. (1992 : Zur Sequenz von Reformschritten : Erste Erfahrungen aus dem Transformationsprozeß in Mittel- und Osteuropa. *Die Weltwirtschaft*, Heft 2).

158 Hinds (1993) faisant référence à l'expérience polonaise qu'il considère *négative* : au lieu de privatiser, les quatre gouvernements successifs ont cédé à la pression politique et sociale et ont négligé le volet macroéconomique du programme ; l'allocation des ressources y est restée sous-optimale. Dès lors, Hinds distingue *deux* types de transition : d'une part, l'élimination de la planification, d'autre part, l'intégration des mécanismes de l'économie de marché. Hinds constate que la plupart des pays post-socialistes ont réalisé la première étape tout en restant bloqués sur la seconde.

attention que les trois autres volets (libéralisation, stabilisation, privatisation) : il note notamment l'absence d'agents de coordination - financière et industrielle - l'inflexibilité du marché du travail ainsi que la difficulté de privatiser les grands combinats. Cet infléchissement amène les auteurs néoclassiques à considérer la privatisation non comme un simple transfert de propriété mais comme un *processus*, nécessitant un encadrement par des institutions adaptées ne pouvant pas être séparé de la restructuration financière et industrielle. Le maintien de combinats non privatisables et leur décomposition par une agence publique sont admis comme un résultat possible, et même probable, de la transition. L'école néoclassique intègre ainsi graduellement une argumentation *institutionnaliste*. Nous verrons dans la section suivante que, dans le débat sur le post-socialisme, les courants institutionnalistes sont en effet les 'gagnants' de l'insuffisance des recettes néoclassiques. Quel rapport entretient dans la vision de l'école néoclassique le socialisme avec le post-socialisme ? L'hypothèse d'une *rupture* semble exclue par la plupart des auteurs : il ne peut pas y avoir rupture parce que tout état de déséquilibre ne constitue qu'un certain degré d'éloignement de l'optimum économique. Ni au niveau des entreprises ni au niveau de la monnaie, l'école n'observe de rupture ; ces deux concepts avaient été définis comme centraux dans le mode de coordination du socialisme et continuent à jouer leur rôle dans le post-socialisme. Mais les auteurs néoclassiques ne soutiennent pas non plus la thèse d'une parfaite *continuité* entre socialisme et post-socialisme. Le désintérêt qu'elle manifeste pour les *conditions* dans lesquelles le socialisme a engendré des déséquilibres macroéconomiques indique que, pour cette école, le post-socialisme peut s'étudier sans référence au socialisme. Comme l'ont affirmé Fischer et Gelb, compte surtout l'état des prix relatifs au *moment t*. L'histoire socialiste compte peu ; en témoigne la volonté de nier aux pays post-socialistes une quelconque spécificité, par rapport aux pays d'Amérique latine par exemple.

2.2 Courants institutionnalistes : la transition des institutions

'In essence, the systemic transformation in Central and Eastern Europe is an institutional revolution : the old high-cost institutional setting (socialism) is vanishing to make way for an ultimately far superior low-cost setting (capitalism)'.[159] Cette caractérisation du post-socialisme comme *transition institutionnelle* résume l'approche des courants institutionnalistes. Leur objectif principal est d'identifier un cadre institutionnel permettant de minimiser les coûts de transaction, en cherchant un mode de coordination dans lequel coexistent *marché et organisation*, et dans lequel les règles formelles et informelles s'adaptent graduellement pour optimiser les conséquences économiques des contrats dans lesquels les agents s'engagent.

Si les courants institutionnalistes peuvent aujourd'hui être considérés comme les 'gagnants' du débat scientifique sur le post-socialisme, c'est parce que leur approche peut prétendre rendre compte de la 'crise de la transformation', qui a pris les néoclassiques à contre-pied. L'application de la nouvelle économie institutionnaliste aux situations les plus diverses du post-socialisme a en effet permis de mesurer le rôle central d'un grand nombre *d'institutions* nécessaires pour assurer l'efficience des mesures définies par les néoclassiques (libéralisation, stabilisation, privatisation). Les courants institutionnalistes développent leurs concepts sur le post-socialisme à partir d'une critique des approches néoclassiques, qui, selon eux, ont été incapables de prévoir la dépression post-socialiste.

---

[159] Schmieding (1993, p. 235).

L'article de H. Schmieding (1993) '*From plan to the market - on the nature of the transformation crisis*', constitue à notre avis un développement exemplaire de l'approche institutionnaliste, fondée sur le corpus théorique développé par Williamson et North. Schmieding pose que la surcentralisation des institutions socialistes - bureaucratie, négociations complexes, propriété publique, séparation des circuits monétaires, absence de prix, de monnaie, de banques, etc. - a empêché une division efficiente du travail. Par conséquent, la disparition presque intégrale de ces institutions a créé un *vide institutionnel* qui ne peut être que graduellement comblé par de nouvelles institutions. Schmieding juge indispensable la création de deux *types* d'institutions : les institutions *formelles* permettant de canaliser les activités d'échange et, plus difficiles à saisir, les institutions *informelles*, permettant aux agents publics et privés d'ajuster leurs comportements individuels.[160] La critique, chez Kornai (1994), des 'dérapages' des réformes macroéconomiques en Hongrie, suit un raisonnement semblable. Selon lui, la 'récession transformationnelle' résulte d'une destruction accélérée des anciennes institutions et de la construction encore *insuffisante* de nouvelles structures capables de s'y substituer. La rupture de la coopération entre agents, l'absence de discipline financière, et l'insuffisance des incitations pour le secteur privé expliquent la lenteur de la destruction créatrice. Kornai considère que lui-même et ses collègues ont été trop optimistes, à la fin des années 80, en supposant qu'une fois le marché introduit, la demande stabiliserait automatiquement l'offre. Il constate, au contraire, que la demande ne pousse *pas* automatiquement l'offre et que les pays post-socialistes risquent de s'enfoncer dans un piège d'équilibre à bas niveau (*low-level equilibrium trap*). C'est en effet ce que Kornai observe, même dans les pays 'avancés' dans leurs réformes (Pologne, Hongrie).

Parmi les économistes industriels, D. Audretsch (1991) insiste sur le fait que seule une politique active de refonte des structures industrielles peut remettre les pays post-socialistes sur la bonne voie. Audretsch préconise une politique industrielle active en faveur des PME, niveau d'activité ayant manqué dans les structures socialistes ; les moyens financiers devraient être déduits des subventions faites aux grandes entreprises. Pour Richet (1992 a, b) l'enjeu du post-socialisme est la définition d'un cadre institutionnel s'approchant de celui des pays occidentaux, tout en tenant compte du contexte particulier des pays post-socialistes, par exemple : absence de marché du capital et faible niveau de ressources managériales. En l'absence de volumes importants d'investissement national et étranger, la privatisation de masse risque de déprécier les valeurs des actifs industriels. Mieux vaut alors, selon Richet, procéder *d'abord* aux restructurations et, si possible, à la privatisation du management. Suit, ultérieurement, une privatisation coordonnée des grandes entreprises, à l'instar des exemples français et britanniques.[161] Hughes et Hare (1992) cherchent à identifier les secteurs industriels prometteurs dans la transition ; ils concluent qu'en réalisant une restructuration *sectorielle* coordonnée, on pourrait équilibrer les pertes d'emplois dans les secteurs peu productifs par la croissance des secteurs travail-

---

160 Parmi les institutions formelles, Schmieding cite : la définition du droit de propriété, une loi des contrats, un système financier et des marchés financiers, un moyen de change et de stockage (soit un *équivalent général* monétaire), un service public capable de réguler l'économie de marché, un système de sécurité sociale. Les institutions informelles sont celles qui contribuent à la crédibilité et la reconnaissance des institutions formelles : la création de capital humain, le processus d'apprentissage, la confiance.

161 'Au lieu de privatiser en masse, ce qui contribue à déprécier la valeur des actifs publics (offre trop abondante par rapport à la demande), les gouvernements pourraient d'abord procéder à la privatisation du management comme cela s'est fait en France en 1983-84. ... L'avantage d'une telle stratégie est de redresser la situation financière des firmes et ainsi d'opérer, ultérieurement, la privatisation des actifs publics dans de meilleures conditions (en France : 1986-88).' Richet (1992 a, pp. 26-27).

intensifs. Optimistes, ils prévoient une *augmentation* de l'emploi de l'ordre de 5% en moyenne dans les pays post-socialistes. Tirole (1992) distingue deux phases de la transition : dans la première, phase d'instabilité dite phase de *bruit*, ouvrant la transition, un ensemble de conventions (législation, procédures contractuelles, système d'incitations) et d'institutions (bourses de commerce, agences de surveillance, marchés financiers) doit se constituer. La phase de *maturité* mène à une évolution de ce cadre suivant les priorités fixées politiquement. Dans la phase de bruit, les nouvelles entreprises sont confrontées à une insécurité et une instabilité particulière - insécurité sur les coûts, la demande, les conditions financières, le cadre légal, le contexte politique -, ce qui rend toute évaluation monétaire impossible. Sur le régime de la propriété, aussi, Tirole reste plus prudent : dans le cas où l'on doit trancher entre une efficience du point de vue de l'entreprise (*efficiency-based*) ou du point de vue du marché (*competition-based*), Tirole tranche clairement pour la deuxième solution. Pelikan et Grosfeld (1991, 1992) appliquent les concepts de l'économie évolutionniste aux PECO, insistant sur le besoin de maintenir aussi *ouvert* que possible le processus de création de nouvelles institutions. Seule une privatisation rapide peut créer des incitations entrepreneuriales, grâce auxquelles les autres institutions (marchés financiers, bourse, etc.) peuvent trouver leur configuration optimale. L'adaptation des institutions informelles (attitudes, conventions, normes) aux institutions formelles est en corrélation avec la taille du secteur privé. De là, Grosfeld énonce le 'paradoxe' de l'approche évolutionniste : seule une réforme institutionnelle initiale *radicale* permet le démarrage d'un processus *évolutionniste*.[162]

Le point commun à tous les courants institutionnalistes est la caractérisation du post-socialisme comme processus *transitoire* de la mise en place d'un cadre institutionnel remplaçant les institutions ayant disparu avec l'effondrement du socialisme. L'enjeu du post-socialisme porte donc sur la recherche d'un cadre institutionnel optimal dans chacun des pays ; celle-ci ne peut être réalisée qu'étape par étape. En effet, pour les courants institutionnalistes, *tous* les systèmes sont systématiquement soumis à des changements institutionnels. Le post-socialisme est considéré, lui aussi, comme une étape de cette transformation permanente ; c'est ainsi que les auteurs institutionnalistes conçoivent le post-socialisme en continuité avec le socialisme.

2.3 L'école de la régulation : en quête d'issues alternatives

Une fois constatée la rupture du mode de régulation pénurique, les auteurs régulationnistes cherchent dans la *diversité* de nouveaux modes de régulation une issue pour le post-socialisme. Rejetant la possibilité de voir se rétablir un nouvel ordre stable dans le *court* terme, leur interprétation des phénomènes dans le post-socialisme porte sur des formes institutionnelles - rapport salarial, marché de l'argent, formes de la concurrence - *spécifiques*. La réflexion sur le *long* terme, en revanche, porte sur l'émergence d'une forme 'mixte' de capitalisme, nécessaire pour assurer à ces pays une stabilité politico-économique. La dépression dans laquelle s'enfoncent les PECO n'est *pas* le résultat de la fin même du

---

162 'Can such an attempt at breaking up the *status quo* be called evolutionary ? It appears indeed as the real paradox of transformation : in order to start an evolutionary search for efficient organization and an appropriate mix of public and private, we have to make a radical move towards establishing a new institutional and organizational order. Only then can an evolutionary process really start.' Grosfeld (1992, p. 18).
Selon notre compréhension, Murell, Pelikan, Grosfeld et d'autres 'évolutionnistes' post-socialistes utilisent ce terme plutôt par opposition au concept du big-bang ; le terme d'évolution apparaît alors plutôt comme un concept stipulant une adaptation graduelle et, surtout, ouverte des pays post-socialistes.

socialisme, elle résulte de l'incapacité de ces pays à enrayer l'implosion du mode de régulation antérieur. L'application de mesures macroéconomiques de stabilisation a contracté l'offre sur mesure. De même, la destruction des formes de coordination antérieure (grandes entreprises publiques, planification) n'a pas été compensée par de nouvelles formes (entreprises privées) ; à la disparition du paternalisme étatique n'ont pas répondu de nouvelles institutions sur le marché du travail. Par conséquent, le post-socialisme ouvre une longue période d'instabilité - Boyer (1993) parle d'une ou plusieurs décennies.

Les auteurs régulationnistes insistent sur la *complexité* du processus d'émergence d'une économie de marché, qui ne se constitue pas par décret, mais naît des compromis politiques et sociaux. A l'intérieur même des économies de marché existe une divergence, croissante depuis la fin de la régulation fordiste, entre différents types de l'économie capitaliste.[163] Il est probable que le post-socialisme débouche sur une autre forme encore de capitalisme ; l'enjeu est donc de maintenir la trajectoire *ouverte* pour ne pas forcer un pays vers un mode défini *a priori*. Enfin, le facteur stratégique n'est pas le fonctionnement des marchés mais les obstacles à *l'offre* sur lesquels cette approche centre son analyse : le pilotage de la 'grande transformation' doit construire des institutions favorisant la production, l'innovation, l'organisation des firmes et le rapport salarial. L'avenir du post-socialisme y est caractérisé par un tâtonnement entre marché et institutions, la persistance d'anciens modes de socialisation et l'émergence d'un nouveau faisceau de règles et d'institutions, admettant qu'*aucun* cadre analytique ne permet de comprendre les évolutions de la dernière décennie ; le post-socialisme constituerait un nouveau défi pour *toutes* les théories économiques.[164]

Dans leur interprétation des phénomènes *concrets* du post-socialisme, les auteurs régulationnistes cherchent à interpréter les déséquilibres émergeants. Ainsi, M. Aglietta (1993) explique l'échec des réformes monétaires en Russie par le développement insuffisant des *marchés financiers* et de celui du *travail*. L'incapacité politique à trouver un consensus large ne peut, selon lui, être dépassée que par la mise en œuvre d'une nouvelle institution de coordination, dite du 'pacte de croissance'. Celui-ci doit être conclu entre les dirigeants des grandes entreprises, les syndicats (à créer), les collectivités locales, puis les courants réformateurs du pouvoir central. Ce pacte doit permettre d'établir les structures de la mobilité et de la protection sociale, la consolidation des dettes et la refonte du système bancaire ; la restructuration des entreprises doit s'orienter vers des objectifs à *moyen* terme. J. Sapir (1993) oppose aux conseils de rigueur monétaire, donnés par l'école néoclassique, une interprétation alternative de la *nature* de l'inflation, fondée sur l'hypothèse de la permanence de comportements dits 'soviétiques' : le déséquilibre entre prix de gros et prix de détail, déjà hérité de l'ancien système, s'accentue davantage dans des marchés régionaux cloisonnés. D'autre part, l'instauration des prix de marché est empêchée par le maintien des relations bilatérales de marchandage entre les directeurs des combinats, résultat du caractère non substituable des produits et de leur faible divisibilité. Chavance (1992 b, 1994) caractérise le post-socialisme comme une *économie duale*. Une 'économie mixte de transition post-socialiste' (EMPS) émerge dans le post-socialisme, économie caractérisée par un secteur privé dynamique et un secteur public ancré dans l'ancien système. Chavance voit en l'absence d'interaction entre les deux secteurs l'une des origines de la dépression

[163] Sont cités le capitalisme de marché financier, le microcorporatisme, l'économie sociale de marché, le capitalisme étatique, le capitalisme social-démocratique. Boyer (1993, p. 74).

[164] Boyer (1993, pp. 81 *sq*.).

observée. L'enjeu du post-socialisme devient la recherche d'un 'nouvel interventionnisme adapté aux dilemmes et aux défis considérables inhérents à la transition', permettant ainsi une accumulation privée suffisante pour marginaliser l'immobilisme du secteur public. Boyer (1993) applique l'approche régulationiste à deux cas extrêmes, jugés l'un comme l'autre en échec : l'ex-RDA et la Russie. Dans les deux cas, l'imposition d'un cadre institutionnel a empêché l'émergence d'un consensus institutionnel *propre*. En ex-RDA, il s'agit de la *rigidité* du régime monétaire et salarial, en Russie, au contraire, de l'*absence* de toute forme de régulation.[165]

Par rapport aux néoclassiques et aux institutionnalistes, les auteurs régulationnistes introduisent un élément de *rupture* dans l'interprétation du passage entre socialisme et post-socialisme ; il s'agit de la rupture avec le mode de régulation socialiste, caractérisée par le passage d'une régulation pénurique et de croissance extensive à une phase longue et incertaine de recherche d'un nouveau mode. Toutefois, l'hypothèse de l'existence d'une troisième voie émergente à partir du socialisme disparu introduit un élément de *continuité* dans le raisonnement régulationniste. En témoigne également la continuité des institutions de la régulation - celles des trois marchés et de l'État - présentes dans le socialisme comme dans le post-socialisme.

3. L'hypothèse : rupture entre socialisme et post-socialisme, par apparition de l'économie

La discussion des interprétations du post-socialisme permet de cerner les critères selon lesquels les différents courants orientent leur évaluation et formulent leurs recommandations. Nous avons montré, dans la première partie, que malgré les différences de fond, les trois écoles s'étaient accordées pour caractériser le socialisme comme une *économie étatique planifiée*. Ce point commun est maintenu dans le post-socialisme. Sont alors étudiées les conditions dans lesquelles cette économie doit, ou peut, s'adapter pour devenir l'économie de marché ; il s'agit, à peu d'exceptions près, de différentes approches en termes de *transition* et de *continuité*.

Notre analyse de la nature du socialisme et du combinat socialiste nous conduit, au contraire, à considérer que les réformes introduites dans les pays de l'Est entre 1989 et 1992, ne peuvent que constituer une *rupture irréversible avec le socialisme*. Ces réformes n'ont *pas* de rapport avec les tentatives antérieures de réformes internes. Il s'était agi, à diverses périodes du socialisme, de réformes visant à limiter les dysfonctionnements à l'*intérieur* du système socialiste ; mais aucune de ces réformes n'avait touché au principe fondamental de la coordination non monétaire par le Parti/État. Que ce soit dans la Pologne de 1956, la Tchécoslovaquie de 1968 ou encore la Hongrie du début des années 80, à aucun moment l'abandon de ce principe ne fut envisagé. Les réformes de 1989-92 visent, au contraire, la rupture irréversible avec le socialisme. Irréversible, car le mode de coordination *non monétaire* est brisé. L'introduction de la monnaie fait éclater le cloisonnement des circuits monétaires sur lequel la coordination dans le socialisme était fondé ; elle permet ainsi le

[165] 'Dans la myriade des stratégies expérimentées par les pays de l'Europe Centrale et de l'Est, la réunification allemande donne un exemple polaire dans lequel le rôle du marché a été réduit au minimum, au profit d'une importation complète, en bonne et due forme, de l'ensemble des formes institutionnelles caractéristiques du capitalisme ouest-allemand. ... Pour autant, on l'a vu, le marché ne semble pas un guide efficace pour piloter une transformation équivalente en Russie. Ces deux échecs symétriques <Russie et ex-RDA> illustrent l'extrême difficulté d'un changement des formes institutionnelles au cœur d'une crise structurelle majeure du mode de développement.' Boyer (1993, pp. 47, 50-51).

calcul économique. Le Parti/État, déjà largement affaibli, perd alors irréversiblement sa capacité d'imposer arbitrairement son jugement sur la 'valeur sociale' de la production et sa médiation entre production et besoins. L'introduction de la monnaie met fin à la domination du Parti/État ; nous dirons que *l'apparition de l'économie met fin au socialisme.*

3.1 La rupture monétaire...

L'étape qui rend les réformes irréversibles est l'introduction de la monnaie comme équivalent général, étape que l'on appellera *monétarisation.* La monétarisation met fin au cloisonnement des différentes 'pseudo-monnaies' socialistes, elle rejette l'incompatibilité entre monnaie scripturale, monnaie billet et monnaie devise. La monétarisation rompt avec le socialisme, car elle donne une signification aux *prix,* qui expriment, sinon la rareté relative, du moins une compatibilité entre facteurs de production et biens ; la monétarisation introduit la valeur marchande. Nous y reviendrons.

3.2 ...met fin au socialisme...

L'introduction de la monnaie, qui fait apparaître le concept de la marchandise, va de pair avec l'abandon du Parti/État comme unique institution capable de décider de la valeur. Désormais, il existe un mécanisme *alternatif* capable de normer la médiation entre la production et les besoins, en dehors de la coordination non monétaire. Ceci brise le statut qu'occupait le Parti/État dans le socialisme : le Parti perd son pouvoir de détermination de la valeur sociale de la production, l'État devient, à terme, une institution régulatrice des activités des agents économiques.

La disparition du volet '*Parti*' de l'ancienne symbiose Parti/État ne correspond pas nécessairement à l'apparition d'un système multipartis et ne conduit pas plus à une démocratie parlementaire. En perdant sa capacité à normer la production, le Parti rompt avec sa position antérieure d'arbitre absolu. De fait, *le* Parti disparaît en tant que tel. De même que l'*État* émergeant dans le post-socialisme n'est pas identique au volet 'État' de l'ancien Parti/État polymorphe. Le post-socialisme ne correspond pas au passage d'une économie étatique à une économie désétatisée, mais à l'émergence de nouveaux rapports entre un nouvel État et son économie.

La monétarisation abolit aussi au sein du combinat le cloisonnement des circuits monétaires. Il existe désormais un moyen d'effectuer du *calcul économique* dans le combinat ; l'équivalence entre le paiement des salaires, les dotations étatiques, le commerce intercombinats et les autres flux monétaires permet de calculer les résultats des différentes activités de production, et de l'exprimer en une, et *une seule unité de compte.* Il est évident que la monétarisation ne permet pas de calculer immédiatement la rentabilité à long terme ; lors de la monétarisation, il n'existe en effet ni capital ni structure stabilisée des prix. Mais l'absence de structures stables de capital et de prix n'empêche nullement que le combinat devienne un *lieu monétaire.*

La radicalité de la rupture que nous relevons naît de l'*incompatibilité* entre *combinat* et *monétarisation.* Nous avons montré que le combinat était le résultat même du projet d'*abolition* de la monnaie et que sa spécificité tenait à sa polyfonctionnalité, corollaire de la coordination non monétaire. Or, une fois abandonnée la coordination par le Parti/État, le combinat *cesse* d'être un morceau de ce Parti/État. La monétarisation détruit l'existence *même* du combinat. Dans le temps même où la monétarisation met fin à l'ancien modèle de coordination non monétaire, le combinat cesse d'exister. De ce fait, nous introduisons le terme d'*ex-combinat* pour désigner un combinat monétarisé.

3.3 ...et introduit l'économie

La destruction du socialisme par la monétarisation permet de définir les décisions des agents sur la base du critère commun, *la* monnaie unique, et de distinguer la nature de ces décisions par rapport à d'autres phénomènes ; on dira que *la monétarisation introduit l'économie*. Dans le socialisme, on observe l'absence de monnaie et de capital ; dans le post-socialisme, l'introduction de la monnaie permet le déclenchement d'un processus d'accumulation du capital (même si dans le moment t_0, celui-ci n'existe pas encore). Enfin, le post-socialisme permet d'identifier un État qui n'est plus une annexe du Parti/État et qui est séparé de la production.

L'apparition de l'économie réintroduit alors les concepts dont le socialisme s'était voulu la négation dialectique. La monétarisation introduit la *valeur marchande*, y compris celle du travail, et le *capital*. Notre réflexion sur la nature du socialisme nous conduit à caractériser le post-socialisme en *rupture* avec le système antérieur : le post-socialisme suit la période socialiste, il ouvre la période capitaliste. Il n'y a, entre ces deux périodes, *aucun* chevauchement ; il y a un 'avant' et un 'après', avec des processus entièrement distincts.

Conclusion

Si l'on admet que le socialisme était une forme spécifique d'organisation de la production et de sa mise en relation avec les besoins, hypothèse à laquelle nous avons consacré la première partie de ce travail, la caractérisation du post-socialisme doit s'établir par rapport aux spécificités repérées dans le socialisme. L'objectif de ce chapitre était d'interroger les différentes écoles du post-socialisme sur la nature du rapport qu'elles établissent entre les deux périodes. De ce rapport découlent non seulement une caractérisation de la nature du post-socialisme en soi, mais aussi les questions jugées importantes pour permettre une lisibilité des phénomènes réels observés dans le post-socialisme.

L'euphorie avec laquelle l'effondrement du socialisme a été accueilli, des deux côtés de l'ancien rideau de fer, a donné lieu, indirectement, dans les analyses économiques, à la thèse d'une possible disparition *immédiate* des différences entre systèmes économiques. Le Plan Chataline, dit *Plan des 500 jours*, en était l'expression la plus explicite. Ce n'est pas tant l'échéance fixée à 500 jours qui révèle l'utopie de cette pensée, mais l'idée que l'adaptation du système socialiste pouvait être un processus immédiat, permettant d'insérer très rapidement les structures héritées de soixante-dix ans de socialisme dans le nouveau cadre 'institutionnel'. L'abandon du Plan Chataline, lors de son quinzième jour, et les premières expériences de la monétarisation en Pologne et en ex-RDA ont par la suite modifié la conception du changement systémique : l'idée d'une *transition graduelle* a remplacé l'idée du 'big bang'. La pensée en termes de *transition* s'est imposée grâce à un consensus large entre les principales écoles économiques. Si leurs visions du socialisme divergeaient sur le fond, on observait au contraire une convergence dans leur vision du post-socialisme, qui y est décrit comme une *transition institutionnelle*. Ainsi, l'école néoclassique a modifié son approche initiale - libéralisation, stabilisation, privatisation - au fur et à mesure qu'il s'est avéré que ces objectifs ne pouvaient pas être décrétés. Les courants institutionnalistes ont vu dans l'absence d'institutions du capitalisme le facteur central de la 'crise de la transformation'. Les auteurs régulationnistes, qui partaient d'un modèle plus complexe de la régulation socialiste, adoptent également une approche institutionnaliste. Ainsi, les trois courants établissent, à des degrés différents, un lien de *transition* entre le post-socialisme et le socialisme. Le post-socialisme est considéré, par les trois écoles, comme une *transition* entre deux formes d'économie, une *continuité*.

Notre hypothèse, fondée sur la caractérisation du socialisme élaborée en première partie, est qu'il existe un *post-socialisme distinct* ne pouvant être caractérisé qu'en *rupture* avec le socialisme. L'introduction de la monnaie comme équivalent général, la *monétarisation*, vide les concepts socialistes de leur contenu. En introduisant la valeur marchande, y compris celle du travail, la monétarisation met fin à la domination - par l'affectation de la 'valeur sociale' - du Parti/État sur les activités de production et sur les besoins. La monétarisation signe l'abolition du socialisme, et par là le début du post-socialisme. En reprenant notre hypothèse de la première partie, appuyée sur les positions de Mises et Lazarus, nous posons comme principe que l'événement qui déclenche le post-socialisme est *l'apparition de l'économie*. Ce changement de perspective nous amène à reconsidérer les questions qui devaient instruire l'analyse des phénomènes du post-socialisme. La pensée en termes de continuité a fait apparaître la *vitesse* de cette transition comme un point central ; le débat s'est alors cristallisé sur les différences entre thérapies de choc et gradualisme et sur les aspects techniques du changement de propriété (privatisation et commercialisation). Or, il s'avère que la monétarisation ne peut *pas* être graduelle ; elle n'est rien d'autre que la *condition* permettant à un pays de passer du socialisme au post-socialisme, ce passage étant instantané. Quant aux réformes industrielles, les propositions issues des modèles de transition entre différentes formes d'entreprises ne préconisent rien quant à *la manière dont l'outil productif socialiste va devoir s'adapter à un environnement monétaire*. Or, cette adaptation ne peut pas non plus être graduelle, le combinat étant conçu pour un système socialiste non monétaire où il faisait le lien entre la production et le Parti/État. La monétarisation brise ce lien ; le combinat, ayant perdu sa raison d'être, devient alors *ex-combinat*.

Que devient alors l'ex-combinat, partant sans capital, dans le capitalisme ?

Chapitre VI

LA CAPITALISATION DE L'INDUSTRIE POST-SOCIALISTE

Si le combinat est l'unité pertinente d'analyse de la dynamique industrielle socialiste, l'analyse des réformes industrielles post-socialistes doit se centrer sur le devenir du combinat. C'est à ce niveau que l'on peut suivre le processus d'adaptation de l'outil productif socialiste, déterminant pour le succès des réformes économiques post-socialistes. Les programmes de réforme appliqués depuis 1990 fondaient les restructurations industrielles principalement sur l'amélioration des structures de contrôle de la *propriété* des unités industrielles héritées du socialisme. Ils s'articulaient autour de deux étapes principales : celle de la transformation juridique des combinats en sociétés par actions d'État soumises à un code commercial, étape dite '*commercialisation*' et, surtout, celle de la *privatisation*. Dans une lecture en termes de continuité entre socialisme et post-socialisme, le leitmotiv des réformes industrielles portait donc sur le transfert aux agents privés d'un maximum des actifs que représentaient, selon elle, les 'entreprises publiques' socialistes. Pour l'école néoclassique, le transfert rapide d'un *maximum* de propriété publique était une condition nécessaire au succès des réformes ; les courants institutionnalistes proposaient un déplacement *graduel* sur l'axe de la propriété, vers 'plus' de propriété privée (Kornai parle de 'plus de la moitié du PNB').[166]

L'insuffisance de cette approche est apparue avec le constat, plusieurs mois ou années, suivant les cas, après l'introduction de ces réformes, que la question de la propriété n'était pas le seul problème crucial des réformes. Il n'y avait *pas* de relation directe entre le progrès qu'un pays avait fait dans les privatisations et l'adaptation de ses structures industrielles au nouveau cadre monétaire. Il s'avérait en outre que la privatisation des unités industrielles, en l'état hérité du socialisme, rencontrait de nombreux obstacles et que le volume des transferts était loin d'atteindre le niveau ambitieux que lui avaient fixé les premiers programmes. La stabilisation des industries post-socialistes ne semblait donc pas dépendre uniquement du taux des privatisations achevées. Ainsi la Pologne, premier pays à avoir introduit des réformes économiques, n'a réalisé, entre 1990 et 1994, que deux cents grandes privatisations, ce qui n'exclut pas, depuis le début de l'année 1993, un démarrage sensible de la production industrielle. Inversement, la Russie, bien qu'étant parvenue, en un an et demi (1993-94), à transférer aux agents privés 80% des droits de propriété de son industrie, est loin d'avoir établi les principes de sa restructuration. En ex-RDA, la Treuhandanstalt a dû compléter sa stratégie initiale de restructuration par privatisation par une tactique conforme au nouveau slogan : 'sauvons les noyaux industriels !'

Pourquoi les questions de privatisation se sont-elles trouvées, contre toute attente, concurrencées par d'autres phénomènes leur contestant un statut de 'pivot' des réformes industrielles ? Les privatisations demeurent sans aucun doute un outil important des réformes structurelles et restent, dans la plupart des pays post-socialistes, l'objectif affiché pour le sort à moyen et à long terme de l'industrie. Mais, à court terme, la question centrale est *autre* ; le concept de privatisation ne permet pas en effet d'appréhender les conditions particulières dominant la première étape des réformes industrielles *spécifiquement post-*

[166] Cf. IMF (1991, vol. 2 ch. IV.2), Kornai (1990, pp. 80 sq.).

socialistes. Celles-ci sont caractérisées, partout, par un effondrement de la production *et* par l'éclatement de l'ensemble des structures industrielles socialistes. La radicalité de cet effondrement laisse supposer qu'une adaptation graduelle des structures héritées du socialisme n'est pas possible, quelle que soit la structure de la propriété. Dans ce chapitre, nous essayons d'abord de préciser quelques observations caractéristiques de la première phase du processus de restructuration (Section 1). Après avoir donné une classification rapide des enjeux des programmes de privatisation (Section 2), nous développons deux *nouveaux* concepts qui nous semblent plus adaptés pour rendre compte des étapes de l'émergence de nouvelles entreprises monétaires dans le post-socialisme (Sections 3 et 4).

1. Observations dans le post-socialisme : effondrement des structures industrielles

Dans la phase suivant immédiatement l'abolition du socialisme, on observe, de pays à pays, un *effondrement* de l'outil productif dont *l'ampleur* et surtout la *nature* sont imprévues. Trois faits stylisés le caractérisent : *l'effondrement de la production* dérivant de la monétarisation, *l'hétérogénéité de l'outil productif* révélée par l'introduction d'un système de prix, enfin la *désarticulation* entre ces deux faits et leur cadre institutionnel national.

1.1 Effondrement de la production

L'abolition de la coordination non monétaire de l'industrie a engendré, dans les pays post-socialistes, une chute de la production et de la demande, dont l'ampleur n'avait été anticipée par aucun programme de réforme et qui justifie l'emploi du terme d'*effondrement*. Cet effondrement touche *tous* les pays post-socialistes, indépendamment du niveau de développement que l'on avait attribué à chacun, et aussi largement quelle que soit la stratégie générale retenue pour les réformes macroéconomiques et structurelles. Ainsi, en Albanie, pays que l'on avait considéré techniquement retardé, mais au moins autarcique, la diminution de la production atteint 60% pour la seule année 1991 ; l'ex-RDA, tenue pour avoir été à un niveau industriel de peu inférieur à celui de certains pays de la Communauté Européenne, a connu, en quelques mois, une chute des deux tiers de sa production. Dans les autres pays, la production a diminué de 40% en moyenne ; *aucun* d'entre eux n'atteint, deux ans après la fin du socialisme, plus des deux tiers de son niveau de production antérieur (cf. tableau VI.1).

	1990	1991	1992	1993	1994	Taux maximal du déclin de la production
Albanie	-11%	-60%	-15%	-10%	n.d.	-72%
Bulgarie	-16%	-27%	-22%	-7%	-6%	-53%
Hongrie	-10%	-19%	-10%	4%	7%	-34%
Pologne	-26%	-12%	4%	10%	14%	-35%
ex-RDA	-50%	-31%	8%	15%	20%	-66%
Roumanie	-20%	-19%	-15%	-7%	-2%	-50%
Tchécoslovaquie/ République Tchèque	-4%	-23%	-11%	-6%	-	-38%
Slovaquie	-4%	-25%	-13%	-12%	-4%	-48%
Russie	-	-8%	-19%	-17%	-10%	-45%

Tableau VI.1 : Chute de la production industrielle dans les premiers pays post-socialistes, 1990-1994 [167]

[167] Sources : statistiques nationales, BERD, Deutsche Bank Research. Ces estimations ne peuvent pas rendre

1.2 *Découverte de l'hétérogénéité de l'outil productif*

Au choc suscité par l'ampleur imprévue de l'effondrement global de la production s'en est ajouté un autre, touchant la *nature* même du processus : la découverte de *l'hétérogénéité* d'un outil productif développé sans le souci d'optimiser sa productivité physique. Cette hétérogénéité est visible non seulement au niveau du combinat, mais également à celui de branches industrielles entières : les formes d'intégration verticale et horizontale ne correspondent *pas* au souci de minimiser les coûts de transaction (transport, coordination, exploitation d'économies d'échelle). De plus, il devient évident que les *localisations* des sites ont été choisies indépendamment de toute considération spécifique au secteur (en fonction, par exemple, de la proximité des matières premières, de celle de la demande finale ou du réseau d'infrastructures).

Si le faible niveau de compétitivité avait été attribué, par la plupart des analyses, au caractère 'sous-optimal' des décisions dans l'industrie socialiste, l'hétérogénéité de l'outil productif est, en revanche, un phénomène dont *aucune* interprétation du socialisme n'avait pris la mesure. De même, les avantages comparatifs dont on avait crédité les pays socialistes pour l'industrie lourde, grâce à un surinvestissement supposé dans ce secteur, s'avèrent ne pas exister. L'Union soviétique, à qui l'on avait attribué d'importantes ressources naturelles, en est un exemple frappant : passée au crible des critères monétaires, cette 'richesse' disparaît ; l'industrie métallurgique apparaît soudain constituée d'unités dispersées avec une faible cohérence technique. De même, les structures intégrées des combinats de branche, les 'Kombinats', dont on avait considéré de l'extérieur qu'elles auraient atténué les problèmes de coordination, n'ont en réalité souvent fait que figer les structures hétérogènes.

Le jugement 'objectif' porté par les investisseurs étrangers sur ce phénomène d'hétérogénéité de l'industrie socialiste est à ce titre significatif. L'investissement des entreprises capitalistes étrangères dans les structures industrielles post-socialistes est resté faible. L'investissement étranger direct dans tous les pays post-socialistes (ex-RDA exclue) n'atteint, entre 1990 et 1994, que 20 milliards $ environ, soit un montant largement inférieur aux déclarations des investisseurs en 1989/90 sur le potentiel d'attraction des investissements directs de ces pays.[168] De plus, ces investissements directs consistent surtout en création de *nouvelles* capacités (dits investissements *greenfield* ou *brownfield*) et en investissements dans les activités de distribution et de commerce. A de rares exceptions près, les structures industrielles héritées du socialisme n'attirent pas l'investissement étranger.

1.3 *Désarticulation entre effondrement et cadre institutionnel*

Un autre fait stylisé vient renforcer cette nature 'mystérieuse' des restructurations industrielles post-socialistes : le lien entre l'effondrement des structures industrielles et leur cadre institutionnel est *faible*. A titre d'exemple nous évoquons deux institutions que l'on avait cru centrales dans ce processus, mais qui ne semblent pas avoir eu, dans la première phase post-socialiste, un lien *direct* avec la trajectoire des restructurations :

- le degré d'*intégration dans le commerce international*, d'abord, ne semble pas avoir

---

compte des multiples irrégularités des statistiques du temps du socialisme et des biais ainsi introduits.

[168] Sources : UN-ECE et UNESCO. Entre 1990-93, les 20 milliards $ représentent 1% seulement de tous les investissements étrangers directs effectués dans la période dans le monde entier (2000 milliards $) et 2,5% de ceux effectués dans les pays de l'Union Européenne (800 milliards $).

joué sur l'effondrement de la production ; la désintégration du CAEM n'a pas amené d'effondrement de la production plus marqué dans les pays fortement intégrés au sein de celui-ci, que dans d'autres, moins dépendants.[169]

- De même, il ne semble pas y avoir de liens entre la technique de *privatisation* retenue, son ampleur apparente et la manière dont s'exerce la nouvelle contrainte monétaire sur le processus de restructuration. Quatre ans après l'introduction des premières mesures de privatisation, on n'observe pas de rapports entre le taux de privatisation d'un pays et la stabilisation des configurations industrielles (mesurée par l'indicateur, certes insuffisant, de la 'production industrielle'). Ainsi, en Tchécoslovaquie, où l'on a cru avoir introduit une 'thérapie de choc' et un programme ambitieux de privatisations, il n'y a eu, ces trois premières années, que quelques dizaines de fermetures d'ex-combinats ; ceci malgré une chute globale de la production d'environ 40%. La Hongrie, au contraire, considérée 'gradualiste' et qui manque à ce jour (juillet 1994) d'un cadre institutionnel stable de privatisation, a déclaré en faillite et fermé plus de 3000 ex-combinats. En Pologne, deux tiers des ex-combinats n'ont toujours pas été atteints par les procédures de privatisation, alors que sa production industrielle a été la première dans les pays post-socialistes a connaître un redémarrage marqué. La Russie, en revanche, prétend avoir privatisé 80% de son industrie en 1994 ; pourtant, le programme de privatisation de masse - par distribution gratuite de coupons - ne semble pas encore avoir contribué à une stabilisation des structures industrielles.

Ces faits stylisés indiquent qu'il ne s'agit pas, pour le post-socialisme, uniquement d'une 'crise de la transformation' dont l'importance dépendrait du degré de distorsion des prix hérités du socialisme ou de la vitesse du changement institutionnel et de propriété. Ils indiquent, au contraire, que l'effondrement des structures industrielles est un trait *commun* à tous les pays. Il semble donc adéquat de rechercher des concepts permettant une meilleure lisibilité de ces phénomènes et, surtout, de leurs perspectives. Nous le faisons, après avoir introduit les enjeux et les limitations des privatisations.

2. La privatisation : un concept de continuité

Dès lors qu'il existe des entreprises, on peut faire l'hypothèse qu'un contrôle privé de leur capital est plus propice à leurs résultats financiers qu'un contrôle public. C'est sur cet argument qu'était fondée la priorité donnée à la privatisation dans les programmes de réformes post-socialistes. Or, ni l'école néoclassique ni les courants institutionnalistes ne remettaient en cause *l'existence* des unités à transférer du secteur public au secteur privé ; dans leur vision des choses, les 'entreprises socialistes' étaient bel et bien dotées d'un capital et d'un propriétaire (public). L'enjeu principal portait donc sur les modalités de *transfert* de propriété de ce capital. Par conséquent, la discussion théorique portait surtout sur l'efficacité respective de diverses méthodes de privatisation. Nombreux étaient les projets prétendant avoir conçu la 'meilleure' méthode de *privatisation*. De ce débat ne s'est

---

169 Il ne semble y avoir qu'un lien faible entre les taux de chute de la production dans un pays et son taux de commerce effectué à l'intérieur du CAEM (soit, en 1989 : Bulgarie, 77% ; Hongrie, 41% ; Pologne, 40% ; RDA, 71% ; Roumanie, 34% ; Tchécoslovaquie, 73%). Un collapsus de la production de même ampleur a eu lieu, par exemple, en Bulgarie et en Roumanie, alors que la première effectuait 77% de son commerce extérieur avec le CAEM contre 34% seulement pour la seconde.
Il s'agit là, évidemment, d'un phénomène relatif au niveau *national*, les effets CAEM au niveau des ex-combinats étant de nature hétérogène.

pourtant pas dégagé un consensus net sur les avantages propres d'une méthode par rapport aux autres.[170] Le plus souvent, les auteurs s'interrogeaient sur des aspects techniques (vitesse, institutions, coordination), sur le séquençage entre restructuration et privatisation et sur la part relative à donner aux soucis d'équité sociale et historique au regard des nécessités de l'efficacité. Plutôt que de reprendre les différents arguments de ce débat, nous préférons analyser les différentes méthodes de privatisation selon une série d'axes puis interroger les limites du concept de privatisation.

2.1 *Les axes de la privatisation*

L'analyse des programmes de privatisation mis en œuvre dans les pays post-socialistes montre que *tous* opèrent des choix en fonction de six axes (cf. tableau VI.2).

axe	**pôles**
valeur	gratuite - indéterminée
bénéficiaires	internes au combinat - externes
mode d'allocation	diversifié - administré
degré de séparation	privatisation du management seulement - privatisation de l'ensemble
volume	sélectif - de masse
participants	nationaux - internationaux

Tableau VI.2 : Les axes des programmes de privatisation

•Sur l'axe de la *valeur* supposée des unités susceptibles de changer de propriétaire, l'attribution peut varier entre 0 et une valeur indéterminée. L'hypothèse initiale était que moins la valeur attribuée à une unité à privatiser est élevée, plus la distribution de la propriété peut être rapide ; en revanche, plus un gouvernement dépend de ces ventes pour le budget, plus il fixe une valeur nominale élevée. Au delà des considérations fiscales et monétaires, le choix implique nécessairement un jugement sur le *statut* des ex-citoyens socialistes dans le post-socialisme : si le nouvel État considère qu'il y a eu propriété *socialisée* dans la période antérieure, il peut décider une distribution équitable, voire une distribution gratuite ; cette dernière méthode fut souvent évoquée dans les premiers plans de privatisation (mais rarement adoptée).

•Sur l'axe des *bénéficiaires*, aussi, chaque programme doit faire face à la question de la 'justice historique' ; les 'membres' des ex-combinats, qui étaient désignés par l'idéologie socialiste comme maîtres de 'leur' combinat, doivent-ils être favorisés dans la privatisation, par rapport aux 'externes' ? Une préférence accordée aux 'internes' peut être jugée attractive par sa proximité avec les modèles d'autogestion : diverses combinaisons entre MBO (Management Buy-Out) et ESOP (Employee Stock Ownership Programs) sont possibles. Elles sont appliquées surtout pour la 'petite privatisation' des activités peu capital-intensives (commerces, petites industries).

•Le *mode d'allocation* dépend de la capacité et de la volonté des nouveaux gouvernements de centraliser la prise de décision concernant les privatisations. La création d'un organisme administré unique peut paraître la solution la plus simple, mais elle risque de reproduire les schémas institutionnels centralisés du temps du socialisme. Le mode d'allocation retenu doit aussi considérer la question de *l'information* dans l'évaluation des

[170] Tirole (1992) en discute les aspects institutionnels, Bornstein (1992) fournit un survey technique ; d'autres propositions peuvent être trouvées dans Wijnbergen (1993), Kornai (1990), Lipton and Sachs (1991 a), Blanchard et al. (1992), Joskow (1994), Richet (1992 b).

unités à privatiser : une privatisation administrée centralement ne peut s'appuyer que sur les informations dont dispose son propre personnel. Un élargissement du groupe des acteurs impliqués dans le processus d'évaluation (employés des ex-combinats ou banques, par exemple) contribue, en revanche, à la diversification des sources d'information prises en compte dans les décisions.

•Sur l'axe de la *séparation*, les programmes peuvent opter pour une technique souvent évoquée, mais également peu appliquée : la disjonction entre gestion et propriété. Dans ce cas, la *gestion* d'une unité industrielle est privatisée mais sa *propriété* est maintenue dans le secteur public. La difficulté d'établir un lien entre gestion et résultat financier rend difficilement applicable un tel instrument. Une rémunération des gestionnaires selon le résultat n'est possible que s'il existe un lien de causalité directe entre leur activité individuelle et la modification du résultat, entre deux instants t_0 et t_1.

•Le *volume* de l'outil productif offert au secteur privé est fonction des prix fixés et de l'évaluation du volume d'épargne disponible. La manière la plus rapide de transférer la propriété consiste en une privatisation de masse, c'est-à-dire la distribution - gratuite ou à bas prix - des titres de propriété d'un grand nombre d'unités. Des institutions supplémentaires, comme les fonds d'investissement, peuvent être créées afin d'atténuer l'effet pervers potentiel de cette méthode, qui disperse la propriété et, par conséquent, son contrôle. La privatisation de masse permet, d'autre part, de recueillir, à travers les particuliers et les fonds, un maximum d'information sur l'évaluation des perspectives des ex-combinats.

•Le choix des *participants* à la privatisation peut refléter des stratégies diverses : l'ouverture au capital *étranger* peut faciliter l'accès aux marchés étrangers, le transfert technologique et des méthodes de gestion. Favoriser l'accès des investisseurs *nationaux* peut être jugé préférable pour des raisons d'équité.

Un enjeu transversal pris en compte par tous les programmes de privatisation, mais que nous considérons difficile à estimer, est celui de la '*nécessité politique*'. Celle-ci est souvent évoquée pour justifier des programmes volontairement ambitieux de privatisation : la période de l'immédiat post-socialisme est considérée comme une 'fenêtre d'opportunité' ('a window of opportunity', G. Roland, 1994), où les nouveaux gouvernements disposent d'un grand degré de liberté de choix, mais où ils doivent également rallier une majeure partie de la population aux réformes, avant que la 'fenêtre' ne se referme avec l'arrivée de la récession. Or, s'il semble évident que le volet 'politique' entre dans la mise au point des programmes de privatisation, cela ne change pas les effets réels de leur application.

2.2 Insuffisance du concept de privatisation pour appréhender les réformes industrielles

Selon cette matrice, les pays post-socialistes ont combiné une très grande variété de programmes de privatisation. Or, quelle qu'ait été la procédure retenue, les résultats sont systématiquement restés inférieurs aux attentes, tant d'un point de vue quantitatif (nombre d'unités privatisées) que qualitatif (amélioration rapide des résultats financiers). L'explication qu'en donnent la plupart des auteurs porte sur une erreur d'évaluation de la *vitesse* du processus : la privatisation prendrait plus de temps que prévu, mais graduellement les programmes engendreraient les résultats attendus. Cette prise de position a surtout dominé, nous l'avons vu dans le chapitre précédent, au sein des courants institutionnalistes. Nous affirmons, au contraire, que la privatisation n'est qu'*un* aspect d'une question plus large, portant sur l'adaptation des structures industrielles socialistes au nouvel environnement monétaire. De ce fait, c'est un concept nécessaire mais *insuffisant* pour suivre et évaluer le processus de restructuration industrielle. Pour le montrer, nous partons cette fois encore de notre caractérisation du combinat.

On ne saurait transférer de la propriété que si cette propriété *existe* et si sa valeur est mesurable. Or, *l'absence* dans le socialisme des concepts mêmes de monnaie et de capital interdit de caractériser un combinat par du capital. De ce seul fait, il ne peut pas y avoir de *propriété* d'un combinat. Nous en concluons que *le combinat socialiste n'avait pas de capital et qu' il n'appartenait à personne*. Le Parti/État était l'arbitre des décisions, sans avoir été pour autant le propriétaire du combinat socialiste ; les membres du combinat l'étaient encore moins. Le combinat non monétaire disparaît avec la monétarisation ; c'est ce que nous avons appelé le passage du combinat non monétaire à *l'ex-combinat* monétarisé. Or, la valeur du capital de *l'ex-combinat* ne peut être évaluée au moment t0 de la monétarisation. L'ex-combinat ne représente en effet rien de plus qu'un rassemblement de fonctions diverses - production, services, contrôle - développées pour faire face à des exigences de création de 'valeur sociale', qui n'existent *plus* dans le post-socialisme. L'ex-combinat n'est plus rien d'autre que des immeubles, des terrains, des machines, etc., c'est-à-dire les ruines, ou *débris* du combinat socialiste. Il n'existe pas de moyen de déterminer leur valeur, car ni les configurations techniques qui seront constituées à partir de ces débris, ni les marchés qu'ils desserviront ne peuvent être connus. Dans cette situation, unique en son genre, l'acte seul de privatisation des débris physiques des ex-combinats ne correspond, a priori, à rien sinon à la distribution aux agents privés de fonctions physiques et immatérielles d'une valeur *indéterminable* du 'squelette' des ex-morceaux du Parti/État, pour ainsi dire. L'analyse de *l'acte* de privatisation n'implique alors rien sur le *processus* d'émergence de structures industrielles adaptées à un fonctionnement en environnement monétaire. Surtout, il ne garantit en rien l'engagement du processus de restructuration.

En ne s'appuyant que sur le concept de privatisation, les réformes s'inscrivent dans une perspective du changement en termes de *continuité* entre deux formes principales - propriété privée et propriété publique. De ce fait, le concept est insuffisant pour structurer l'objet qui doit être au centre de l'analyse : *l'émergence de nouvelles structures industrielles monétaires* dans le post-socialisme. Ce processus, nous l'avons montré dans le chapitre précédent, s'appréhende plus spécifiquement dans le cadre d'une perspective du post-socialisme en termes de *rupture*. Les deux concepts que nous développons par la suite sont issus de ce second type de lecture.

3. Un premier concept de rupture : la monétarisation

Nous avons jusqu'ici parlé de la monétarisation uniquement comme d'un événement enterrant le socialisme et introduisant le post-socialisme. Il convient maintenant de préciser ce concept de monétarisation et les conséquences qui en découlent.

3.1 Introduction d'un équivalent général

La monétarisation correspond à l'introduction d'une *monnaie comme équivalent général*, assurant ainsi une convertibilité entre tous les flux monétaires - scripturaux et fiduciaires - et dont la création est contrôlable par une banque centrale. La monétarisation abolit ainsi le cloisonnement entre différentes 'pseudo-monnaies' prévalant dans le socialisme, aspect fondamental de la fusion, dans l'ancien système, entre le Parti/État d'un côté, et les activités de production et les besoins de l'autre. La mise en œuvre de la monétarisation est techniquement simple. L'abandon du cloisonnement antérieur signifie que les paiements des facteurs de production s'effectuent désormais dans la *même* monnaie que ceux des biens de consommation. L'introduction d'un équivalent général permet la définition d'un système unique de prix et permet aux agents de jouir des trois fonctions classiques de la monnaie : unité de compte, intermédiaire général des échanges, réserve de valeur. Une condition nécessaire de la monétarisation est la création de nouvelles institutions capables d'exercer un contrôle effectif sur la création de la monnaie. Dans le socialisme soviétique, la *monobanque* n'était qu'un organisme administratif, chargé d'équilibrer les comptes en 'monnaie' scripturale, donc d'assurer le bouclage du système. La monobanque n'avait pas le moyen d'exercer sur ses 'clients' une quelconque contrainte. Ce système est remplacé par un *système bancaire à deux niveaux*, dont le rôle est de contrôler la création de la monnaie (banque centrale) et du crédit (banques commerciales de second rang).

Dans le socialisme, les prix ne correspondaient qu'à des 'chiffres' déterminés par la planification en fonction des préférences indiquées par le Parti/État. Il n'y avait notamment pas moyen de déterminer une relation d'équivalence entre les prix des facteurs de *production* et ceux des biens de *consommation*. La monétarisation change la *nature* même des prix : dans le post-socialisme, le prix de chaque bien *et* de chaque facteur de production se déduit de ceux d'autres biens et d'autres facteurs. C'est là la rupture qualitative qu'introduit la monétarisation : les biens et les facteurs perdent leur 'valeur sociale' et obtiennent une 'valeur marchande'. La libéralisation de *tous* les prix n'est pas une condition nécessaire à la monétarisation, bien qu'elle facilite l'apparition d'un régime de prix se rapprochant des prix d'équilibre théorique. Il suffit de libérer une partie dominante des prix pour que la monétarisation devienne effective. Dans les secteurs à prix libéralisés, les prix seront donc déterminés par les structures du marché - concurrentiel, oligopolistique, monopolistique. Ce que nous appelons 'apparition' des prix correspond pour les consommateurs à une modification - le plus souvent radicale - des prix. La monétarisation implique encore un autre changement de logique : l'affectation des biens ne s'effectue plus selon les '*besoins*', comme le prétendait l'ancien système, mais selon le critère de la *demande solvable*.

Au moment de la monétarisation, la seule 'monnaie' en circulation - en dehors de quelques devises légales ou illégales - est la monnaie papier. Dévalorisée par le système socialiste, en conformité avec son projet, elle a atteint des volumes importants. Sur ce point, notre analyse rejoint l'interprétation de la théorie de la pénurie et celle des macroéconomistes ; les excédents d'épargne involontaire résultent de l'absence de sphères marchandes dans la distribution des biens de consommation. Des études particulières montrent que, dans les pays de l'Est, la pénurie des biens de consommation distribués contre de la monnaie billet s'était globalement aggravée pendant les dernières années du socialisme. En résultait une *inflation* accélérée sans cesse réprimée, pendant macroéconomique de la dévalorisation de la monnaie billet.[171] L'absorption du surplus monétaire peut poser des problèmes du point de vue d'une certaine justice sociale à l'égard de citoyens détenant différents volumes de monnaie billet. Mais elle est techniquement simple et peut aboutir rapidement. La solution la plus simple consiste en une réforme monétaire, fixant des taux de change différents pour les anciennes 'monnaies' papier et

[171] Cf. Le Cacheux (1990), Fischer et Gelb (1991).

scripturale. Cette méthode permet, outre la résorption de l'épargne involontaire, d'exercer un contrôle fiscal sur les patrimoines et de confisquer d'éventuelles richesses accumulées illégalement. Si elle veut éviter pareille réforme, la nouvelle banque centrale peut choisir, pour absorber le surplus monétaire, de viser un taux d'intérêt clairement en dessous de l'inflation attendue.[172] La monétarisation ouvre la possibilité d'une intermédiation financière, absente dans le système socialiste, entre l'épargne et l'investissement. Le système financier émergent, dont l'objectif est de réconcilier l'offre d'épargne et la demande d'investissement, introduit ainsi le 'fonds prêtable' comme une marchandise. La monétarisation permet également aux États souverains sur ces économies émergentes de déployer de véritables politiques monétaires et fiscales.

D'autres choix, touchant surtout au *régime de convertibilité* et au *taux de change*, lient l'espace monétaire national au reste du monde. L'introduction d'une monnaie comme équivalent général n'équivaut *pas* automatiquement à la convertibilité interne et externe.[173] La réforme monétaire interne peut être accompagnée par un contrôle de la banque centrale des transferts internationaux de capitaux. Le choix d'un taux de change e_0 initial est arbitraire, car aucun élément d'évaluation de la productivité relative de l'économie nationale n'est disponible au moment de la monétarisation. Le choix d'un taux de change fixe (par rapport à une autre devise ou à un panier de devises) et d'un taux de dévaluation stable, soutenu par la banque centrale, est favorable à la stabilité des anticipations inflationnistes. Le choix d'un système à protection *douanière* dépend de la façon de concevoir l'ampleur et le rythme de l'introduction de la concurrence étrangère sur les marchés domestiques.

Sans mettre en cause la nature de la *rupture* entre le socialisme et le post-socialisme, des effets inattendus, limitant l'efficacité d'une politique monétaire, peuvent apparaître au cours de la monétarisation. Citons, comme exemple, le maintien de liens verticaux non monétaires entre plusieurs unités de production, à l'origine des *crédits interentreprises* (arriérés). Les importants volumes de crédit interentreprises - allant jusqu'à 50 à 60% du PNB dans certains pays - résultent du maintien d'une intégration à l'intérieur de filières industrielles, malgré la monétarisation et l'introduction des prix. Ces crédits peuvent permettre aux ex-combinats de continuer à fonctionner, même en l'absence de moyens de paiements. L'interprétation du caractère du crédit interentreprises n'est pas unanime. De Boissieu et al. (1993) concluent que *s'il* reste volontaire, formalisé et contractuel il s'agit d'un phénomène normal de l'adaptation structurelle ; en revanche, si l'on ne s'attaque pas, en même temps, à l'instabilité monétaire *et* aux politiques structurelles, cette dette entraîne un risque systémique de faillites en chaîne.[174]

3.2 Monétarisation comme critère de la disparition du socialisme

La monétarisation est l'événement qui marque la rupture entre le socialisme non

---

172 ibid.

173 La convertibilité *interne* se refère généralement à un régime dans lequel les particulieurs ont accès aux devises pour les transactions courantes (biens et services) ; la convertibilité *externe* signifie l'accès aux devises pour les particuliers *et* les entreprises, pour les transactions courantes *et* les transferts de capital.

174 Il est difficile, voire impossible, de déterminer et de distinguer les *causes* exactes du phénomène du crédit inter-entreprise ; en réalité, un faisceau de facteurs y contribuent, comme le constatent de Boissieu *et alii* (1993) dans le cas de l'ex-Union Soviétique : les aspects techniques (insuffisance du système de paiement national et entre les Républiques), les contraintes de commercialisation (volume de stocks importants) ou encore la contrainte monétaire (resserrement des crédits 'officiels').

monétaire et le post-socialisme monétaire ; elle implique la disparition définitive du socialisme. Ce concept permet ainsi de se passer, pour caractériser ce passage, de toute référence au concept de *propriété*, souvent invoqué par les thèses désignant un passage *graduel* du socialisme au post-socialisme (où socialisme égale propriété publique et capitalisme égale propriété privée). Le concept de monétarisation n'implique rien non plus sur l'évolution du syndrome de la 'contrainte budgétaire molle', phénomène également souvent évoqué pour caractériser le passage du socialisme au post-socialisme (socialisme ~ faible contrainte, capitalisme ~ forte contrainte). Une contrainte molle peut en effet évidemment persister dans le post-socialisme. Constater l'existence d'un équivalent général monétaire n'implique *rien* sur la manière dont les banques commerciales vont gérer, de leur côté, les contraintes qu'elles exercent sur chacun de leurs clients. La seule contrainte objective est celle qui est définie par la banque centrale et qui concerne les conditions de refinancement des banques du second rang. Nous pouvons également, de ce fait, nous passer de la distinction entre 'monnaie active' et 'monnaie passive', corollaire du concept de contrainte budgétaire. Dans le post-socialisme, il n'y a ni monnaie active ni monnaie passive, mais il y a *une monnaie* unique.

Dans la plupart des pays post-socialistes, la monétarisation peut être précisément datée : en Pologne, par exemple, il s'agit de janvier 1990, en RDA de juillet 1990, en Tchécoslovaquie de janvier 1991, en Russie de janvier 1992. Dans les pays ayant tenté d'introduire des réformes monétaires au temps du socialisme, il faut distinguer les réformes *internes* au système socialiste de celles introduisant une véritable *rupture*. Ainsi, on observe en Hongrie que les nombreuses réformes du système bancaire, menées depuis 1987, n'ont *pas* abouti à un changement de nature du système : malgré l'introduction d'un système bancaire à deux niveaux, du développement d'un marché financier obligataire et malgré une certaine libéralisation des échanges extérieurs, les réformes hongroises n'avaient *pas* mis fin au cloisonnement entre les différentes 'pseudo-monnaies' socialistes à l'intérieur du pays, ni conduit à un pouvoir réel de contrôle de la création monétaire par la monobanque. La rupture n'est intervenue qu'en 1989 avec l'abandon du contrôle du Parti/État sur la banque centrale, accompagné par l'abandon de l'octroi centralement décidé des investissements et celui d'un statut du travail socialiste.[175]

4. Un deuxième concept de rupture : la capitalisation

La monétarisation, ayant aboli le principe de la coordination socialiste de l'industrie, fait du même coup, dans le post-socialisme, du combinat socialiste un 'post-combinat', que nous préférons nommer un *ex-combinat*, ses activités passant dans une sphère monétaire. Or, ce n'est *pas* pour autant que se met automatiquement en place une nouvelle configuration d'entreprises soumises à une contrainte budgétaire dure et répondant aux signaux des prix. Nous retrouvons ici l'argument mentionné ci-dessus : dans le post-socialisme, *deux* processus distincts opèrent de fait la transformation des ex-combinats industriels socialistes : l'un porte sur la question de la *propriété* de l'ex-combinat, l'autre sur l'émergence de nouvelles configurations industrielles monétaires. Si le premier peut être résolu par un *acte* de privatisation, le second suppose un *processus* d'identification des fonctions susceptibles d'être recombinées en *nouvelles* entreprises caractérisées par leur

---

[175] Cf. Le Cacheux (1990), I. Székely (1990 ; La réforme du système finanicer hongrois. *Economie Européenne*, n° 43, Mars).

capital, leur propriété *et* leur projet industriel.

Nous appelons *capitalisation* le processus par lequel certains morceaux d'un ex-combinat, à valeur indéterminée au moment de la monétarisation, deviennent des entreprises soumises à une contrainte de valorisation du capital ; *la capitalisation est le processus de création de nouvelles entreprises.* Ce processus démarre avec la monétarisation qui rend obsolètes les structures antérieures et qui abolit notamment la cohérence interne des activités du combinat. Suit alors une période durant laquelle différents acteurs cherchent à construire, sur la base des morceaux éclatés des ex-combinats, de nouvelles configurations industrielles monétaires.[176] La capitalisation des ex-combinats procède donc en deux étapes distinctes : l'*éclatement* de l'ex-combinat socialiste et la *construction* de nouvelles entreprises. Précisons maintenant les différents éléments de ce processus.

4.1 L'éclatement de l'ex-combinat socialiste

D'un point de vue conceptuel, la 'disparition' du combinat socialiste est immédiate, puisqu'elle résulte directement de la monétarisation. Évidemment ce ne sont pas les unités *physiques* qui disparaissent en tant que telles, mais la *cohérence interne* entre activités productives, sociales et de contrôle. En enterrant le socialisme, la monétarisation rend la polyfonctionnalité caduque. Il s'agit donc de suivre, dans un premier temps, *l'éclatement* des morceaux de l'ex-combinat et leur devenir dans un environnement monétaire.

En mettant fin au système de coordination socialiste, la monétarisation, elle-même résultant de la déstabilisation du Parti/État, désigne la disparition *définitive* de celui-ci. Le Parti/État polymorphe perd sa capacité à affecter à une 'valeur sociale' à la production. La disparition du Parti/État et de ses prérogatives spécifiques permet, par conséquent, la disparition d'un grand nombre d'activités de *contrôle* de l'ex-combinat, sur lesquelles le combinat s'était appuyé : ce sont entre autres les fonctions de contrôle idéologique (branche du Parti, syndicat, formation politique, etc.) et 'étatiques' (contingent militaire, exécution pénale, forces du maintien de l'ordre). Chacune de ces fonctions est alors reprise par une nouvelle institution (Ministère de la Justice, de l'Intérieur, syndicats par exemple) ou disparaît.[177]

La disparition de la cohérence du combinat fait apparaître l'imbrication profonde des activités *sociales*, lors du socialisme. L'importance de la question du sort des activités sociales pour les réformes post-socialistes n'a pourtant pas été immédiatement décelée. Dans l'interprétation identifiant l'unité industrielle comme une 'entreprise publique', l'extension de la sphère sociale observée dans les ex-combinats a été considérée comme la dérive 'typique' d'une entreprise publique. Cette interprétation a sous-estimé le rôle fondamental accordé au social dans le combinat, ainsi que l'interdépendance des activités productives et des services sociaux. On peut sommairement distinguer trois procédures pour traiter les activités *sociales* des ex-combinats après la monétarisation :

•Un certain nombre d'activités vont être transférées dans la *sphère étatique* : c'est le cas d'une grande partie des services généraux (par exemple sécurité sociale, formation

---

[176] Sur le concept de capitalisation, cf. Lazarus et Michel (1993) et Bomsel (1993, 1994).

[177] L'éclatement des activités de contrôle ne rend pas les mécanismes de contrôle interne purement monétaires. Les sociologues des organisations, en particulier, insistent sur la *continuité* des mécanismes *informels* de contrôle, exercés dans l'ex-combinat par les mêmes personnes qu'au temps du socialisme ; la continuité de ces conventions de contrôle est censée adoucir l'impact de la monétarisation (Grabher, et al., 1994). Ceci ne contredit pas notre argument central ; n'importe quel nouveau mécanisme de contrôle est obligé de prendre en compte les nouvelles données monétaires.

scolaire, santé) et de certains services aux individus (culture, par exemple), la vitesse de ce passage dépendant de la capacité du nouvel État à assurer ces activités.

•D'autres activités sociales peuvent devenir des activités *productives*, ces services devenant ainsi des biens marchands. Cette transformation s'applique surtout aux services matériels - vente des biens de consommation, alimentation par exemple - et aux services aux individus - voyages par exemple. La distribution de ces services, auparavant assurés par le combinat avec une très faible intermédiation monétaire, dépend dès lors uniquement des décisions d'achat par les individus, pour lesquels ces ex-services deviennent des biens de consommation.

•L'ex-combinat peut décider de *maintenir intégrées* en son sein certaines activités sociales jugées indispensables à son activité productive ; tel peut être le cas des services assurant des besoins fondamentaux, insuffisamment couverts par ailleurs. L'ex-combinat peut ainsi, par exemple, être obligé de continuer à assurer le logement s'il n'existe pas, du côté du nouvel État, de capacité à le reprendre et si la marchandisation, i.e. la transformation en activité productive, est exclue.

Il est *impossible* de déterminer, a priori, le devenir des diverses activités sociales dans le post-socialisme. Leur éclatement est un processus ouvert qui dépend également de la dynamique de développement des activités productives. Inversement, la détermination des activités productives post-socialistes dépend de la manière dont elles peuvent être isolées des activités sociales.

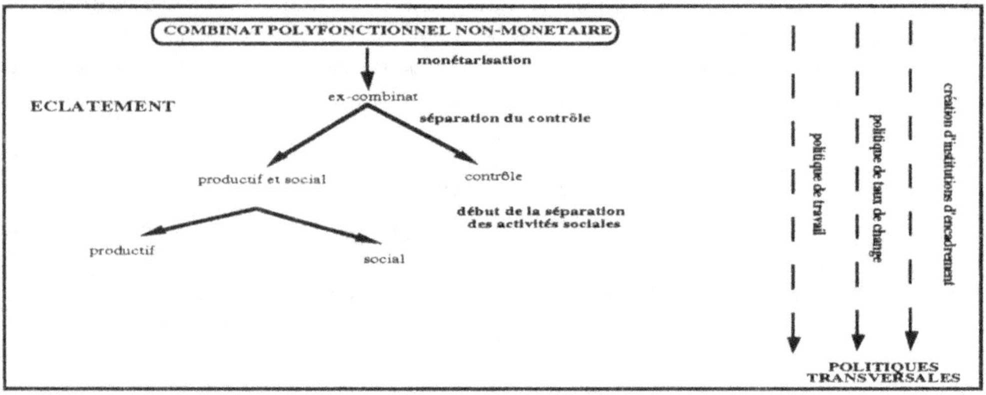

Figure VI.1 : L'éclatement du combinat polyfonctionnel

L'identification des activités *productives* non monétaires dans le combinat ne peut pas donner des indications exactes sur la composition des activités productives *monétaires* pouvant émerger dans l'ex-combinat. Dans le post-socialisme, il est non seulement impossible de procéder à l'évaluation de la valeur monétaire des anciennes activités productives, mais encore de connaître la nature et la composition de celles qui seront dites productives dans le système monétaire émergent. L'absence de prix, de marchés, de filières, de données de la concurrence, etc. empêchent une évaluation monétaire de la valeur future des anciennes activités productives. L'ex-combinat n'hérite donc du socialisme que des morceaux physiques (machines et bâtiments) et immatériels (compétences, brevets, etc.), débris isolés ayant perdu leur cohérence antérieure.[178]

L'éclatement du combinat déclenche ainsi un processus de réorientation de *chacune* de ses activités. Ce processus mène du combinat polyfonctionnel à *l'ex-combinat* polyfonctionnel, puis à une séparation graduelle des fonctions monétarisées. La figure VI.1 représente schématiquement les étapes de cet éclatement, commençant avec le départ des activités de contrôle, se poursuivant par la séparation entre le productif et le social. Nous y avons mentionné, en marge, l'existence de quelques 'politiques transversales' qui sont plus largement représentatives du processus de réformes post-socialistes au sein duquel se joue la métamorphose du combinat.[179]

4.2 Construction de nouvelles entreprises

L'éclatement de l'ex-combinat soulève un problème central et difficile : la valeur de ses fonctions au moment t_0 ne correspond pas en effet à la valeur que pourrait avoir un ensemble d'activités productives, regroupées dans des unités correspondant à une demande des marchés émergents. Un propriétaire, privé *ou* public, se trouve constamment placé devant l'alternative de devoir abandonner les 'restes physiques' des morceaux des ex-combinats ou de maintenir les unités et de tenter leur restructuration. Cela fait peser, au moment t_0, une incertitude absolue sur l'avenir de l'ensemble de l'outil productif post-socialiste. L'appareil productif non monétaire hérité du socialisme ne peut être restructuré en nouvelles unités productives monétaires que s'il trouve un propriétaire prêt à y mettre du *capital* et à s'engager à mettre en place de nouvelles configurations industrielles, soumises à une contrainte de *valorisation du capital*, c'est-à-dire : à en faire de nouvelles entreprises. Ce processus multi-acteurs, que nous appelons *construction*, passe par des étapes que nous allons maintenant chercher à caractériser.

L'effet de la monétarisation sur le statut des membres du combinat est aussi radical que sur le combinat lui-même. Dès lors qu'il n'y a plus de combinat, il ne peut plus y avoir de membres. La définition de *membre* d'un combinat s'avère ici plus exacte que celle de fonctionnaire, qui prévalait dans la définition de l'entreprise socialiste comme unité étatique. La monétarisation rompt définitivement le lien entre le combinat et ses membres ; le fonctionnariat, lui, peut persister dans le nouvel État. Dans le post-socialisme, le travail obtient, comme les autres facteurs de production, un caractère marchand. La vitesse de la 'marchandisation' du facteur travail peut varier entre deux pôles [180] : le passage rapide à un lien fort entre rémunération et productivité, engendrant généralement l'augmentation de la productivité et la diminution des effectifs ; ou, alternativement, le maintien d'un taux élevé de rémunération fixe, indépendant de la productivité. Le nouveau concept attaché au travail en introduit également un autre attaché au chômage. L'existence de formes de chômage multiples dans le socialisme est aujourd'hui incontestée, qu'on le nomme chômage volontaire, chômage frictionnel ou chômage caché ('unemployment on the job').[181] Mais

---

[178] L'absence, à l'instant t0, de marchés, même rudimentaires, de ferrailles ou de matériaux de construction, par exemple, empêche d'évaluer même grossièrement la valeur des machines sur leur seul poids de ferraille, ou celle des bâtiments sur la seule valeur des briques.

[179] Ces politiques transversales ne modifient pas l'ordre des étapes principales du processus de l'éclatement. Nous avons sélectionné ici, à titre représentatif : la création d'institutions d'encadrement, la politique de travail, la politique de taux de change. Nous reviendrons sur l'importance des politiques transversales dans les études de cas.

[180] Cf. Bomsel, Carret et Coste (1993).

[181] Cf. Kornai (1992, ch. 10).

aucun de ces types de chômage n'est lié, dans le socialisme, à des raisonnements monétaires sur le coût du 'travail'. Le chômage est, dans le post-socialisme, d'une toute autre nature : il apparaît par l'absence d'une demande de travail compris cette fois comme facteur *marchand* de production.

Nous distinguons, dans le processus de construction, deux phases : celle de *l'émergence et de l'identification d'activités productives capitalisables* et *l'acte* de capitalisation. L'émergence d'activités capitalisables s'effectue dans un processus itératif entre les acteurs concernés. Une fonction est dite capitalisable si au moins *un* investisseur se déclare prêt à la reprendre pour y fixer du capital et en faire une entreprise. Théoriquement, *toutes* les activités - productives et sociales - de l'ex-combinat peuvent représenter un intérêt pour un investisseur. D'anciens services sociaux peuvent ainsi devenir capitalisables - par exemple un village de vacances - alors que d'anciennes fonctions productives peuvent ne pas être considérées comme capitalisables. Des fonctions 'immatérielles', tel l'accès à un réseau de distribution, sont également potentiellement capitalisables. Une attention particulière doit être accordée aux activités productives dont la recombinaison peut engendrer un nouvel ensemble cohérent capitalisable. Nous appelons *noyau dur* un ensemble d'activités productives d'un ex-combinat qui peuvent donner lieu, dans un système monétaire, à un ensemble intégré viable. Dans ce cas, la capitalisation de l'ensemble du noyau dur est préférable à une capitalisation 'par appartement' ; elle devrait précéder la restructuration du reste de l'ex-combinat.[182]

L'acte de capitalisation proprement dit correspond à la conclusion d'un *contrat* entre une agence étatique juridiquement en charge de l'ex-combinat et un investisseur ; ce contrat porte sur le transfert d'un certain nombre de morceaux de l'ex-combinat, ainsi que sur les conditions de cette reprise, y compris l'investissement, la reprise du personnel et le projet industriel proposé. Les mécanismes par lesquels émergent les morceaux capitalisables et sont conclus les actes de capitalisation varient très largement. Ils dépendent autant de la stratégie nationale et locale adoptée par les agences étatiques, des horizons temporels fixés pour le processus que de la manière d'impliquer les investisseurs potentiels. Mais le *résultat* de ce processus est toujours le même : il aboutit à une *nouvelle entreprise* dont la composition des actifs est déterminée par un investisseur poursuivant une logique de rentabilité du capital. Remarquons que *l'acte de capitalisation ne se confond pas avec une privatisation*. La décision d'investir dans certaines fonctions d'un ex-combinat peut être prise par des agents *privés ou publics*. Dans le premier cas, le résultat est une entreprise privée, dans le deuxième, une entreprise publique.

Tous les morceaux éclatés d'un ex-combinat ne sont pas capitalisables. La question, pour les agences étatiques chargées des restructurations, est de fixer les modalités et la durée du processus de recherche d'un investissement. D'une part, la fermeture prématurée risque de compromettre les chances d'aboutir à un contrat de capitalisation, d'autre part le maintien de ces activités est coûteux. La capacité des agences étatiques de faire éclater les anciennes structures, au fur et à mesure que les négociations de capitalisation progressent, est un élément clé du succès d'une politique de capitalisation. Plus vite elles réussissent à

182 Un noyau dur va apparaître surtout dans les industries de process, ou dans celles dans lesquelles une intégration verticale fournit un avantage comparatif. Dans l'industrie du bois, l'ensemble situé entre les activités d'extraction et de transformation *peut* constituer un noyau dur. Le nouyau dur d'un ex-combinat sidérurgique peut être une acierie et un laminoir rassemblés sur un seul site (alors que séparés géographiquement, ils ne représenteraient de valeur ni l'un ni l'autre). Dans ce cas, seule la vente de *l'ensemble* aciérie-laminoir peut être envisagée.

identifier les activités isolées capitalisables, plus elles disposent de marge de manœuvre pour choisir entre différentes voies de capitalisation.

Dans les différentes phases de la construction interviennent cinq groupes d'acteurs : les agences étatiques, les responsables de la restructuration, les investisseurs, la direction et les employés de l'ex-combinat. Sont *agences étatiques* celles qui assument la propriété formelle des ex-combinats et qui sont chargées de la gestion du transfert seulement de cette propriété, ou bien, au-delà, d'intervenir plus activement dans le processus d'éclatement-construction. Ces agences se confondent souvent avec le *restructurateur* chargé d'encadrer l'éclatement des ex-combinats ; notons toutefois que le restructurateur peut également être un agent non-étatique (par exemple dans le cas d'un contrat de management). La manière dont *l'investisseur* est impliqué dans le processus de capitalisation est primordiale ; il ne peut y avoir de capitalisation sans qu'un investisseur s'engage à fixer du capital dans les morceaux productifs qu'il reprend. Le rôle de *l'investisseur*, qui peut être un agent privé ou public, se limite nécessairement à la capitalisation d'un nombre *limité* de morceaux ; celui qui apporte le capital ne peut être tenu pour responsable des activités non-capitalisables. Enfin, nous introduisons les acteurs '*direction*' et '*employés*' de l'ex-combinat - sans que ces termes recouvrent nécessairement des groupes clairement séparables.

La figure VI.2 reproduit schématiquement les étapes du processus de *construction* dans le post-socialisme. Il débouche sur la création de *nouvelles entreprises* (1), sur le *transfert* d'un certain nombre d'activités sociales aux institutions étatiques (2) ainsi que sur des *fermetures* pures et simples (3).

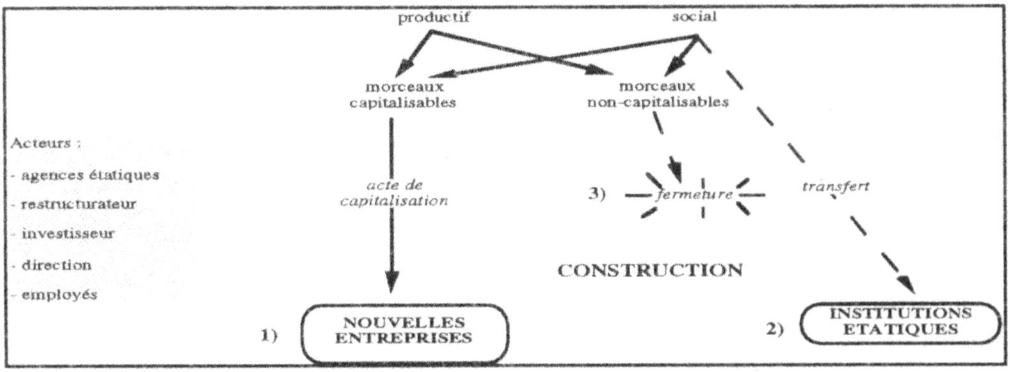

Figure VI.2 : Le processus de construction

Conclusion

Aux restructurations industrielles post-socialistes est associée une série de phénomènes communs à tous les pays, indépendamment de la stratégie de restructuration retenue : la chute de la production d'une ampleur imprévue, la découverte de l'hétérogénéité de l'outil productif, le faible niveau de l'investissement étranger, et la désarticulation apparente entre l'effondrement de l'outil productif et le cadre institutionnel initial. De ce fait, les stratégies de restructuration ne peuvent être interprétées dans la seule perspective des programmes de privatisation, traitant surtout la question du transfert de la propriété d'entreprises *déjà* constituées. Nous avons proposé d'élargir le cadre de l'analyse des réformes industrielles et d'aller au-delà des statistiques de privatisation ou de production. Pour ce faire, nous avons introduit deux concepts susceptibles d'appréhender la singularité de ces restructurations : la monétarisation et la capitalisation. La *monétarisation* correspond à l'introduction d'une monnaie comme équivalent général ; elle met définitivement fin au système socialiste non monétaire. Une fois la monétarisation achevée, la valeur des facteurs de production *et* celle des biens de consommation s'expriment dans une seule et même monnaie.

Se met en place, immédiatement avec la monétarisation, un processus *d'éclatement* de l'ensemble des morceaux de l'ex-combinat. Sortent d'abord de la polyfonctionnalité désormais caduque la plupart des activités de contrôle, qui sont reprises par de nouvelles institutions étatiques (par exemple exécution pénale, forces du maintien de l'ordre) ou qui disparaissent (par exemple structure du contrôle par le Parti, services secrets sur le terrain du combinat). La monétarisation des services sociaux donne également le coup d'envoi à la séparation entre activités productives et sociales, processus qui se révèle plus long et plus complexe que prévu, à cause de l'étroite imbrication au sein du combinat du productif et du social. De l'éclatement du combinat résulte ainsi un grand nombre de morceaux isolés, '*débris*' d'un système non monétaire ayant perdu sa cohérence dans un contexte monétaire.

Le problème des restructurations industrielles est que ces morceaux éclatés ne représentent plus que des biens immobiles *isolés* : machines et bâtiments, voire compétences techniques. L'enjeu central des réformes porte alors sur le regroupement de certaines de ces fonctions au sein de *nouvelles* combinaisons productives, capables de répondre aux besoins des marchés émergents, et soumises au nouveau critère d'évaluation de la rentabilité du capital. Il s'agit, autrement dit, de créer de *nouvelles* entreprises. Nous appelons ce processus de recombinaison de fonctions éclatées de l'ex-combinat le processus de *construction*.

Les réformes que subit un combinat passent par un processus *d'éclatement* de la polyfonctionnalité, puis de *construction* d'un maximum de fonctions au sein de nouvelles configurations industrielles viables en économie monétaire. Nous appelons l'ensemble de ces étapes le *processus de capitalisation*. Il s'agit d'un processus itératif, dans lequel des activités capitalisables émergent à mesure que l'on parvient à les séparer des activités non-capitalisables, et que l'on trouve une issue pour ces dernières. *L'acte* de capitalisation correspond à un contrat entre l'État et un investisseur - privé ou public - portant sur les conditions de la reprise d'un certain nombre de morceaux de l'ex-combinat (l'investissement, l'emploi, le projet industriel, etc.). L'approche en termes de rupture que nous retenions pour caractériser le post-socialisme trouve ici une application, représentée schématiquement dans la figure VI.3 ; la monétarisation, qui clôt définitivement le socialisme, introduit le processus *d'éclatement* du système productif socialiste. Il est suivi par une phase de *construction*, impliquant de nombreux acteurs cherchant à trouver des solutions adaptées pour les morceaux éclatés, débris industriels du socialisme. Nous appelons l'ensemble de l'éclatement-construction le *processus de capitalisation* ; celui-ci provoque trois types de conséquences : l'apparition de *nouvelles entreprises capitalisées* (1), le *transfert* d'activités, surtout sociales, au sein de *nouvelles institutions étatiques* (2), et la *fermeture* du reste (3). Ce qui vaut pour l'ensemble des activités d'un combinat polyfonctionnel, vaut également pour l'emploi. Il ne peut y avoir passage graduel d'anciens emplois socialistes à des emplois monétaires. Les anciens liens entre les membres et leur combinat sont irréversiblement *dissous* avec la monétarisation et la disparition du combinat. Suit un processus de *construction* de nouveaux emplois monétaires. Autrement dit, il y a, là aussi, un processus *d'éclatement* des anciens emplois socialistes et un processus de *construction* de nouveaux emplois dans les nouvelles entreprises.

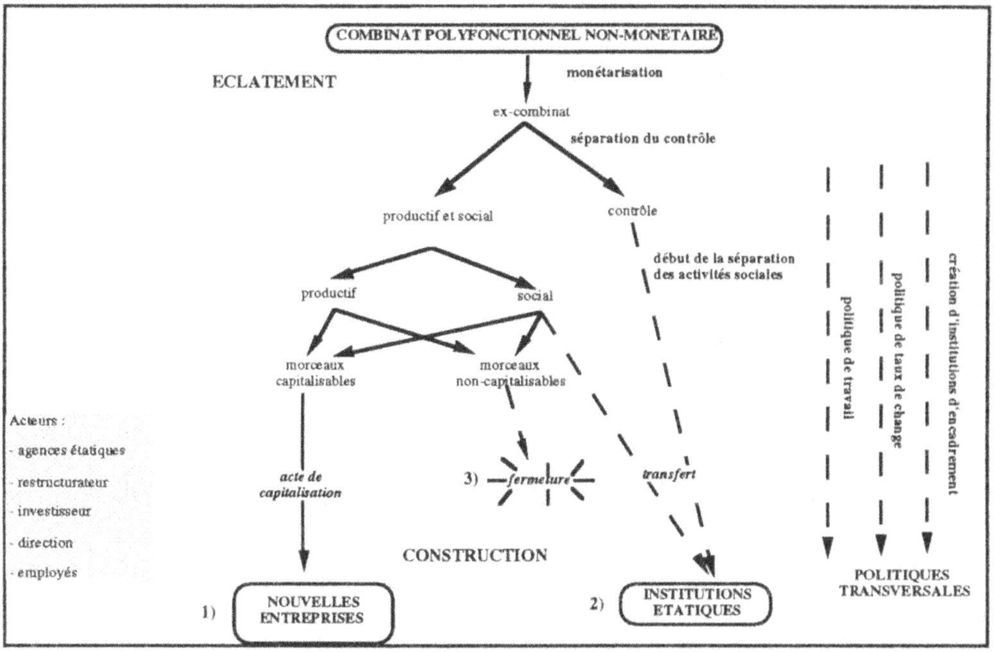

Figure VI.3 : Du combinat à l'entreprise : le processus de capitalisation dans le post-socialisme : éclatement et construction

La décomposition, étape par étape, du processus de transformation que subit le combinat socialiste dans le post-socialisme nous fournit ainsi un outil pour analyser la disparition des combinats et l'émergence de nouvelles entreprises. Nous avons introduit deux nouveaux concepts pour comprendre les réformes industrielles : la *monétarisation* et la *capitalisation*. La *privatisation* n'en est pas pour autant absente, elle est au contraire un élément central à *l'intérieur* du processus de capitalisation : la participation de nouveaux propriétaires potentiels est primordiale dans l'identification des morceaux capitalisables, puis dans l'acte de capitalisation.

Le modèle ainsi développé constituera notre outil d'analyse des processus de restructuration industrielle, au niveau national et, surtout, au niveau des combinats, que nous examinerons dans les chapitres suivants.

Chapitre VII

L'EX-RDA : CAPITALISATION ACCÉLÉRÉE DANS UN CONTEXTE POST-SOCIALISTE

Dans le débat sur le post-socialisme, on omet souvent le cas de l'ex-RDA. Cela tient à la fois au cadre institutionnel qui distingue depuis la réunification les nouveaux länder de l'Allemagne (membres de l'Union Européenne, de l'OCDE, de l'OTAN, etc.) des PECO, et aux modalités spécifiques de la transformation systémique de la RDA. De ce fait, il a souvent été expliqué que son cas ne relève pas de spécificités post-socialistes. Le cas de l'ex-RDA a donc vite été déclaré affaire close, comme en témoigne l'exclusion de ce pays des programmes de recherche sur le post-socialisme. Or, si nous avons montré, en première partie, que la RDA était un cas type de développement industriel socialiste, il n'y a pas de raison de supposer que l'ex-RDA n'en constitue pas un dans le post-socialisme. Aussi soutenons-nous que la manière dont s'est effectuée en ex-RDA la transformation de l'industrie socialiste en industrie monétaire, relève de *spécificités post-socialistes*. De par son cadre monétaire très rigide, le cas est même particulièrement adapté pour mettre en évidence ces spécificités. De par son contexte institutionnel - l'intégration instantanée dans la RFA - il s'agit sans doute d'un cas unique, mais d'un cas post-socialiste néanmoins.

'En RDA, il n'existe que 35 entreprises qui n'auront aucune chance de survie dans l'économie de marché.'[183] Quand, au printemps de l'année 1990, la Treuhandanstalt se prononce de manière très optimiste sur les perpectives de l'industrie dont elle vient d'hériter, la vision de l'unification allemande est encore dominée par l'idée d'une adaptation rapide de celle-ci, une fois achevée l'Union économique et monétaire, fixée pour le premier juillet 1990. Entre cet énoncé optimiste de la Treuhandanstalt au printemps 1990, et sa disparition prévue fin 1994, quatre années ont permis de suivre l'évolution de cet organisme, au cœur des réformes industrielles en ex-RDA. Chargée de privatiser rapidement un outil industriel estimé, au début de 1990, encore, à 600 milliards DM, la Treuhandanstalt a rapidement abandonné sa stratégie initiale pour devenir une agence de restructuration industrielle au niveau décentralisé des ex-combinats. Fin 1994, elle a contribué très activement à l'éclatement de 2500 ex-combinats socialistes, et à la création de 15000 nouvelles entreprises capitalistes.

Nous ne posons pas la question du succès ou de l'échec de la Treuhandanstalt, de sa valeur de modèle ou de 'victime' d'une politique macroéconomique trop rigide. Nous proposons, en revanche, d'analyser son approche de la restructuration industrielle post-socialiste à partir des concepts, développés dans le chapitre précédent, de *monétarisation* et de *capitalisation* (section 1). Le processus d'éclatement-construction dans deux grands ex-combinats, la *Maxhütte Unterwellenborn*, et *Eko Stahl* à Eisenhüttenstadt, que nous analysons en sections 2 et 3, ne devient lisible qu'à travers cette grille. Nous retrouvons ici deux combinats dont nous avons analysé l'histoire au temps du socialisme, à travers les questions de l'innovation et de l'investissement (cf. chapitre IV.). La monétarisation a mis soudain à nu, à Unterwellenborn comme à Eisenhüttenstadt, le caractère 'antiproductif' de leurs fonctions productives, et les difficultés à transférer ces fonctions non monétaires à de nouvelles entreprises.

---

[183] Selon le témoignage de Rainer Gohlke, président intérimaire de la Treuhandanstalt au début de 1990, devant la Commission Économique du Bundestag (*Handelsblatt* du 12/11/1993).

1. Points de départ : monétarisation et Treuhandanstalt

L'entrée de la RDA dans le post-socialisme se produit avec la *monétarisation*, le premier juillet 1990. Acte immédiat et irréversible, il fixe un cadre macroéconomique très rigide à cause du choix d'un taux de change surévalué pour la monnaie est-allemande. Est revenu ensuite à la *Treuhandanstalt*, organisme unique chargé de la question industrielle, la gestion du processus d'éclatement des anciennes structures industrielles et la construction de nouvelles.

1.1 Le primat de la politique et la monétarisation

Entre le 9 novembre 1989, date de la chute du mur de Berlin, et le 3 octobre 1990, date de la réunification, prévaut, dans les deux parties de l'Allemagne, l'idée que les mécanismes d'adaptation économiques se soumettront rapidement à ce processus politique historique. C'est alors le *primat de la politique* qui détermine les étapes et le calendrier de l'introduction de l'économie en RDA. Il en résulte des conditions spécifiques pour la monétarisation.

Au moment de la chute du mur, le sort de la RDA en tant qu'État est encore ouvert. Or, la volonté générale de procéder à la réunification entre les deux parties de l'Allemagne l'emporte rapidement sur d'autres modèles de rapprochement graduel. Trois semaines seulement après le 9 novembre, le gouvernement ouest-allemand formule les '10 étapes de la réunification allemande'. Dès lors, le calendrier de ces étapes dépend des échéances électorales internes et du processus de négociation internationale avec les quatre Alliés (États Unis, Grande Bretagne, France, Union soviétique). Les élections législatives en RDA, le 18 mars 1990, abolissent la domination du Parti unique et ouvrent la voie à la signature du traité d'Union économique, monétaire et sociale, ratifié le 18 mai 1990, et du traité d'Unification politique, ratifié le 31 août 1990. Le 12 septembre est signé, à Moscou, le traité 'deux plus quatre', dans lequel les Alliés donnent leur accord à la réunification. Celle-ci est fixée au 3 octobre 1990, de manière à déjà pouvoir tenir les élections régionales dans les nouveaux Länder, le 15 octobre, et les élections législatives, le 2 décembre, dans une Allemagne réunifiée. Dans la foulée de ces décisions, les aspects *économiques* de la fin du socialisme en RDA sont largement subordonnés aux impératifs politiques. La période de novembre 1989 à octobre 1990 est ainsi guidée par une vision en termes de 'fin de l'histoire', dans laquelle les enjeux économiques de la transformation d'un pays socialiste sont relégués au second rang.

Le primat de la politique sur la définition des étapes de la réunification est accompagné, du côté de l'analyse économique, par une interprétation relativement *favorable* de l'état de l'industrie est-allemande. Si le débat sur ce point ne fait pas l'unanimité et ne permet pas de dégager un courant dominant, on y repère toutefois deux arguments suggérant que l'économie est-allemande, considérée d'un niveau de développement économique initial relativement élevé, ne devrait pas avoir trop de difficultés à intégrer l'économie de marché. Ces arguments sont fondés sur une évaluation du niveau de vie en RDA et sur une analyse qualitative des effets des restructurations hiérarchiques de l'industrie (la Kombinatisation).[184] Le DIW de Berlin avait en effet systématiquement réalisé des analyses

[184] Ces expertises furent pour la plupart réalisées par le DIW, Institut Allemand de Recherche Economique, l'un des six Instituts d'Expertise Economique Nationale. Le DIW qui était chargé d'une mission permanente de recherche sur l'économie est-allemande, a été, à ce titre, la seule institution à entretenir des contacts réguliers et

du pouvoir d'achat de la monnaie est-allemande, le Mark (M), et l'avait comparé avec celui du DM. Ces études, basées sur le calcul du coût d'une 'corbeille moyenne' de produits de consommation, estimaient qu'en 1987 le pouvoir d'achat d'1 Mark égalait celui d'1 DM.[185] Ces calculs n'impliquaient pas que le taux de change du M est-allemand devait être à l'unité avec le DM ouest-allemand, mais ils soutenaient l'idée que le pouvoir d'achat du Mark est-allemand était élevé. Par ailleurs, les études sur les structures industrielles de RDA, et de leurs réformes dans les années 70 et 1980, étaient arrivées à une interprétation plutôt favorable des effets de la Kombinatisation, c'est-à-dire du regroupement de tous les combinats locaux dans des combinats de branche. La création de ces Kombinats était considérée comme bénéfique à la diminution des coûts de transaction. Tout en insistant sur l'insuffisance de cette mesure, les études estimaient que les combinats de branche avaient néanmoins engendré un 'peu plus d'ordre' dans la planification. Ainsi, dans une analyse organisationnelle de la Kombinatisation, M. Melzer (1987) concluait que la Kombinatisation avait *amélioré* le fonctionnement de la planification et du management ; les flux d'informations avaient été facilités et avaient ainsi donné lieu à des prises de décision 'plus constructives'.[186] Une étude menée au Wissenschaftszentrum (WZBerlin) suggérait également que la création des Kombinats avait facilité la coordination entre les étapes administratives de l'*innovation* (conception-réalisation-application-diffusion).[187]

On retrouve dans ces arguments une lecture de 'l'économie socialiste' de la RDA en termes *monétaires*. On peut douter, a posteriori, du bien-fondé de telles comparaisons : prendre comme donnée de base les prix des biens de consommation, c'est négliger le fait que ces biens n'étaient accessibles que moyennant une 'monnaie papier' (dont nous avons montré qu'il ne s'agissait nullement d'une monnaie au chapitre II). De même, l'interprétation des réformes hiérarchiques négligeait-elle le fait que ces réformes n'avaient souvent pas de contrepartie *réelle* au niveau de l'outil productif. Avec de tels critères, l'état de l'économie est-allemande pouvait en effet apparaître plus favorable qu'il ne l'était en réalité : un PNB/hab. évalué entre $10000 et 12000, des spécialisations industrielles sectorielles (mécanique, électronique, chimie fine et en R&D) et des relations commerciales solides avec les autres pays du CAEM.

La *monétarisation* de la RDA intervient le premier juillet 1990. La séparation entre monnaie scripturale et monnaie papier, qui a été maintenue malgré l'ouverture des frontières en novembre 1989, est abandonnée. Dès lors, les prix des facteurs de production s'expriment dans la même monnaie que ceux des biens. Le choix du taux de change, question la plus critique de l'Union économique, est le résultat d'un consensus politique large. Domine l'idée selon laquelle la réunification doit s'effectuer dans des conditions 'd'égalité' entre les deux parties de l'Allemagne ; cette égalité englobe celle des *monnaies* respectives, le M est-allemand et le DM ouest-allemand. Pour cette raison singulière, et

officiels avec les économistes est-allemands.
Depuis la construction du mur, en 1961, le gouvernement ouest-allemand avait également entretenu une cellule de recherche étudiant les développements économiques des deux côtés, pour pouvoir proposer, le moment venu, des stratégies d'unification économique (Professeurs Thalheim, Gunsch, etc.). Cette cellule avait été dissoute, en 1986, pour cause d' 'irréalisme du sujet'.

185 DIW (1987 ; *Produktion und Produktivität*. Bonn ; Deutscher Bundestag).

186 'The completed alterations in the entire economic administration and management system have improved planning ; within the combines, the more direct information channels encourage more constructive decision making.' Melzer (1987, p. 111).

187 'La création des combinats de branche conduisait à une centralisation organisationnelle forcée, qui pourrait avoir eu des effets positifs sur l'activité innovatrice dans les entreprises.' Traduit de Schwarz (1991 ; *WZB-Mitteilungen*, n° 53, p. 12).

pour assurer un pouvoir d'achat élevé aux citoyens de la RDA, les salaires et les retraites sont convertis au taux de *1 M pour 1 DM*. La seule concession faite aux pressions de la Bundesbank et de certains économistes, exigeant un taux de change de 3 M pour 1 DM au moins, donne pour les épargnes privées au-delà de 6000 M et pour les dettes des combinats un taux de 2 M pour 1 DM.

Le processus de monétarisation en RDA ressemble ainsi techniquement à ceux observés dans d'autres pays post-socialistes. Sa singularité porte sur le choix d'un taux de change, de toute évidence largement surévalué, et sur la perte de contrôle, du côté de la RDA, d'une politique monétaire (corollaire de l'unification et de l'introduction du système institutionnel de la RFA, y compris de la Bundesbank). Sous cette contrainte très forte doit dès lors s'effectuer l'adaptation de l'industrie, confiée à une nouvelle institution : la Treuhandanstalt.

1.2 L'évolution de la Treuhandanstalt : une agence de privatisation devient une agence de développement industriel et de capitalisation

La Treuhandanstalt est l'organisme chargé d'encadrer le passage de l'industrie est-allemande dans l'économie allemande réunifiée. La loi de la Treuhandanstalt (Treuhandgesetz) du 17 juin 1990 lui définit un double objectif : d'une part '*privatiser et mettre en valeur les biens nationalisés selon les principes de l'économie sociale de marché*' (§ 2,1), et d'autre part '*constituer des entreprises performantes et mettre en place un tissu économique productif*' (§ 2,6). La contradiction entre ses deux objectifs n'est apparue qu'après la monétarisation. Nous distinguons donc *deux phases distinctes* dans les activités de la Treuhandanstalt. La première correspond à la tentative menée pour 'privatiser et mettre en valeur les biens nationalisés' au plus vite. A la suite des difficultés rencontrées très rapidement lors de ces tentatives, la Treuhandanstalt développe, dans la seconde phase, de nouveaux instruments d'intervention locale, directe, d'une véritable politique industrielle lui permettant de 'constituer des entreprises performantes et mettre en place un tissu économique productif'.

Phase un : vendre un actif de 600 milliards DM

Quand la Treuhandanstalt est créée, en mars 1990, la vision optimiste de la réunification économique et l'interprétation favorable du potentiel industriel est-allemand l'induisent, comme nous l'avons rappelé, à postuler que *35 seulement* des 2500 combinats socialistes sont incapables de s'intégrer dans l'économie de marché en tant qu'entreprises compétitives. Après avoir réalisé un premier tour d'horizon de l'industrie, elle relativise rapidement cette évaluation : la 'règle des trois tiers', diffusée en juin 1990, toujours avant la monétarisation, estime à un tiers la part de l'industrie devant être abandonnée, alors que les deux autres tiers seraient privatisables : un tiers immédiatement, le second après quelques restructurations. C'est ainsi qu'au moment de la monétarisation, en juillet 1990, la Treuhandanstalt se considère surtout comme un *agent de vente*, dont l'objectif est d'assumer les aspects techniques du transfert de la propriété des entreprises dont elle est devenue dépositaire. En témoigne le slogan initial de la Treuhandanstalt, formulé par son premier Président, D. Rohwedder : 'la meilleure restructuration est la privatisation'. Pour faciliter le processus de vente, la loi de la Treuhandanstalt avait prévu un conseil d'administration orienté vers des investisseurs potentiels : y siègent, outre les représentants gouvernementaux, essentiellement des industriels et des représentants des banques ; les syndicats en sont quasiment absents.[188] Dans un premier temps, *tout* est donc à vendre dans l'industrie est-allemande ; ces ventes sont censées apporter un soutien financier important à la politique sociale. Les revenus des privatisations sont estimés à environ 600 milliards DM ! [189]

Or, le premier juillet 1990, la monétarisation provoque pour l'industrie est-allemande un choc, dont personne n'avait prévu l'ampleur ; elle fait apparaître au grand jour le caractère hétérogène et 'non monétaire' de l'outil productif socialiste dont dispose la RDA. Face à l'augmentation exponentielle des coûts des intrants - multiplication par un facteur quatre environ - et à l'émergence instantanée d'une compétition ouest-allemande, ouest-européenne et mondiale, les structures industrielles s'écroulent. Dix jours seulement après la monétarisation, 5000 des 8000 ex-combinats ou de leurs filiales de la Treuhandanstalt sont devenus insolvables.[190] Entre juillet 1990 et le printemps 1991, la production des ex-combinats chute de 60-65%. La disparition du CAEM, début 1991, fait disparaître le dernier atout supposé des ex-combinats : leurs débouchés directs à l'Est et leur fonction potentielle de tremplin vers de nouveaux marchés en Europe de l'Est et en Union soviétique. Le résultat de la première année de la Treuhandanstalt reste, par conséquent, considérablement inférieur aux attentes : 408 privatisations partielles seulement ont pu être réalisées, et au lieu de transférer des bénéfices importants à son organisme de tutelle, le Ministère des Finances, la Treuhandanstalt a déjà dû verser plusieurs dizaines de milliards DM en liquidité pour assurer la survie de quelques centaines de ses ex-combinats. Entre juillet 1990 et décembre 1990, *un seul* ex-combinat - 'Pentacon optique' - est entièrement éclaté. Le bilan d'ouverture de la Treuhandanstalt de juillet 1990, établi en 1992, fait le constat d'une *valeur négative des ex-combinats de 245 milliards DM.*

Pendant cette première phase, la Treuhandanstalt s'est rendue compte que non seulement l'évaluation initiale de la valeur de l'industrie est-allemande a été le résultat d'un 'tâtonnement dans les ténèbres', mais que, par ailleurs, les quelques fonctions productives capitalisables se trouvaient imbriquées dans des structures polyfonctionnelles, dont elle avait sous-estimé la complexité. En effet, il s'avère que pour chaque ex-combinat, il existe de *multiples* solutions techniques de restructuration. La difficulté de la Treuhandanstalt à trancher entre les 'bonnes' et les 'mauvaises' solutions techniques, souvent proposées par les ex-combinats eux-mêmes, et les hésitations des investisseurs contribuent aux faibles résultats de privatisation de la première phase. L'incertitude juridique concernant les questions de restitution des terrains et les responsabilités environnementales ajoute encore aux facteurs de blocage.

Phase deux : la capitalisation active et décentralisée des ex-combinats

Prenant acte des obstacles rencontrés par l'approche initiale de restructuration industrielle, les gouvernements fédéraux et régionaux réorientent leur stratégie radicalement. La conférence intergouvernementale, sorte de 'table ronde', en mars 1991 est l'occasion de remettre à plat le rôle de la Treuhandanstalt. Rejetant l'ambition initiale d'une privatisation rapide, les gouvernements exigent désormais que la Treuhandanstalt assume une

---

[188] Initialement, un des 24 sièges fut accordé aux syndicats, ultérieurement ils en ont disposé de quatre.

[189] Le dernier gouvernement de la RDA socialiste (gouvernement Modrow) avait même estimé, début 1990, la valeur des entreprises est-allemandes à 900 milliards DM.

[190] Webber (1994), Akerlof et alii (1991) ; les sources chiffrées de cette section proviennent, sauf autre mention, de la Treuhandanstalt.

responsabilité de gestionnaire pour l'intégralité de ses entreprises, y compris toutes les activités d'assainissement.[191] La devise initiale ('privatisation') est remplacée par le slogan : 'sauver les noyaux industriels !'[192] Jusque-là, la Treuhandanstalt avait géré les dossiers depuis son siège de Berlin, laissant en place la plupart des directeurs des ex-combinats dispersés dans le pays. Le changement de stratégie l'amène maintenant à affecter son personnel *directement* aux postes clé de direction à *l'intérieur* des ex-combinats. Pour ce faire, la Treuhandanstalt est dotée de nouveaux instruments qui fondent son caractère unique parmi les pays post-socialistes : elle 'loue' 3000 managers supplémentaires à l'industrie ouest-allemande, portant son effectif à 5000, et elle ouvre 15 succursales dans les centres industriels du pays.[193] La Treuhandanstalt prend également en charge la gestion des terrains, y compris l'assainissement des terrains pollués.

Le changement de stratégie signifie que c'est désormais la Treuhandanstalt *elle-même* qui se charge de la coordination, sur place, des processus de restructuration entre investisseurs potentiels, administrations locales, direction et employés des ex-combinats. Concrètement, la Treuhandanstalt peut ainsi, cas par cas :

- explorer tous les choix techniques pour privatiser ou restructurer les noyaux industriels,
- choisir entre une approche régionale et une approche sectorielle,
- assurer le concours d'un grand nombre d'investisseurs potentiels dans les négociations,
- veiller à un séquençage des restructurations visant les objectifs de long terme (création d'emplois - volume d'investissement - diversification)
- favoriser la création de nouvelles PME, en leur assurant des contrats de démarrage avec les entreprises capitalisées.

Le changement de stratégie de la Treuhandanstalt correspond à l'abandon d'une approche passive par privatisation et à l'adoption d'une approche active par capitalisation. La phase deux voit émerger, au sein des institutions étatiques, mais également chez les investisseurs, l'idée d'une capitalisation conçue comme un processus ouvert, dont le résultat dépend autant des propositions des investisseurs que de la capacité de la Treuhandanstalt à pondérer les différentes alternatives techniques par les objectifs divers des acteurs. La Treuhandanstalt reflète ce changement de stratégie, se transformant d'agence de privatisation qu'elle était au début, en *agence de politique industrielle locale*, ou de *capitalisation*.[194]

1.3 Bilan et perspectives : un processus d'éclatement-construction rapide et cher

Le passage à la phase deux a permis à la Treuhandanstalt d'accélérer le processus d'éclatement des anciennes structures et d'établir de nouvelles entreprises. Sous une pression monétaire extrêmement forte, accompagnée par des politiques transversales importantes (politique sociale, politique du travail), elle a mis en place un dispositif visant le transfert en régime monétaire d'un maximum de fonctions productives des anciens combinats

[191] Déclaration commune de mars 1991, citée par Naujoks, P., et al. (1992 ; Von der Privatisierung zur Sanierung - Kursänderung bei der Treuhandanstalt. *Die Weltwirtschaft*, Heft 4).

[192] 'Rettung der industriellen Kerne.' Cf. Treuhandanstalt-Info 17 (Décembre 1992) et 18 (Mars 1993).

[193] Schwerin, Rostock, Neubrandenburg, Potsdam, Frankfurt/Oder, Cottbus, Magdeburg, Halle, Dresden, Leipzig, Chemnitz, Erfurt, Gera, Suhl, Berlin.

[194] Cf. Bomsel (1993).

socialistes. Pendant ses quatre ans d'existence, elle a contribué activement à l'éclatement de 2450 des 2500 ex-combinats, et à la création d'environ 15000 nouvelles entreprises monétaires (cf. figure VII.1) ; à ceci correspondent la disparition de 3,4 millions de 'membres' dans les combinats socialistes et la création de 1,5 million de nouveaux emplois monétaires.

Malgré l'intensification de ses efforts dans les derniers mois de son existence, la Treuhandanstalt n'a pas atteint son objectif initial, qui était de se débarrasser de tous les ex-combinats dans les quatre ans. Début 1995, une cinquantaine d'ex-combinats n'ont pas encore été vendus ou liquidés, et la Treuhandanstalt reste responsable de leur sort. 80% de leurs 40000 'ex-membres' sont concentrés dans les secteurs de la métallurgie, les mines, la chimie, et la construction mécanique. Cette composition indique également que les combinats de *l'industrie lourde* sont dans le post-socialisme les plus difficiles à transformer. Le bilan financier de quatre ans d'activité de la Treuhandanstalt fait apparaître les coûts exorbitants du processus rapide de capitalisation de l'industrie est-allemande. Le déficit de la Treuhandanstalt se chiffre entre 270 et 300 milliards DM ! Il comporte deux grands volets : les 'dépenses de privatisation et de restructuration' et les 'dettes auprès des instituts de crédit'.[195] 60% des dettes sont anciennes, c'est-à-dire contractées par les ex-combinats du temps du socialisme ; mais la Treuhandanstalt en assume le service, suite à la décision prise début 1990. La conversion des dettes est effectuée au taux de 2 M pour 1 DM. Les recettes de la Treuhandanstalt, venant de la vente des ex-combinats, sont de 68 milliards DM seulement.[196]

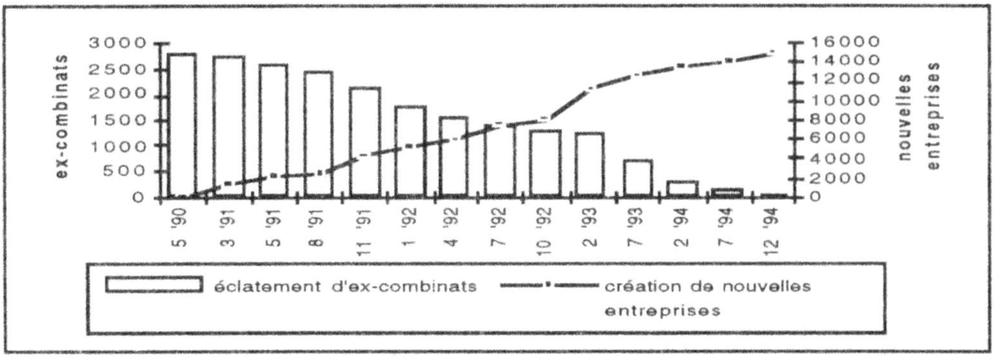

Figure VII.1 : Éclatement des ex-combinats et création de nouvelles entreprises en ex-RDA par la Treuhandanstalt (1990-1994)[197]

Malgré la fermeture de la Treuhandanstalt fin 1994, des tentatives de stabiliser la situation industrielle demeureront. D'un côté, les activités de la Treuhandanstalt sont reprises - en grande partie - par la BVS, la 'Bundesanstalt für vereinigungsbedingte

---

[195] Dans le bilan de la Treuhandanstalt du 31/12/92, la ventilation est la suivante : 154 milliards DM pour la privatisation et la restructuration, 99 milliards DM pour les dettes.

[196] Les coûts de *fonctionnement* de l'institution Treuhandanstalt sont, en revanche, faibles, à 1,5 milliard DM (salaires, loyers, équipement, etc.), soit 0,4% du déficit.
G. Hedtkamp, H. Clement, H. Köhne (1993 ; Treuhand und Osteuropa. in : *Treuhand - Das Unmögliche wagen*. Berlin) mettent en rapport l'expérience de la Treuhandanstalt avec celle d'autres pays post-socialistes en Europe de l'Est.

[197] Source chiffrée : Treuhandanstalt.

Sonderaufgaben' ('Société Fédérale chargée des tâches résultant de l'unification'), agence chargée de suivre les restructurations industrielles des ex-combinats, et de veiller au respect des promesses d'investissement et d'emploi. En réalité, la BVS n'est qu'un autre nom pour la Treuhandanstalt qui, comme l'annonçaient ses statuts de 1990, devait disparaître formellement fin 1994. Bien que la BVS ait repris 80% du personnel de la Treuhandanstalt, ses activités seront d'une autre nature ; il ne s'agit plus de capitaliser.

D'autre part, les nouveaux länder, qui exigent de plus en plus d'être impliqués dans les décisions, se verront accorder la responsabilité principale pour les ex-combinats restants. La création, en 1993 déjà, de cinq agences régionales de restructuration (une 'mini-Treuhandanstalt' par land), dotées de ressources fédérales et régionales, était censée élargir la marge de manœuvre des gouvernements régionaux. Le modèle ATLAS, négocié entre le land de Saxe et la Treuhandanstalt (septembre 1992), en est le projet le plus avancé : le land de Saxe dispose d'un budget indépendant, qu'il est libre d'octroyer à l'aide à la capitalisation des ex-combinats et à la stabilisation des nouvelles entreprises. Au-delà de cette régionalisation institutionnelle, l'ex-RDA sera le premier pays post-socialiste à réaliser, à petite échelle, une 'privatisation de la privatisation', ou, comme nous le dirions : une '*privatisation de la capitalisation*'. La Treuhandanstalt a créé, en 1993, cinq *sociétés de management*, regroupant 68 ex-combinats de taille moyenne (200-500 emplois). Le but de cette opération est de séparer la gestion, déléguée à des entrepreneurs industriels expérimentés, de la responsabilité financière, qui reste celle de la Treuhandanstalt, devenue BVS. Les primes des managers s'établissent selon différents critères : elles augmentent avec la vitesse de capitalisation d'un ex-combinat, mais également avec le nombre d'emplois et l'importance des investissements que le manager négocie. La BVS espère capitaliser les ex-combinats restants par leasing auprès des gestionnaires actuels.

2. Étude de cas : du combinat au réseau industriel - la reconversion de la Maxhütte Unterwellenborn

Le devenir du combinat Maxhütte Unterwellenborn dans le post-socialisme montre de manière exemplaire l'approche de capitalisation menée par la Treuhandanstalt. La capitalisation de la fonction productive centrale, dit le 'noyau dur', est à l'origine du développement d'un nouveau réseau industriel.

2.1 La première approche : tentatives de privatisation 'par appartement' (juillet 1990 - juin 1991)

Au moment de la monétarisation, en juillet 1990, la Maxhütte Unterwellenborn, devenue ex-combinat, dispose toujours d'un outil productif hétérogène, que les innovations socialistes n'ont pas amélioré (cf. chapitre IV.1) : une carrière de pierres à chaux, une agglomération (1952), trois petits hauts-fourneaux (des années 30, modernisés en 1965), une aciérie EFK (le 'convertisseur de ferrailles' de 1974), un laminoir blooming (1926), les laminoirs duo et trio (des années 30) ainsi qu'un *très moderne laminoir* combi KFS d'origine belge (1986). L'inadéquation entre l'amont vétuste (hauts-fourneaux, aciérie) et l'aval moderne (laminoir combi) persiste. Il est évident que l'ex-combinat ne peut pas survivre en environnement monétaire.

Dans sa première approche, celle de la *privatisation par vente immédiate*, la

Treuhandanstalt met aux enchères chacune des fonctions productives. Mais, à sa grande surprise, aucun investisseur ne signale son intérêt pour la reprise de l'équipement sidérurgique de l'ex-combinat. La situation concurrentielle sur le marché des poutres larges que produit la Maxhütte est effectivement telle que les quatre autres producteurs européens espèrent bénéficier de la *fermeture* du laminoir. Preussag Stahl, Thyssen, Arbed et Saarstahl se partagent ce marché oligopolistique, déjà surcapacitaire avant l'ouverture de la RDA. Alors que le laminoir dont dispose la Maxhütte est l'un des plus modernes de sa catégorie en Europe, les quatre producteurs semblent s'entendre pour ne pas s'engager dans la modernisation du site.

La Treuhandanstalt cherche alors, dans une deuxième tentative, à privatiser la Maxhütte par *vente directe aux employés* ('management-buy-out', MBO) en incitant les employés à développer leurs propres concepts de restructuration. Elle finance une étude que la direction de la Maxhütte confie à un cabinet de conseil local. Le résultat de cette étude débouche sur un projet qui, depuis longtemps, est cher aux ingénieurs de la Maxhütte : la construction d'un 'four coupole', basée sur la ferraille d'automobiles. Il s'agit d'une technologie entièrement nouvelle, développée sur place par les ingénieurs de la Maxhütte eux-mêmes. Cette solution du four coupole est retenue, au détriment de la construction d'un four électrique classique, qui semble pourtant être la solution la plus adaptée (moindre pollution de l'environnement, fiabilité, coûts). La première version du rapport est présentée à la Treuhandanstalt en avril 1991. La Treuhandanstalt, qui gère toujours le projet depuis son siège de Berlin, engage une contre-expertise sur les données clés du concept technique et sur le risque environnemental lié à la nouvelle technologie. Il s'avère que les hypothèses retenues par les ingénieurs de la Maxhütte sont excessivement optimistes ; aucun équipementier extérieur n'est prêt à fournir les garanties demandées (juin 1991). Entre-temps, la situation financière de la Maxhütte s'est considérablement aggravée. A partir de janvier 1991, les importations en minerais de fer (Ukraine) et de coke (Pologne) sont en dollars. Malgré les premières mesures de séparation des fonctions sociales, l'ex-combinat compte toujours 4490 ex-membres, dont le salaire a atteint 72% du niveau ouest-allemand. En mai 1991, aucun projet cohérent de privatisation n'est en cours d'élaboration.

2.2 Capitalisation du noyau dur, le laminoir-combi (juin 1991 - avril 1992)

La Treuhandanstalt, qui, dans un premier temps, a été surprise par l'absence d'investisseurs potentiels et par la faible valeur que représente la Maxhütte, change alors de démarche. Conformément à la réorientation générale de sa stratégie, décidée en mars 1991 par la conférence intergouvernementale, elle s'engage *directement* dans le processus de restructuration. Sa première action est de limoger l'ancienne direction de la Maxhütte et de nommer un cadre ouest-allemand, sidérurgiste lui-même, comme nouveau directeur (juin 1994). Celui-ci identifie le *laminoir-combi* comme le noyau dur de l'ex-combinat, l'unique fonction productive autour de laquelle une solution de restructuration peut être trouvée. Le nouveau directeur propose de relancer l'appel d'offre, en insistant sur l'intention ferme de la Treuhandanstalt de *maintenir* une activité industrielle dans la région. Au lieu de fixer un prix pour la reprise du laminoir, le nouveau directeur exige qu'un repreneur potentiel *investisse* dans la construction d'un four électrique, indispensable pour assurer l'approvisionnement du laminoir. En même temps, la Treuhandanstalt accélère la séparation de la sphère sociale et de la réduction des emplois. Alors que l'ancienne direction avait insisté sur le besoin de maintenir l'intégration de certains services sociaux, le nouveau directeur cherche à dégager l'ex-combinat de la responsabilité des logements, des transports, des maisons de vacances, des cantines, des points de vente, de l'infirmerie et des crèches. Ces services sont pour la plupart transférés aux communes d'Unterwellenborn et de Saalfeld (chef-lieu), vendus ou fermés. Quant aux licenciements, un nouveau plan social est développé, cofinancé par la CECA (Communauté Européenne du Charbon et de l'Acier), qui prévoit 600 départs en préretraite (octobre 1991) et 800 licenciements (décembre 1991).

Devant l'intransigeance de la Treuhandanstalt sur le maintien d'une activité industrielle à Unterwellenborn, l'accord tacite entre les autres sidérurgistes ouest-européens prend fin. Arbed, Preussag & British Steel, Fuchs & Scholz ainsi qu'un consortium italien soumettent des offres pour la reprise du laminoir. La compétition entre eux ne porte pas sur le prix, mais, au contraire sur le montant de *l'investissement* qu'ils prévoient et sur les garanties *d'emploi*. En mars 1992, la Treuhandanstalt retient l'offre du sidérurgiste Arbed, un groupe public luxembourgeois, dont le montant d'investissement (290 millions DM) *et* la promesse de création d'emplois (620) sont supérieurs à ceux des concurrents. Arbed offre également de maintenir un haut niveau de sous-traitance locale et de participer au deuxième plan social de la Maxhütte. Deux ans après les premières tentatives de privatisation, le noyau productif central de l'ancien combinat est ainsi capitalisé. Arbed confirme, a posteriori, que la fermeté de la Treuhandanstalt sur le maintien du site a été le facteur décisif dans sa décision de reprendre le laminoir : 'De trois choses l'une, ou bien l'usine fermait, ou bien elle était reprise par un concurrent, ou bien nous la reprenions. *Dès lors qu'il était clair que la Treuhand ne renoncerait pas à sauver le laminoir*, la troisième voie était la meilleure pour nous.'[198]

2.3 *Émergence du réseau industriel (mai 1992 -...)*

Le processus de capitalisation ne s'arrête pas avec la reprise du laminoir. Ce n'est, au contraire, qu'une fois la décision prise sur l'avenir du noyau dur, que l'éclatement de l'ex-combinat peut être accélérée. L'objectif de la Treuhandanstalt est de reconstituer, autour du laminoir, un *réseau industriel* composé d'un maximum d'anciennes fonctions productives. Dotée de ressources financières importantes et d'une légitimité incontestée après le sauvetage du laminoir, la Treuhandanstalt peut procéder à l'éclatement-construction systématique du site. Entre autre, elle :

- ferme les hauts-fourneaux et l'ancienne aciérie (juin 1992),
- offre aux ingénieurs de la Maxhütte le financement d'une nouvelle entreprise de recyclage, qui approvisionnera ultérieurement le nouveau four électrique,
- cède les fonctions productives annexes par management buy-out (R&D, ingénierie, mécanique, électronique, construction, logistique), en leur garantissant un volume de contrats de démarrage avec Arbed,
- transfère les terrains non-industriels à la commune d'Unterwellenborn (Arbed reprend 60 hectares, soit 1/3 des terrains),
- négocie le plan d'occupation des sols et l'infrastructure, et notamment la construction de la nouvelle route nationale 237, qui relie le site au réseau autoroutier national.

La capitalisation du laminoir constitue donc une condition préalable pour accélérer le processus d'éclatement du reste de l'ex-combinat *et* de construction de nouvelles entreprises.

---

198 Propos du nouveau directeur général d'Arbed Unterwellenborn, cités par Bomsel (1993, p. 12).

Le plan social de juin 1992 assure aux 624 licenciés la totalité de leur salaire pendant un an, 312 postes sont maintenus dans l'ancienne Maxhütte pour préparer la conversion de celle-ci en entreprise de recyclage. Entre avril et octobre 1992, 700 nouveaux emplois monétaires sont créés dans les nouvelles entreprises capitalisées, en plus des 620 emplois créés par Arbed. Au premier semestre 1993, 250 emplois s'ajoutent sur le site, surtout dans les nouvelles activités des services techniques (ingénierie, construction, travaux électriques, etc.). Les entreprises créées par MBO sont légalement indépendantes, mais il est clair que leur démarrage dépend d'un volume de base de contrats avec Arbed, qui a signé avec la Treuhandanstalt un accord donnant la priorité des contrats de sous-traitance aux entreprises locales.

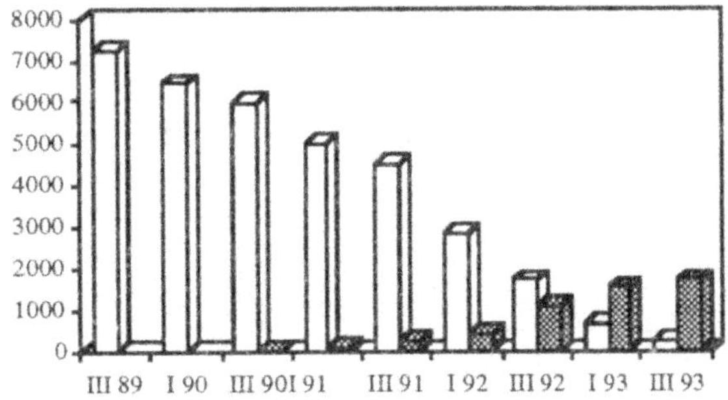

Figure VII.2 : Diminution des effectifs du combinat Maxhütte et création de nouveaux emplois monétaires dans le réseau industriel Unterwellenborn, IIIe trim. 1989 - IIIe trim. 1993[199]

Le tableau VII.1 et la figure VII.2 récapitulent la chronique de la disparition des 'ex-membres' du combinat et la construction de nouveaux emplois à Unterwellenborn entre le premier trimestre 1990 et le troisième trimestre 1993. L'accélération de la réduction des effectifs, entre le troisième trimestre 1991 et le premier trimestre 1992, y apparaît ; c'est le résultat du remplacement de l'ancienne direction par un gestionnaire de la Treuhandanstalt. L'autre fait marquant est l'accélération de la création de nouveaux emplois, suite à la capitalisation du laminoir au deuxième trimestre 1992. Le bilan global en est le suivant : alors que le combinat socialiste comptait 7200 membres (1989), 1700 nouveaux emplois ont été créés dans les nouvelles entreprises.[200]

A terme, la politique de capitalisation aura transformé le combinat socialiste Maxhütte Unterwellenborn en un réseau industriel local, axé sur la sidérurgie haut de gamme et le recyclage. Le site sidérurgique sera, une fois l'investissement réalisé, l'un des plus modernes du monde. La fermeture intégrale des anciennes installations permet en effet de passer à une nouvelle génération d'équipement : il s'agit d'une coulée continue de poutres préformées, nouveauté en Europe.[201]

---

[199] Source chiffrée : Maxhütte Unterwellenborn, direction du personnel.

[200] Le taux de chômage local, 20%, est légèrement en-dessous de la moyenne pour le land de Thuringe (~23%).

[201] La coulée continue de produits pré-formés (dite 'near net shape casting') évite une étape importante de laminage entre la billette et le laminage de finition ; elle permet des économies de temps, d'énergie, de matériel, ainsi qu'une meilleure métallurgie des produits finaux. Actuellement, deux autres projets de ce type sont réalisés

Trim.	Effectif de la Maxhütte ('ex-membres')	Réduction des effectifs et compensations accordées
I 1990	6462	* 250 ouvriers cubains et vietnamiens renvoyés dans leur pays d'origine, compensation : 3000 Mark (Est) * premiers départs volontaires vers l'Ouest, pas de compensation
III 1990	5970	* loi Modrow : abaissement de l'âge de la retraite (h : 60 ans, f : 55 ans) * 700 préretraités, 70% du salaire * 130 retraités * ~300 départs volontaires
I 1991	4956	* 200 préretraités, 70% du salaire * ~200 départs
III 1991	4490	* 600 préretraités, 70% du salaire * 800 licenciements, 67% du salaire pour 1 an, prime d'ancienneté : 1.000-12.000 DM * ~250 départs
I 1992	2855	* 724 licenciements, 100% du salaire pour 1 an, prime d'ancienneté * 31 préretraités, 80% du salaire * 250 handicapés, conditions particulières * 620 transferts vers ARBED
III 1992	1115	* 500 spin-offs (création des nouvelles PME, en cas de licenciement, même traitement que le plan social de I 1992) * 250 préretraités, 80% du salaire
I 1993	649	* 312 emplois garantis (pour recyclage) * 294 spin-offs (capitalisations) * 43 licenciements, 100% du salaire + prime
III 1993	312	* réduction graduelle, en fonction des activités de recyclage

Tableau VII.1 : Chronique de la réduction des effectifs dans la Maxhütte et des mesures de compensation[202]

	I (07/90 - 06/91)	II (07/91 - 04/92)	III (05/92-...)
Objectifs	- maintenir une chaîne de production intégrée, - modernisation de l'aciérie par construction d'un nouveau four coupole	- la Treuhandanstalt : insiste sur le maintien d'une activité industrielle, en sauvant le noyau dur (laminoir combi moderne) - attirer de l'investissement, 'coûte que coûte'	- créer un réseau industriel, centré sur la sidérurgie et le recyclage
Principaux acteurs	- la direction de l'ex-combinat Maxhütte Unterwellenborn - la Treuhandanstalt, qui suit le processus depuis Berlin - absence d'investisseurs	- la Treuhandanstalt, à travers le nouveau directeur de la Maxhütte Unterwellenborn - les sidérurgistes occidentaux, attirés par la volonté de la Treuhandanstalt de maintenir le site - l'administration locale, reprenant une partie des fonctions sociales	- la Treuhandanstalt, négociant des contrats pour les nouvelles entreprises - l'investisseur Arbed, qui offre des contrats de démarrage aux sous-traitants locaux - une vingtaine de nouvelles PME, reprises par Management-buy-out par les anciens directeurs des départements
Résultats (blocages)	-> blocage : solution technique retenue infaisable - détérioration des pertes, montée des prix des intrants après la fin du CAEM	- capitalisation du laminoir par promesse d'investissement d'Arbed (DM 290 millions dans un nouveau four électrique, fermeture de l'ancien cycle métallurgique)	- création de nouvelles entreprises et nouveaux emplois (1.700) - diversification de la région - émergence d'un site sidérurgique parmi les plus modernes en Europe

Tableau VII.2 : Les étapes de la capitalisation de la Maxhütte Unterwellenborn

(Oregon Steel (Etats-Unis) et Corée).

202 Source : Maxhütte Unterwellenborn, direction du personnel.

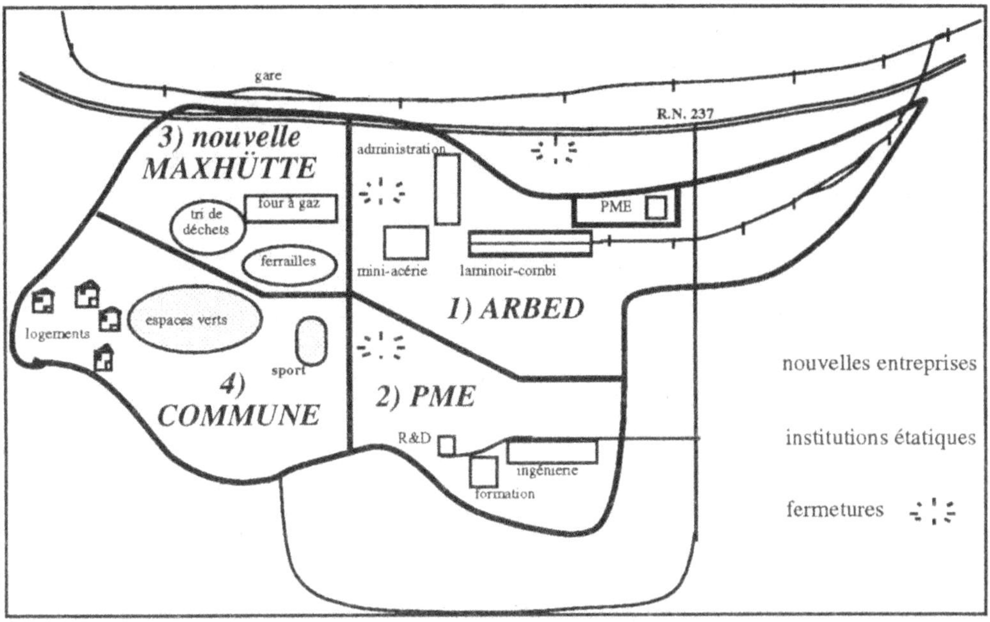

Figure VII.3 : Plan du réseau industriel d'Unterwellenborn (1994)[203]

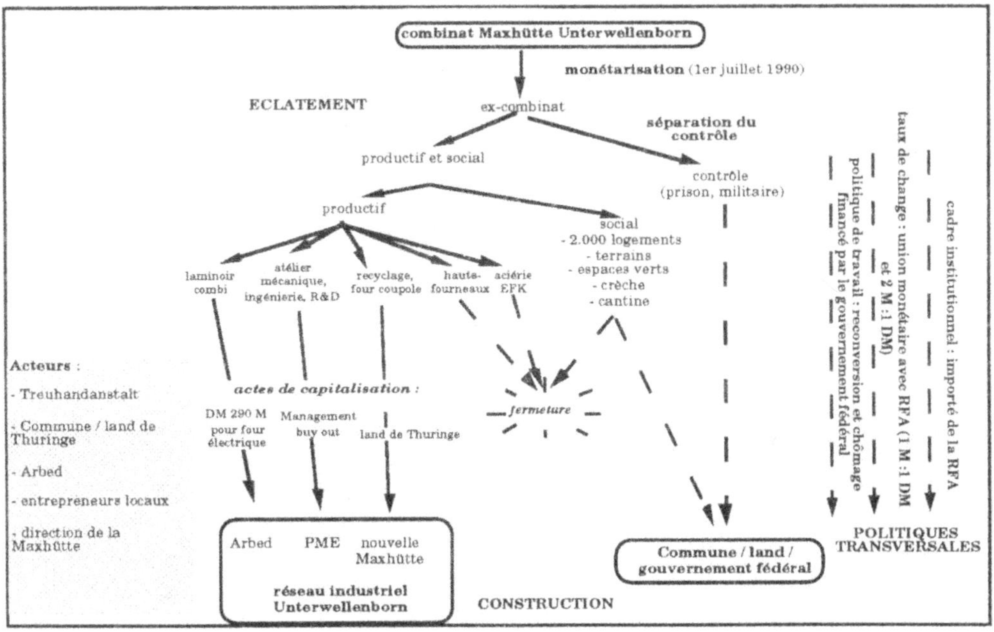

Figure VII.4 : La capitalisation de la Maxhütte Unterwellenborn

203 Cf. figure IV.2 du chapitre IV. : 'Plan du combinat socialiste sidérurgique Maxhütte Unterwellenborn (1989)'.

L'intervention directe de la Treuhandanstalt s'est terminée, en mai 1994, avec la transformation du reste de l'ancienne Maxhütte en une SARL, employant une centaine d'ingénieurs et de techniciens, et dont l'Agence du Développement du land de Thuringe détient la majorité du capital. La nouvelle entreprise d'ingénierie et de recyclage est chargée de développer de nouveaux concepts de recyclage (voitures et électroménager) à Unterwellenborn ainsi que dans d'autres sites dans le land de Thuringe. La figure VII.4 et le tableau VII.2 récapitulent les étapes du processus de capitalisation. La figure VII.3 donne le plan du site industriel après quatre ans de capitalisation : une comparaison avec le plan du combinat socialiste Maxhütte Unterwellenborn en 1989 (cf. chapitre IV.1) montre les profondes modifications de l'organisation de cet espace, donnant lieu à une nouvelle configuration industrielle composée d'un grand investisseur ayant repris le noyau central (Arbed, 1), d'un réseau de PME (2), de la nouvelle Maxhütte (3) et de la Commune ressuscitée (4).

3. Étude de cas : EKO Stahl AG Eisenhüttenstadt : capitalisation par investissement public

Pour la capitalisation du combinat Eko-Stahl de Eisenhüttenstadt, le plus grand sidérurgiste est-allemand, la Treuhandanstalt a également adapté sa stratégie initiale, pour assurer un avenir industriel du site. Ce cas montre qu'en accord avec la Communauté Européenne, elle a accepté que la restructuration d'un ex-morceau du Parti/État socialiste ne soit pas une restructuration 'classique' sur le modèle de celles que la sidérurgie ouest-européenne connaît depuis une vingtaine d'années. De ce fait, les solutions élaborées sont peu conventionnelles.

3.1 Le choc de la monétarisation pour un combinat équipé d'un outil productif hétérogène et 'antiproductif'

Le développement du combinat Eko s'inscrivait dans la stratégie d'investissement socialiste de la sidérurgie est-allemande, dont on a montré que l'objectif principal était le *maintien* des sept combinats producteurs d'acier, éparpillés et dépendants les uns des autres (cf. chapitre IV.3). Conçu comme un grand site intégré dès la fin des années 40, Eko n'a connu, jusqu'en 1968, *que* la construction de quelques hauts-fourneaux isolés, mais ni aciérie ni laminoir. La construction, en 1968, d'un laminoir à froid n'a rien changé à l'état non-intégré du site ; celui-ci, en plus, a toujours été défavorisé par sa localisation dans une région agricole, à l'extrême est du pays, loin des centres de production ou de consommation. Il s'agit en effet d'une cathédrale sidérurgique dans le désert est-allemand. Même la construction d'une aciérie (de fabrication autrichienne) en 1986 n'a pu compléter le cycle métallurgique : il manquait toujours un laminoir à chaud, élément central pour une sidérurgie de produits plats (bandes et tôles).

Ainsi, à la fin du socialisme en RDA, Eko est dans la situation 'typique' d'une sidérurgie socialiste : un cycle métallurgique *incomplet*, des besoins importants en transport pour l'approvisionnement en matières premières et en bobines laminées à chaud, alors que l'aciérie compte parmi les plus modernes d'Europe. La figure VII.5 montre les importants décalages dans les étapes de construction du combinat (plus de 30 ans entre la construction des hauts-fourneaux (1953) et celle de l'aciérie (1986)), ainsi que l'hétérogénéité de l'outil productif, qui ne dispose pas du maillon central, le laminoir à chaud.

En réalité, pendant toute la période socialiste, Eko a fonctionné avec *deux* usines séparées, et indépendantes : l'une, en amont (agglomération - hauts fourneaux - aciérie à oxygène), transformait les minerais ukrainiens et le coke polonais en acier ; l'autre, le laminoir à froid en aval, utilisait des bobines laminées à chaud qu'il importait de RFA et de Russie, pour les transformer en produit fini. Or, cette séparation entre les deux usines n'était pas perçue comme un désavantage par le combinat, ni d'ailleurs par le Parti central. Le combinat Eko, devenu la maison mère du Kombinat des produits plats en 1971, et prenant ainsi un rôle dominant dans la sidérurgie est-allemande dans les années 80, n'avait nullement besoin d'un cycle métallurgique complet et d'une productivité élevée pour produire de la 'valeur sociale'.

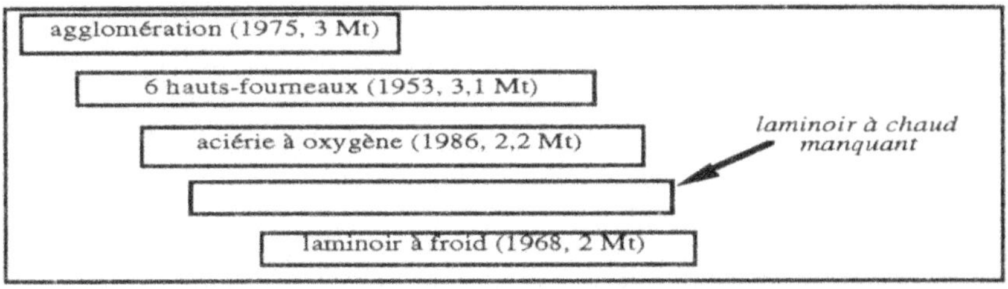

Figure VII.5 : Le cycle métallurgique incomplet du combinat Eko, juin 1990 (entre parenthèses : année de construction, capacité)

Même après la chute du mur (novembre 1989), la direction d'Eko ne considère pas que l'existence du combinat puisse être mise en question. En janvier 1990, son directeur général proclame qu'Eko 'est et restera une entreprise socialiste'.[204] L'intégration du combinat, avec seulement six autres, dans un programme pilote, élaboré par le Parti socialiste de RDA pour tester les mécanismes de restructuration industrielle, semble renforcer la situation 'confortable' d'Eko. La direction développe alors son propre projet de modernisation, qui prévoit non seulement de compléter le cycle métallurgique, mais également de mettre au niveau mondial l'outil productif *entier* (hauts-fourneaux, coulée continue, laminoir à froid). Le projet, visant explicitement la 'valorisation de l'aciérie moderne', est présenté en mai 1990 ; il prévoit des investissements énormes de plus de 2 milliards DM ! [205] Or, deux mois plus tard, en juillet 1990, Eko subit un choc de monétarisation sans précédent. Au bout de quatre semaines, la demande adressée à Eko chute de 35%, celle du secteur automobile de 50%. Dans les trois mois suivants, la production de bobines laminées à froid est réduite de 85%. Les résultats financiers, encore positifs dans les derniers mois du socialisme, se dégradent instantanément avec la monétarisation (cf. figure VII.6). Eko devient ainsi une des configurations industrielles les plus critiques de l'unification allemande : 12000 emplois directs (1989) et 120000 habitants dans une région sans aucune activité industrielle alternative, un outil 'antiproductif' sans *aucun* avantage comparatif, et des pertes financières de l'ordre de plusieurs dizaines de millions DM par mois.

---

204 Betriebszeitschrift EKO ('Bulletin d'EKO'), janvier 1990 ; cité par Bafoil (1992, p. 39).

205 Dont : modernisation hauts-fourneaux : 420 millions DM ; modernisation aciérie : 80 millions DM ; coulée continue, laminoir à brames minces : 800 millions DM ; laminoir à chaud : 645 millions DM ; énergie : 104 millions DM.

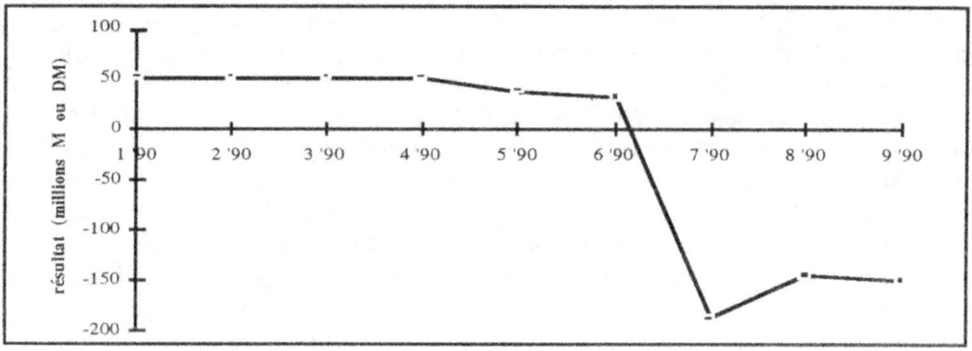

Figure VII.6 : Le choc de la monétarisation de juillet 1990 sur les résultats financiers d'Eko[206]

3.2 Première approche de la Treuhandanstalt : privatiser l'ensemble de l'ex-combinat

Fidèle à sa vision initiale, la Treuhandanstalt, devenue dépositaire d'Eko, considère que la privatisation de l'ex-combinat *entier* est la meilleure stratégie pour résoudre le problème structurel. En attendant les réponses à son appel d'offre international, elle maintient en place l'ancienne direction d'Eko ; seul le directeur du personnel est remplacé par un syndicaliste ouest-allemand, que la Treuhandanstalt nomme pour faire avancer la séparation des fonctions sociales. Or, aucune offre n'est faite pour l'ex-combinat par les sidérurgistes occidentaux. Certains producteurs ouest-européens manifestent un intérêt tiède pour la reprise du laminoir à froid (Thyssen, Preussag, Hoogovens, Arvedi), surtout parce qu'ils souhaitent voir ses surcapacités neutralisées. Seul Krupp, premier sidérurgiste allemand pour les produits plats après le rachat de Hoesch, signale un 'certain intérêt' pour la reprise de l'ex-combinat entier. Krupp avait, depuis 1970, entretenu des relations étroites avec Eko, assurant une grande partie de l'approvisionnement d'Eko en bobines laminées à chaud. La Treuhandanstalt conclut, fin 1990, un pré-accord avec Krupp, à qui elle accorde une option de vente ; Krupp, lui, ne prend aucun engagement ferme. En attendant que Krupp concrétise ses projets d'investissement, la Treuhandanstalt poursuit le découpage des fonctions sociales et la réduction des effectifs. Elle propose à Eko un plan social : une partie du personnel est mise en chômage partiel ou total, ou bénéficie des mesures ABM (~ TUC, travaux d'utilité commune). Le nombre des membres de l'ex-combinat Eko passe ainsi de 8000 (début 1991) à 3200 (fin 1993).

Si le processus *d'éclatement* d'anciennes activités sociales avance quelque peu, celui de *construction* des nouvelles entreprises est bloqué par l'absence de perspectives sur les fonctions productives sidérurgiques. En l'absence d'un schéma de développement, aucun entrepreneur ne se déclare prêt à reprendre des fonctions productives annexes par MBO. Ainsi, la direction d'Eko conserve une majorité du capital dans des anciens départements (construction mécanique, tôles électriques, négoce, tuyauterie, sanitaire, soit ~1600 emplois environ). En trois ans, 170 nouveaux emplois industriels seulement sont créés en *dehors* de

[206] 1-6 : Mark (Est), 7-9 : DM (Ouest) ; janvier - juin : résultat moyen. Source chiffrée : Eko Stahl AG, direction financière.

l'ex-combinat.[207] En octobre 1992, deux ans après la signature du 'pré-accord' avec la Treuhandanstalt, Krupp *renonce* à son projet de reprise d'Eko. Il s'avère que Krupp a surtout utilisé les deux années écoulées pour reprendre les activités *commerciales* d'Eko. Sur le plan de l'investissement, en revanche, aucun projet n'a été développé. Résultat : fin 1992, Eko non seulement conserve toujours son outil productif hétérogène, mais a également perdu une partie de ses clients.

3.3 La solution : capitalisation par investissement public massif

Devant l'échec des négociations avec Krupp, la Treuhandanstalt modifie, fin 1992, sa stratégie initiale : elle demande d'abord au *land de Brandebourg* de s'engager activement dans la définition d'un nouveau schéma industriel. Deuxièmement, elle se déclare prête à faire, *elle-même*, un effort *financier* important dans le cas où un industriel proposerait une solution pour Eko. L'appel à l'intervention du land de Brandebourg, jusque là exclu des négociations de reprise, correspond à la nécessité nouvelle d'une coordination *locale* entre tous les acteurs, que la Treuhandanstalt n'est pas, dans ce cas, capable d'assumer. Le land de Brandebourg devient alors le pivot des négociations entre la direction et les employés d'Eko, le propriétaire formel (Treuhandanstalt) et les investisseurs potentiels. Quatre sidérurgistes donnent immédiatement suite à la proposition de la Treuhandanstalt, en développant de nouvelles déclarations d'intention : Thyssen/Preussag, Hamburger, Ilva, Riva. Les négociations de capitalisation d'Eko portent sur différentes *solutions techniques*, sur le montant des *investissements*, et sur le nombre de nouveaux *emplois* créés. Techniquement, plusieurs alternatives sont possibles ; des décisions sont à prendre à trois niveaux distincts (cf. figure VII.7) :

a) au niveau de l'aciérie : si l'on veut maintenir une phase liquide, la construction d'un four électrique (d'une capacité de 1 Mt) s'impose pour remplacer l'ensemble hauts-fourneaux - aciérie à oxygène en place (capacité : 2,2 Mt), défavorisé par les coûts de transport de minerais,

b) au niveau du *laminage à chaud* : le maintien d'une phase liquide requiert la construction d'un laminoir à chaud, soit par coulée continue en brames minces avec laminoir à chaud intégré (cap. : 1-1,5 Mt), soit par laminoir à chaud classique (capacité : 2,5 Mt),

c) au niveau du *laminage à froid* : le laminoir à froid peut être approvisionné de l'extérieur, ou bien par un amont modernisé sur place. Au moment des négociations, Eisenhüttenstadt reçoit des bobines à chaud d'entreprises sidérurgiques externes ; en cas de fermeture de l'amont (hauts-fourneaux, aciérie à oxygène), le laminoir à froid devrait être repris par un autre sidérurgiste, pour assurer un approvisionnement régulier en bobines. L'approvisionnement interne nécessite la construction de nouvelles capacités de laminage à chaud.

Le land de Brandebourg peut mettre en concurrence les quatre sidérurgistes : deux d'entre eux proposent de construire le maillon manquant pour permettre un fonctionnement intégré du site (Ilva et Riva), alors que les deux autres visent uniquement la modernisation du laminoir à froid et la diversification en aval (Thyssen/Preussag et Hamburger, cf. tableau VII.3).

---

[207] Statistiques et calculs de la ventilation des emplois réalisés par Jean-Hubert Vial (1993 ; *La reconversion industrielle d'Eko Stahl AG*. Ecole des Mines, rapport de stage d'option).

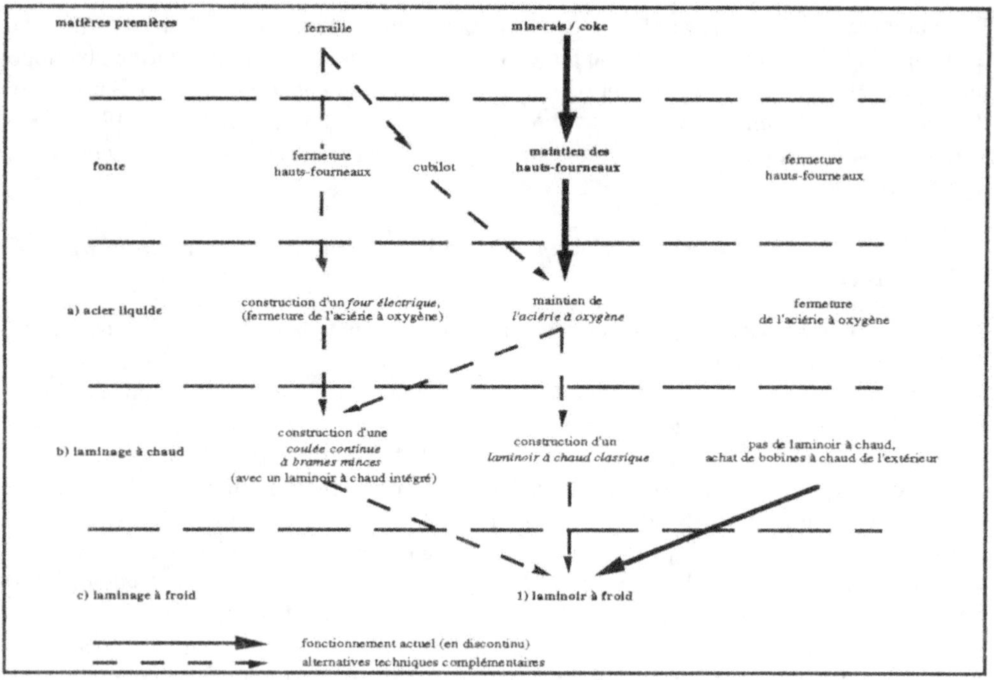

Figure VII.7 : Options techniques possibles pour la capitalisation d'Eko

Sur la proposition du land de Brandebourg, la Treuhandanstalt retient, en octobre 1993, l'offre de *Riva*, jugée supérieure aux autres grâce au nombre maximal de nouveaux emplois créés (1500). La singularité de cette capitalisation est que *la Treuhandanstalt finance l'intégralité de l'investissement*, soit 883 millions DM. Elle cède à Riva le laminoir à froid, moyennant un prix symbolique, des fonctions productives annexes (maintenance, mécanique) ainsi qu'une grande partie des terrains. La Treuhandanstalt se charge également de la fermeture des autres fonctions productives que Riva ne reprend pas (hauts-fourneaux, aciérie).La Treuhandanstalt justifie ce 'cadeau' qu'elle compte faire à Eko/Riva, malgré les protestations véhémentes des sidérurgistes de la Ruhr et ouest-européens, par deux arguments : d'une part, une sidérurgie intégrée est la seule manière de permettre une diversification graduelle des activités de la région. D'autre part l'investissement ouvre, selon la Treuhandanstalt et le land de Brandebourg, une ère nouvelle dans la sidérurgie européenne, en introduisant une innovation radicale : il s'agit d'une *coulée continue de brames minces*, qui permet de produire des produits plats à partir d'un simple four électrique, alors que la filière est jusque-là dominée par les producteurs intégrés (agglomération - hauts fourneaux - aciérie à oxygène). L'innovation radicale de la coulée continue de brames minces, qui bouleverse depuis 1990 la sidérurgie américaine, n'est pas encore déployée en Europe, où les grands sidérurgistes intégrés hésitent à la mettre en œuvre.

Les dirigeants de Riva arrivent, conformément au contrat, le premier mai 1994 à Eisenhüttenstadt, ajoutant cet ex-combinat sidérurgique aux deux autres ex-combinats repris du land de Brandebourg (Brandebourg, Henningsdorf). Or, le 14 mai déjà, la nouvelle direction jette l'éponge ; déclarant le contrat signé avec la Treuhandanstalt nul, et renonçant ainsi à la reprise d'Eko. Le point de litige consiste en la composition du conseil d'administration qui, à en croire Riva, ne correspond pas aux conditions négociées. En effet, en tant qu'entreprise métallurgique employant plus de 1000 personnes ; Eko tombe sous la clause de la 'codirection allemande'. Ainsi, dix sièges au conseil d'administration sont accordés à l'employeur, 10 sièges accordées aux employés, un siège supplémentaire est accordé à un 'médiateur'. Incapable d'imposer ses propres structures, Riva, entreprise familiale classique et qui, par ailleurs, a identifié d'autres projets d'investissements prometteurs dans la privatisation de la sidérurgie italienne, se retire de l'affaire Eko.

investisseur potentiel	projet (capacités)	nouveaux emplois	investissement (millions de DM)
Thyssen/Preussag	* laminoir à froid (1,2 Mt)	700	200-300
Hamburger	* laminoir à froid * achats communs de ferrailles * centre de recyclage (0,3 Mt)	800	250-350
ILVA	* laminoir à froid (1,2 Mt) * transfert d'un train à chaud d'occasion (2,5 Mt)	1200	350-450
RIVA	** laminoir à froid (1,2 Mt)* ** four électrique (0,9 Mt)* ** coulée continue/brames minces (1,0 Mt)*	*1500*	*900*

Tableau VII.3 : Nouvelles offres pour la capitalisation d'Eko (courant 1993)[208]

Ce nouvel échec met la Treuhandanstalt en situation très critique : avant sa fermeture, prévue pour fin 1994, elle doit avoir résolu le dilemme industriel que constitue toujours Eko-Stahl. A la recherche d'un nouveau repreneur, la Treuhandanstalt augmente encore les enchères : aux 883 millions DM pour l'investissement, elle ajoute encore 150 millions DM d'aide régionale, et elle promet d'assumer les pertes d'exploitation d'Eko pour la période 1995-97. Alors que les sidérurgistes ouest-allemands se montrent toujours hostiles, le sidérurgiste belge Cockerill-Sambre, entreprise publique elle aussi, soumet une offre en septembre 1994. L'entreprise serait prête à reprendre l'appareil productif d'Eko dans son intégralité, hauts-fourneaux et aciérie compris, et à assurer 1400 emplois pour 5 ans. Après 4 ans de négociations avec tous les sidérurgistes européens, et moyennant une subvention publique supérieure à 1 milliard de DM de la part de la Treuhandanstalt, Eko est enfin capitalisé. Cockerill-Sambre réussit ainsi une percée sur le marché allemand de l'acier, difficilement accessible jusque-là aux producteurs étrangers. En se déclarant prêtes à financer de nouvelles capacités sidérurgiques en ex-RDA, dans une phase de surcapacités chroniques au niveau européen, la Treuhandanstalt et avec elle la Communauté Européenne, qui approuve cette subvention exceptionnelle selon l'article 95 du traité CECA, soulignent le caractère spécifique qu'elles accordent à cette restructuration post-socialiste. Le tableau VII.4 et la figure VII. 8 résument le processus de capitalisation de l'ex-combinat Eko Stahl.

---

208 Source : Land de Brandebourg, Ministère de l'Economie.

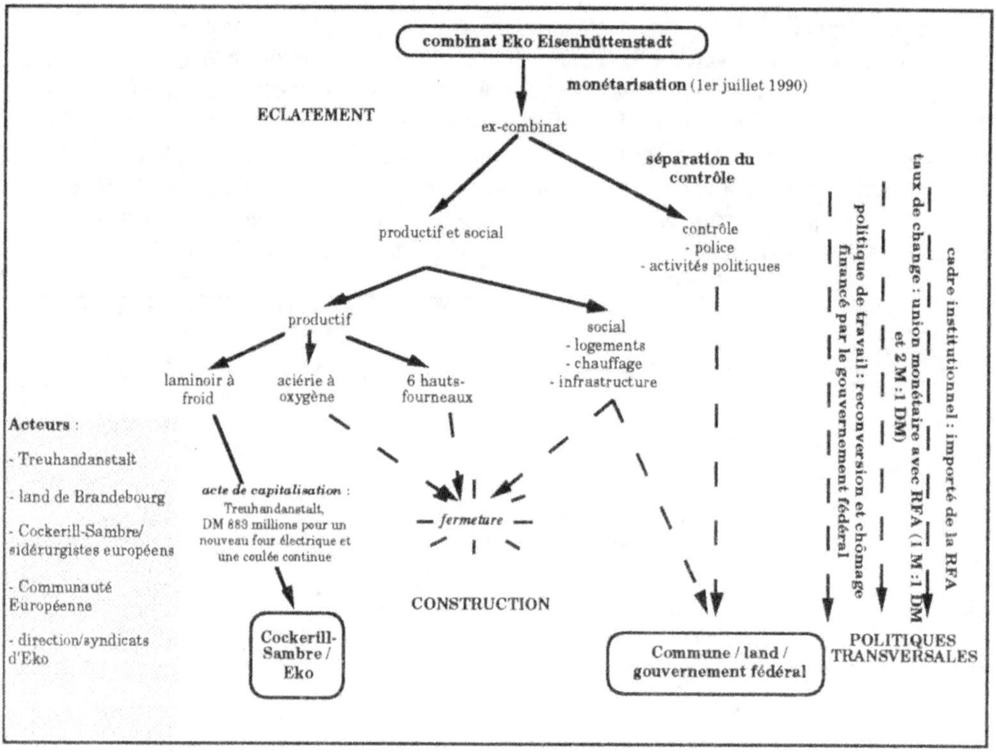

Figure VII.8 : La capitalisation d'EKO Stahl AG

	I (09/89 - 07/90)	II (08/90 - 10/92)	III (11/92 - 11/94)
Objectifs	- moderniser l'outil existant intégralement - construire un laminoir à chaud classique (coûts : DM 2 milliards)	- privatiser l'ensemble de l'ex-combinat - inciter Krupp à investir, en lui offrant l'exclusivité d'une reprise hypothétique	- capitaliser par investissement *public* - minimiser les pertes opérationnelles - favoriser l'innovation radicale à Eisenhüttenstadt (coulée continue à brames minces)
Principaux acteurs	- direction d'EKO - pas de contrôle externe par la Treuhandanstalt	- la Treuhandanstalt, s'occupe surtout des fonctions sociales - Krupp, reprend le réseau commercial - la direction d'Eko, bloque la diversification en aval	- le land de Brandebourg, représentant la Treuhandanstalt - premier candidat : Riva, renonce à cause de la clause de codirection - deuxième candidat : Cockerill-Sambre, repreneur d'Eko - lobbies sidérurgistes ouest-allemands et européens - Conseil Européen
Résultats (blocages)	-> la monétarisation révèle la structure 'antiproductive' de l'outil sidérurgique - la Treuhandanstalt identifie l'ex-combinat comme un 'cas critique', sans pourtant intervenir localement	-> blocage sur la diversification - pertes continues d'EKO - radicalisation de la situation sociale (grèves pour le maintien du site)	-> la Treuhandanstalt finance une nouvelle sidérurgie (DM 1,1 milliard, dont 880 millions d'investissement direct), 1400 emplois - reprise de la gestion par Cockerill-Sambre - développement d'un parc industriel transfrontalier ('Pont-sur-l'Oder') pour diversifier la région

Figure VII.4 : Les étapes de la capitalisation d'EKO Stahl AG

Conclusion

Le cas de la politique industrielle mise en place par la Treuhandanstalt en ex-RDA apparaît particulièrement éclairant pour cerner les spécificités des réformes industrielles post-socialistes. La violence avec laquelle la monétarisation a frappé l'industrie socialiste a été, pour des raisons diverses, mal anticipée. La monétarisation a immédiatement révélé l'hétérogénéité des combinats. L'augmentation rapide des coûts de production, la perte des marchés à l'Ouest *et* en Europe de l'Est, et la vague des entreprises ouest-allemandes et ouest-européennes écoulant leurs propres produits en ex-RDA, en ont été les conséquences directes, auxquelles les combinats ont initialement cru pouvoir faire face. Il est inutile de relancer le débat sur le bien-fondé de la décision politique de fixer le taux de change du Mark est-allemand à égalité avec le DM ouest-allemand ; cela relève d'un processus de décision dont les raisonnements économiques étaient exclus. Un taux de change plus faible - s'il avait été possible - aurait certainement modifié l'ampleur de l'impact sur l'industrie, en ce qu'il aurait affaibli le choc des coûts de production pour les ex-combinats est-allemands. Nous soutenons néanmoins qu'un taux de change plus faible, de l'ordre de 1:2 à 1:4, n'aurait pas changé la *nature* même de la restructuration.

Lors de sa création, en mars 1990, la Treuhandanstalt n'avait pas encore bien anticipé le choc de la monétarisation, qui, dès le 2 juillet 1990, allait faire apparaître la règle des trois tiers comme un nouveau 'tâtonnement dans les ténèbres'. Alors qu'elle s'attendait à pouvoir rapidement privatiser deux tiers de cette industrie, la Treuhandanstalt a dû constater, fin 1990, les obstacles à cette ambition : la valeur estimée de l'industrie est-allemande, 600 milliards DM, s'était déjà transformée en un besoin de liquidités de l'ordre de plusieurs dizaines de milliards DM, sans compter les dettes contractées par les combinats au temps du socialisme dont la Treuhandanstalt devenait également responsable. Ainsi, au lieu de vendre des actifs, la Treuhandanstalt a dû résoudre le problème de la cession de 2500 ex-combinats, à valeur *négative*, tout en maintenant un minimum d'activités industrielles dans le pays. L'intervention du gouvernement fédéral et des gouvernements régionaux, en mars 1991, marque un changement de stratégie, en obligeant la Treuhandanstalt à accorder désormais la priorité à la 'constitution d'entreprises performantes'. L'institution Treuhandanstalt a alors adopté une approche *nouvelle* : la priorité de la privatisation a été remplacée par une intervention active, locale, s'attaquant aux obstacles en leur lieu le plus critique, celui de l'ex-combinat. L'embauche, entre mars 1991 et octobre 1992, de 3000 cadres industriels, avec lesquels la Treuhandanstalt a remplacé les anciennes directions des ex-combinats et a créé 15 antennes locales, et les ressources financières quasi illimitées dont disposait la Treuhandanstalt ne sont pas des instruments transférables aux autres pays post-socialistes. Mais la singularité de l'institution Treuhandanstalt réside surtout dans sa capacité à coordonner tous les acteurs impliqués dans la capitalisation, et à élaborer des solutions spécifiques pour chaque problème de développement industriel local. Elle crée ainsi, sur les décombres de 2450 combinats, 15000 entreprises nouvelles, et 1,5 million de nouveaux emplois (contre 3,4 millions de membres dans les combinats). Moyennant un déficit de 300 milliards DM (!) environ - résultant de ses subventions aux restructurations, des paiements d'anciennes dettes, du nettoyage environnemental, etc. -, elle attire un investissement de la part des industriels de 186 milliards DM. L'opération se solde également par une hausse du chômage, et un déséquilibre durable des capacités industrielles entre les nouveaux länder (de l'ex-RDA) et les anciens länder (de l'ex-RFA).[209]

Le processus d'éclatement-construction post-socialiste, que nous appelons capitalisation, s'appréhende plus aisément au niveau de l'unité socialiste de base : le combinat. Le cas de la Maxhütte Unterwellenborn montre l'interdépendance liant l'éclatement des anciennes structures non monétaires, et la construction de nouvelles entreprises. Tant que l'ex-combinat stagne dans sa polyfonctionnalité, l'identification d'un schéma de reconversion est difficile ; inversement, tant qu'il n'y a pas de proposition concrète *d'investissement*, il est impossible de définir les bons choix entre les fonctions à fermer et celles à maintenir. La capitalisation du plus grand combinat sidérurgique est-allemand, Eko Stahl Eisenhüttenstadt, est étonnante, mais elle s'inscrit dans la stratégie générale de la Treuhandanstalt : celle-ci voit dans la construction d'une nouvelle usine sidérurgique *entièrement* payée par l'État, la seule manière de se débarrasser d'un problème de développement industriel et social très critique. Cockerill-Sambre, bénéficiaire de cette 'privatisation' qui n'en est pas une, se voit accorder un investissement public important ; en contrepartie il accepte de contribuer à la diversification régionale. Ces deux cas parallèles dans la sidérurgie font apparaître un autre phénomène spécifique de la restructuration industrielle post-socialiste : plus les fonctions productives d'un combinat sont déséquilibrées, vétustes et 'antiproductives', plus il sera aisé d'obtenir un consensus sur l'abandon de ses structures, et ainsi d'ouvrir la voie à une modernisation technologique. A la Maxhütte Unterwellenborn, personne ne mettait sérieusement en doute la nécessité de fermer les hauts-fourneaux des années 30 et les laminoirs à vapeur ; à Eko, en revanche, l'investissement 'antiproductif', mais récent, de l'aciérie à oxygène moderne de 1986, rendait dans un premier temps impensable l'idée de l'abandonner. Il s'agit là d'un enseignement qui peut s'appliquer à d'autres processus de changement technologique, où l'introduction d'une innovation radicale rend obsolète l'ancien outil productif, quelle que soit son ancienneté.

L'approche de la Treuhandanstalt, va-t-elle survivre à la 'disparition' de la Treuhandanstalt, fin 1994 ? Si les nouveaux länder ont créé, chacun de leur côté, leurs propres agences de restructuration, des 'mini-Treuhandanstalt', et si une majeure partie de l'ex-Treuhandanstalt s'occupe toujours des questions administratives résultant des capitalisations, le poids des ex-combinats qui restent à capitaliser est très faible. L'approche de la Treuhandanstalt, visant *spécifiquement* l'éclatement-construction d'un grand nombre d'ex-combinats, est ainsi remplacée par des politiques structurelles et régionales 'classiques', menées par les länder cherchant une adaptation graduelle de leurs industries aux données de la concurrence. Début 1995, il ne reste quasiment plus d'ex-combinats à capitaliser ; par conséquent, en ex-RDA, la fermeture de la Treuhandanstalt correspond à la *fin* du post-socialisme.

---

209 Le taux de chômage officiel est de 15% (janvier 1995), les estimations sur l'ensemble des personnes au chômage, en travail à temps partiel, ou en TUC, varient entre 20-30% (Observatoir d'Emploi, Berlin, 1995).

Chapitre VIII

LA POLOGNE POST-SOCIALISTE A LA RECHERCHE D'INSTRUMENTS DE CAPITALISATION

La Pologne a été le premier pays à rompre radicalement avec le socialisme, en introduisant, le premier janvier 1990, la monétarisation et avec elle un programme de réforme économique rapide, dit de 'big bang'. Précurseur des réformes politiques en Europe de l'Est au début et à la fin des années 80, elle a cherché cette rupture pour se démarquer clairement de la période socialiste. Un consensus politique large a alors permis l'introduction d'un programme de stabilisation qui, au niveau macroéconomique, a rapidement réussi. En 1993, la Pologne a été le premier pays post-socialiste à afficher un taux de croissance du PNB positif (2%), et cette croissance s'est accélérée en 1994 (5%) et en 1995 (7% selon des estimations de la BERD). Ce constat a mené nombre d'économistes à déclarer l'expérience polonaise réussie, et la transition close. (Sachs, 1994).

Considérant au contraire que le taux de croissance ne peut être qu'*un* indicateur du progrès des réformes, surtout si l'on tient compte du niveau relativement bas auquel la stabilisation a lieu (PNB/hab. autour de $ 2500 en 1995, alors que les 'tâtonnements' antérieurs l'avaient jaugé à $ 4000-4500 en 1989), nous soutenons, en nous focalisant sur les réformes *industrielles*, que l'économie polonaise sera caractérisée, pendant une certaine période encore, par des singularités post-socialistes. Dans l'analyse des réformes de ce pays, on est en effet frappé par la divergence entre les programmes initiaux de réforme industrielle et leurs résultats, cinq ans après leur introduction : 5000 des 8500 'entreprises publiques' recensées en 1990, soit 2/3 d'entre elles, ne sont, en 1995, toujours pas intégrées à une procédure de privatisation. En effet, la technique de 'privatisation après commercialisation', retenue en priorité pour privatiser les grands combinats, n'a engendré, en cinq ans, que 170 nouvelles entreprises privées ; le programme de privatisation sectorielle a été abandonné fin 1992 ; la privatisation de masse, enfin, couvrant 200-300 ex-combinats, maintes fois annoncée, n'a toujours pas démarré en 1995. Le faible niveau de l'investissement étranger (3 milliards de $ entre 1990 et 1995) sur lequel s'appuyait pourtant initialement le programme de privatisation, et l'ouverture commerciale hésitante des principaux partenaires à l'Ouest ont contribué à compliquer davantage le processus de restructuration. Faisant l'hypothèse que les obstacles principaux aux restructurations apparaissent au niveau des *ex-combinats*, nous proposons de suivre l'approche initiale de privatisation, puis la diversification des stratégies de réforme industrielle. Nous complétons l'analyse de l'approche nationale (Section 1) par l'étude des restructurations de deux grands combinats de l'industrie sidérurgique (Sections 2 et 3).

1. Monétarisation et recherche d'instruments adaptés de capitalisation

1.1 Monétarisation et approche initiale de la privatisation

L'histoire des réformes industrielles post-socialistes en Pologne est l'histoire de la recherche d'instruments adaptés pour assurer le passage des combinats à un environnement monétaire. La monétarisation en a fourni le cadre, relativement souple ; il restait ensuite aux divers organismes étatiques et à l'industrie à s'accorder sur des mesures spécifiques de restructuration.

La monétarisation est intervenue le premier janvier 1990 ; la convertibilité (interne) du Zloty unifiait les circuits cloisonnés des 'pseudo-monnaies' de la période socialiste. La réforme du système bancaire à deux étages, formellement en vigueur depuis 1988, établissait l'indépendance de la banque centrale en matière de création monétaire et de détermination du taux de change. Le taux de change retenu, Zl 9800/$ correspondait, selon les experts bancaires polonais, à une légère *sous-évaluation*, censée permettre une intégration souple du pays dans le commerce international. Le deuxième volet de la réforme était la libéralisation des prix internes et l'ouverture des frontières commerciales. L'ancienne séparation entre les prix des biens intermédiaires, jusque-là élevés (exprimés en 'monnaie' scripturale), et les bas prix des biens de consommation (exprimés en 'monnaie' papier) était abandonnée ; les deux s'exprimaient désormais dans la même unité de valeur, le Zloty ; devenu un équivalent général. Le maintien des tarifs douaniers pour quelques biens considérés comme 'stratégiques' (textile, fer et acier, automobile, produits agricoles, quelques biens manufacturés) atténuait l'effet de la libéralisation des prix.

En 1990, le taux du Zloty a été maintenu ; à partir de 1991 il est passé à un régime de dévaluation régulière ('crawling peg', 1,6% par mois). D'autres dévaluations (de l'ordre de 5-10%) ont été effectuées occasionnellement.[210] Malgré l'annonce de mesures draconiennes, la banque centrale exerçait en réalité une contrainte relativement *douce* sur les banques commerciales - la plupart publiques. Ainsi, le taux élevé des mauvaises dettes, estimées entre 30-50% (1991), ne conduisait pas à une déstabilisation du système bancaire. Les ex-combinats, eux aussi, connaissaient une contrainte monétaire faible, quel qu'ait été le niveau de leur endettement. L'analyse de la monétarisation polonaise permet deux constats : d'une part, elle a introduit l'économie, radicalement, du jour au lendemain ; mais de l'autre, la politique macroéconomique flexible a permis au processus de restructuration industrielle de bénéficier d'un facteur supplémentaire important absent, comme nous l'avons vu, dans le cas de l'ex-RDA : le *temps*.

L'hypothèse de départ du gouvernement Mazowiecki au début de l'année 1990 était qu'une fois la monétarisation de l'économie achevée, des politiques transversales suffiraient pour déclencher les transformations structurelles. La privatisation était considérée comme un *acte*, rapide, permettant d'augmenter l'efficacité des restructurations nécessaires. Lors des débats parlementaires sur la loi de privatisation, au printemps 1990, Leszek Balcerowicz, architecte des réformes et Ministre des Finances, postulait que 'la privatisation devait se faire plus vite en Pologne que dans tous les autres pays', et envisageait d'achever la vente des 8500 combinats dans les 2-3 ans à venir. Deux procédures de privatisation ont été développées, articulées sur la *privatisation de masse* et sur la *privatisation sectorielle*. La privatisation de masse, conçue dans un premier temps pour 600 ex-combinats, devait être réalisée par distribution quasi gratuite des titres de propriété à la population. Ces titres devaient ensuite être gérés par une vingtaine de fonds d'investissement, au sein desquels on espérait attirer surtout des investisseurs institutionnels *étrangers*. D'autre part, le programme de privatisation sectorielle (PPS) devait permettre d'identifier, dans chaque

---

210 Passant à Zl 11000/$ en 1991, la monnaie atteignait les Zl 15000/$ en 1992, et les 22000/$ fin 1993 ; après la réforme monétaire de 1995, divisant la valeur nominale par 1000 ; le taux du Zloty était autour de 28 Zl/$ en mai 1995. L'inflation, qui avait atteint 600% à la fin 1989, a été rapidement réduite (30% en 1994).

secteur, les ex-combinats les plus performants, qui allaient ensuite être offerts sur le marché international des capitaux.

Il s'agissait, pour la privatisation sectorielle, de tenter de 'privatiser la privatisation' : le gouvernement avait en effet décidé de *transférer* la responsabilité de la privatisation dans 34 secteurs industriels à des banques étrangères d'investissement. Ces banques non seulement devaient faire l'audit de tous les ex-combinats de leur secteur, mais elles étaient également responsables des négociations de restructuration et de privatisation de ces ex-combinats. Le gouvernement justifiait la sous-traitance de la privatisation sectorielle par deux arguments : d'une part, il estimait que l'investissement étranger allait devenir le facteur principal de privatisation, et que les investisseurs pourraient être plus facilement approchés par leurs banques d'investissement habituelles. D'autre part, il existait une divergence interne, au sein du gouvernement, sur les modalités d'attribution des responsabilités et du contrôle du processus. L'établissement d'un cadre formel de surveillance du programme s'était en effet avéré complexe.[211] Il semblait alors qu'on pouvait éviter un certain nombre de conflits en sous-traitant une partie des travaux opérationnels.

La loi sur la privatisation des entreprises d'État, votée le 13 juillet 1990, prévoyait trois *techniques* différentes de privatisation de l'industrie moyenne et grande. La plus importante, la *privatisation après commercialisation* (articles 5 et 6), prévoyait la transformation juridique des ex-combinats en S.A. d'État, étape dite de la 'commercialisation', puis la privatisation de ces S.A. Les deux autres étaient des procédures dites de *liquidation* : l'article 37 permettait aux employés de déclarer leur propre ex-combinat en liquidation, puis d'en reprendre, par Management buy out (MBO), les fonctions productives qu'ils pouvaient choisir librement[212] ; l'article 19 donnait aux autorités étatiques centrales et régionales le droit de déclarer un ex-combinat en liquidation, les fonctions élémentaires pouvant ensuite être offertes à tout investisseur, interne ou extérieur à l'ex-combinat. Quelle que soit la forme de privatisation retenue, il était accordé aux ex-combinats de pouvoir *refuser* de participer à la privatisation.

La seule mesure spécifique adoptée par le gouvernement pour obliger les ex-combinats à intégrer la nouvelle contrainte monétaire fut la *popiwek*. Il s'agit d'une taxe (d'un montant de 200 à 500%) sur les augmentations de salaires dépassant un seuil défini par le gouvernement ; elle ne s'appliquait qu'aux entreprises publiques. La popiwek représentait pour le gouvernement Mazowiecki un instrument pour exercer une contrainte sur les entreprises publiques. Par ailleurs, le gouvernement espérait rallier ainsi les syndicats aux projets de privatisation, puisque ne pouvaient aspirer à des augmentations importantes de salaires réels que les employés d'entreprises *privées*. Pour les ex-combinats, la popiwek représentait immédiatement une donnée financière importante. Le seuil fixé par le gouvernement était calculé de manière à diminuer les salaires réels. Dès les premiers mois de son application, la plupart des ex-combinats ont accumulé des montants importants de popiwek, se traduisant en dette envers le Trésor.

---

211 Malgré la création d'un Ministère du Transfert de la Propriété (Ministère de Privatisation), doté de 300 employés, les ex-Ministères de branche (charbon, sidérurgie, transport, télécommunication etc.), transformés en départements du Ministère de l'Industrie, continuaient le plus souvent de détenir le contrôle réel sur 'leurs' ex-combinats. Toutes les décisions dites 'sensibles' nécessitaient l'aval du Conseil des Ministres, lui-même en consultation permanente avec le Président.

212 Les repreneurs doivent respecter quelques obligations concernant, surtout, le maintien des emplois (normalement pour 12 mois) et la distribution du capital.

1.2 Abandon de la première approche et recherche de nouveaux instruments de capitalisation

Or, ni les stratégies de privatisation, ni celle de la popiwek n'engendrent, dans les deux premières années de leur application (1990 et 1991) les résultats escomptés. En 1992, la privatisation de masse n'était toujours pas votée par le Parlement, à cause d'un désaccord sur la manière d'exercer un contrôle plus rapproché sur les activités des fonds d'investissement ; ce contentieux n'était d'ailleurs toujours pas réglé en 1995. La privatisation sectorielle bute sur deux obstacles : le faible intérêt que représentent les structures productives des ex-combinats pour les investisseurs (nationaux et surtout étrangers) et l'incapacité d'imposer aux ex-combinats la séparation entre le productif potentiellement capitalisable et le reste. Quant à la popiwek, elle s'est révélée un instrument insuffisant pour imposer une contrainte budgétaire aux ex-combinats : faute de pouvoir faire accepter des baisses importantes de pouvoir d'achat à leurs ouvriers, les ex-combinats se sont davantage endettés. Le montant global de la popiwek pour la seule année 1991 a ainsi triplé par rapport à l'année précédente, atteignant un niveau 3,5 fois plus élevé que prévu (Chilosi, 1992). L'endettement des ex-combinats n'a pas pour autant mis en cause leur survie, ni auprès de leur Ministère de tutelle, ni auprès de leurs banques.

Les résultats faibles, en termes de privatisations achevées, des deux premières années de réforme s'expliquent par le fait que ni les trois gouvernements successifs, ni les banques étrangères d'investissement n'ont trouvé de méthode pour gérer la séparation des fonctions non-capitalisables à l'intérieur des ex-combinats. En absence de politiques transversales suffisantes, les ex-combinats ont souvent pu prétendre, auprès du gouvernement et aussi auprès de leurs ex-membres, que la survie de l'ex-combinat entier était la seule manière de maintenir une activité industrielle minimale *et* d'assurer d'importants services sociaux. Or, le cadre légal donnait aux ex-combinats le droit de refuser la transformation en société d'État. L'État, quant à lui, ne disposait pas d'institutions capables de développer des schémas de diversification locale pour permettre d'accélérer l'éclatement des ex-combinats. Le faible niveau de l'investissement étranger (~ 1-1,5 milliard $ entre 1990 et 1992) était un facteur de blocage supplémentaire.

Juste après son élection, en avril 1992, le nouveau gouvernement Suchocka, le quatrième gouvernement post-socialiste réformateur, décide néanmoins de faire une dernière tentative pour imposer plusieurs programmes de restructuration sectorielle. Ces programmes préconisent, en règle générale, de regrouper les activités d'un secteur dans quelques nouvelles entreprises, et de fermer toutes les autres. Or, l'application de ces programmes à l'industrie du charbon, du cuivre, à la sidérurgie et à la production de moteurs aéronautiques, est empêchée par la forte résistance des directions *et* des syndicats dans les ex-combinats. Pendant l'été 1992, les syndicats dans les secteurs les plus touchés lancent des mouvements sociaux importants. Ces mouvements entraînent une trentaine d'autres grèves dans le reste du pays, touchant presque tous les secteurs industriels. Si les motifs de leur déclenchement varient, les grèves marquent toutes le refus systématique des ex-combinats de mettre en œuvre les restructurations sectorielles. Les syndicats - Solidarité, OPZZ (ex-syndicat unique) et Solidarité '80 (branche radicale de l'ancienne Solidarité) surtout - exigent que soit mise en place une 'table ronde' pour harmoniser les stratégies des réformes industrielles. Le 13 août 1992, le Président Walesa appuie personnellement et publiquement les demandes des grévistes, et il demande au gouvernement de reconsidérer son approche des réformes industrielles.[213] Devant les obstacles rencontrés par le programme, le gouvernement *abandonne*, à l'automne 1992, la privatisation sectorielle. De même ajourne-t-il, une fois de plus, l'adoption de la privatisation de masse, sur laquelle un consensus fait toujours défaut. Le gouvernement reconnaît que les deux piliers de base de la privatisation se sont révélés insuffisants pour atteindre les objectifs prévus.[214]

Après la rupture de l'automne 1992, le gouvernement s'engage plus activement dans la quête d'autres instruments de capitalisation. Le résultat le plus important de cette nouvelle approche est le *Pacte de l'Entreprise Publique*, résultat de négociations tripartites entre le gouvernement, la confédération des employeurs et une dizaine de syndicats, conclu le 22 février 1993. L'objectif du pacte est d'établir un consensus entre les partenaires sociaux sur la base duquel les restructurations d'ex-combinats critiques pourraient être relancées. Le gouvernement justifie la nouvelle approche en affirmant que la participation active de *tous* les acteurs concernés est une condition essentielle pour éviter de futurs conflits sociaux.[215] L'élément central du pacte repose sur l'institutionnalisation des *syndicats* dans la gestion des entreprises publiques, en échange de leur accord global sur la restructuration accélérée des ex-combinats. La priorité accordée à la privatisation immédiate des entreprises est abandonnée au bénéfice d'une politique 'plus diversifiée et consensuelle' de restructuration. Les syndicats obtiennent le droit de nommer un ou plusieurs représentants au conseil de surveillance de l'entreprise commercialisée ; si l'effectif dépasse 2.500 personnes, ils nomment également le directeur social. L'abandon graduel de la popiwek doit permettre des augmentations de salaires en fonction de la performance de l'entreprise. Quant à la redistribution des résultats, la règle des trois tiers devait être réactivée : un tiers pour l'investissement, un tiers aux propriétaires, un tiers aux salariés. Une fois l'entreprise privatisée, les employés reçoivent 20% des actions à des conditions préférentielles. L'État, lui, s'engage à accélérer les politiques transversales sociales (fonds commun de chômage, code du travail) ; il incite également les banques à participer plus activement aux restructurations, en leur offrant des conditions favorables à l'échange de mauvaises dettes contre des participations (debt/equity swaps). Le pacte tente ainsi de débloquer l'obstacle principal à la capitalisation que constitue l'absence d'un consensus sur la méthode de sélection des fonctions capitalisables et de celles à fermer. Une partie du pacte

---

213 Entre autres, le Président Walesa adressait une lettre ouverte au syndicat Solidarité et à certains membres du gouvernement. Anna Sabbat-Swidlicka (1992 ; Summer Strikes : First Test for New Polish Government. *RFE/RL Research Report*, vol 1, n° 34, 28 August ; p. 13) rapporte que selon Walesa, 'the causes of the labour conflict and strike was to be sought in the half measures taken in reforming the system, in the inconsistent implementation of policies, and in the incompetence of many politician. ...<Walesa> declared his support for a social pact that would clearly define the conditions, time frame, and costs of the necessary changes.'

214 A posteriori, quelques banques d'investissement ont également admis que l'approche de la privatisation sectorielle était inadaptée aux besoins d'une économie post-socialiste. Neil Yeoman, Principal chez Arthur Andersen, un des cabinets les plus engagés dans la privatisation sectorielle, l'a formulé ainsi : 'Sectoral studies in a post-communist economy are difficult enough in themselves - investment banks have limited experience in performing such studies and because they are transaction driven (i.e. remuneration is based on successful sales) they inevitably focus on concluding the easiest sales to foreign investors. Unfortunately, this creates the precise problem which the strategy was seeking to avoid, namely a mass of small of medium-sized unprofitable and inefficient enterprises which the government does not have the resources nor skills to manage. Furthermore at this stage the investment bank has already earned the bulk of its fees and it too does not have the skills to tackle these companies.' (*Common Europe* ; 1992, n° 1, p. 37). J. Sachs (1994), conseiller du gouvernement polonais, s'était prononcé dès le début *contre* la privatisation sectorielle, à laquelle il reprochait de trop s'inspirer de l'expérience britannique, dont ni les conditions externes ni le cadre institutionnel n'étaient transférables à la Pologne.

215 'The Pact addresses problems encountered by state enterprises prior and during privatization. The involvement of all the stakeholders in privatization is an essential step to prevent social conflicts from the uncertainty generated by the massive economic changes in Poland.' Ministère de la Privatisation (1993 ; *The enterprise pact*. Varsovie ; Centre d'Information).

est immédiatement traduit en lois en 1993 ; d'autre parties font encore l'objet de négociations détaillées, en particulier le chapitre sur l'abandon de la popiwek.

Le pacte, qui constitue un cadre général pour les réformes industrielles, est accompagné d'autres mesures plus concrètes, visant à renforcer la capacité locale à procéder à la création de nouvelles entreprises. Il s'agit notamment de la décentralisation du Ministère de la Privatisation, désormais actif dans 13 succursales, et du renforcement des prérogatives de l'Agence de Développement Industriel (ADI). L'ouverture, fin 1992 et début 1993, des 13 succursales du Ministère de la Privatisation, répond à la volonté de renforcer la capacité d'intervention au niveau local.[216] Elle vise en particulier à accélérer des privatisations par 'liquidation', c'est-à-dire l'éclatement des ex-combinats et la privatisation d'un nombre limité de fonctions productives auprès du personnel (article 37 de la loi de la privatisation) ou auprès d'autres repreneurs (article 19). Les procédures dites de liquidation se sont en effet révélées les procédures les plus efficaces de redéfinition de nouvelles entreprises. Or, le bon déroulement des liquidations dépend autant de la volonté des ex-combinats d'y participer, que de la capacité des administrations locales à superviser le partage des fonctions, et notamment de leur capacité à prendre en charge les fonctions non-capitalisables. Jusque là (fin 1992), les administrations locales n'avaient pas été dotées de capacités suffisantes pour amorcer le processus rapidement ; elles étaient par conséquent obligées de bloquer de nombreuses demandes de liquidation, pour éviter des 'privatisations anarchiques'. L'importance des procédures de liquidation dans les restructurations est renforcée par le fait qu'elles pourraient donner lieu à des changement de statut dans *deux tiers* des ex-combinats non encore capitalisés.[217] L'autre volet visant à augmenter les capacités locales de restructuration consiste à renforcer l'Agence de Développement Industriel (ADI), organisme parapublic chargé de favoriser l'implantation des PME et des commerces. L'ADI, qui, jusqu'en 1992, ne réalisait que des études de faisabilité pour de nouvelles PME, a vu s'élargir son champ d'intervention et son budget. Représentée dans les 49 voijvodies, elle est, entre autres, chargée d'étudier les recommandations issues des programmes de privatisation sectorielle mais bloquées depuis, afin d'élaborer des solutions alternatives pour les restructurations locales.

1.3 Bilan et perspectives

Nous retrouvons dans les résultats quantitatifs de quatre années de réformes industrielles en Pologne trois faits caractéristiques des pays post-socialistes : une forte divergence entre le projet initial et les résultats, un faible niveau d'investissement étranger, mais aussi, fait propre à la Pologne encore à cette date, une forte reprise da la production industrielle.

Le 9 novembre 1990, le gouvernement avait repris, dans son programme économique, l'annonce faite par L. Balcerowicz d'un passage, en 3 ans, de la moitié des biens de l'État au secteur privé ; en 1995, la structure de la propriété devait 'ressembler à celles des pays occidentaux'. Un an après, à l'automne 1991, le Ministère de la Privatisation annonçait toujours la privatisation de 2700 ex-combinats pour l'année 1992. Les ventes étaient censées apporter un bénéfice financier d'environ $ 2 milliards. Au regard

---

[216] Depuis 1993, le Ministère est représenté dans les centres industriels suivants : Bialystock, Bielsko-Biala, Cracov, Gdansk, Katowice, Kielce, Lublin, Lodz, Poznan, Bzeszow, Szczecin, Torun, Wroclaw.

[217] Soit, fin 1994, environ 3200 des 5096 ex-combinats. En 1993, le nombre des capitalisations par liquidation a été d'environ 1000, contre 700 en 1992 et 800 en 1991.

de ces attentes, les résultats des divers programmes sont décevants (cf. figure VIII.1 et Tableau VIII.1). En effet, la *commercialisation*, procédure principale prévue pour les ex-combinats, n'a transformé en sociétés d'État que 850 des 2500 ex-combinats éligibles, 170 d'entre elles seulement ont été privatisées. Dans les cinq secteurs classés 'stratégiques' (charbon, sidérurgie, cuivre, secteur militaire, chantiers navals), une très faible modification des structures de propriété peut être observée. Les procédures de 'liquidation' quant à elles ont répondu aux attentes, donnant lieu à l'éclatement des fonctions productives dans les petits ou moyens ex-combinats. La rapidité des processus de liquidation s'explique par le fait que le plus souvent la capitalisation a pu se faire sans besoins importants en capital. Fin 1994, 3400 des 6000 ex-combinats proposés pour cette procédure, ont été 'liquidés' ; on peut supposer qu'à partir de chacun d'entre eux, plusieurs nouvelles entreprises ont été créées.[218]

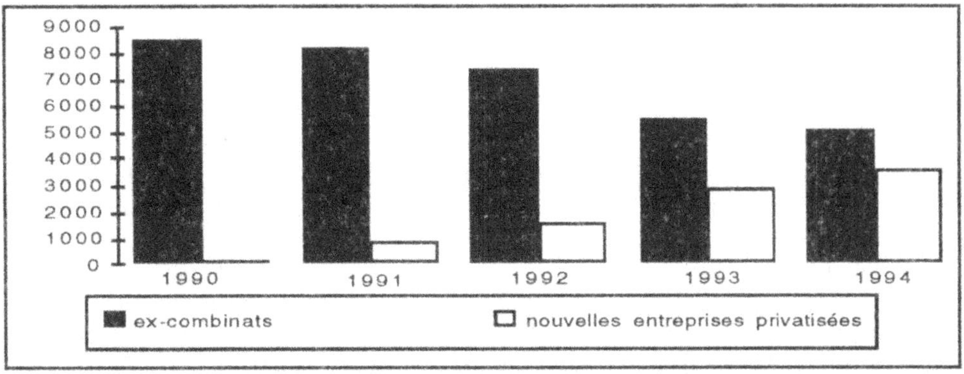

Figure VIII.1 : Réduction du nombre d'ex-combinats et création de nouvelles entreprises privatisées en Pologne (1990-1994)[219]

Début 1995, 5096 ex-combinats environ subsistent qui n'ont subi *aucune* procédure de transformation de propriété. L'application du terme d'*ex-combinat* n'est, dans ces cas, peut-être plus adéquate. En effet, selon le Ministère de la Privatisation, 60% d'entre eux se comportent déjà comme des entreprises 'normales' et 20% y arriveront bientôt ; seuls les derniers 20% se trouvent dans une situation critique.[220] Ce constat laisse entendre que le gouvernement considère déjà au moins 60% des ex-combinats, jugés 'normaux', comme des entreprises publiques, 'capitalisées' par l'État, et qu'il compte gérer lui-même dans un avenir proche.

---

218 C'est également grâce aux liquidations qu'une majorité *d'emplois* nouveaux ont été créés : sur les 4,5 millions de 'membres' des combinats recensés en 1989,
- 2,2 millions ont été maintenus, fin 1993, dans les 5.500 ex-combinats,
- 250000 nouveaux emplois ont été créés par la privatisation d'entreprises commercialisées,
- 450000 nouveaux emplois résultent de procédures de 'liquidation', et
- 450000 emplois devaient être créés par la privatisation de masse.

Il y a eu, par ailleurs, de massives créations d'emplois dans de nouvelles activités, surtout des PME, portant à 40% la partie des emplois privés dans l'industrie (44% pour l'ensemble des activités sauf agriculture, 58% en comptant l'agriculture) (selon diverses estimations faites par le Ministère de la Privatisation, l'OCDE, le Courrier des pays de l'Est).

219 Source chiffrée : Ministère de la Privatisation, OCDE, Courrier des pays de l'Est.

220 Janusz Lewandowski, Ministre de la Privatisation, octobre 1993 à Cracovie ; cf. également l'analyse des restructurations dans les ex-combinats non-privatisés chez Pinto et al. (1993).

	1990	1991	1992	1993	1994
ex-combinats	8453	8200	7400	5500	5096
commercialisations (S.A. d'Etat)	159	244	356	515	850
privatisations après commercialisation	1	35	63	105	170
privatisation par liquidation (art. 19 et 37)	59	850	1500	2480	3400
privatisation de masse (projet)					'(300)
unités ayant changé de statut légal	218	1094	1856	2995	4250
dont : nouvelles entreprises privatisées	60	885	1563	2585	3570

Tableau VIII.1 : Résultats des programmes de privatisation en Pologne (1990-1994)[221]

L'hypothèse selon laquelle l'investissement étranger allait jouer un rôle important dans les restructurations au niveau des ex-combinats s'est révélée correcte ; on ne s'attendait pas, en revanche, à lui voir un niveau *absolu* si faible. Entre 1990 et 1993, plus de 50% des 'grandes' privatisations (selon la procédure de commercialisation-privatisation, articles 5 et 6), ont été réalisées avec le concours d'un investisseur étranger (Hardy, 1993). Ces investissements ne portent que rarement sur la reprise d'anciennes fonctions productives, mais plutôt sur la construction de *nouvelles* capacités (investissements 'greenfield'), voire sur le rachat de fonctions immatérielles, le plus souvent liées à la reprise de réseaux de distribution.[222] Cependant, le volume absolu, *faible*, de l'investissement étranger lui confère un rôle mineur au niveau national. Fin 1994, 3 milliards de dollars seulement d'investissement avait été enregistrés et 3 milliards de dollars avaient été promis pour les cinq ans à venir.[223]

'La démocratisation de la gestion nationale de l'économie exige la participation active des employés, des conseils ouvriers, des autorités locales et du Parlement dans l'élaboration des plans.' Notre analyse permet de faire l'hypothèse que cette introduction d'Oskar Lange (1957) à ses '*Thèses sur certaines orientations du changement du modèle économique*' semble implicitement, 36 ans après, être devenue un leitmotiv de la recherche d'une nouvelle politique industrielle, dont le 'Pacte de l'Entreprise Publique' formule les éléments de base. Après une première phase marquée par une approche ambitieuse de privatisation (début 1990 - été 1992), de nouveaux instruments ont été élaborés pour accélérer les capitalisations de l'industrie polonaise post-socialiste. Ils pourraient servir de base à une approche originale de capitalisation, entre les deux voies plus classiques, celle de la priorité accordée à la privatisation de masse (République Tchèque, Russie) et celle de la capitalisation forcée (ex-RDA).

En premier lieu, la *participation des employés* a été relancée par le pacte. Cette participation correspond aux exigences accrues manifestées par les syndicats, et en

---

221 Source : Ministère de la Privatisation, OCDE, Courrier des pays de l'Est, DB Research.

222 Les recettes totales des ventes sont estimées, par le Ministère de la Privatisation, à $ 400 millions.

223 Ces montants d'investissement sont en dessous de ceux réalisées et prévus en Hongrie (6 milliards $ effectués, ~10 milliards $ promis pour les cinq ans), ils correspondent à ceux enregistrés en République Tchèque (3 milliards $ effectués, ~3 milliards $ promis). cf. UN-ECE : Central European Investment Studies, ainsi que : Breszinski : Freiburg Working Papers 94/III.

particulier par Solidarité. Après avoir assumé un rôle actif dans le gouvernement pendant les deux premières années du post-socialisme, le syndicat Solidarité s'est, avec les négociations du Pacte, transformée de nouveau en un 'contre-pouvoir' (M. Tatur).[224] L'intégration des syndicats aux directions des ex-combinats, le maintien du droit de veto qu'exercent toujours les employés dans les procédures de liquidation, et l'abandon de la popiwek sont trois mesures cherchant à inciter les employés à participer plus activement aux décisions de restructuration. Les syndicats se sont, par ailleurs, déclarés favorables à l'introduction de négociations collectives au niveau *régional*. Il est probable que les *autorités locales*, marginalisées par la structure du combinat au temps du socialisme, accéderont également à des responsabilités accrues dans les processus de capitalisation. Deux mesures concrètes ont déjà été arrêtées et mises en œuvre, avec la régionalisation du Ministère de Privatisation, et le renforcement de l'Agence de Développement Industriel. La régionalisation des négociations collectives va dans le même sens. Le rôle essentiel du niveau local devient évident si l'on considère que 3400 des 4250 ex-combinats ont changé de statut depuis 1990 sur l'initiative des autorités *locales* - par les procédures dites de 'liquidation'.

Il reviendra au *Parlement* de fournir un cadre juridique adapté aux capitalisations en cours ou en préparation. Les méandres qu'a connu le projet de privatisation de masse montrent que l'élaboration d'un tel cadre est plus complexe que prévu : négocié par plusieurs gouvernements depuis 1990, rejeté plusieurs fois par le Sejm, le projet de privatisation de masse n'a été voté, en avril 1993, qu'au prix de la rupture de la coalition Suchocka... pour être ensuite mis en cause par le nouveau gouvernement Pawlak. Malgré les modifications apportées ultérieurement, soit une réduction du nombre des ex-combinats visés et un contrôle gouvernemental plus strict des 20 fonds d'investissement, le projet attend toujours fin 1995, sa mise en œuvre. Le seul élément que Lange n'avait pas prévu en 1957, est l'application des 'contrats de management', introduits début 1992, forme hybride de la 'privatisation de la capitalisation' et de la liquidation. Le programme des contrats de management stipule que, pour certains ex-combinats, des gestionnaires externes peuvent être engagés pour gérer et accélérer le processus de capitalisation.[225] Mais cette mesure s'intègre également dans la diversité des stratégies que la Pologne met en place pour assurer la bonne conduite de ses restructurations industrielles.

2. Étude de cas : la restructuration de la sidérurgie polonaise : l'insuffisance de l'approche de privatisation sectorielle

La sidérurgie est l'un des 34 secteurs auxquels devait s'appliquer le programme de *privatisation sectorielle*. L'étude des étapes de la capitalisation, inachevée fin 1995, de deux des plus grands ex-combinats du pays, *Nova Huta* et *Huta Katowice*, éclaire les obstacles qu'une telle démarche peut rencontrer.

---

224 M. Tatur (1994 ; The Consumption of consensualism - Trade Unions in Poland. EMOT Conference. Nuremberg).

225 Moyennant un paiement de 5% du prix de vente estimé, les managers ont droit à une part des résultats de l'ex-combinat et également des recettes d'une vente ; celle-ci est envisagée dans les quatre ans après l'engagement du contrat.

2.1 Point de départ : monétarisation des deux très grands combinats à outil productif hétérogène ('antiproductif')

Au moment de la monétarisation, janvier 1990, la Pologne possède les plus grandes capacités sidérurgiques en Europe de l'Est (20 Mt), mais également le nombre le plus élevé de sites (15). Le projet de concentrer la production dans un petit nombre de sites avait échoué dans les années 70/80, malgré la création d'un nouveau très grand combinat : Huta Katowice (cf. chapitre IV.3). La sidérurgie polonaise est restée éparpillée, elle souffre d'un besoin important de coordination et de transport entre les 15 sites, d'une faible spécialisation et d'un endettement élevé. Deux très grands combinats dominent l'industrie : *Nova Huta* im Lenina (Cracovie) et *Huta Katowice*. Or, à cause de la logique socialiste d'investissement qui a donné lieu à des constellations techniques hétérogènes et 'antiproductives', aucun des deux ne dispose d'un cycle métallurgique complet.

Nova Huta est, en 1990, toujours le plus grand combinat sidérurgique malgré la réduction du nombre de ses membres, passé de 34000, maximum atteint en 1975, à 23000 en 1990. Elle produit toujours ses produits plats (tôles, bandes) *sans* coulée continue d'acier. Cette installation, liant la production d'acier liquide avec les étapes de laminage, est pourtant primordiale pour assurer une production intégrée de produits plats de haute qualité (destinés à l'automobile, l'électroménager, l'emballage).[226] A Nova Huta l'absence de coulée continue avait été, dans les années 80, à l'origine de graves dysfonctionnements dans la gestion de la production et de la qualité. La polyfonctionnalité du combinat n'en avait pourtant pas souffert ; Nova Huta gérait toute la gamme du social et de contrôle d'un grand combinat : logements, distribution de biens de consommation, réseaux d'infrastructure de la ville (eau, gaz, électricité), transport urbain, milice, prison, etc.

La politique particulière d'investissement menée à *Huta Katowice* entre 1970 et 1990 a également engendré un outil productif fort déséquilibré : l'amont d'une capacité d'acier liquide de 4,5 Mt est surdimensionné par rapport à l'aval de 2,0 Mt seulement de laminage. D'où un important 'tourisme' de demi-produits entre Huta Katowice et d'autres producteurs de taille plus petite. L'absence de coulée continue limite, là aussi, la qualité des produits intermédiaires, répercutée sur la qualité des produits finaux.

La monétarisation met à jour l'hétérogénéité de l'outil productif à Nova Huta et à Huta Katowice, devenus *ex-combinats*. Les prix des intrants grimpent : masse salariale (les salaires dépassant le seuil fixé par le gouvernement obligeant à payer la popiwek), minerai de fer (calculés maintenant en dollars), énergie et transport. En revanche, les prix de l'acier laminé, jusque-là élevés, chutent : le prix de la tonne de produits plats recule de $ 540/t en 1990 à $ 400/t environ en 1992. Trois facteurs adoucissent néanmoins l'effet de la monétarisation : le maintien de tarifs douaniers pour les produits sidérurgiques, le faible taux de change du Zloty, et les stocks importants que les ex-combinats avaient accumulés pendant les dernières années socialistes. Pendant l'année 1990, les deux ex-combinats parviennent ainsi à écouler leurs stocks, dégageant encore des profits considérables ; mais, en 1991, les résultats financiers basculent dans le négatif (cf. figure VIII.2).

---

[226] Depuis la fin des années 70 il n'existe, dans le monde capitaliste, presque plus de producteur qui n'ait remplacé sa coulée en lingot par une coulée continue ; les gains de qualité, d'énergie, de temps et de transport que cette dernière permet ont modifié les modes de croissance de l'industrie sidérurgique (cf. Astier ; 1994).

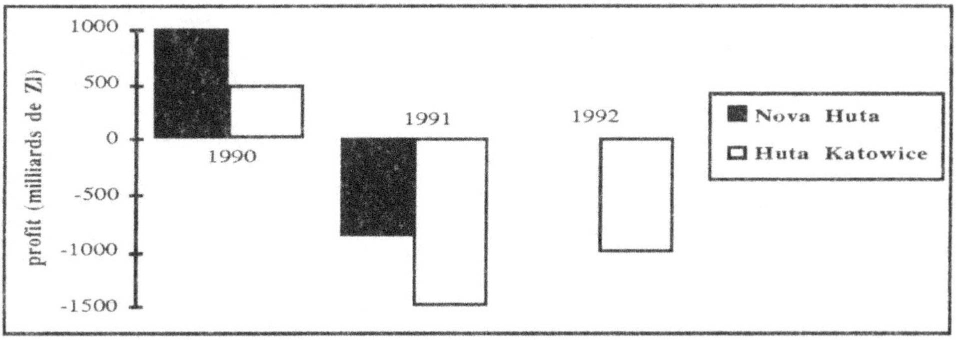

Figure VIII.2 : Effet décalé de la monétarisation sur les résultats financiers de Nova Huta et de Huta Katowice[227]

Dans l'incertitude régnant sur les projets de privatisation, les ex-combinats développent, chacun de leur côté, des projets ambitieux de modernisation : *Nova Huta* compte construire une coulée continue, et moderniser de fond en comble les autres installations. L'ex-combinat sollicite un investissement de 700 millions $ auprès de son Ministère de branche. Nova Huta appuie sa demande sur sa position 'stratégique' dans la production de produits plats et, en même temps, de services sociaux que, selon lui, aucune institution alternative n'est capable de fournir. L'ex-combinat se débarrasse parallèlement des fonctions de contrôle : le Parti (le POUP) perd rapidement ses fonctions, le conseil des ouvriers est dissous, la prison est reprise par le Ministère de l'intérieur. Nova Huta procède également à la monétarisation graduelle de quelques services sociaux : les logements, les villages de vacances et les points de vente de biens de consommation sont regroupés dans une nouvelle organisation, que Nova Huta subventionne centralement. Cette société, qui gère entre autres 4000 appartements, augmente considérablement les prix de ses services, jadis quasi gratuits ; les logements passent ainsi de 5% du salaire à 25%, les prêts pour le rachat des logements sont coupés.

De son côté, *Huta Katowice*, elle aussi prépare des projets ambitieux visant à porter à un niveau mondial son outil productif déséquilibré. Il lui faut, selon la direction technique, outre la construction d'une coulée continue, augmenter en aval ses capacités de laminage qui ne représentent que 50% de celles de l'aciérie en amont. Les investissements prévus sont du même ordre de grandeur que ceux envisagés par Nova Huta, soit 500-700 millions $. La direction de Huta Katowice, contrairement à celle de Nova Huta, se déclare prête à la *commercialisation* de l'ex-combinat, c'est-à-dire à sa transformation en S.A. d'État, et, théoriquement, à l'obligation d'être privatisée dans les 12 mois suivants. Cette nouvelle société d'État, créée en août 1991, comprend, en plus des fonctions productives de Katowice même, six autres départements de l'ancien combinat de branche.[228] Après la séparation de quelques activités non-productives, restent dans la nouvelle société commerciale 15000 des 24000 ex-membres du combinat. La commercialisation a deux résultats spécifiques pour Huta Katowice : un changement de direction (seul le directeur financier reste en place) et l'introduction d'une comptabilité monétaire, l'obligeant à une

[227] Source chiffrée : Nova Huta et Huta Katowice, directions financières.

[228] Le département Huta Bankowa (sidérurgiste, équipement des années 50), une cokerie, l'entreprise de réfractaires Skawina, deux départements de ferrailles et une usine de transformation de métaux.

analyse en terme de coûts fixes/variables et de prix de revient pour chaque produit. La commercialisation sert ainsi à clarifier les structures financières, elle permet notamment un calcul précis des composantes du déficit. Mais l'introduction d'une propriété publique formelle n'a pas d'effets concrets sur la restructuration de l'appareil productif de Huta Katowice.

2.2 Projet de restructuration sectorielle : le holding Nova Huta/Huta Katowice

La sidérurgie est un des premiers secteurs auquel la privatisation sectorielle, décidée mi-1990 par le gouvernement Mazowiecki, doit être appliquée. Le Ministère de l'Industrie rejette d'office les demandes de modernisation avancées individuellement par chacun des ex-combinats. Il décide, conformément aux principes de la privatisation sectorielle, de sous-traiter l'élaboration d'un schéma de restructuration. Un cabinet de conseil occidental est donc chargé de proposer une nouvelle structure pour la sidérurgie ; ce cabinet est également responsable de la prospection d'investisseurs étrangers.

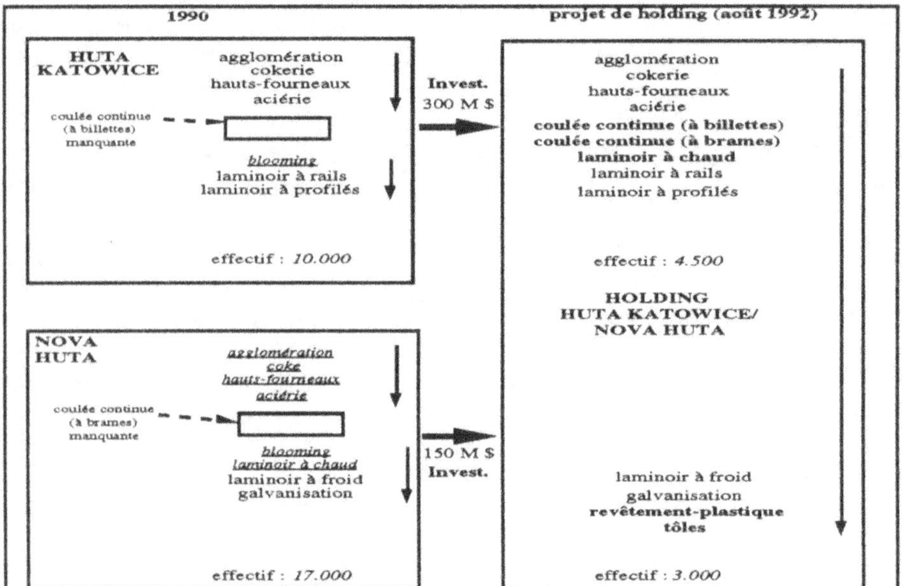

Figure VIII.3 : Le projet de holding pour la sidérurgie polonaise, août 1992[229]

Au plan technique, il n'y a qu'une solution possible, si de plus on prend en compte la réduction de la demande solvable de 30% (10-11 Mt contre 15 Mt en 1989) : il faudrait *concentrer* l'industrie dans un nombre très limité de sites, et, surtout, mettre fin à la division de la production 'à la socialiste' entre Nova Huta et Huta Katowice. Le cabinet

---

[229] Les flèches verticales indiquent des parties techniquement intégrées. Dans la colonne de gauche (1990), les unités en *italique souligné* désignent les fonctions productives à abandonner ; dans la colonne de droite (projet de holding 1992), les unités en **gras** désignent les nouveaux investissements prévus ; I ~ montant d'investissement prévu. Source : Nova Huta, Huta Katowice, Ministère de l'Industrie.

élabore alors un projet de refonte complète des deux sites. Le rapport, remis au Ministère en août 1992, préconise en effet à nouveau le programme qui avait été déjà élaboré à la fin des années 60 pour la sidérurgie (cf. chapitre IV) : *concentration* de la production d'acier à Huta Katowice, et *abandon* de la production d'acier dans la plupart des autres ex-combinats, y compris à Nova Huta. Le seul grand investissement prévu ($ 300 millions) porte donc sur la construction de *deux* coulées continues à Huta Katowice (l'une à brames, pour produits plats, et l'autre à billettes, pour produits longs). En revanche, Nova Huta doit, selon ce projet, *arrêter* sa production d'acier et se limiter à quelques activités mineures de laminage (galvanisation en continu, revêtement plastique, train de tôles pour la construction). Le projet prévoit le maintien de 4500 emplois à Huta Katowice (sur 10000 en 1992), mais une réduction beaucoup plus drastique des effectifs à Nova Huta : de 17000 à 3000 (cf. figure VIII.3) ![230] Il est proposé de fusionner la gestion financière et celle de la production dans un nouveau holding, dont Katowice assurerait la direction. Katowice deviendrait enfin, ce qui avait été prévu depuis les années 70, le pivot de la sidérurgie polonaise, réalisant plus de 50% de la production nationale. Or, si la proposition est techniquement incontestable, elle n'apporte aucun élément de réflexion sur la manière dont doit s'opérer, dans chacun des sites, la reconversion. Le plan de restructuration ne s'intéresse pas non plus aux possibilités de valorisation des métiers spécifiques locaux, afin de diversifier localement les activités industrielles. Quant au financement, le cabinet constate qu'aucun investisseur ne s'est montré intéressé...

2.3 Blocages de la capitalisation

Malgré l'absence d'investisseur, le gouvernement tente de mettre en place le projet de holding, qu'il publie fin août 1992. La réaction dans l'industrie est unanime : dans chacun des ex-combinats, direction, syndicats et employés se mobilisent *contre* le projet. Les syndicats locaux déclenchent des mouvements de grève, se joignant ainsi à la vague de grèves qui déferle sur le pays en cet 'été chaud'. Mais les directions des ex-combinats, elles aussi, bloquent le programme en insistant auprès du Ministère de l'Industrie sur la nécessité de moderniser chacun des ex-combinats. Les mouvements atteignent leur apogée quand, à Noël 1992, le syndicat Solidarité '80 de Nova Huta organise une grève de la faim, où les grévistes s'enchaînent devant les hauts-fourneaux.

Incapable de proposer des schémas de reconversion aux ex-combinats et d'imposer l'éclatement de ceux-ci, le gouvernement renvoie aux cabinets de conseil la proposition de la restructuration sectorielle et du holding Huta Katowice - Nova Huta. Début janvier 1993, le cabinet présente un nouveau projet qui constate... que le maintien des *deux* grands sites sidérurgiques constitue une alternative économiquement viable. Il est désormais proposé d'affecter des investissements à *chacun* des deux ex-combinats, et d'y moderniser l'amont (aciérie) *et* l'aval (laminoirs). Quant aux coulées continues, le projet prévoit également d'en affecter une à *chaque* ex-combinat. Le coût de ce deuxième projet s'élèverait à $ 1500 (!) millions. Pourtant, fin janvier 1993, le gouvernement accepte cette 'modification' ; il serait prêt à garantir des crédits auprès des fournisseurs occidentaux d'équipement.

Deux ans et demi après (juin 1995), aucune des mesures proposées par le projet

---

[230] La sidérurgie polonaise devait garder, dans ce projet, 30000 de ses 120000 emplois. La solution proposée s'inspire du modèle de restructuration de la sidérurgie britannique, qui avait commencé avec le regroupement des unités non-intégrées à partir de 1976 en un grand holding, leur désendettement et leur modernisation, puis s'était poursuivie par la privatisation du holding : British Steel, en 1988.

révisé n'a été mise en œuvre. Nova Huta et Huta Katowice ont signé, avec des fournisseurs occidentaux, des contrats sur l'installation de leur coulée continue respective, mais, à cause d'incertitudes persistantes sur le financement, les travaux n'avancent que très lentement. Alors que la séparation des fonctions sociales progresse, celle des fonctions productives s'est arrêtée : les départements des ex-combinats, qui ont pourtant été formellement 'privatisés', cherchent en effet à *renforcer* leurs liens avec l'ex-combinat. A Nova Huta, sur une dizaine de départements, un seul estime qu'il pourrait se diversifier même après la fermeture de l'ex-combinat,... il s'agit du ferrailleur. La situation n'est pas différente à Huta Katowice, où l'entreprise commercialisée continue à faire des pertes. Même si l'investissement public dans chacun des ex-combinats avait lieu, il ne résoudrait pas le blocage structurel, dû à l'absence de perspectives de conversion à moyen et long terme. La capitalisation de Nova Huta et de Huta Katowice semble être gênée par l'absence d'institutions capables de gérer l'éclatement des fonctions productives existantes et leur recomposition en entreprises monétaires. Nous repérons quelques facteurs explicatifs de cette absence :

- L'ex-combinat de Nova Huta occupe un terrain de 5000 ha, soit la quasi totalité des terrains industriels disponibles dans la région. La commune, qui souhaite développer un projet de pépinière d'entreprise, n'a pu obtenir de Nova Huta que l'accès à deux lots non-aménagés, d'une surface de... 14 hectares.
- Sur les deux sites, les agences de développement munies d'un pouvoir politique et financier ne commencent à agir que graduellement. Le Conseil municipal de la ville de Cracovie est obligé de se rallier aux projets proposés par son puissant voisin industriel, le combinat Nova Huta ; elle en avait pourtant demandé la fermeture en 1990, surtout à cause de la pollution environnementale. Le soutien régional à la diversification des combinats manque également dans le cas de Huta Katowice : la haute Silésie, pourtant la région la plus peuplée et industrialisée de Pologne, ne peut mettre à la disposition du comité de développement régional que des moyens très limités pour soutenir la diversification.
- La faiblesse des communes et des institutions de sécurité sociale empêche une séparation nette entre le productif et le social. Huta Katowice, propriétaire de 5000 logements, se trouve en face d'une municipalité qui n'a pas les moyens d'assurer l'entretien de ces logements ; les habitants en refusent le transfert, fut-il gratuit.
- Le soutien international dont devait bénéficier la sidérurgie polonaise, et notamment Huta Katowice, dans le cadre d'une aide CECA, est bloqué par des contentieux commerciaux entre l'Union Européenne et les sidérurgistes des PECO, et notamment les grands producteurs. En effet, Huta Katowice serait capable d'approvisionner, à des prix compétitifs, l'Europe occidentale en rails thermiques et en aciers alliés. Or, la crise sidérurgique communautaire renforce la réticence des industriels occidentaux à accepter la spécialisation qu'engendre inévitablement l'ouverture des pays de l'Est dans le moyen terme. Les plaintes antidumping des producteurs communautaires et l'insistance sur la fixation de contingents limités d'importation d'acier visent, entre autres, Huta Katowice.

Les perspectives de Nova Huta et de Huta Katowice, que nous qualifions toujours d'ex-combinats, apparaissent comme incertaines (cf. tableau VIII.2) ; la restructuration de la sidérurgie est néanmoins représentative des phénomènes observés dans d'autres secteurs ayant fait partie du programme de privatisation sectorielle. Ces secteurs auront besoin, pendant un certain temps encore, de stratégies particulières d'éclatement des anciennes structures et de construction de nouvelles entreprises.

	I (01/90 - 1/90)	II (01/91 - 1/92)	III (01/93 -...)
Objectifs	- restructuration individuelle par combinat, modernisation intégrale de Nova Huta et de Huta Katowice	- programme de privatisation sectorielle - création d'un grand holding Huta Katowice/Nova Huta	- gagner du temps pour développer de nouveaux instruments de capitalisation
Principaux acteurs	- direction des ex-combinats Nova Huta et Huta Katowice - Ministère de l'Industrie	- cabinet de conseil étranger - Ministère de l'Industrie - directions des ex-combinats, refusant le projet - syndicats, déclenchant des mouvements de grève	- Ministère de l'Industrie, qui confirme le maintien des deux sites - institutions locales (Agence de développement industriel, succursales du Ministère de la Privatisation), se développent graduellement - Communauté Européenne : limite exportations
Résultats (blocages)	-> blocages : incohérences techniques insurmontables - pertes importantes depuis 1991 - commercialisation de Huta Katowice	-> blocages à la restructuration sectorielle - absence de schéma de reconversions locales	-> attente de nouvelles tentatives de capitalisation - maintien temporaire des ex-combinats

Tableau VIII.2 : Les tentatives pour capitaliser Nova Huta et Huta Katowice

3. Étude de cas : une capitalisation originale, Huta Warszawa

L'histoire de la capitalisation d'un autre ex-combinat de la sidérurgique polonaise, Huta Warszawa, est un cas dans lequel la valeur des fonctions productives a été négligeable par rapport à l'avantage que représentait l'accès à un nouveau marché émergent. L'exemple révèle également la forte cohésion entre le productif et le social, persistante dans le post-socialisme.

3.1 L'éclatement de l'outil productif

Huta Warszawa était en Pologne le seul combinat sidérurgique spécialisé dans la production d'aciers spéciaux. Projet de prestige des années 60, il a été construit au *centre* même de la capitale de Varsovie. Une fois constitué, le combinat a reçu dans les années 70 de nombreux investissements productifs et sociaux, parmi eux 1800 appartements dont le loyer était fixé à moins de 5% du salaire. Comme d'autres combinats, Huta Warszawa souffrait, dans les années 80, du vieillissement de son outil productif ; aucun investissement productif n'avait eu lieu entre 1978 et 1990.

Aussi en 1990, l'état technique de l'outil productif est-il vétuste : les fours Martin des années 60 existent toujours, à côté de deux petits fours électriques (années 70) et de trois petits laminoirs de produits longs (années 60 et 70). La qualité des produits finis, destinés à des applications haut de gamme (centrales thermiques, équipement médical) est incompatible avec les standards internationaux. De plus, la pollution de l'eau et de l'air, mais aussi la pollution sonore atteignent des niveaux que la population urbaine voisine ne tolère plus. La monétarisation et l'ouverture du marché aux produis importés portent un coup fatal au combinat. La demande chute et, malgré les tarifs douaniers (15-20%), on assiste à de premières importations d'aciers spéciaux. L'ex-combinat compte toujours 6000 ex-membres, pour une production de 500 kt seulement. Début 1991, Huta Warszawa est insolvable.

3.2 *Ouverture d'une nouvelle fonction : l'accès au marché*

Or les sidérurgistes occidentaux, qui refusaient de s'intéresser aux grands ex-combinats Nova Huta et Huta Katowice, commencent à s'intéresser à Huta Warszawa. Dès janvier 1990, l'entreprise italienne Lucchini, spécialisée dans les mini-usines électriques, se présente, suivie par Thyssen, Hoogovens et Krupp. Aucun d'eux n'a la moindre intention de reprendre l'équipement dont dispose l'ex-combinat. Celui-ci ne justifie, selon eux, aucun investissement ; dans l'état actuel, la valeur de l'ex-combinat est nulle voire négative. C'est, en revanche, l'ouverture d'une *nouvelle* opportunité dont les sidérurgistes occidentaux ont rapidement pris conscience, qui les attire : *l'accès au marché polonais*. Huta Warszawa non seulement bénéficie d'une certaine protection douanière, mais surtout dispose d'un réseau développé de distribution, hérité de Polstal, l'ex-distributeur national de produits sidérurgiques. Avec un marché en croissance potentielle, des ressources de ferrailles abondantes et une main-d'œuvre bien formée, les aciers spéciaux apparaissent en effet comme le produit le plus prometteur de la sidérurgie polonaise. Lucchini signe, fin 1991, une déclaration d'intention avec le gouvernement. Ce sidérurgiste, qui a lui-même développé un réseau de distribution flexible en Europe occidentale à partir de ses deux mini-aciéries situées en Italie du Nord, semble le meilleur partenaire susceptible de moderniser la filière électrique pour produits spéciaux à Huta Warszawa. Le gouvernement voit dans cette transaction un succès important de sa politique de privatisation et il en fait un événement médiatique.

3.3 *Les objets de la capitalisation : l'accès au marché et 1800 logements !*

En réalité, il ne s'agit nullement d'une 'privatisation', car aucune des fonctions productives dont dispose Huta Warszawa ne va être transférée. Lucchini déclare aussitôt son intention de *fermer* tout l'appareil productif de l'ex-combinat. En effet, les $ 100 millions qu'il paie comptant au gouvernement pour la reprise de l'ex-combinat n'ont aucune contrepartie physique. Le repreneur prévoit, en revanche, *d'investir* $ 130 millions dans une usine entièrement *nouvelle* (fours électriques, métallurgie de poche, coulée continue, laminoirs). Lucchini obtient facilement des financements internationaux de la BERD ($ 80 millions) et de l'IFC (filiale de la Banque Mondiale, $ 36 millions).

Alors que l'étape centrale de la capitalisation semble ainsi maîtrisée et que le contrat est prêt à être signé (mi-1992), la municipalité de Varsovie revient, elle, sur la question des *appartements*. Les 1800 appartements, dont Huta Warszawa est toujours propriétaire, sont habités en 1992 par une majorité de gens ne travaillant pas chez Huta Warszawa et qui craignent de perdre leur logement dans la transaction. Les syndicats locaux, soutenus par un parti de l'opposition, font du lobbying intensif contre la vente des terrains à des promoteurs privés. Or, avec un budget réduit à son minimum, la municipalité, censée récupérer les appartements, se déclare incapable d'en assurer l'entretien et la gestion ; elle refuse de les reprendre. Dans cette impasse, Lucchini, soucieux de ne pas perdre le dossier, propose une solution tout à fait originale : le groupe *lui-même* se dit prêt à reprendre les 1800 logements et à veiller à leur entretien, moyennant le transfert gratuit de la propriété. Le gouvernement, soucieux de son côté de ne pas laisser passer cette 'privatisation' lucrative - il encaisse les $ 100 millions comme prix de vente - pousse la municipalité à accepter la cession des terrains et des appartements. Le contrat peut être signé à l'automne 1992, les investissements de Lucchini commencent dès 1993 (cf. tableau VIII.3 et Figure VIII.4).

	I (01/90 - 01/91)	II (01/91 - 07/92)	III (08/92 - 11/92)
Objectifs	- moderniser l'outil productif de Huta Warszawa	- privatiser l'ex-combinat Huta Warszawa	- réussir la capitalisation de Huta Warszawa
Principaux acteurs	- Ministère de l'Industrie, protection du marché	- sidérurgistes européens, course à la nouvelle fonction productive (immatérielle) : l'accès au marché - Ministère de l'Industrie, négocier le prix, les conditions d'investissement, les emplois - BERD, d'autres banques, financer un projet prometteur	- municipalité, refuse de reprendre les appartements (fonction sociale) - investisseur Lucchini, maintenir le projet - Ministère de l'Industrie et de la Privatisation, sauver une opération lucrative
Résultats (blocages)	-> la monétarisation rend Huta Warszawa insolvable	-> capitalisation de l'ex-combinat par Lucchini, qui n'en garde aucune fonction productive physique	-> reprise par Lucchini des 1800 appartements, et du terrain - construction d'une nouvelle sidérurgie électrique moderne

Tableau VIII.3 : Les étapes de la capitalisation de Huta Warszawa

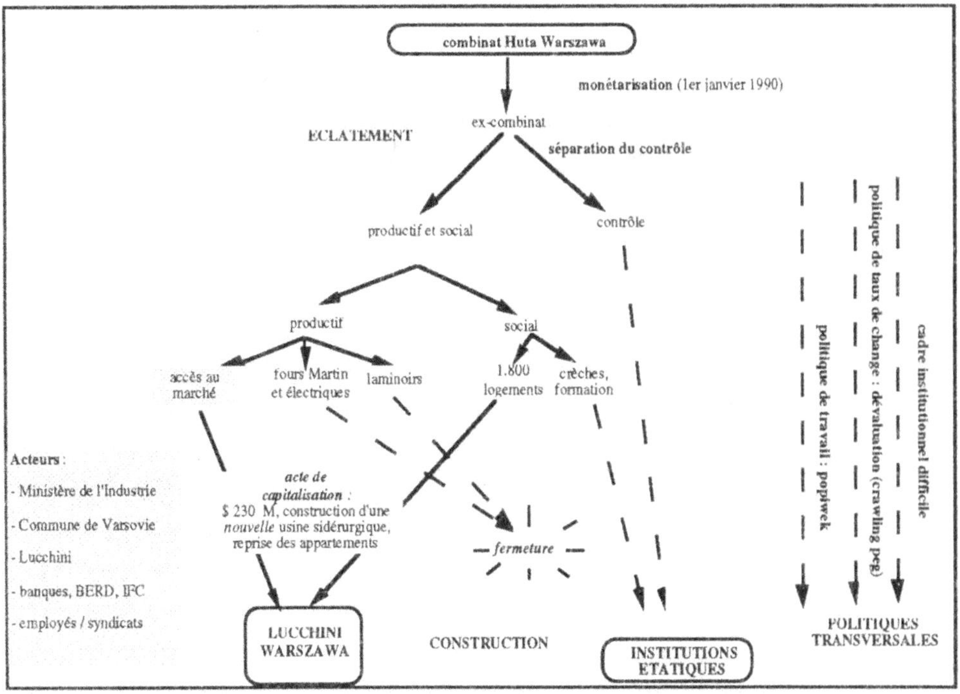

Figure VIII.4 : La capitalisation de Huta Warszawa

Cette dernière étude montre la diversité des dynamiques que peuvent prendre les processus de capitalisation. Le point critique de la restructuration de Huta Warszawa n'était *pas* la question de la propriété, ni même celle de l'absence de valeur de l'outil productif existant. Plutôt, la séparation entre le productif et le social et l'ouverture d'une nouvelle fonction, inexistante jusque-là, dominaient les négociations. Curieusement, ce qui a donné lieu à la création d'une nouvelle entreprise a été, *in fine*, la capitalisation d'une fonction immatérielle nouvelle (l'accès au marché) moyennant le rachat de 1800 appartements.

Conclusion

Malgré l'application d'un programme radical de réformes, les conditions relativement flexibles qu'elle a choisies pour la monétarisation ont permis à la Pologne d'ajuster, après deux ans, son approche initiale de restructuration de l'industrie. En 1990, elle faisait l'hypothèse que la privatisation des meilleurs morceaux de chaque secteur, la privatisation sectorielle, et la privatisation de masse suffiraient à mener à bien cette restructuration. La popiwek, impôt sur les augmentations de salaires dans les ex-combinats, devait faciliter la transformation des ex-combinats, en leur imposant une politique salariale stricte. Le programme de stabilisation macroéconomique a rapidement réussi en Pologne. Au bout de trois ans, les objectifs de stabilité monétaire et de croissance du PNB ont été atteints. Ce résultat n'indique, en revanche, rien sur le processus, ni sur les perspectives de l'adaptation des 8500 ex-combinats aux nouvelles conditions monétaires dans le post-socialisme.

La première stratégie de privatisation de l'industrie a duré deux ans, entre l'été 1990 et l'été 1992. La difficulté d'imposer aux combinats des solutions de restructuration sectorielle, pourtant techniquement incontestables, a déclenché, durant l'été 1992, une résistance générale au découpage mal coordonné de ceux-ci. A l'origine des obstacles se trouvaient des politiques transversales sociales insuffisantes, la faiblesse de l'investissement étranger et, surtout, la difficulté de traiter les obstacles à la reconversion au niveau de chacun des ex-combinats. Les difficultés rencontrées ont également fait repousser systématiquement le programme de privatisation de masse ; prévu comme un élément central des restructurations dès 1990, la question de savoir qui contrôlerait les fonds privés d'investissement a divisé les législateurs pendant presque quatre ans.

Un processus cherchant à faire participer un plus grand nombre d'acteurs et à leur accorder des responsabilités accrues dans le processus de restructuration s'est alors mis en place, à l'automne 1992. Parallèlement, le gouvernement a promu une 'table ronde', réunissant l'État, les employeurs, et les syndicats. Le 'Pacte de l'Entreprise Publique' du printemps 1993, résultat de ces négociations tripartites, vise ce que O. Lange appelait, en 1957, 'la démocratisation de la gestion nationale de l'économie' : une participation accrue des syndicats dans la prise des décisions, une responsabilité des banques dans le contrôle de leurs débiteurs, la prise en charge par l'État des fonctions sociales. Le pacte n'est certainement pas une 'solution miracle' garantissant désormais le passage souple des ex-combinats à l'entreprise ; il s'agit néanmoins d'une institution unique dans le post-socialisme, devenue le pivot des négociations. Il ouvre la voie à d'autres instruments, plus concrets, tels ceux de la décentralisation des capacités techniques, financières et juridiques des agences chargées des restructurations, amorcée fin 1992.

L'investissement étranger révèle deux tendances, en Pologne comme dans d'autres pays post-socialistes : d'un côté, il permet l'intégration des nouvelles entreprises créées dans les réseaux commerciaux internationaux, le transfert de technologie et l'accélération de l'apprentissage. L'investissement étranger est devenu, de ce fait, un facteur central pour la plupart des capitalisations des grands ex-combinats ; en Pologne, plus de 50% de celles-ci ont été réalisées avec le concours important d'un investisseur étranger. Mais, il faut également souligner le faible nombre *absolu* de ces grandes capitalisations réussies avec la participation de capital étranger (une centaine seulement). Ainsi, globalement, le faible intérêt que représentent les ex-combinats post-socialistes pour les capitaux internationaux limite sérieusement le rôle de cet investissement à l'échelle nationale. Surtout, il ne peut nullement se substituer à une politique nationale de capitalisation. En Pologne, le montant de l'investissement étranger direct atteint à peine $ 3 milliards pour les quatre premières années, et un accroissement substantiel n'est pas encore en vue. D'autres pays post-socialistes connaissent cette même expérience.

Les études de cas indiquent deux types d'obstacles que la capitalisation peut rencontrer : le projet avorté de holding pour la sidérurgie polonaise, entre Nova Huta et Huta Katowice, ressemble curieusement à l'abandon d'un projet similaire, mené au temps du socialisme, 20 ans auparavant et ensuite abandonné également. En 1992, comme dans les années 70 et 80, des investissements de 'maintien' pour les ex-combinats existants ont été préférés à des investissements de modernisation, qui auraient nécessairement mené à la fermeture d'un grand nombre de fonctions productives dans les ex-combinats. En attendant de nouvelles tentatives de capitalisation, le maintien des structures industrielles que nous qualifions toujours 'antiproductives', et des emplois associés, semblait au gouvernement la solution la moins coûteuse. La capitalisation de Huta Warszawa, où tout laissait supposer la disparition tout court de l'ex-combinat, indique au contraire qu'il est impossible de prévoir le devenir des ex-combinats dans le post-socialisme. L'ouverture d'une nouvelle fonction : l'accès au marché et donc à la demande devenue solvable, peut se révéler plus important pour la capitalisation que l'outil productif physique de l'ex-combinat.

L'avenir des restructurations post-socialistes en Pologne sera déterminé par la capacité d'appliquer les nouveaux instruments de capitalisation aux nombreux ex-combinats toujours non touchés par les procédures de privatisation. Cinq ans après l'introduction des réformes, les enjeux qu'elles engagent se sont ainsi déplacés : la question de la privatisation, tout en restant un objectif à moyen terme, a cédé la place à la recherche de l'accélération, à court terme, de procédures de capitalisation. La Pologne dévie ainsi considérablement de la trajectoire des réformes industrielles initialement prévue, tendance dont on peut supposer qu'elle se diffusera rapidement dans d'autres pays post-socialistes.

Chapitre IX

VERS UNE PERIODISATION DES POLITIQUES INDUSTRIELLES POST-SOCIALISTES

L'analyse des stratégies nationales menées en ex-RDA et en Pologne et de la mise en œuvre des restructurations dans les quatre ex-combinats a montré le caractère inattendu des trajectoires suivies par les réformes industrielles post-socialistes ainsi que leur absence de convergence. Il est apparu que les critères d'évaluation les plus souvent évoqués dans les interprétations en termes de 'transition', qu'il s'agisse du taux de capital à propriété privée, de la croissance de la production ou du PNB, ne suffisent pas à caractériser ces trajectoires parce qu'ils les uniformisent trop. L'attitude inverse, qui consiste à supposer derrière chaque trajectoire nationale un 'nouveau modèle' issu de son profil institutionnel propre, risque, quant à elle, de négliger la singularité du post-socialisme, en faisant de la 'transformation-ologie' (D. Stark, 1994) un champ de recherche autonome. Certains économistes-politologues, enfin, ne voient les réformes que sous l'angle de la recherche d'un consensus à l'intérieur de la 'société civile' ; selon eux, les trajectoires dépendent uniquement de l'équilibre électoral. Après une première phase de large soutien aux réformes, argumentent-ils, les réformes économiques auraient ensuite perdu leur dynamique à cause de l'apparition de gouvernements où reviennent en force des partis post-communistes.

Le cadre d'analyse bâti dans les chapitres précédents permet de prendre position dans ce débat. Nous considérons que les interprétations uniformisantes comme celles qui, au contraire, optent pour une large diversification, risquent de passer à côté des singularités de la période actuelle. Seul un repérage préalable de ces singularités permet, nous semble-t-il, de formuler les perspectives de 'cet étrange post-socialisme'. Entre l'état actuel des réformes, en République Tchèque et en Roumanie, par exemple, n'y a-t-il vraiment plus, cinq ans après le début de ces réformes, aucun point commun, comme le soutiennent la plupart des analyses ? Comment, par ailleurs, rendre compte du parallélisme des trajectoires électorales dans ces pays, si l'on retient l'opposition classique opérée entre pays déployant une 'thérapie de choc' et pays 'gradualistes' ? Nous proposons dans ce dernier chapitre d'élaborer un cadre commun permettant de caractériser et de comparer les approches nationales des réformes industrielles post-socialistes.

1. Singularité d'une politique industrielle dans le post-socialisme

1.1 Conceptions divergentes des politiques industrielles

Qu'est-ce qu'une politique industrielle ? Peu de concepts mettent aussi bien en lumière les divergences entre différents discours économiques. Il n'y a pas, en réalité, d'assise conceptuelle commune aux deux discours le plus souvent évoqués : l'un, soutenant que 'la meilleure politique industrielle est l'absence de politique industrielle'[231], et l'autre,

---

[231] Fisher, F. M. (1987 ; Adjustment processes and stability. in : John Eatwell, Murray Milgate, and Peter Newman (eds.) : *The New Palgrave : A Dictionnary of Economics*. New York ; Mac Millan).

affirmant que la coexistence même des industries et d'un État sur un unique territoire suppose inéluctablement *l'existence* d'une politique industrielle.[232] Notre objectif n'est pas d'entrer dans ce 'non débat' ; nous cherchons plutôt à y déceler un point de référence qui nous permette de situer la singularité d'une politique industrielle *post-socialiste*. Pour ce faire, nous rappelons brièvement deux développements récents du concept de politique industrielle.

Une première définition est apparue dans les années 60, période durant laquelle des secteurs industriels entiers, jugés 'stratégiques' encore quinze ans auparavant, étaient obligés d'engager des restructurations de fond. Dans ce contexte, une politique était dite 'industrielle' lorsqu'elle cherchait à agir sur les conditions de restructuration dans *un secteur industriel* donné ; c'est ce que l'on a ensuite appelé politique *verticale*. Par la suite, le débat des années 80 a modifié le point de vue, en opposant aux politiques verticales le concept de politique *horizontale*, s'adressant non plus à la compétitivité d'un secteur donné mais à celle d'un *territoire* industriel donné.[233] Analysant le degré d'attraction du 'territoire' français des années 90, Taddei et Coriat reprennent la distinction entre politiques verticales et horizontales, tout en insistant sur la difficulté à concevoir des politiques horizontales neutres, c'est-à-dire touchant tous les secteurs d'un territoire de la même manière.[234] Taddei et Coriat soutiennent néanmoins que la variété des instruments horizontaux permet aujourd'hui, mieux que des approches verticales 'simplistes', une orchestration plus fine des politiques industrielles.[235]

'La Communauté et les États membres veillent à ce que les conditions nécessaires à la compétitivité de l'industrie de la Communauté soient assurées.'[236] Nous considérons cette 'définition' opérationnelle de la politique industrielle fournie par le Traité de l'Union Européenne comme un aboutissement, temporaire, du débat ; il s'agit en effet d'un concept ayant obtenu le plus large consensus connu à ce jour. L'article 130 cherche à élargir les instruments horizontaux en maintenant la possibilité d'éventuelles interventions verticales ; il vise surtout l'abaissement des barrières à la sortie pour les entreprises structurellement déficitaires et des barrières à l'entrée pour de nouvelles entreprises et de nouvelles industries. L'article prévoit trois critères d'intervention :

- l'accélération de l'adaptation des industries ;
- l'encouragement d'un environnement favorable, surtout pour les PME et la coopération interentreprises ;
- l'exploitation du potentiel industriel des politiques de R&D.[237]

---

232 Martin Bangemann, Commissaire européen chargé de l'industrie et du marché commun, (1992 ; *Mut zum Dialog, Wege zu einer europäischen Industriepolitik*. München ; Verlag Aktuell).

233 Une définition, largement répandue, tentant de jumeler les deux aspects est celle de Johnson : 'Industrial policy is the initiation and coordination of governmental activities to leverage upward the productivity and competitiveness of the whole economy and of particular industries in it.' Johnson, C. (1984 ; *The Industrial Policy Debate*. San Francisco ; Institute for Contemporary Studies).

234 'Il y a derrière toute horizontalité des verticalités qui se cachent.' Taddei et Coriat (1993 ; *Made in France*. Paris ; Livre de poche. p. 393).

235 En prenant l'exemple de la CEE, Taddei et Coriat (ibid) citent comme leviers possibles d'une politique industrielle *horizontale* : les infrastructures publiques et les réseaux, l'éducation et la formation professionnelle, la R&D, la politique sociale (salariale), l'environnement et même les politiques macroéconomiques (budgétaires et monétaires).

236 Traité sur l'Union Européenne, Art. 130 (1), 1er alinéa.

237 Ibid., Art. 130 (1), 2e alinéa.
Le débat théorique, quant à lui, sur l'interprétation du concept, et sur son utilité, continue : cf. M. Bangemann (op. cit.), Jacquemin et Marchipoint (1992 ; De nouveaux enjeux pour la politique industrielle de la Communauté. *Revue d'Economie Politique*, vol. 102, n° 1) ; Siebert, H. (1992 ; Standortwettbewerb - nicht

1.2 Prise en compte de la singularité post-socialiste

A partir de cette définition fournie par l'article 130, retenue comme définition de travail, nous cherchons ici à caractériser une politique industrielle post-socialiste. Nous allons montrer, dans un premier temps, que les concepts, tels celui de l'article 130, élaborés au sein d'économies capitalistes, sont inadaptés pour rendre compte de la spécificité post-socialiste. Nous développerons ensuite une définition positive.

Il est aisé de montrer ce que n'est *pas* une politique industrielle post-socialiste et en quoi elle ne peut être une politique horizontale classique. Car, si l'on considère que le post-socialisme est introduit en *rupture* avec le socialisme, on ne peut y appliquer des concepts développés pour suivre la transformation, en *continu*, d'entreprises et de configurations industrielles données. Or, ce sont précisément des entreprises et des industries bien établies que vise l'article 130, en cherchant à faciliter l'adaptation *graduelle* de ces structures. Nous avons montré en effet qu'au moment de la monétarisation, il n'existe, dans le post-socialisme émergent, *aucune* entreprise, mais uniquement des fonctions éclatées sans cohérence - des 'débris', réduits aux machines, aux bâtiments et à des compétences isolées. Il nous paraît donc impropre d'appliquer les concepts traditionnels de politique industrielle au post-socialisme. Pour mettre en lumière cette incompatibilité, nous confrontons ce que nous considérons être le point de départ des pays devenus post-socialistes aux trois critères d'intervention prévus par l'article 130 :

- il ne peut y avoir *accélération de l'adaptation des industries* post-socialistes, puisque les industries censées s'adapter n'existent pas encore ;
- de même, *l'encouragement d'un environnement favorable* n'est imaginable que s'il s'agit de l'environnement des *entreprises* censées en bénéficier ; ceci n'est pas le cas dans le post-socialisme ;
- quant à *l'exploitation du potentiel d'innovation et de R&D technologique*, il est également impossible à mettre en oeuvre ; tout comme les autres fonctions des ex-combinats, la valeur des fonctions de R&D et d'innovation ne peut pas être déterminée après l'abandon du système socialiste.

On ne saurait donc transférer la définition de l'article 130 concernant l'adaptation graduelle de l'industrie, ni d'autres définitions allant dans le même sens, *que* si l'on considère qu'il s'agit également dans le post-socialisme d'un processus d'adaptation *graduelle*. Nous proposons, au contraire, de déduire de notre caractérisation de la *rupture* entre le combinat et l'entreprise, une définition positive. Une politique industrielle post-socialiste doit partir de la structure industrielle socialiste élémentaire que constituait le combinat, éclaté dans le post-socialisme en nombreuses fonctions, les ruines ou débris, et de l'absence de moyens pour leur attribuer une valeur. Son objectif doit donc être de transformer ces fonctions éclatées en actifs industriels, ou 'entreprises' ; c'est ce que nous appelions la capitalisation. Une *politique industrielle post-socialiste* fournit les instruments de l'encadrement du processus d'éclatement des structures industrielles socialistes, que la monétarisation a rendu obsolètes, et du processus de construction d'une nouvelle configuration industrielle en environnement monétaire ; elle *structure le processus de capitalisation des ex-combinats*. La politique industrielle post-socialiste s'appuie sur des *interventions directes*, en partie réalisées par de nouveaux organismes créés à cette fin, ainsi

Industriepolitik. *Die Weltwirtschaft*, Heft 4) ; Streit, M. and Mussler, W. (1994 ; The Economic Constitution of the European Community - From 'Rome' to 'Maastricht'. Discussion Paper 03-94 of the Max-Planck-Institute for Research into Economic Systems (Jena)).

que sur des *politiques transversales* (par exemple, une politique du travail). L'interdépendance entre ces deux volets est forte : il ne peut y avoir de créations de nouvelles entreprises sans structures permettant d'accueillir une partie des activités non-capitalisables.

A la différence de l'approche institutionnaliste classique, focalisée sur la création et l'existence formelle *d'institutions*, nous préférons caractériser les politiques industrielles post-socialistes par les *politiques concrètes* mises en œuvre pour atteindre les objectifs fixés. Une institution n'est, en fait, jamais une fin en soi ; elle n'est qu'un moyen permettant d'exécuter des fonctions concrètes. L'institution 'loi sur les faillites', pour ne fournir qu'un exemple, reste nécessairement une coquille vide si elle n'est pas accompagnée par des politiques permettant de l'appliquer et de la traduire en actes concrets. On peut donc difficilement établir un lien direct entre l'existence *formelle* de certaines institutions dans un pays, et leurs effets précis sur les restructurations. Le critère pertinent, nous semble-t-il, capable d'évaluer les politiques industrielles post-socialistes porte sur les *mesures effectives* favorisant ou bloquant le processus d'éclatement et de construction au niveau des ex-combinats.

2. Périodisation de politiques industrielles nationales dans trois autres pays d'Europe centrale et orientale

Dans les deux chapitres précédents, nous avons analysé le point de départ et la dynamique des politiques industrielles mises en œuvre en ex-RDA et en Pologne. Malgré les singularités propres à chaque pays, nous avons observé, dans les deux cas, un *déplacement* des priorités de ces politiques et l'émergence de nouveaux instruments spécifiques destinés à conduire une *politique active de capitalisation*. En analysant la dynamique de trois autres politiques nationales menées en *République Tchèque*, en *Hongrie* et en *Roumanie*, et en élargissant ainsi la gamme des pays étudiés, nous cherchons ici à préciser la caractérisation. Le choix de ces trois autres pays élargit l'éventail des situations rencontrées : entre le cas tchèque, faisant souvent figure de pays très avancé dans les réformes, et la Roumanie, ayant plutôt une image opposée, il semble, au premier regard, ne plus exister de traits communs.

2.1 République Tchèque : la privatisation de velours

En Tchécoslovaquie, le programme de privatisation de masse a été considéré comme l'élément central d'une approche ambitieuse de la transformation des structures de propriété. A la suite de la monétarisation, intervenue le premier janvier 1991, le gouvernement optait pour une forme très originale de *privatisation de masse par distribution de coupons*, considérée par beaucoup comme une 'privatisation de l'économie' (V. Klaus). Au lieu de privatiser individuellement les ex-combinats, il était décidé de distribuer - quasi gratuitement - des coupons donnant droit à participer aux ventes aux enchères d'un ensemble de 1491 ex-combinats.[238] Les particuliers et, surtout, les *fonds d'investissement*, organisations créées

---

[238] Les unités touchées par la première vague de 'grande' privatisation représentaient 80% des emplois (soit 940000 sur 1,2 million).
Sources chiffrées de cette section : Charap et Zemplinerova (1993) ; OCDE (1994 ; *Les Républiques Tchèque et Slovaque*. Paris ; OCDE Centre pour la Coopération avec les Economies en Transition) ; Svejnar, Jan, and Singer, Miroslav (1994 ; Using vouchers to privatize an economy : the Czech and Slovak case. *Economics of Transition*, vol. 2, n° 1, March. 43-70.) ; Bouin, O. (1993 ; L'introduction de la propriété privée par la méthode

pour recueillir et gérer un grand nombre de coupons, étaient censés surveiller par la suite la restructuration de 'leurs' ex-combinats. Pour renforcer sa détermination à ne pas s'engager lui-même dans les restructurations, le gouvernement avait défini deux instruments transversaux importants (juillet 1991) : une *loi sur les faillites*, selon laquelle toute entreprise insolvable était à liquider ; puis une loi rendant le repreneur d'un ex-combinat responsable des risques environnementaux sur le terrain.

L'exécution du programme adopté par la Tchécoslovaquie a prouvé qu'une privatisation de masse était techniquement faisable. Il est pourtant *impossible*, même trois ans après, de connaître l'impact *réel* de cette méthode sur le processus de restructuration. D'abord parce qu'il n'existe pas d'indicateurs permettant de comparer les résultats respectifs d'un programme de privatisation de masse avec, par exemple, ceux d'une privatisation centralisée. Mais, surtout, l'approche tchécoslovaque (devenue, le premier janvier 1993, l'approche tchèque) a rencontré pendant les années 92 et 1993 des obstacles imprévus, limitant la portée des conclusions que l'on peut tirer de cette expérience. Voici quelques faits :

- Il s'est avéré, en premier lieu, après cinq tours de vente aux enchères des actions des ex-combinats contre les coupons, que dans 290 seulement des 1491 ex-combinats toutes les actions avaient été reprises par des fonds d'investissement.[239] Dans 80% des ex-combinats dits 'privatisés', l'État, à travers l'Agence tchèque pour les biens de l'État, gardait donc une partie des actions, partie particulièrement importante pour les 1079 ex-combinats pour lesquels les fonds n'avaient pas manifesté d'intérêt.
- Dans le cas où les fonds sont devenus propriétaires majoritaires, leur capacité de gestion des restructurations s'est avérée souvent insuffisante pour mener à bien le processus de capitalisation. Leur faible dotation en capital propre et la retenue des investisseurs institutionnels étrangers ont empêché les fonds de s'engager dans des restructurations significatives.[240] En attendant d'être capitalisés, les ex-combinats ont continué de fonctionner, en partie grâce à des rentes monopolistiques, et souvent appuyés par des crédits interentreprises.[241]
- La composition des fonds mêmes n'était pas non plus sans poser problème quant à leur contrôle. Il s'est avéré que sept des neufs fonds détenant 50% de tous les coupons étaient majoritairement détenus par les banques... publiques. Le marché financier était ainsi dominé par des fonds 'privés' contrôlés par les grandes banques 'publiques' ; un contrôle effectif sur les nouveaux crédits accordés aux ex-combinats n'existait pas.[242]

Si la 'privatisation de l'économie' a été un succès politique incontestable, le gouvernement s'est néanmoins senti obligé d'assurer qu'elle n'entraîne pas une déroute de

---

des coupons dans l'ex-Tchécoslovaquie. *La lettre de l'Est*, n° 5, novembre/décembre. 18-20) ; Dlouhy and Mladek (1994) ; BERD.

[239] Pour 157 ex-combinats, la demande était très forte, aussi l'Etat a-t-il jugé préférable d'y maintenir une participation ; mais pour 1079 ex-combinats, au contraire, les prix fixés pour les actions étaient jugés trop élevés par les fonds, qui préféraient de ne pas débourser leurs coupons pour ces unités (Svejnar and Inger, ibid.).

[240] L'influx de l'investissement étranger direct est, lui aussi, resté faible en 1991/92 : $ 1,6 milliard, soit seulement 3,5% de la valeur comptable des ex-combinats participant à la privatisation de masse.
Les promesses d'investissement pour la période 1993-1996 tournent autour de $ 3-5 milliards (sans compter l'investissement prévu par VW chez Skoda, estimé à $ 4-5 milliards en 1991, mais devenu de plus en plus incertain par la suite).

[241] En novembre 1993, les crédits inter-entreprises représentaient 14% du PNB, soit 130 milliards Kr ($ 4,4 milliards).

[242] Une bonne partie des nouveaux crédits accordés aux ex-combinats vient en fait des banques qui sont propriétaires des fonds, et dont les fonds, de leur côté, sont devenus propriétaires ; s'il n'existe pas de contrôle, il existe, au contraire, 'de vastes opportunités de manipulation de l'information.' OCDE (op cit., p. 97).

l'objectif principal du programme : la restructuration industrielle. Par conséquent, dès la fin 1992, le gouvernement a décidé de reconsidérer son approche initiale afin de tempérer les instabilités inhérentes au programme :

- Il a d'abord systématiquement limité les possibilités de vendre les actions. L'application du projet initial, permettant de vendre et d'acheter immédiatement les actions sur un marché financier, pouvait avoir des effets négatifs. En effet, les fonds, ayant souvent promis des taux de rémunération très élevés à leurs bailleurs de coupons, auraient été obligés, dans l'hypothèse d'une parfaite liquidité des actions, de vendre une grande partie de leurs portefeuilles pour pouvoir honorer leurs promesses, ceci risquant d'entraîner des ventes en chaîne et l'implosion des cours des actions.[243]
- Fin 1992, également, le gouvernement décharge les repreneurs de terrains de la responsabilité environnementale. Comme dans d'autres pays post-socialistes, l'incertitude concernant l'état des terrains et leur statut légal étaient des facteurs importants de blocage de l'investissement.
- Mais c'est surtout en *suspendant l'application de la loi sur les faillites* que le gouvernement s'est réapproprié le contrôle du processus de restructuration. La suspension est intervenue au moment où les fonds annonçaient les premières faillites de leurs ex-combinats, en octobre 1992. 811 ex-combinats, dont la liquidation était annoncée par leurs propriétaires, ont ainsi été sauvés entre octobre 1992 et mi-1993 (par prorogation de leurs dettes), le nombre des liquidations exécutées se limitant à quelques *dizaines*.

Le tableau IX.1 donne les caractéristiques principales de l'approche initiale de la 'privatisation de l'économie' (I, 01/91 - 09/92), et les instruments que le gouvernement a introduit par la suite pour atténuer les instabilités inhérentes au programme (II, à partir d'octobre 1992). Il s'avère que la 'thérapie de choc' en République Tchèque n'en a pas été une ! Ce net infléchissement donné aux politiques de restructurations industrielles a commencé dès l'automne 1992, une fois la privatisation de masse achevée. L'institution 'loi sur les faillites' est restée virtuelle, permettant de limiter le taux de chômage en République Tchèque à 7% au début 1995, soit à un tiers environ des taux enregistrés dans les pays voisins.[244] Le programme de privatisation le plus rapide en Europe de l'Est a donc été suivi d'une politique résolue de *maintien* de l'emploi dans les ex-combinats.

L'intérêt de l'expérience tchèque porte davantage sur la diversification de la quête *d'information* qu'elle a autorisée. Par le fait du programme, un maximum d'acteurs, initiés *et* outsiders, a été mis à contribution pour évaluer l'état et les perspectives des ex-combinats en question. L'État dispose désormais d'un maximum d'informations sur l'évaluation relative des ex-combinats, un '*ranking*', qu'il aurait été incapable d'établir seul. C'est, contrairement aux apparences, une approche *gradualiste* des réformes industrielles qui lui a permis d'envisager ces réformes de manière plus ciblée que d'autres pays post-socialistes.[245]

---

243 La date de l'ouverture des ventes libres des coupons distribués dans la seconde vague du programme (1994) n'a pas été fixée, elle non plus ; la deuxième vague a par ailleurs été limitée à 846 ex-combinats (au lieu de 2000 initialement prévus).

244 OCDE (op cit.) ; Charap et Zemplinerova (1993).

245 Notre caractérisation de l'approche tchèque comme *gradualiste* est confirmée, entre autres, par l'étude de l'OCDE (op cit. ; pp. 154/155) concluant ainsi son analyse des restructurations de l'industrie : 'Le gouvernement paraît néanmoins avoir été déterminé à empêcher l'effondrement des grandes entreprises, et à régler ponctuellement les problèmes qu'elles pouvaient rencontrer. Cette garantie implicite à l'égard des grandes entreprises - y compris les banques - et la réticence observée sur un plan général à laisser jouer librement les mécanismes de faillites ont retardé certaines décisions délicates de restructuration industrielle et ont sans doute contribué au faible taux de chômage. Après des progrès aussi rapides, un tel souci de gradualisme est bien

	I (01/91 - 09/92)	II (10/92 -...)
Objectif	- passage rapide à la 'privatisation de l'économie'	- atténuer les instabilités inhérentes au programme de privatisation de masse
Instruments	- privatisation de masse, 1492 ex-combinats (sur 6000 au total), distribution de coupons à la population ; conversion de coupons en actions dans cinq tours de vente aux enchères - loi sur les faillites (07/91) : toute entreprise insolvable est à liquider - supervision formelle du processus par différents organismes (4 hiérarchies : Ministère de tutelle - Ministère de Privatisation - Fonds de Propriété Nationale - Administrations régionales) - obligation aux futurs propriétaires d'assumer la responsabilité environnementale des terrains	- suspension de la loi sur les faillites (10/92), crédits prorogés à tous les ex-combinats en faillite - ajournement de la date de convertibilité totale des actions en monnaie - limitation du deuxième tour de distribution de coupons (de 2000 aux 846 'meilleurs' ex-combinats, en laissant ouverte la date de la vente libre des coupons) - contrôle accentué sur les activités des fonds - dédommagement des acquéreurs pour les responsabilités environnementales (indemnité partielle)
Résultats	- soutien large aux réformes dans la population - 290 ex-combinats passent entièrement dans la propriété des fonds, mais 1201 restent à propriété mixte (dont 1079 déclarés 'sans intérêt' par les fonds) - augmentation des crédits, en partie effectuée par des banques 'privatisées', appartenant aux fonds - l'investissement étranger et national reste limité	- sauvetage de 811 ex-combinats en faillite - maintien d'emplois dans les ex-combinats (chômage début 1994 : 5%) - contrôle plus efficace sur le rythme des restructurations

Tableau IX.1 : Réorientation de l'approche de politique industrielle en République Tchèque

2.2 *Hongrie : diversification d'une thérapie de choc*

Malgré de multiples tentatives de réforme, dans les années 70 et 80, la Hongrie n'est entrée effectivement dans le post-socialisme qu'avec l'abandon du rôle dirigeant du Parti et avec l'achèvement de la monétarisation en 1989. Malgré l'élargissement de la marge de manœuvre de gestion pour les combinats dans les 'réformes' antérieures, les principes fondamentaux de la coordination non monétaire avaient été maintenus. Ainsi, jusqu'en 1989, le Parti avait-il contrôlé la plupart des décisions d'investissement et maintenu le statut du travail socialiste, de même que le cloisonnement des 'monnaies'. Nullement un précurseur d'une troisième voie, la Hongrie a bien été un pays socialiste.

Quand le nouveau gouvernement, élu en mai 1990, définit les piliers de sa politique économique, la Hongrie se considère pourtant déjà à mi-chemin entre le socialisme et l'économie de marché. Le programme, standard, de privatisation est un résultat de cette conviction : il s'appuie largement sur un organisme 'vendeur' de la propriété d'État, la SPA (State Property Agency). Celle-ci est censée transformer les entreprises publiques en S.A. (commercialisation), puis en vendre un maximum (l'objectif initial est de 50% en trois ans). Le gouvernement espère que les recettes de la SPA représenteront une part importante du budget national. Comme la Pologne ou la Tchécoslovaquie, la Hongrie oriente sa politique de vente surtout vers les investisseurs *étrangers* qui, en 1990, sont considérés devoir être la source principale d'investissement. Pour accélérer la vente de ses unités, la

compréhensible et même recommandable, pour autant qu'il soit clair que les entreprises non-viables seront liquidées dans un avenir prévisible, en laissant s'appliquer pleinement la loi dure des faillites.'

SPA décide de privatiser les ex-combinat 'par appartements'.[246]

Le gouvernement hongrois choisit, enfin, une politique transversale stricte, en votant, fin 1990, une *loi sur les faillites*. Les ex-combinats en difficulté financière tentent d'accroître les crédits interentreprises pour échapper à la faillite. Mais un grand nombre d'entre eux est atteint par des procédures de liquidation. Les fermetures augmentent de manière exponentielle : quelques dizaines en 1990, 520 en 1991, et 2227 en 1992. Parallèlement, le taux (officiel) de chômage passe de 3% (fin 1990) à 13% (fin 1992).[247] Contrairement à l'interprétation classique, qui range la Hongrie au rang des pays gradualistes, nous estimons qu'une véritable *thérapie de choc* y a été mise en œuvre ; la volonté d'accélérer les réformes structurelles a été rapidement suivie par l'application d'instruments adaptés.

Malgré son projet ambitieux, la SPA constate, mi-1992, l'épuisement de sa stratégie. Le nombre des ex-combinats privatisés ne dépasse pas la cinquantaine, et, au lieu d'apporter des bénéfices estimés entre 20 et 50 milliards de Forint (250-625 millions de dollars), le résultat financier de la SPA est nul. Elle estime qu'une application stricte de la loi sur les faillites entraînerait plusieurs milliers de fermetures supplémentaires.[248] L'obstacle principal aux réformes est l'absence d'instruments capables de définir les fonctions capitalisables à l'intérieur des ex-combinats. Ceci nécessiterait un rapprochement entre les ex-combinats, la SPA, et les investisseurs internationaux *et* nationaux. Fin 1992, estimant l'apport de l'investissement étranger insuffisant, le gouvernement hongrois décide de développer des instruments visant la capitalisation par des acteurs *nationaux* :

- L'implication accrue des gestionnaires et des employés dans les restructurations, voire la reprise de leur ex-combinat, est encouragée par des subventions et l'annulation des anciennes dettes. Ces auto-privatisations (surtout par MBO et ESOP) avaient été exclues de l'approche initiale de privatisation en 1990, par crainte de voir se perpétuer les 'privatisations spontanées et anarchiques' de la phase finale du système socialiste (courant 1989).
- Les particuliers sont incités à s'engager davantage dans des capitalisations d'ex-combinats pour lesquels la SPA confirme une viabilité potentielle ; ils peuvent accéder à des crédits d'investissement, au taux de 0% d'intérêt nominal sur 3-5 ans (avec un taux d'inflation de 40-50%). Il s'agit, en réalité, d'une forme rudimentaire de '*capitalisation de masse*', l'État espérant mettre à contribution une grande partie de la population dans la définition de fonctions capitalisables.
- Les capacités internes à développer des schémas de capitalisation sont renforcées en créant un holding étatique : la HSHC (Hungarian State Holding Company) - chargée de la gestion de 500 ex-combinats pour lesquels une privatisation n'est pas envisageable -, une structure décentralisée et des incitations monétaires à l'intention des cadres étant censées augmenter son efficacité.
- Enfin, le gouvernement prend en main la supervision de l'exécution de la loi sur les faillites. Les banques, une fois recapitalisées, doivent également accéder à une

[246] Pendant la première phase, la SPA, propageant le slogan 'tout est à vendre !', a mis en vente, par exemple, la seule coulée continue de l'ex-combinat sidérurgique de Miskolc, indépendamment des installations d'amont (aciérie) et d'aval (laminoir).

[247] Sources chiffrées de cette section : SPA, Hare and Revesz (1992), Inzelt (1993), Stark (1994), Kornai (1994), OCDE-Centre pour la Coopération avec les Economies en Transition, BERD.

[248] Le nombre des entreprises privées à responsabilité limitée (Kft) augmente de 450 (fin 1988) à 72897 (fin 1993) ; or, une grande partie de ces unités privées dépend toujours d'un ex-combinat non-capitalisé (Stark, 1994).

responsabilité accrue dans le contrôle des ex-combinats (debt/equity swaps).

D'une thérapie de choc initiale (I, fin 1989 - mi 1992), les instruments de politique industrielle en Hongrie s'orientent donc, dans une seconde phase (II, à partir de mi 1992), vers une diversification des acteurs dans le processus de capitalisation (cf. tableau IX.2). Tout en maintenant l'objectif principal de privatisation, la Hongrie espère que cette diversification s'avérera plus efficace pour déterminer les fonctions capitalisables par le secteur privé *et* le secteur public.

	I (fin 1989 - mi 1992)	II (mi 1992 -...)
Objectif	- privatisation administrée - orientée surtout vers l'investissement étranger	- diversifier les canaux nationaux de capitalisation
Instruments	- commercialisation par une agence de la propriété étatique (SPA), puis privatisation 'par appartements' - financement du budget par les recettes de la privatisation - procédure de faillite (fin 1990), application stricte dès 1991	- faciliter les reprises par employés et cadres (ESOP/MBO) - incitation à l'investissement pour les particuliers, à travers des schémas de préfinancement à 0% d'intérêt nominal - suspension graduelle de la loi des faillites - création d'un holding étatique (HSHC), pour restructurer et gérer, dans le moyen terme, 500 ex-combinats considérés non-privatisables - recapitalisation des banques, debt/equity swaps
Résultats	- commercialisation achevée, mais peu de grandes privatisations (~50) - résultat financier de la SPA : nul - mise en faillite de +/- 3300 moyens ou grands ex-combinats - flux d'investissement étrangers en dessous des attentes (6 milliards $ entre 1990 et mi-1994)	- halte à la croissance des faillites et du chômage - reprise en main d'un secteur étatique par de nouvelles structures censées être plus adaptées - participation importante attendue de la population nationale (reprises, investissements)

Tableau IX.2 : Réorientation de l'approche de politique industrielle en Hongrie

2.3 Roumanie : de nouveaux instruments pour gérer une industrie jugée non privatisable

Demeurée inaperçue par la plupart des observateurs, la Roumanie a été le premier pays post-socialiste à adopter un programme radical de privatisation, composé d'un volet de privatisation centralisée (à la polonaise) *et* d'un volet de privatisation de masse (à la tchécoslovaque). La loi 15, de juillet 1990, prévoyait la transformation des 6300 ex-combinats en S.A. d'État ('commercialisation') ; une 'Agence Nationale de Privatisation' était créée pour encadrer la privatisation. La loi 58 (août 1991) prévoyait la distribution gratuite de coupons donnant droit à l'obtention d'actions des S.A. ainsi créées ; 30% des coupons étaient distribués immédiatement à la population, qui devait les déposer dans un des cinq 'Fonds de Propriété Privée'. Un 'Fonds de Propriété Étatique' devait contrôler les 70% non distribués. La valeur nominale des coupons, pour lesquels il n'existait pas de marché secondaire, était de 31540 lei - environ 400 dollars - par personne éligible.[249] Trois politiques transversales accompagnaient le schéma de privatisation : la libéralisation

[249] Sources chiffrées de cette section : Agence Nationale de Privatisation ; OCDE-Centre pour la Coopération avec les Economies en Transition : diverses publications et statistiques ; Bauer (1993 ; *Enterprise Restructuring in the Context of Privatization*. OECD Adivsory Group on Privatisation, Prague 29 September - 1 October 1993) ; Ionescu, D. (1994 ; Romania's Privatization Program : Who is in Charge? *RFE/RL Research Report*, vol. 3, n° 4, February. 28-34), BERD.

graduelle des prix en trois étapes [250], la libéralisation du marché du travail par l'abandon du monopole étatique de négociations salariales et la grande réforme agraire, consistant en une re-privatisation de 80% des terres socialisées au profit de 5 millions de propriétaires (loi de février 1991). Cette dernière mesure était censée favoriser l'absorption par les campagnes du surplus de main-d'œuvre issu du secteur industriel.[251]

Or, il s'avère que les mesures prises ne donnent aucun résultat tangible, ni en nombre de privatisations, ni encore en matière de séparation entre gestion et contrôle dans les ex-combinats. La contribution des cinq Fonds Privés de Propriété à la restructuration des ex-combinats reste négligeable : leurs faibles moyens financiers ne leur permettent pas de capitaliser activement leurs ex-combinats. La valeur nominale des coupons ne cesse de chuter sur le marché noir.[252] L'investissement étranger se limite surtout à quelques monopoles transférés par l'État roumain (télécommunications, canal Rhin-Main-Danube).[253] L'Agence Nationale de Privatisation, dépendant directement du Conseil des Ministres, souffre en son sein d'un désaccord permanent sur la stratégie des restructurations ; d'autres institutions lui contestent d'ailleurs son rôle de gérant de la privatisation, tels le 'Fonds de Propriété Étatique', le 'Conseil Gouvernemental de la Coordination et de la Stratégie des Réformes' et le 'Conseil Économique et Social du Président'.[254] Malgré la libéralisation formelle du marché du travail, l'absence d'un système global d'indemnisation des chômeurs, la difficulté de trouver un logement et la mobilité très limitée de la population active rendent difficile l'éclatement des fonctions dans les ex-combinats et, surtout, la séparation entre fonctions productives et fonctions sociales.[255] Le lien entre les ex-combinats et leurs 'ex-membres' se trouve par là même souvent maintenu. Ainsi, fin 1992, seule la 'petite privatisation' de la petite industrie et des services et les enregistrements de nouveaux commerces ont connu les résultats escomptés : 3000 petites privatisations et 400000 nouveaux commerces créés, soit 33% des emplois nouveaux. Mais seulement 150 des 6300 S.A. ont été privatisées (créant 80000 nouveaux emplois, à comparer aux 8 millions dans les ex-combinats).

Le gouvernement Vacaroiu, issu des élections de l'automne 1992, réoriente alors la

---

[250] La libéralisation des prix, commençée en octobre 1990 avec une première augmentation de celui des produits de base, s'est poursuivie en avril 1992 avec la libéralisation des prix de tous les produits alimentaires à l'exception d'une douzaine de produits de base, et s'est terminée en mai 1993 ; seul quelques prix industriels et le prix du pain restent indexés.

[251] Sur les 9 millions d'emplois dans l'industrie (1990), le Ministère du Travail évaluait le surplus à environ 40%.

[252] Ionescu (op.cit.) rapporte qu'en janvier 1994, la valeur d'un coupon sur le marché noir était tombée à environ 2000-5000 lei (soit ~$ 2-5).

[253] Localement important, l'impact global de l'investissement étranger reste insignifiant (~$ 1 milliard entre 1990 et 1993).

[254] Entre fin 1990 et décembre 1992, l'Agence Nationale de Privatisation a changé 6 fois de direction ; entre janvier 1993 et automne 1994, elle n'en a même eu aucune.
Un député roumain, M. Vosganian, caractérise le 'chaos institutionnel' régnant dans le programme de privatisation ainsi : 'We are in a state of complete lawlessness. ... The Privatization Agency has no president anymore and the government is hesitant to appoint one. We do not know to whom the SOF <Fond de Propriété Publique> belongs or will belong. The POFs <Fonds de Propriété Privée> are led by managerial boards that are not yet legal. The property certicifactes were distributed but none knows what they are worth. A stock exchange should have been set up six months ago, but it is still nonexistant. Beware : the privatization process is marred by illegality and a lack of pragmatism.' Cité par Ionescu (op.cit., p. 32).

[255] Alors que la production chute de 49% entre 1990 et 1994, le chômage industriel n'atteint que 12% (fin 1994).
Il existe, en 1992, une indemnisation de chômage, couvrant les six premiers mois ; or, celle-ci n'est disponible que pour les employés n'ayant *pas* bénéficié de la réforme agraire ; les nombreux nouveaux propriétaires terriens en sont alors exclus. Par ailleurs, d'autres fonctions de service, tel l'approvisionnement en chauffage, continuent souvent d'être assurées par les ex-combinats.

stratégie des réformes industrielles : il révise entièrement le programme de privatisation, en particulier la loi 58/1991 sur la privatisation de masse. Alors que le Fonds de Propriété Étatique reste responsable de la plupart des ex-combinats, un certain nombre de nouvelles institutions est créé, censées assurer un traitement spécifique des ex-combinats déclarés 'non-privatisables'. Le gouvernement entend ainsi favoriser le *contrôle* sur les ex-combinats publics, et participer plus activement à leur restructuration. Retenons quelques mesures significatives de cette nouvelle approche :

- Le décret 488 (septembre 1992) réinstalle un contrôle ministériel sur 800 ex-combinats à statut particulier (les 'régies autonomes', c'est-à-dire des ex-combinats déjà transformés en S.A. d'État en 1990 et disposant d'une grande indépendance de gestion financière), en les soumettant au contrôle budgétaire de leurs ministères de tutelle ; chaque ministère dispose pour la totalité de ses ex-combinats d'un budget *global*, qu'il ne peut dépasser. Le contrôle par les ministères de branche est censé être plus efficace que celui qu'exerçait auparavant le Conseil des ministres.
- Une 'Agence de Restructuration' est créée, chargée des 100 ex-combinats les plus sinistrés. Ces 100 ex-combinats sont, selon l'Agence Nationale de Privatisation, à l'origine de 80% des mauvaises dettes - il s'agit surtout d'ex-combinats dans les secteurs de la métallurgie, de la chimie et de la construction mécanique. L'Agence de Restructuration obtient des moyens importants en matière de restructuration financière et légale.
- Parallèlement, le gouvernement élargit ses offres aux opérateurs étrangers en leur proposant sinon de s'engager immédiatement dans des investissements, mais au moins de prendre en main la *gestion* de concessions d'exploitations de ressources naturelles et de prestations de services publics, avec une option sur le rachat ultérieur de ces opérations. L'offre s'applique surtout à des monopoles naturels existants ou à explorer (par exemple : l'exploration pétrolière offshore, deux exploitations pétrolières et gazières offshore, la gestion et l'exploitation d'infrastructures publiques, l'aéroport de Bucarest, quelques transports publics). L'objectif de cette mesure est d'introduire des *contrats de management* afin d'améliorer la gestion des ex-combinats, en attendant l'investissement.

	I (06/90 - fin 1992)	II (fin 1992 -...)
Objectif	- approche ambitieuse de privatisation	- améliorer l'efficacité des ex-combinats publics, par traitement 'adapté' des blocages
Instruments	- transformation des 6300 ex-combinats, en S.A. d'État ('commercialisation') - programme de privatisation de masse : distribution gratuite de 30% de la propriété en cinq 'Fonds de Propriété Privée', 70% étant dans un premier temps détenus par un 'Fonds de Propriété Publique' - politiques transversales : libéralisation des prix, décentralisation des négociations salariales, reprivatisation des terres agricoles - quasi absence d'indemnisation de chômage, couverture sociale minimale	- décret 488 (09/92), soumettant 800 ex-combinats (commercialisés) directement au contrôle des ministères de tutelle - création d'une Agence de Restructuration pour les 100 ex-combinats les plus sinistrés ; traitement individuel des blocages, investissement public possible - amélioration de la gestion d'une vingtaine de services publics, par contrats de management, assurés par des investisseurs étrangers potentiels
Résultats	- peu de projets de capitalisation - investissement national et international resté faible - échec du programme de privatisation - valeur des coupons en chute permanente	- gestion de l'industrie restée dans le secteur public - amélioration dans la gestion des ex-combinats espérée - accélération de la privatisation attendue

Tableau IX.3 : Réorientation de l'approche de politique industrielle en Roumanie

Le tableau XI.3 résume l'ambitieux projet roumain de privatisation (I, 06/90 - fin 1992) et les modifications apportées par la suite en vue d'intensifier le contrôle sur les ex-combinats déclarés 'non privatisables' (II, à partir de fin 1992). Les prévisions sur l'efficacité des mesures prises à la suite de l'échec du programme initial de privatisation sont des plus hypothétiques. La diversification des instruments de capitalisation ne peut avoir de résultats que si les nouveaux modes de coordination sont, eux-mêmes, soumis à un véritable contrôle, ce qui ne paraît pas garanti. Quoi qu'il advienne du programme, le revirement opéré par la Roumanie ressemble à celui que nous avons observé dans les cas précédents, mais en termes nettement plus accusés : diversification d'une politique ambitieuse de privatisation et tentatives d'amélioration de la gestion et du contrôle sur les ex-combinats non-privatisables dans l'immédiat.

3. Perspectives pour le post-socialisme

Le choix de l'ex-combinat comme niveau pertinent d'analyse permet de structurer les phénomènes observés dans le post-socialisme. L'étude des instruments mis en œuvre pour faciliter le passage du combinat à l'entreprise met à jour des *traits communs* à tous les pays post-socialistes, et, au-delà, des *différences* propres aux approches nationales. L'analyse a été guidée par ce que nous considérons être l'enjeu essentiel, celui de la *capitalisation des ex-combinats*. C'est également dans cette optique que se dégagent quelques perspectives du post-socialisme ; celles-ci s'appliquent aux pays déjà engagés depuis trois à quatre années dans l'expérience post-socialiste comme à ceux qui ne font que commencer leur trajectoire post-socialiste (quelques Républiques de l'ex-Union soviétique).

3.1 Émergence de politiques nationales de capitalisation : la phase I et la phase II du post-socialisme

Objectif de la phase I : changement rapide du régime de propriété

Le revirement substantiel des politiques initiales de réformes industrielles est un trait commun à tous les pays post-socialistes. L'approche initiale, dominante dans ce que nous appellerons la '*phase I*' du post-socialisme, était caractérisée par la primauté accordée aux considérations sur le *changement de propriété* applicable à des entreprises censées déjà exister. Dans cette phase I, les instruments développés définissaient surtout les conditions de privatisation, mais également les tentatives de renationalisation et de transformation juridique en S.A. d'État, dites 'commercialisation'. L'approche était fondée sur une conception de l'industrie socialiste où elle apparaît composée d'entreprises publiques, dont le fonctionnement sous-optimal était censé être amélioré par la modification des structures de propriété. Cette approche ambitieuse de privatisation a également été guidée, dans la plupart des cas, par un souci 'politique' : celui de saisir l'opportunité, et la nécessité, d'obtenir un large soutien populaire aux réformes. Une privatisation rapide fut alors considérée comme une condition nécessaire pour engager les réformes en bénéficiant d'une 'période d'état de grâce' (G. Roland, 1994), c'est-à-dire d'un large soutien public aux réformes immédiates, après la monétarisation. Pendant cette période de grâce, l'irréversibilité de la rupture devait être assurée par une réforme radicale.[256]

---

[256] Acteurs et commentateurs s'accordent sur le caractère 'politique' des programmes de privatisation ; cf. Sachs (1994), Roland (1994), et Joskow (1994, pp. 23/24) qui l'exprime ainsi : 'As a practical matter this type of

L'interprétation identique du point de départ du post-socialisme qui prévalait dans les pays concernés - 'économie planifiée et entreprises publiques' - et la similitude des stratégies choisies ont conduit tous les pays, malgré quelques variations dans les programmes de réformes développés dans l'immédiat post-socialisme, à retenir une *même* philosophie générale. Quelques programmes de privatisation ont correspondu aux prévisions et obtenu les résultats nominaux escomptés initialement (Tchécoslovaquie, Lituanie, Russie), alors que d'autres sont restés inférieurs à ceux-ci (Pologne, ex-RDA, Hongrie, Roumanie). Mais ceci n'indique rien, comme nous l'avons montré, sur les effets *directs* de ce changement de propriété dans le processus même de restructuration, ni sur l'efficacité relative des programmes respectifs. Le montant des investissements étrangers, critère secondaire souvent évoqué pour établir des comparaisons, indique, certes, des préférences entre pays, mais leur montant absolu ne peut non plus être révélateur du 'succès' d'une stratégie nationale. D'autres phénomènes imprévus viennent par ailleurs brouiller le bilan des effets réels de la privatisation, comme la difficulté de distinguer clairement, dans la multitude des formes de propriété, la propriété publique de la propriété privée ; ou encore les crédits interentreprises, empêchant une distinction entre ex-combinats viables et non-viables.

En revanche, un critère pertinent pour différencier les politiques nationales de la phase I nous semble donné par la capacité des programmes à capter un maximum *d'informations* sur l'évaluation des ex-combinats. Au-delà des résultats quantitatifs - en termes de nombre de privatisations achevées - on peut distinguer les programmes de privatisation en fonction des mécanismes déployés pour collecter une information dispersée. L'invention institutionnelle unique de l'ex-RDA, par exemple, qu'a constitué la Treuhandanstalt avec ses 5000 managers 'importés', a permis d'ajouter à l'information interne (disponible dans les ex-combinats) une quantité importante d'information externe. Dans les autres pays post-socialistes, la privatisation de masse semble avoir été, malgré ses points faibles, la manière la plus efficace de recueillir un maximum d'informations sur l'état et sur les perspectives des ex-combinats. Les particuliers et les fonds d'investissement ont participé au côté des initiés des ex-combinats et des agences étatiques, à l'évaluation des perspectives de restructuration. Selon ce critère le gradualisme tchécoslovaque semble préférable à la thérapie de choc employée en Hongrie, ce dernier pays ayant appliqué sa loi sur les faillites *sans* disposer de l'information permettant un tri intelligent entre les ex-combinats.

Phase II : de nouveaux instruments de capitalisation

Encore faut-il que cette information, quelle que soit la manière dont elle est générée, serve les objectifs de *capitalisation*. Or, sur ce point les approches appliquées en phase I révèlent rapidement leur insuffisance. Les instruments visant le transfert rapide du contrôle des 'entreprises publiques' héritées du socialisme et les politiques transversales les accompagnant s'avèrent le plus souvent insuffisants pour adapter ces unités au fonctionnement post-socialiste monétaire. Un grand nombre d'ex-combinats sont restés polyfonctionnels ; d'autres ont immédiatement vu éclater leurs fonctions productives, *sans* donner lieu à de nouvelles configurations stables. L'industrie capital-intensive, surtout,

---

braod fine tuning approach to restructuring was not feasible for both political and technical reasons. ... Throughout the post-Soviet period there has been an overriding political need to proceed quickly with privatization so that the reactionary forces that exist throughout the Russian gouvernment and enterprise structure cannot re-exert control and stop reform entirely. ... It appears that privatization was built around the existing legal entities called enterprises mainly for convenience and to move privatization along quickly.'

reste marquée par des unités polyfonctionnelles dominantes au niveau local, introduisant une certaine instabilité au niveau macroéconomique et social. Malgré un éventail de nouvelles institutions émergeant en phase I, la capacité à gérer le processus d'éclatement et de construction au niveau des ex-combinats est restée faible dans *tous* les pays.

La *phase II* du post-socialisme a ensuite mis en place un processus de recherche active de nouveaux instruments facilitant l'émergence de nouvelles entreprises capitalistes viables. Il est devenu évident que les restructurations dépendent aussi de la capacité des nouveaux États à accueillir une partie des fonctions non-productives, et surtout les fonctions sociales. Les politiques visent alors à coordonner les étapes d'éclatement et de construction. Les politiques transversales s'y adaptent graduellement. C'est seulement dans cette phase II que les singularités de la restructuration post-socialiste sont pleinement prises en compte ; *la phase II correspond à l'élaboration de politiques industrielles spécifiques de capitalisation.*

Les instruments développés en phase II visent surtout à améliorer les mécanismes capables de déterminer les activités potentiellement capitalisables et de les séparer des non-capitalisables, puis à mettre en place un traitement adapté : ou bien *capitalisation*, le plus souvent en faisant intervenir un investisseur privé, ou bien *transfert* du non-capitalisable dans des structures étatiques capables de les accueillir, ou bien *fermeture* graduelle. La priorité accordée initialement aux privatisations est ainsi abolie dans la phase II, pour être remplacée par des politiques spécifiques de capitalisation. La distinction entre les étapes des phases I et II peut ne pas toujours être aussi nette que dans le cas de l'ex-RDA - où la conférence intergouvernementale exigeait officiellement cette adaptation en mars 1991 - ou de la Pologne - l'été 'chaud' de 1992. L'analyse de quelques nouveaux instruments en République Tchèque, en Hongrie et en Roumanie montre que le glissement peut être plus graduel. Notre approche fournit néanmoins, nous semble-t-il, un cadre analytique adéquat permettant de distinguer, à partir d'une phase I commune, une diversité de situations post-socialistes en phase II.

A partir de cette analyse, on peut dégager des perspectives pour les pays post-socialistes actuellement toujours en phase I ou en train de passer à la phase II. Citons le seul cas de la Russie : après la définition et la réalisation d'un programme de privatisation de masse (1992 et 1993), la phase I s'est épuisée, fin 1993, avec la difficulté à concevoir des schémas pertinents de reconversion industrielle. L'Office de Privatisation (GKI) n'en avait pas le mandat, pas plus que d'autres institutions. L'absence de politiques transversales sociales a largement figé les structures industrielles héritées du socialisme. La phase II s'est ouverte alors, marquée par le départ du gouvernement des réformateurs radicaux et l'arrivée des dirigeants industriels ; la création de nouveaux holdings financiers-industriels paraît être, depuis le début de 1994, la solution retenue de manière préférentielle. Tout en laissant aux agents privés la gestion des ex-combinats, l'État garde un droit de veto dans les décisions centrales concernant l'investissement et les fermetures, à travers l'instrument dit de 'l'action d'or'('golden share').[257] D'autres instruments, plus spécifiques, sont en cours d'élaboration ; eux aussi s'engageront nécessairement, en phase II, sur la voie de la capitalisation.

---

[257] Cf. Bomsel (1994), Joskow (1994).

3.2 *Désarticulation entre la phase II des réformes industrielles et les alternances électorales*

La distinction entre ces deux phases révèle un autre trait commun aux pays post-socialistes : le passage d'une démarche axée sur les questions de propriété (phase I) à une autre orientée vers la capitalisation (phase II) semble être *indépendant* des changements politiques gouvernementaux. Il s'agirait donc d'un phénomène 'neutre', relevant moins des débats nationaux internes que du point de départ commun, sur lequel aucun nouveau gouvernement n'a eu de prise. Cette observation permet d'interpréter un phénomène inattendu du post-socialisme : la rapidité avec laquelle les clivages politiques du temps du socialisme, entre *le* Parti et l'opposition (le plus souvent dans l'illégalité) se sont dissipés dans le post-socialisme. Après le premier scrutin post-socialiste, marqué systématiquement par l'arrivée massive au pouvoir des opposants au régime socialiste, on observe que ce clivage s'estompe rapidement. Les successeurs des Partis communistes, devenus le plus souvent 'partis socialistes', intègrent facilement le nouveau système politique ; ils forment même dans maints cas de nouveaux gouvernements.[258] Or, selon notre analyse, le 'retour des communistes', qui correspond en réalité à une *arrivée des post-socialistes,* ne joue *pas* un rôle central dans la réorientation des instruments de politique industrielle. Dans la plupart des cas, la réorientation de la phase I vers la phase II intervient en effet sous les gouvernements 'réformateurs' qui ont *eux-mêmes* initié la phase I.[259] Ce sont eux qui, jugeant insatisfaisants les résultats de la phase I, insistent sur la nécessité de déployer de nouveaux instruments de capitalisation, et, ainsi, ouvrent la phase II.

L'argument va à l'encontre de celui qui consiste à expliquer la trajectoire d'un pays post-socialiste, souvent en fonction de l'opposition 'choc versus gradualisme', par le jeu des 'contraintes politiques'. Selon cet argument, des pays ayant instauré une thérapie de choc l'ont abandonnée par la suite, sous la pression des gradualistes revenant en force (par exemple la Pologne, la Hongrie, la Lituanie). Ces contraintes existent, certes, mais elles peuvent difficilement constituer un critère de distinction entre politiques industrielles post-socialistes. Il serait erroné de mettre sur le même plan les changements gouvernementaux et les réorientations des approches de réformes industrielles post-socialistes.

3.3 *Sur l'évolution des politiques de capitalisation : analyser les instruments réels plutôt que définir des 'modèles'*

Ayant défini les traits caractéristiques de la phase I et de la phase II, nous devons aborder la question de la *fin du post-socialisme.* Si nous avons récusé le terme de 'transition' pour désigner le passage du socialisme au post-socialisme, nous le récusons également pour caractériser le passage du post-socialisme à un autre stade qui serait, selon nos catégories, un capitalisme 'établi' ou 'stabilisé'. La phase II du post-socialisme est caractérisée par diverses tentatives engagées pour capitaliser les ex-combinats. Nous posons que la période post-socialiste *durera* tant que les instruments déployés au niveau des unités industrielles privilégieront l'encadrement et l'accélération de la *capitalisation,* plutôt que l'adaptation graduelle des structures existantes. La phase II et avec elle le post-socialisme,

---

[258] Dans l'ordre chronologique : Slovaquie (11 '91), Roumanie (11 '92), Lithuanie (11 '92), Pologne (9 '93), Russie (12 '93), Hongrie (5 '94).

[259] En Pologne les réorientations ont été effectuées par les mêmes courants politiques qui avaient défini les priorités dans la phase I ; en ex-RDA, République Tchèque et Hongrie il s'agissait du *même* gouvernement.

s'achèvent dès lors que la plus grande partie des capitalisations a été effectuée. Les politiques industrielles ne visent plus alors *spécifiquement* la coordination entre l'éclatement des ex-combinats et le processus de construction. Les politiques déployées dans 'l'après post-socialisme' se muent, au contraire, en politiques industrielles horizontales 'classiques', telles qu'elles sont caractérisées par l'article 130 du Traité de l'Union Européenne.

Une analyse des politiques déployées au niveau industriel permet donc de trancher les questions de l'état et des perspectives du post-socialisme dans un pays donné. C'est ce que nous avons tenté de faire dans l'analyse de la dynamique des restructurations industrielles en ex-RDA, Pologne, Tchécoslovaquie, Hongrie et Roumanie. Selon ce schéma on peut considérer qu'en ex-RDA, la phase II du post-socialisme a pris fin, en décembre 1994 ; avec la fermeture de la Treuhandanstalt, vecteur singulier de la politique de capitalisation, le post-socialisme en ex-RDA s'est achevé. Quant à la Pologne, elle se trouve incontestablement, fin 1994, en fin de phase II. Si l'on admet l'affirmation du gouvernement que 80% des ex-combinats restant en 1994 sont désormais gérés comme des entreprises publiques, la Pologne constitue un cas où le post-socialisme prend fin alors même que le processus de privatisation demeure largement *inachevé*. Dans les autres pays, et malgré les importantes réformes qui ont eu lieu depuis l'abandon du socialisme, les obstacles à l'éclatement-construction industrielle ne sont pas encore surmontés ; on peut considérer, par conséquent, qu'ils se trouvent encore dans la phase II.

Il ne s'agit pas de fournir des critères précis susceptibles *d'évaluer* les politiques de capitalisation ; il est impossible d'établir une série de critères objectifs capables d'établir une hiérarchie des niveaux d'avancement des réformes dans le post-socialisme. Il est possible, en revanche, de spécifier les trajectoires individuelles des pays post-socialistes sur la base des stratégies de capitalisation qu'ils ont déployées. L'analyse, fondée sur une lecture du post-socialisme au travers des instruments de capitalisation, se distingue ainsi d'une autre tentative, récente, entreprise pour classifier les pays socialistes en fonction de '*modèles types*' repérés dans des économies capitalistes. Cette approche est menée surtout par les économistes industriels d'inspiration institutionnaliste. Ceux-ci soutiennent, par exemple, que les pays post-socialistes marqués par une forte culture d'autogestion (la Pologne ou la Russie par exemple) tendent vers un modèle japonais, alors que le modèle anglo-saxon serait mieux adapté aux pays ayant déjà établi de fortes institutions financières (p.e. République Tchèque) (Acs and FitzRoy, 1994, Koford, 1993). Un 'modèle' particulièrement discuté pour tous les pays post-socialistes est celui des 'quatre dragons' d'Asie du sud-est qui sont, dans cette vision, caractérisés par l'existence parallèle d'une planification industrielle étatique *et* de fortes incitations à l'intention du secteur privé. A notre avis, ce type de caractérisation peut être intéressant pour comparer les pays capitalistes entre eux, mais ne permet pas de concevoir les perspectives des trajectoires industrielles dans lesquelles se sont engagées les pays post-socialistes.

3.4 Impact de l'étranger sur les capitalisations

De quelle manière les pays tiers étrangers peuvent-ils jouer sur les processus de capitalisation en cours dans les pays post-socialistes ? Nous avons déjà rencontré plusieurs aspects de cette question dans les études de cas ; la manière la plus efficace d'y participer est de favoriser directement le processus d'éclatement-construction sur place. La question recouvre au moins trois aspects : *l'ouverture du commerce extérieur,* les différents modes d'aide par *financement* et l'impact de *l'investissement* étranger.

Pour tous les pays post-socialistes, l'accès aux marchés internationaux constitue, à moyen terme, un instrument indispensable à leur intégration dans le commerce international. Mais ceci ne suppose pas qu'une ouverture *immédiate* des frontières commerciales soit la solution la plus favorable au processus de restructuration. Car, si cette ouverture peut être bénéfique aux entreprises *déjà* capitalisées, elle peut, en revanche, empêcher le bon déroulement des capitalisations *en cours.* En l'absence de marchés nationaux établis de façon stable, l'ouverture immédiate risque de favoriser des ventes hâtives de fonctions isolées (des 'braderies') ; ainsi se trouverait bloqué le processus de construction au niveau national, visant au contraire à regrouper *plusieurs* fonctions au sein de nouvelles entreprises, ce qui prend nécessairement du temps. La question pour les autorités publiques est de savoir combien de temps il faut maintenir ouvert le processus de capitalisation, et donc conserver une certaine protection commerciale, avant de procéder à l'ouverture des frontières (seul moyen, par ailleurs, de mener à bien la libéralisation complète des prix).

Quant à l'apport financier que l'étranger est susceptible de fournir, il peut prendre des formes diverses, adaptées à des besoins spécifiques : assistance technique, fonds de stabilisation monétaire, crédits d'assurance des risques commerciaux, prêts de capital, etc. Dans les premières années du post-socialisme, la plupart des pays post-socialistes ont eu recours à un endettement extérieur pour financer leurs déficits commerciaux.[260] Une évaluation précise de l'utilité directe de ces aides est impossible, quoi qu'en disent les tenants d'une forme particulière d'aide directe. Il est en effet impossible de distinguer l'affectation de ces crédits au maintien en vie de fonctions non-capitalisables, des dépenses liées à une stratégie cohérente de capitalisation. L'impact de *l'investissement étranger direct* est évident : il accélère le processus de capitalisation de l'appareil productif et entraîne avec lui les transferts de technologie, l'accès aux réseaux internationaux de vente et d'approvisionnement, la formation et le transfert de connaissances tacites. L'impact de l'investissement étranger a été très important dans la plupart des grandes capitalisations ayant eu lieu dans les pays post-socialistes. Mais, le niveau absolu globalement *faible* de l'investissement étranger l'empêche de jouer un rôle central dans les restructurations industrielles.

La devise 'commerce et non aide directe' ('trade, not aid') s'avère ainsi trop sommaire. L'ouverture au commerce pour un secteur industriel donné constitue un levier efficace, mais seulement une fois que le processus de capitalisation de ce secteur est achevé. Mais, avant cette étape, l'aide directe reste un facteur important, permettant au pays post-socialiste de jouir d'une plus grande liberté dans la stratégie de capitalisation. Il faudrait donc du commerce *et* de l'aide directe ('trade *and* aid').

---

[260] La plupart des PECO ont dégagé, de 1991 à 1994, des déficits commerciaux avec les pays de la Communauté Européenne et l'ensemble de l'OCDE.

Conclusion

Malgré l'apparente diversité des premiers programmes de réforme dans les pays socialistes, on observe en réalité une grande proximité entre les approches des restructurations industrielles. Une fois achevée la monétarisation, ces pays se sont tous engagés dans la définition de programmes visant l'émergence de formes de propriété plus efficaces, c'est la '*phase I*' du post-socialisme. La privatisation en a constitué la forme principale, mais une grande importance a été également attribuée à la création de S.A. d'État et leur soumission à la loi commerciale (dite 'commercialisation'). L'évaluation normative du succès de ces programmes est impossible : le transfert de contrôle formel d'un ex-combinat n'implique pas obligatoirement un contrôle plus efficace. De plus la grande variété des formes mixtes de propriété rend impossible une distinction nette entre propriété publique et privée.

Tous les programmes de privatisation de la phase I n'en ont pas pour autant été identiques ; un critère pertinent de distinction nous semble porter sur la capacité de chacun à capter un maximum *d'informations* sur l'évaluation relative des ex-combinats. Cette collecte d'information constitue une étape importante, préliminaire aux restructurations. On peut distinguer trois principaux types d'approches : celui qui vise surtout l'information *interne* aux ex-combinats, privilégiant par conséquent les programmes de MBO, de liquidation, etc. ; celui qui compte sur le recours à l'information *externe* à travers un nombre limité 'd'experts' (Treuhandanstalt, privatisation sectorielle) ; enfin, celui qui tend à impliquer un *maximum* d'agents dans l'évaluation des perspectives des ex-combinats (privatisation de masse par vente aux enchères des actions). Il nous semble que la privatisation de masse à la tchécoslovaque constitue le meilleur moyen pour faire surgir rapidement des informations disponibles à l'extérieur des ex-combinats.

Or, si le choix d'un programme de privatisation n'est pas sans conséquences sur la trajectoire des restructurations, les véritables chantiers du post-socialisme portent sur la définition et la mise en œuvre de politiques traduisant ces informations en instruments *concrets* d'éclatement-construction des ex-combinats en entreprises. Là-dessus, les stratégies formulées dans la première phase post-socialiste ont été peu efficaces, limitées qu'elles étaient aux aspects du transfert de propriété de ce qu'on considérait être des entreprises publiques *existantes*. Après un temps d'apprentissage, plus ou moins long suivant les conditions externes fixées par la monétarisation et par les politiques transversales, les gouvernements réformateurs *eux-mêmes* ont réorienté leurs stratégies, pour développer de nouveaux instruments de politique industrielle spécifique, visant à accompagner voire à accélérer l'éclatement-construction ; c'est la '*phase II*' du post-socialisme. Les politiques transversales dans cette phase II intègrent davantage la nécessité d'établir des capacités étatiques pour accueillir les fonctions non-capitalisables, et surtout les fonctions sociales. Mais la caractéristique principale de cette phase est l'émergence de nouvelles structures censées déceler les fonctions capitalisables à l'intérieur des ex-combinats. Ces structures concernent le secteur privé (incitations aux particuliers, capitalisation de masse, privatisation, etc.) ainsi que le secteur public (amélioration des structures de holding, contrôle sur les ex-combinats non-privatisables, etc.).

Les critères permettant de caractériser les politiques industrielles post-socialistes sont les instruments de *capitalisation* mis en place, pour la plupart dans la phase II. Au-delà des diverses tentatives visant à attribuer des 'modèles' à des pays (thérapie de choc versus gradualisme, 'modèle' japonais, anglo-saxon, des quatre dragons, etc.), notre approche permet ainsi de repérer autant les points communs que les divergences entre pays. L'exemple de l'approche gradualiste menée par la République Tchèque, pourtant souvent considérée comme l'exemple type d'un 'modèle' de thérapie de choc, et, inversement, la thérapie de choc déployée initialement par la Hongrie, considérée comme gradualiste, indique qu'il faut soigneusement distinguer le 'modèle' attribué à un pays des instruments concrètement déployés. De même qu'il n'y a pas de transition entre le socialisme et le post-socialisme, il n'y en a pas non plus entre le post-socialisme et l''après post-socialisme' : le capitalisme stabilisé. La phase II, et avec elle le post-socialisme tout court, trouve son aboutissement avec la disparition de politiques visant *spécifiquement* le processus de capitalisation par éclatement-construction des ex-combinats. Ce critère, nous semble-t-il, permet de caractériser le statut d'un pays comme étant toujours post-socialiste ou - au contraire - sorti du post-socialisme et s'étant établi dans le capitalisme de marché.

CONCLUSION

'Du combinat à l'entreprise' ; l'analyse du système industriel socialiste et post-socialiste permet d'affirmer qu'il y a une différence de nature entre ces deux entités, et que la période actuelle, que nous qualifions de post-socialisme, doit être considérée comme une période singulière distincte et non comme une 'transition' graduelle d'un état à un autre. De même, indépendamment du jugement que l'on porte sur ce système, convient-il d'analyser la période socialiste en Europe de l'Est et en Union soviétique comme une période distincte. L'argument selon lequel le socialisme n'aurait été que la 'transition la plus longue entre le capitalisme et le capitalisme', soutenu mi-sérieusement mi-plaisantant par un grand nombre de nos interlocuteurs dans les pays post-socialistes, cherchant à relativiser la portée historique de cette période, ne contribue pas à une interrogation de fond sur le système socialiste. Or, cette interrogation est d'autant plus nécessaire pour fixer, en ce moment propice, quelques faits sur son fonctionnement réel, que demain surgiront inévitablement des légendes et des nostalgies, et qu'il continuera de susciter des modèles théoriques, de nouvelles preuves et contre-preuves 'scientifiques' de sa validité. Dans cette conclusion nous rappellerons que les débats actuels engagent, au-delà des perspectives du post-socialisme, des réflexions sur la pensée économique en général. Nous articulerons ensuite nos propres conclusions sur le socialisme et le post-socialisme à d'autres arguments anciens et récents. Par delà les cas d'espèce analysés dans ce travail, notre modèle d'interprétation fournit, nous semble-t-il, une grille de lecture pour analyser un cas très particulier relevant de la même problématique : celui de la Chine, prochain défi de la pensée et de la politique économique.

1. Des questions sur le champ et les limites de l'économie

L'étude du socialisme et du post-socialisme relance les réflexions sur les discours économiques et sur leurs limites. Des phénomènes aussi inédits et d'une portée aussi vaste que l'effondrement du socialisme et le post-socialisme justifient une remise à plat des théories existantes. Aussi l'étude de ce que disent du socialisme les écoles économiques permet-elle de clarifier la conception même de l'économie que chacune d'elles véhicule. Nous avons retenu les écoles principales dans le débat contemporain. Ainsi, pour *l'école néoclassique*, tout peut s'analyser avec les outils économiques dès lors qu'il y a des échanges de biens entre individus, coordonnés par des marchés ; la nature des échanges, monétaire ou en nature, importe peu. Les *courants institutionnalistes*, critiquant la vision trop rigide - car limitée aux échanges de biens - des néoclassiques, ont opéré un élargissement de ce champ de l'économie. Pour eux, toutes les transactions, matérielles ou immatérielles entre acteurs relèvent de l'économie et peuvent être interprétées en termes de marché. *L'école de la régulation*, récusant le caractère normatif des approches néoclassiques et institutionnalistes, a opéré un autre élargissement, en insistant sur la dialectique politico-économique entre un régime d'accumulation spécifique à une période et les crises qui en signent à la fois le début et l'épuisement. Malgré leurs différends conceptuels, ces courants ont analysé 'l'économie socialiste' en termes comparatifs.

A ces approches comparatives s'opposent deux courants *récusant* l'universalité de l'économie et posant non une définition de l'économie mais les *conditions de son existence*. Autrement dit, selon ces courants, il peut ne *pas* y avoir de l'économie. Ainsi, Ludwig von Mises exigeait de limiter le champ d'analyse de l'économie à des décisions fondées sur l'existence d'un équivalent général monétaire s'appliquant aux activités de production *et* de consommation. A la lumière de l'expérience soviétique des années 20, il posait le principe que le socialisme, à cause de son abandon volontaire d'un équivalent général, ne pouvait *pas* constituer un objet d'analyse économique. Alors que Mises s'appuyait sur un critère de rationalité individuelle, Sylvain *Lazarus* parvenait, 70 ans plus tard, au même résultat, en se fondant, quant à lui, sur l'analyse des rapports *État - économie*. Selon lui, c'est la capacité à séparer production et État, qui fixe les conditions de l'existence d'économie.[261]

Le post-socialisme a eu un second effet important sur la pensée économique, en facilitant la percée spectaculaire des raisonnements dits 'institutionnalistes'. Ceux-ci sont devenus une sorte de 'sésame' de l'interprétation de phénomènes que les théories plus traditionnelles, et surtout celle de l'équilibre général, ne parvenaient pas à expliquer. A la fin des années 80, en effet, rares étaient encore les modèles économiques prenant en compte le rôle des institutions ; aujourd'hui, cinq ans seulement après, rares sont devenus les discours qui n'y font *pas* référence.[262] L'expérience du post-socialisme a, selon nous, constitué un, sinon *le* facteur central de ce développement : face à une situation inédite et devant l'insuffisance des modèles conventionnels dans l'interprétation du post-socialisme, les modèles institutionnalistes, bien que très hétérogènes, se sont rapidement engouffrés dans la brèche. Cela pourrait conduire, à moyen terme, à un rapprochement de l'économie et d'autres sciences sociales - l'histoire, la politologie, la sociologie par exemple - sur lesquelles ces nouveaux 'institutionnalistes' s'appuient. C'est enfin grâce à la *fin* du socialisme que la question de la nature du socialisme, corollaire de la question de la nature de l'économie, peut être abordée plus sereinement que par le passé, où elle était souvent subordonnée à des conflits idéologiques. La période actuelle est ainsi marquée par un changement *qualitatif* ; le débat sur le socialisme peut désormais s'appuyer sur la confrontation des *faits* du socialisme réel, là où auparavant ne pouvaient essentiellement s'affronter que des hypothèses, d'un faible rapport au réel. Si la fin du socialisme n'est ni la 'fin de l'histoire' ni même la fin des divergences entre les discours économiques, elle ouvre en revanche de nouvelles interrogations sur la pensée économique.

2. Un regard spécifique sur le socialisme et sur le post-socialisme

Nous sommes partis, pour aborder la question du socialisme et du post-socialisme, d'une analyse du fonctionnement et de la dynamique des unités élémentaires industrielles que constituent le *combinat* dans le socialisme, et *l'ex-combinat* et *l'entreprise* dans le post-

261 Il importe de noter que la question de la méthode en économie n'engage rien quant aux *jugements* que portent les uns et les autres sur les systèmes qu'ils analysent. Aussi Mises partagerait-il sans doute, malgré les divergences méthodologiques, les jugements de valeur de l'école néoclassique *contre* le socialisme qui supprime la liberté individuelle ; inversement, institutionnalistes et régulationnistes seraient probablement d'accord avec Lazarus pour ne pas porter d'a priori 'pour' ou 'contre' un système donné.

262 Il n'est pas surprenant qu'il n'y ait pas de définitions concrètes communes de ces 'institutions' (formelles ou informelles, lois, coutumes, cultures, etc.). Attention : les courants que nous disions 'institutionnalistes' dans ce travail (Kornai, Williamson, etc.), disposant d'un cadre conceptuel établi et précis, ne doivent toutefois pas être confondus avec la diffusion et la généralisation de ces invocations récurrentes à des 'institutions' si peu définies.

socialisme. Notre approche a consisté en une analyse du fonctionnement *réel* de l'industrie socialiste, et de son lien avec les énoncés socialistes principaux. L'approche a pu ainsi être interne à la logique socialiste, que nous considérons comme directement issue de son projet, et également interne aux unités industrielles élémentaires que ce système a engendré. Elle révèle davantage sur le système que l'analyse de statistiques socialistes, dont le caractère falsifié, longtemps suspecté, ne fait aujourd'hui plus aucun doute.

2.1 'Succès' et effondrement du socialisme soviétique

Le combinat socialiste n'était pas une entreprise. L'énoncé initial, qui s'est d'abord présenté comme une hypothèse lors de nos premières enquêtes dans les combinats industriels, constitue maintenant une thèse établie, sur laquelle d'autres interprétations du socialisme devront se prononcer. Le combinat ne disposait ni d'objectif, ni de marge de manœuvre propre, distincts de ceux du Parti/État. Nous en considérons pour preuve la *polyfonctionnalité* du combinat non monétaire, l'obligeant à veiller en permanence à équilibrer ses multiples objectifs, confondus avec ceux du Parti/État : la *production*, les *services sociaux*, et le *contrôle* collectif et individuel de ses membres. Chacune de ces activités pouvait à tout moment avoir priorité sur les autres. Les décisions prises par le combinat (le choix de localisation, la stratégie d'investissement, la politique d'innovation, etc.) étaient entièrement soumises aux décisions du Parti/État ; elles ne pouvaient pas être fondées sur des calculs 'économiques' de coûts, puisqu'une unité commune de compte donnant un sens à ces calculs n'existait pas.

Cette caractérisation de la singularité du combinat socialiste s'oppose aux interprétations qui n'y voient qu'une 'entreprise capitaliste à propriété publique'. L'école néoclassique a ainsi plus que d'autres systématiquement assigné le retard technologique et le gaspillage des ressources dans les pays socialistes à la mauvaise gestion de ces 'entreprises publiques'. Mais les courants institutionnalistes et l'école de la régulation ont également fondé leurs modèles respectifs sur une approche comparative en termes d'opposition entre les entreprises capitalistes privées et publiques, voire entre marché et bureaucratie. Cette vision comparatiste néglige l'existence d'une rationalité sous-jacente interne, *spécifique* à la stratégie socialiste de développement. Celle-ci n'était pas fondée sur un calcul économique, mais sur les décisions du Parti/État. On repère cette rationalité par exemple à travers l'analyse des décisions portant sur le développement de l'outil productif ; décisions qui, vue de l'extérieur, apparaissent souvent 'antiproductives' - c'est-à-dire ne correspondant pas à une logique d'optimisation de la productivité. Il n'est nullement question ici de justifier les décisions prises par les combinats, de nier les choix aberrants auxquels elles ont pu conduire par ailleurs, ou de leur conférer une quelconque cohérence 'infaillible'. Il s'agit en revanche de comprendre leur logique interne, propre au fonctionnement du combinat socialiste et à la dynamique industrielle socialiste ; cette rationalité est hors de portée des modèles d'interprétation de 'l'entreprise publique'.

Le socialisme n'était ni un capitalisme d'État ni une économique planifiée. Il y a, en fait, identité entre la caractérisation du combinat comme morceau du Parti/État et cette seconde thèse. Le socialisme, tel qu'il a été instauré et développé en Europe de l'Est et en Union soviétique, est parvenu à établir une certaine convergence entre son *projet théorique*, récusant la médiation monétaire entre production et besoins, et son *fonctionnement réel*, tel que l'incarne la figure du combinat polyfonctionnel. A la loi de la valeur monétaire, dominante dans le capitalisme, s'est donc substituée dans les pays socialistes la 'loi de la valeur sociale', définie, affectée et contrôlée par le seul Parti/État. Notre analyse du fonctionnement de l'industrie socialiste soutient donc que les pays socialistes ont réussi à 'vider les concepts capitalistes de leur contenu', objectif fixé par la Révolution d'Octobre. On ne peut *pas*, par conséquent, caractériser le socialisme sur la base de concepts qui lui sont *extérieurs*, tel ceux de capital, de monnaie, de marchandise, de profit, de propriété privée/publique, etc. Pour cerner les mécanismes de coordination au sein du socialisme, nous avons préféré nous référer à ses *propres* concepts : le Parti/État, le combinat et ses 'membres', la 'valeur sociale', la polyfonctionnalité, etc. Ce n'est pas la nature de leurs 'institutions' qui distingue les pays socialistes d'autres pays, comme l'ont soutenu les courants institutionnalistes. Ces derniers ont en effet cherché à appliquer au socialisme leur modèle de base, posant que le socialisme a accordé trop de place à la bureaucratie, au détriment du marché. Partant de là, des chercheurs des pays socialistes (Lange, Brus, Sik, Kornai par exemple) ont proposé de réformer le socialisme de l'intérieur, en introduisant 'un peu plus de marché', et d'élargir les sphères marchandes graduellement. De nombreuses tentatives de 'réforme' interne ont été entreprises, et l'idée de la réformabilité du système s'est maintenue, chez certains, jusqu'à son effondrement. Mais l'impossibilité de toucher à l'unique pilier de base, que constitue la coordination non monétaire par le Parti/État, sans provoquer l'implosion du système entier, montre a posteriori que socialisme soviétique et économie monétaire étaient incompatibles. Il en découle que *le socialisme soviétique n'était pas réformable.*

La nature de *l'effondrement* du socialisme reste, à notre avis, indéfinie, que l'on adopte l'hypothèse d'un événement inévitable et inhérent au système, ou celle d'une chaîne causale enclenchée par des dysfonctionnements spécifiques des années 80. Kornai et d'autres auteurs ressortissants de ces pays admettent ne pas disposer de schémas d'explications complètement satisfaisants ; il en est de même des interprétations apportées par d'autres écoles. Notre analyse de la dynamique des structures industrielles du socialisme (chapitre III.2) contient l'amorce d'une hypothèse explicative d'un effondrement 'incontournable' du système : au-delà de l'élargissement de la sphère du pouvoir des combinats observé dans les années 1950-60 (la *complexification*) et de la création de 'combinats de branche' ou 'Kombinats' dans les années 70 et 80 (la *Kombinatisation*), le système n'aurait plus su inventer de mécanismes capables d'apaiser les conflits émergents de la polyfonctionnalité, et se serait effondré une fois un seuil critique atteint.[263] Même si cette hypothèse s'avérait juste, rien ne laisse pour autant supposer que *l'année 1989* aurait constitué un seuil 'naturel' de la capacité à résoudre des conflits croissants de la polyfonctionnalité. La question reste donc *ouverte*. Les pistes mentionnées ici, et d'autres encore, peuvent servir à enrichir le débat sur l'effondrement. Il serait trompeur, parce que trivial, d'expliquer ce dernier en ne se fondant que sur quelques indicateurs de productivité, et de le ramener à une simple question de conditions matérielles.

---

[263] Cette lecture permettrait par ailleurs d'expliquer les tentatives menées par M. Gorbachev, dès son arrivée au pouvoir en 1985, pour pousser encore davantage la concentration des unités industrielles, en créant des 'super-Kombinats' interindustriels. L'extension générale de la sphère de contrôle, observée dans les années 80 à l'intérieur des combinats *comme* à l'extérieur (que l'on songe à certaines activités accrues du KGB en Union Soviétique, de la Stasi en RDA, de la Sécuritate en Roumanie), trouverait également dans cette interprétation son explication.

2.2 *Perspectives du post-socialisme*

Qui dit post-socialisme dit inévitablement socialisme. Les deux volets de la question sont indissociables. Toute caractérisation du post-socialisme doit donc nécessairement partir d'une conception du socialisme. Le décalage observé entre les résultats escomptés des programmes de réforme mis en œuvre dans le domaine des restructurations industrielles, et leurs résultats effectifs trouve, selon nous, ses racines dans l'interprétation erronée du point de départ.

Si le socialisme était un système fondé sur la coordination non monétaire de la production par le Parti/État, il doit y avoir rupture *entre le socialisme et le post-socialisme monétaire.* Quand le socialisme s'est effondré dans les pays de l'Est et en Union soviétique entre 1989 et 1992, la vision dominante du socialisme était pourtant celle d'une économie étatique planifiée, composée d'entreprises capitalistes à propriété publique. Dans cette vision, le post-socialisme apparaissait comme une 'transition' graduelle, d'un système dominé par la planification et la propriété publique, vers un système dominé par plus de marché et plus de propriété privée. Cette interprétation a conduit à surestimer les questions de la propriété et des privatisations.

Il n'y a plus de doute aujourd'hui que le post-socialisme ne peut commencer qu'avec la *monétarisation,* c'est-à-dire avec des réformes monétaires, introduisant une seule monnaie comme équivalent général, abolissant ainsi le cloisonnement entre les trois 'pseudo-monnaies' (scripturale, papier, devise). Mais les réformes industrielles ne peuvent se limiter, comme le suggèrent certaines interprétations en terme de 'transition', à l'acte de transfert de la propriété publique à des agents privés. Elles doivent, au contraire, avant tout s'engager dans un processus visant d'abord à *créer* de la propriété, inexistante dans le socialisme, puis à faire *éclater* les anciennes structures industrielles non monétaires - les combinats polyfonctionnels - parallèlement, elles doivent mettre en œuvre des politiques industrielles visant à encadrer le processus de *construction* de *nouvelles entreprises monétaires*, ainsi que le transfert dans des nouvelles institutions étatiques ou la fermeture graduelle des autres parties des combinats. Nous avons parlé à ce propos d'un processus de *capitalisation.* Les pays post-socialistes ont constaté, chacun à leur tour, les déficiences d'une approche uniquement axée sur les transferts de propriété. La recherche de politiques adaptées de capitalisation n'est devenue que dans un second temps la préoccupation principale des pays post-socialistes. Elle restera, tant qu'il reste des ex-combinats à restructurer, l'enjeu central auquel doivent répondre les instruments de politique industrielle mis en œuvre dans les pays d'Europe Centrale et Orientale et surtout en Russie et dans les autres Républiques ex-Soviétiques.

La monétarisation désigne une rupture irréversible avec le socialisme ; en introduisant la monnaie, et par conséquent le capital, la marchandise, les profits, la propriété, etc. elle 'vide les concepts socialistes de leur contenu'. Le début du post-socialisme correspond ainsi à l'introduction du capitalisme. Entre la période socialiste et le début du capitalisme, il n'y a donc pas de chevauchement possible. Ceci implique également qu'*il n'y a pas de place pour une 'troisième voie'*, idée récurrente de la coexistence possible entre 'un peu de socialisme' et 'un peu de capitalisme'. Ni le modèle hypothétique d'Oskar Lange des années 30, ni l'existence de cas de fonctionnement réel de socialismes 'réformés' ne permettent de soutenir l'hypothèse de la possibilité d'un tel 'entre-deux'. *Tous* les pays de l'ex-bloc soviétique ont renoncé au socialisme non monétaire, et ont installé des systèmes fondés sur une médiation monétaire entre production et besoins. Il n'y a pas là d'indice de l'existence d'une 'troisième voie'. Nous considérons peu convaincantes les tentatives, nombreuses depuis peu, qui cherchent à identifier dans certaines économies post-socialistes des éléments d'une troisième voie entre socialisme et capitalisme ; tentatives fondées sur le constat de l'inextricable mélange des activités publiques et privées qui s'installe de toute évidence durablement dans ces pays.[264] Mais ce n'est pas par la seule forme de la propriété que se définit la différence entre un pays socialiste et un pays capitaliste et que l'on pourrait fonder un modèle d'interprétation d'une troisième voie. Les nouvelles formes de propriété que ces auteurs identifient dans le post-socialisme (par exemple, des formes de contrôle mêlant des fonds privés et l'Agence (publique) du patrimoine en République Tchèque, l'autogestion des entreprises publiques en Pologne et en Slovénie, les participations croisées à la 'keiretsu' japonais en Hongrie) ne se distinguent pas qualitativement d'autres formes de propriété mixte, dans d'autres économies capitalistes.

Il peut être utile, en revanche, de distinguer des trajectoires divergentes engendrées par différents processus de *capitalisation* ; le post-socialisme constitue un champ d'analyse idéal des *processus d'émergence de marchés.* On observe, par exemple, que dans les industries peu capital-intensives le processus de capitalisation commence par le développement de marchés proches, voire même de 'marchés du village' ; les recettes des ventes y sont directement transformées en capital. Dans des industries plus capital-intensives (chimie, métallurgie par exemple) ce sont au contraire les négociants, souvent occidentaux, qui établissent le lien entre la production et la demande et émergent ainsi comme acteurs principaux de la capitalisation des ex-combinats en amont. Pour les activités de R&D, le plus souvent issues des anciens complexes militaro-industriels, la création de 'réseaux industriels' semble la voie la plus adaptée pour faciliter la coopération nécessaire entre des fonctions intimement liées (conception, approvisionnement, production, application), mais qui se trouvent isolées après l'éclatement des anciens combinats.[265] L'étude de l'émergence de marchés, c'est-à-dire de liens monétaires production - demande solvable, devrait également permettre d'identifier le type de soutien institutionnel que l'État peut fournir pour accélérer le processus de restructuration. La conception d'un système financier et de crédit adapté aux besoins spécifiques, la mise en place de 'centres de service' pour les petites et moyennes entreprises en cours de capitalisation, une politique d'incitation à la coopération dans les activités de R&D, sont autant de mesures qui peuvent avoir un impact positif sur l'émergence de nouvelles entreprises, si elles sont harmonisées avec les étapes de la restructuration.

Le soutien *étranger* aux processus de capitalisation, devrait, quant à lui, consister en une aide directe (assistance technique, fonds de stabilisation monétaire, crédits d'assurance des risques commerciaux, prêts de capital, etc.) *et* en une ouverture des frontières commerciales ('trade *and* aid'). Tant que les ex-combinats ne sont pas encore capitalisés, il s'agit surtout de permettre aux agences étatiques et aux investisseurs potentiels (nationaux ou étrangers) d'accélérer l'identification des fonctions capitalisables et des marchés potentiels. Une fois les nouvelles entreprises constituées et le système de prix établi, les pays tiers peuvent contribuer à la stabilisation de ces entreprises en leur permettant de

264 Cf. sur ce point les débats chez Acs et FitzRoy (1994), Koford (1993), Stark (1994), Boyer (1993).

265 Cf. Bomsel, Le Blanc, Couderc (1994 ; Industrial Policy Audit on Military Enterprises in the Moscow Region. CERNA ; TACIS Project Report).

trouver leur place sur les marchés internationaux.

3. Une grille d'analyse pour le cas de la Chine

Si nous avons évoqué, dans les sections précédentes, de nombreuses pistes de réflexion que nous considérons désormais comme ouvertes, voire rouvertes, il y en est une particulièrement en mesure de faire progresser les concepts ici développés, voire d'en indiquer les limites : il s'agit du cas de la Chine. Car, que vaut une théorie de la rupture entre socialisme et post-socialisme, élaborée à partir d'observations en Europe de l'Est et en Union soviétique, si l'Empire du milieu, le plus grand des pays socialistes, prétend pouvoir effectuer son 'grand boom en avant' des années 90... en transition graduelle ? Comment caractériser, au regard de la rupture et de l'éclatement-construction en cours dans les pays ex-soviétiques, ce qui est appelé, depuis le XIVe Congrès du Comité Central du Parti chinois, en novembre 1993, 'l'établissement d'une structure économique de marché socialiste' ?

Les événements en Chine, dans les années et décennies à venir, auront peut-être sur l'étude des systèmes économiques un impact aussi marqué que celui qu'ont eu les changements en Europe de l'Est au début des années 90. De ce fait, ils constituent incontestablement un banc d'essai pour les travaux sur le post-socialisme. Car, au-delà de la formule par laquelle Deng caractérise ce qui se passe en Chine actuellement, il s'agit de s'interroger sur le contenu effectif de cette 'économie de marché socialiste'.

L'étude rapide des réformes effectuées en Chine renvoie une image hétérogène. D'un côté, il existe un indéniable processus de réforme, commencé en 1978, qui s'est accéléré à la fin des années 80, puis de nouveau en 1993. En témoignent la 'petite' privatisation (commerces, ateliers, artisanat), les zones économiques spéciales qui sont sans aucun doute des lieux de capitalisme, l'investissement étranger et les joint-ventures en abondance, les tentatives d'établir des banques commerciales indépendantes et les projets d''actionnariser' les unités industrielles en les transformant en sociétés par actions d'État et en leur imposant un code commercial unique. Tous ceci est d'une envergure sans commune mesure avec les 'réformes' tentées autrefois par les pays soviétiques. Mais le processus apparaît sous un autre visage, dès lors que l'on se focalise sur le niveau d'analyse du combinat industriel, que constitue, en Chine, le *dan wei de production*. A ce niveau on observe que les réformes n'ont encore mis en question ni le caractère polyfonctionnel des 72 000 dan wei industriels (représentant 60 à 80% de la production industrielle), ni la présence, en leur sein, des représentants du Parti aux postes clé. Malgré l'existence, depuis 1986, d'une loi sur les faillites, et la position difficile de 33-40% des dan wei industriels, considérés en situation financière grave voire sans issue, aucune fermeture conséquente n'a encore été effectuée. Les dan wei fournissent encore, en vertu de la loi, la plus grande partie des services sociaux à leurs membres (logement, éducation, santé, retraite)[266] ; les licenciements y sont, pour

---

[266] Cf. par exemple les articles de recherche de la Banque Mondiale ('China's Enterprise Reform Series'). I. Sing et G. Jefferson, par exemple, (1994 : China's State Industry. A Paradox of Rising Productivity and Declining Profitability. *Transition*, vol. 5, n° 2-3, February-March. 7-9) qui constatent : 'State-owned enterprises are required by law to provide employees and their dependents housing, education, health benefits, and pension provisions. ... There is no exit policy for enterprises, and bankruptcies are not allowed.'
La littérature sur la réforme systémique en Chine est en croissance exponentielle ; pour une introduction cf. Gelb, Alan, Jefferson, Gary, and Singh, Inderjit (1993) : Can Communist Economies Transform Incrementally ? Washington, D.C. ; *World Bank Working Paper* ; Sachs, Jeffrey, and Woo, Wing thye (1994) : Reforms in China and Russia. *Economic Policy*, vol. 18, April, 101-145 ; Lemoine, Françoise (1994) : *La nouvelle économie chinoise*. Paris ; Editions la Découverte ; Hui, Wan-Sze (1995) : Key Elements for China's Industrial Reform. Draft paper for the 10th annual meeting of the Chinese Economic Society, Chicago.

l'instant, inexistants.

Selon les concepts analytiques développés dans ce texte, nous proposerions d'analyser de près si les activités de production dans les dan wei, et la médiation avec les besoins, sont aujourd'hui régies par la monnaie, ou si, au contraire, ils sont toujours soumis aux décisions absolues du Parti/État. Autrement dit : les réformes ont-elles déjà abouti à la *monétarisation*, au décloisonnement des circuits 'monétaires' socialistes, et à l'abandon du pouvoir du Parti/État sur les décisions de production ? Suivant la réponse, *deux hypothèses opposées* peuvent alors être formulées, qui sont de grande conséquence pour l'évaluation de la conjoncture et des perspectives.

Hypothèse 1 : Il y a *eu* monétarisation, et on assiste actuellement à un processus d'éclatement-construction et de capitalisation des dan wei de production dans un contexte post-socialiste. Dans cette hypothèse, qui pose *l'abandon du socialisme*, il s'agit de caractériser l'enchaînement particulier des étapes de l'éclatement-construction des unités industrielles, et les stratégies de capitalisation retenues par l'État chinois. L'absence de licenciements et de fermetures, par exemple, peut ne *pas* être une preuve du maintien du socialisme, mais simplement résulter d'une stratégie spécifique, prudente, visant à accompagner le passage du travail socialiste au travail capitaliste. Les dan wei maintiennent la polyfonctionnalité pour résorber les effets de la monétarisation. Dans cette première hypothèse, la présence maintenue des éléments du Parti dans les dan wei de production n'a plus la fonction de régir la production, devenue monétarisée ; elle se limite à une sorte de police interne, veillant sur le maintien de l'ordre mais *sans* intervenir directement dans les décisions économiques.

Hypothèse 2 : La monétarisation n'a *pas* encore eu lieu ; les réformes entamées s'effectuent toujours dans le cadre d'un socialisme traditionnel, sans en avoir mis en cause le pilier central que constitue la coordination non monétaire assurée par le Parti/État. Selon cette seconde hypothèse, supposant le *maintien du socialisme* avec quelques modifications mineures, il faudrait centrer l'analyse sur les mécanismes permettant au Parti/État de maintenir son contrôle sur la production, et sur les risques d'éclatement brusque de ce contrôle. Dans cette hypothèse, les zones économiques spéciales et les joint-ventures ne représentent rien de plus que des sphères dominées par la 'monnaie devise', restées sous strict contrôle du Parti/État, et largement séparées du reste du système productif. La polyfonctionnalité à l'intérieur des dan wei continue d'assurer les objectifs fixés par le Parti/État, et également contrôlés par lui. Il n'y aurait alors en Chine, pour l'instant, ni transition ni rupture.

BIBLIOGRAPHIE

ACS, Zoltan, AUDRETSCH, David (eds.) (1993) : Small Firms and Entrepreneurship : An East-West Perspective. Cambridge ; Cambridge University Press.

ACS, Zoltan, FITZROY, Felix (1994) : A Constitution for Privatizing Large Eastern Enterprises. *Economics of Transition*, vol. 2, n° 1, March. 83-94.

AGHION, Phillipe, ARROW, Kenneth, BURGESS, Robin, FITOUSSI, Jean-Paul, XU, Chenggang (1993) : Industrial Restructuring in Eastern Europe. mimeo EBRD.

AGLIETTA, Michel (1993) : Redéployer les réformes - comment adapter la stratégie de transition. *Economie Internationale*, n° 54, 2e trimestre. 67-104.

AKERLOF, George A., ROSE, Andrew K., YELLEN, Janet L., HESSENIUS, Helga (1991) : East Germany in from the Cold : The Economic Aftermath of Currency Union. *Brookings Papers on Economic Activity*, n° 1. 1-105.

ANDREFF, Wladimir (1978) : Capitalisme d'État ou monopolisme d'État en U.R.S.S. dans : Lavigne, Marie (ed.) : *Économie politique de la planification en système socialiste*. Paris ; Economica.

ANDREFF, Wladimir (1993) : *La crise des économies socialistes - la rupture d'un système*. Grenoble ; Presses Universitaires de Grenoble.

AOKI, Masahiko, GUSTAFFSON, Bo, WILLIAMSON, Oliver E. (eds.) (1990) : *The Firm as a Nexus of Treaties*. London ; Sage.

ASTIER, Jacques (1994) : *Evolution technique, gains de productivité et choix stratégiques en sidérurgie*. Paris ; CERNA.

AUDRETSCH, David B. (1991) : Industrial Policy and International Competitiveness : The Case of Eastern Europe. *Discussion Paper FS IV 91-22*, Wissenschaftszentrum (WZB) Social Science Centre Berlin.

BAFOIL, François (1991) : *Entreprises et syndicats en RDA - Une histoire de l'émulation socialiste*. Paris ; L'Harmattan Collection 'Pays de l'Est'.

BAFOIL, François (1992) : Monographie de l'entreprise E.S. : restructuration d'une aciérie dans le Brandebourg. *Les cahiers de l'observatoire de Berlin*, n° 14, avril.

BALCEROWICZ, Leszek (1994) : Poland : The Economic Outcomes. *Economic Policy*, vol. 19, December, 71-79.

BALCEROWICZ, Leszek (1994) : Fallacies and Other Lessons. *Economic Policy*, vol. 19, December, 17-45.

BARDHAN, Pranab, ROEMER, John E. (1992) : Market Socialism : A Case for Rejuvenation. *Journal of Economic Perspectives*, vol. 6, n° 3, Summer. 101-116.

BARONE, Enrico (1908) : The Ministry of Production in a Collectivist State. in : HAYEK, Friedrich A. (ed.) (1935) : *Collectivist Economic Planning*. London; Routledge. 245-290.

BAUER, Tamàs (1983) : The Hungarian Alternative to Soviet-Type Planning. *Journal of Comparative Economics*, vol. 7, n° 3, 304-316.

BERG, Andrew, SACHS, Jeffrey (1992) : Poland. *Economic Policy*; April.

BERGSON, Abram (1991) : Communist Economic Efficiency Revisited. *American Economic Review*, vol. 82, n° 2, May. 27-30.

BERLINER, James S. (1976) : *The Innovation Decision in Soviet Industry*. Cambridge, Massachusetts ; The MIT Press.

BERLINER, James S. (1991) : *Economic Structure and Technological Innovation*. Birmingham Conference on Technology and Transition in the USSR; University of Birmingham.

BETTELHEIM, Charles (1966) : *Problèmes théoriques et pratiques de la planification*. Paris ; Editions François Maspero.

BETTELHEIM, Charles (1968) : *La transition vers l'économie socialiste*. Paris ; Editions François Maspero.

BLANCHARD, O., DORNBUSCH, R., KRUGMAN, P., LAYARD, R., SUMMERS, L. (1991) : *Reform in Eastern Europe*. Cambridge, Massachusetts ; The MIT-Press.

BOFINGER, Peter, CERNOHORSKY, Ivan (1992) : Some Lessons from Economic Transformation in East Germany. Centre for Economic Policy Research, *CEPR Discussion Paper* n° 686, June.

BOGDAN, Henry (1990) : *L'histoire des pays de l'Est*. Paris ; Perrin.

BOGDAN, Henry (1993) : *L'histoire des Républiques de l'ex-Union soviétique*. Paris ; Perrin.

BOISSIEU, Christian de, COHEN, Daniel, PONTBRIAND, Gaël de (1993) : Gérer la dette inter-entreprises. *Economie Internationale*, n° 54, 2e trimestre. 105-120.

BOMSEL, Olivier (1992) : Collapse of the State and Competitiveness in Mining and Metallurgy. *Resources Economics*, vol. 18, n° 4, December. 270-281.

BOMSEL, Olivier (1993) : Le processus de capitalisation en ex-RDA. *Cahiers du CERNA* C-93-1.

BOMSEL, Olivier (1995) : Enjeux industriels du post-socialisme. *Revue d'Economie Industrielle*, n° 46. 31-72.

BOMSEL, Olivier, CARRET, Jean-Christophe, COSTE, Mathilde (1993) : Bilan sur la situation industrielle de la filière bois en République de Komi. Paris ; CERNA Rapport d'assistance technique (TACIS).

BOMSEL, Olivier, von HIRSCHHAUSEN, Christian (1991) : *Les industries minières et métallurgiques en Europe de l'Est*. Paris ; Ministère Français de l'Industrie (Observatoire des Matières Premières).

BORNSTEIN, Morris (1992) : La privatisation en Europe de l'Est. *Revue d'études comparatives Est-Ouest*, vol. 23, n° 2-3. 5-58.

BOYER, Robert (1993) : La grande transformation de l'Europe de l'Est : Une lecture régulationniste. Préface à l'édition japonaise de l'ouvrage : YAMADA, T., et BOYER, R. (eds.) : *La grande transformation du socialisme*. Tokyo ; Fujiwara.

BREZINSKI, Horst (1992) : Privatization in East Germany. *Moct-Most*, n° 1, 21.

BRUS, Wlodzimierz (1961) : *Problèmes généraux du fonctionnement de l'économie socialiste*. Paris ; Editions François Maspero.

BRUS, Wlodzimierz (1986) : *Histoire économique de l'Europe de l'Est (1945-1985)*. Paris ; Editions La Découverte.

BRUS, Wlodzimierz, LASKI, Kazimierz (1989) : *From Marx to the Market. Socialism in Search of an Economic System*. New York ; Oxford University Press.

BRYSON, Phillip J. (1992) : The Economics of German Reunification : A Review of the Literature. *Journal of Comparative Economics*, vol. 16. 118-149.

BRYSON, Phillip J., MELZER, Manfred (1987) : The Kombinat in GDR Economic Organization. in : JEFFRIES, Ian, and MELZER, Manfred (eds.) : *The East German Economy*. New York ; Croom Helm.

BRYSON, Phillip J., MELZER, Manfred (1992) : *The End of the East German Economy : From Honecker to Reunification*. New York ; St. Martin's Press.

CENTRE D'OBSERVATION ET DE PREVISION (1992) : *Repenser le soutien de la Communauté Internationale à l'Europe de l'Est*. Paris ; Ministère Français du Commerce Extérieur.

CEPII, et OFCE (Equipe Mimosa) (1993) : *1993-2000 Croissance : le secret perdu ?* Paris ; Rapport à la délégation pour la planification du Sénat.

CHARAP, Joshua, ZEMPLINEROVA, Alena (1993) : Restructuring the Czech Economy. *EBRD Working paper*, n° 2, March.

CHAVANCE, Bernard (1992 a) : *Les réformes économiques à l'Est de 1950 aux années 1990*. Paris ; Editions Nathan.

CHAVANCE, Bernard (1992 b) : L'économie mixte de transition post-socialiste. *CEMI-document de travail*, Décembre.

CHAVANCE, Bernard (1993) : La théorie de l'économie socialiste dans les pays de l'Est entre 1917 et 1989. *CEMI - Document de travail*, Juillet.

CHAVANCE, Bernard (1994) : La fin des systèmes socialistes. Paris ; Editions L'Harmattan.

CHILOSI, Alberto (1992) : The Impact on Employment of Institutional Transformation in Eastern Europe and the Tasks of Social Policy : The Polish Case. *IRSES - Document de travail*, Février.

COASE, Ronald (1937) : The Nature of the Firm. *Economica*; November. (traduction française (1987) : La nature de la firme. *Revue française d'économie*. vol. II-1.

COMMISSARIAT GÉNÉRAL DU PLAN (1993) : *La transition en Europe : économie privée et action publique*. Atelier continent européen, groupe monde-europe. Paris ; Editions La Documentation Française.

DE BANDT, Jacques (1993) : La dynamique industrielle des pays de l'Est. *Revue d'Economie Industrielle*, n° 65. 73-79.

DEMBINSKI, Paul, MORISSET, Jacques (1991) : Les politiques de stabilisation du FMI : une tentative d'évaluation pour l'Amérique latine et l'Europe de l'Est. *Revue d'études comparatives Est-Ouest*, vol. 22, n° 1. 75-94.

DEWATRIPOINT, M., ROLAND, Gérard (1992) : The Virtues of Gradualism and Legitimacy in the Transition to a Market Economy. *The Economic Journal*, vol. 102, March. 291-300.

DORNBUSCH, Rudiger, WOLF, Holger (1992) : Economic Transition in Eastern Germany. *Brookings Papers on Economic Activity*, n° 1.

DLOUHY, Vladimìr, MLÀDEK, Jan (1994) : Czech Privatization. *Economic Policy*, vol. 19, December.

DRACH, Marcel (1990) : *La crise dans les pays de l'Est*. Paris ; Editions La Découverte.

DUBOIS, Pierre, KOLTAY, Jenö, MAKO, Csaba, RICHET, Xavier (eds.) (1990) : *Innovation et emploi à l'Est et à l'Ouest ; Les entreprises hongroises et françaises face à la modernisation*. Paris ; Editions L'Harmattan, Collection 'Pays de l'Est'.

DUCHENE, Gérard (1989) : *L'économie de l'URSS*. Paris ; Editions La Découverte.

DUCHENE, Gérard, TARTARIN, Robert (eds.) (1991) : *La grande transition - économie de l'après-communisme*. Paris ; Editions Cujas.

DYKER, David (1976) : *The Soviet Economy*. London ; Crossby Lockwood Staples.

DYKER, David (1983) : *The Process of Investment in the USSR*. Cambridge ; Cambridge University Press.

ERICSON, Richard E. (1991) : The Classical Soviet-Type Economy : Nature of the System and Implications for Reform. *Journal of Economic Perspectives*, vol. 5, n°4, Fall. 11-27.

ESTRIN, Saul, RICHET, Xavier (1993) : Restructuration industrielle et ajustement micro-économique en Pologne. Une approche intersectorielle. *Revue d'études comparatives Est-Ouest*, vol. 24, n° 2, Juin. 67-86.

FAZEKAS, Kàroly, KOLTAY, Jenö, et alii (1990) : Crise d'entreprise et crise d'emploi dans deux bassins industriels. Etude comparative : Ozd (Hongrie), Le Creusot (France). In : DUBOIS, Pierre, et alii (eds.) : *Innovation et emploi à l'Est et à l'Ouest*. Paris ; Editions L'Harmattan, Collection 'Pays de l'Est'.

FISCHER, Stanley (1991) : Economic Reform in the USSR and the Role of Aid. *Brookings Papers on Economic Activity*, n° 2.

FISCHER, Stanley (1992) : Socialist Economy Reform : Lessons of the First Three Years. *American Economic Review*, vol. 83, n° 2, May. 390-395.

FISCHER, Stanley, FRENKEL, Jacob (1991) : Macroeconomic Issues of Soviet Reform. *American Economic Review*, vol. 82, n° 2, May. 37-42

FISCHER, Stanley, GELB, Alan (1991) : The Process of Socialist Economic Transformation. *Journal of Economic Perspectives*, vol. 5, n° 4, Fall. 91-105.

FITOUSSI, Jean-Paul (ed.) (1990) : *A l'Est en Europe*. Paris ; OFCE, Presses de la Fondation Nationale des Sciences Politiques.

GIRAUD, Pierre-Noël (1990) : *Initiation à l'économie industrielle*. Paris ; Ecole des Mines de Paris (polycopié).

GIRAUD, Pierre-Noël (1993) : *Economie mondiale*. Paris ; Ecole des Mines de Paris (polycopié).

GOMULKA, Stanislaw (1986) : *Growth, Innovation and Reform in Eastern Europe*. Brighton; Wheatsheaf Books Ltd.

GRABHER, Gernot (1991) : Eastern Conquista - The Truncated industrialization of East European Regions by Large Western Corporations. in : H. Ernste, V. Meier (ed.) : *Regional Developments and Contemporary Industrial Response*. Belhaven Press ; London.

GRABHER, Gernot (1994) (ed.) : *Legacies, Linkages, and Localities*. Berlin ; Editions Sigma.

GROSFELD, Irena (1992) : The Paradox of Transformation : An Evolutionary Case for a Breakthrough in Privatization. Paris ; *Delta document de travail*, n° 92-24.

GROSFELD, Irena, HARE, Paul (1991) : Privatization in Hungary, Poland, and Czechoslovakia. *European Economy*.

HARE, Paul, REVESZ, Tàmasz (1992) : Hungary's Transition to the Market : The Case against a 'Big-Bang'. *Economic Policy*, April. 228-264.

HAYEK, Friedrich A. (1935) (ed.) : *Collectivist Economic Planning*. London ; Routledge.

HAYEK, Friedrich A. (1944) : *The Road to Serfdom*. Chicago ; University of Chicago Press.

HERR, Hansjörg, WESTPHAL, Andreas (1991) : Economic Coherence and the Transformation of Planned Economies into Monetary Economies. *Journal of Post-Keynesian Economics*, vol. 13, n° 3, Spring. 307-327.

HILLMANN, Arye, and MILANOVIC, Branko (1993) : *The Transition from Socialism in Eastern Europe - Domestic Restructuring and Foreign Trade*. Washington ; World Bank Regional and Sectoral Studies.

HINDLEY, Brian (1993) : Helping Transition through Trade ? EC and US Policy towards Exports from Eastern and Central Europe. *EBRD Working paper* n° 4, March.

HINDS, Manuel (1993) : Policy Effectiveness in Reforming Socialist Economies. in : HILLMANN, Arye, MILANOVIC, Branko : *The Transition from Socialism in Eastern Europe - Domestic Restructuring and Foreign Trade*. Washington ; World Bank Regional and Sectoral Studies. 13-40.

HIRSCHHAUSEN, Christian von (1993) : La difficile restructuration de la sidérurgie polonaise : obstacles à la transformation de combinats en entreprises. *Cahiers Franco-Polonais*, n° 8, Décembre.

HIRSCHHAUSEN, Christian von (1995) : From Socialist Combinates to Capitalist Enterprises - Approaches to Post-socialist Industrial Restructuring in Central and Eastern Europe. in : DITTRICH, Eckart, SCHMIDT, Gert, and WHITLEY, Richard (eds.) : *Industrial Transformation in Europe : Process and Contexts'*. London, Sage.

HIRSCHHAUSEN, Christian von, HUI, WAN-SZE (à paraître) : Industrial Restructuring in the Baltic Countries - Privatization, Enterprization, and the Emergence of New Industrial Networks. *Communist Economies and Economic Transformation*.

HUGHES, Gordon, HARE, Paul (1992) : Industrial Restructuring in Eastern Europe - Policies and Prospects. *European Economic Review*, vol. 36. 670-676.

IFC (International Finance Corporation) (1992) : *A Pilot Application of Sector Privatization Process to the Russian Timber Industry*. Washington; World Bank/IFC.

IMF, World Bank, OECD, EBRD (1991) : *A Study of the Soviet Economy*. Washington, D.C. ; International

Monetary Fund.

INSELT, Annamaria (1993) : *Restructuring the Manufacturing Industry*. mimeo, IKU University of Budapest.

JEFFRIES, Ian (ed.) (1981) : *The Industrial Enterprise in Eastern Europe*. Eastbourne, New York ; Praeger.

JEFFRIES, Ian (ed.) (1992) : *Industrial Reform in Socialist Countries - From Restructuring to Revolution*. Aldershot ; Edward Elgar Publishing Limited.

JOSKOW, Paul L. (1994) : *Privatization in Russia : What should be a Firm ?* Paris ; Colloque en Université Paris 1 Sorbonne 'Economie des coûts de transaction' (26 mai).

KHOLODNIAKOV, Henri (1988) : *L'extraction minière*. Leningrad ; Ecole des Mines de Leningrad. (en russe)

KISS, Yudit (1992) : Privatisation in Hungary - Two years later. *Soviet Studies*, vol. 44, n°6. 1015-1039.

KOFORD, Kenneth (1993) : Making Economic Reform Consistent with Culture and Institutions in Central/Eastern Europe and the former Soviet Union. mimeo, University of Delaware.

KOLODKO, Grzegorz (1992) : Stabilisation, récession et croissance dans les économies post-socialistes. *Economie Prospective Internationale* ; n° 51, 3ème trimestre. 71-104.

KORNAI, Jànos (1959) : Overcentralization in Economic Administration. Oxford ; Oxford University Press.

KORNAI, Jànos (1986) : The Hungarian Reform Process : Visions, Hopes and Reality. *Journal of Economic Literature*, vol. 24, December. 1687-1737.

KORNAI, Jànos (1990) : *The Road to a free Economy. Shifting from a Socialist System : The Example of Hungary*. New York ; W.W. Norton.

KORNAI, Jànos (1992) : The Socialist System : *The Political Economy of Communism*. Oxford ; Clarendon Press.

KORNAI, Jànos (1994) : *Recession and growth in the post-socialist economy : The Hungarian experience*. Conférence François Perroux. Presses Universitaires de Grenoble.

LAFFONT, Jean-Jacques, TIROLE, Jean (1990) : Privatization and incentives. MIT, Department of Economics, working paper n° 572, June.

LAINELA, Seija, SUTELA, Pekka (1993) : Escaping from the Rouble : Estonia and Latvia Compared. *Third EACES Workshop*, Trentro, March 4-5.

LANGE, Oskar (1938/1964) : *On the Economic Theory of Socialism*. Minneapolis ; University of Minnesota, reprint of the 1938 edition. (également : *Review of Economic Studies*, Oct. 1936 & Febr. 1937, vol. 4, n° 1, 2. 53-71 et 123-142).

LAVIGNE, Marie (1993) : *L'Europe de l'Est, du plan au marché*. Paris ; Editions Liris.

LAZARUS, Sylvain (1992) : Chercher ailleurs et autrement - Sur la doctrine des lieux, l'économie, l'effondrement du socialisme. *Les Conférences du Perroquet*, n° 35, Mai.

LAZARUS, Sylvain, MICHEL, Natacha (1993) : Formes de conscience ouvrières et effondrement du socialisme dans les combinats sidérurgiques de l'ex-RDA. *Cahiers du Ciasoc*, n° 4, février.

LAZARUS, Sylvain (1995) : *Anthropologie du nom. Essai sur la politique comme nom innomable*. Paris. Editions du Seuil, collection 'Travaux'.

LE CACHEUX, Jacques (1990) : Réformes financières et convertibilité des monnaies dans les économies de l'Est. in : Jean-Paul Fitoussi (ed.) : *A l'Est, en Europe, Des économies en transition*. Paris ; Presses de la Fondation Nationale des Sciences Politiques.

LIPTON, David, SACHS, Jeffrey (1990 a) : Creating a Market Economy in Eastern Europe : The Case of Poland. *Brookings Papers on Economic Activity* (1). 75-147.

LIPTON, David, SACHS, Jeffrey (1990 b) : Privatisation in Eastern Europe : The Case of Poland. *Brookings Papers on Economic Activity* (2). 293-333.

LOWIT, Thomas (1979) : Y a-t-il des États en Europe de l'Est ? *Revue française de sociologie*, vol. 20, n° 2. 431-466.

LOWIT, Thomas, FRATELLINI, Nicole (1983) : Taylorisme et contrôle social en Europe de l'Est. in : de MONTMOLLIN, Maurice et PASTRE, Olivier : *Le Taylorisme*. Paris ; La Découverte. 181-196.

LOWIT, Thomas, FRATELLINI, Nicole, PLANCHE, Anne (1991) : Conventions collectives et contrôle sur le travail ouvrier dans l'entreprise de type soviétique. in : Actes du colloque : *Le centenaire des conventions collectives en France*. Paris ; Anas.

MELZER, Manfred (1981) : Combine Formation and the Role of the Enterprise in East German Industry. in : JEFFRIES, Ian (ed.) (1981) : *The Industrial Enterprise in Eastern Europe*. Eastbourne, New York ; Praeger. 95-113.

MISES, Ludwig von (1920/1935) : Economic Calculation in the Socialist Commonwealth. in : F.A. Hayek (ed.) (1935) : *Collectivist Economic Planning*. London ; Routledge; 1935. 87-130.

MISES, Ludwig von (1932/1951/1978) : *Socialism*. London ; Jonathan Cape. Translation of the 1922 edition; re-edited (1978); Indianapolis ; Liberty Press. (traduction française (1952) : Le socialisme - étude économique et sociologique).

MISES, Ludwig von (1949) : *Human Action*. New Haven ; Yale University Press.

MINK, Georges, (1986) : Pologne. *Le Courrier des Pays de l'Est*, n° 309-310-311, Août-Septembre-Octobre. 61-87.

MURREL, Peter (1991) : Can Neoclassical Economics Underpin the Reform of Centrally Planned Economies ? *Journal of Economic Perspectives*, vol. 5, n°4, Fall. 59-76.

NORTH, Douglas (1991 a) : Institutions. *Journal of Economic Perspectives*, vol. 5, n° 1, Winter. 97-112.

NORTH, Douglas (1991 b) : *Institutions, Institutional Change and Economic Performance*. Cambridge.

NOVE, Alec (1969) : An Economic History of the USSR. London ; Penguin.

NOVE, Alec (1992) : Economics of the Transition Period. *The Harriman Institute Forum*, vol. 5, n° 11/12. 1-15.

PERSKY, Joseph (1991) : Lange and von Mieses, Large-Scale Enterprises, and the Economic Case for Socialism. *Journal of Economic Perspectives*, vol. 5, n°4, Fall. 229-236.

PINTO, Brian, BELKA, Marek, KRAJEWSKI, Stefan (1993) : Transforming State Enterprises in Poland : Evidence on Adjustment by Manufacturing Firms. *Brookings Papers on Economic Activity*, n° 1. 231-262.

POZNANSKI, Kazimierz Z. (1992) : Privatisation of the Polish Economy : Problems of Transition. *Soviet Studies*, vol. 44, No. 4. 641-664.

RADVANYI, J. et REY, V. (1989) : *Régions et pouvoirs régionaux en Europe de l'Est et en URSS*. Paris ; Editions Masson.

RICHET, Xavier (1992 a) : Restructurations industrielles et transformations économiques en Europe Centrale et Orientale. *Revue Française d'Economie*, vol. 7, n° 4. 3-29.

RICHET, Xavier (1992 b) : *Les économies socialistes européennes*. Paris ; Editions Armand Colin.

ROLLAND, Gérard (1989) : *Economie politique du système soviétique*. Paris ; Editions L'Harmattan, Collection 'Socialismes'.

ROLLAND, Gérard (1994) : The Role of Political Constraints in Transition Economies. *Economics of Transition*, vol. 2, n° 1, March. 27-42.

ROSATI, Dariusz (1994) : Output Decline During Transition from Plan to Market : A Reconsideration. Economics of Transition, vol. 2, n° 4, 419-114.

SACHS, Jeffrey (1992 a) : Privatization in Russia : Some Lessons from Eastern Europe. *American Economic Review*, vol. 82, n° 2, May. 43-48.

SACHS, Jeffrey (1992 b) : Vers une économie de marché en Pologne. *Pour la Science*, n° 175, Mai. 32-38.

SACHS, Jeffrey (1994) : *Poland's Jump to the Market Economy*. Cambridge ; MIT-Press.

SAMSON, Ivan (1989) : La RDA de Honecker ou la recherche d'un socialisme prussien. *Revue d'Etudes comparatives Est-Ouest*, vol. 20. 29-46.

SAMSON, Ivan (1993) : Les trois étapes de la transition au marché des économies post-socialistes. in : CHATELUS, M., FONTANEL, J. (eds.) : *Dix grands problèmes économiques contemporains*. Presses Universitaires de Grenoble ; Grenoble.

SAPIR, Jacques (1990) : *L'économie mobilisée*. Paris ; Editions La Découverte.

SAPIR, Jacques (1992) : Régulation et Transition : Réflexions sur l'approche en terme de régulation à partir de l'expérience de la transition systémique dans les Economies de Type Soviétique. *CEMI document de travail* ; Juin.

SAPIR, Jacques (1993) : Formes et nature de l'inflation - pourquoi les thérapies classiques sont vouées à l'échec. *Economie Internationale*, n° 54, 2e trimestre. 25-66.

SCHMIEDING, Holger (1993) : From Plan to Market : On the Nature of the Transformation Crisis. *Weltwirtschaftliches Archiv*, vol. 129, n° 2. 216-253.

SCHUMPETER, Josef (1934) : *The Theory of Economic Development - An Inquiry into Profits, Capital, Credit, Interest, and the Business Cycle*. Cambridge, Massachusetts ; Harvard University Press.

SCHUMPETER, Josef (1942/1974) : *Capitalisme, socialisme, et démocratie*. Paris ; Editions Payot. (traduction de l'original en langue anglaise)

SIEBERT, Horst (ed.) (1991) : *The Transformation of Socialist Economies*. Tübingen ; J.C.B. Mohr.

SINN, Gerlinde, and SINN, Hans-Werner (1992) : *Jumpstart*. Cambridge, Massachussets ; MIT Press.

SINN, Hans-Werner (1990) : Macroeconomic Aspects of German Unification. *Münchener wirtschaftswissenschaftliche Beiträge*, Nr. 31.

STANISZKIS, Jadwiga, (1982) : *Pologne, la révolution autolimitée*. Presses Universitaires de France ; Paris.

TIROLE, Jean (1991) : Privatization in Eastern Europe : Incentives and the economics of transition. *NBER Macroeconomics Meeting*, March.

TIROLE, Jean (1992) : Ownership and Incentives in a Transition Economy. mimeo, MIT.

VAN LONG, N., and SIEBERT, H. (1992) : A Model of the Socialist Firm in Transition to a Market Economy. *Journal of Economics - Zeitschrift für Nationalökonomie*, vol. 56, n° 1.

VASILIEV, Sergei (1994) : Restructuring in Russia. *Economic Policy*, vol. 19, December,.

VICKERS, John, YARROW, George (1988) : *Privatization - An Economic Analysis*. Cambridge, Massachussetts ; The MIT-Press.

WAGENER, Hans-Jürgen (ed.) (1993) : *On the Theoray and Policy of Systematic Change*. Heidelberg ; Physica (Springer) Verlag.

WEBBER Douglas (1994) : The Decline and Resurgence of the 'German Model' : The Treuhandanstalt and Privatization Policies in East Germany. *Journal of European Public Policy*, 2nd issue.

WIJNBERGEN, Snider van (1993) : Enterprise Reform in Eastern Europe. *Economics of Transition*, vol. 1, n° 1. 21-38.

WILLIAMSON, Oliver E. (1975) : *Markets and Hierarchies : Analysis and Antitrust Implications*. New York ; Free Press.

WILLIAMSON, Oliver E. (1985) : *The Economic Institutions of Capitalism - Firms, Market, Relational Contracting*. New York ; Free Press.

WILLIAMSON, Oliver E. (1992) : The Economic Analysis of Institutions and Organizations -- in General and With Respect to Country Studies. mimeo, University of California, Berkeley.

WINIECKI, Jan (1993) : 'Heterodox' Stabilization in Eastern Europe. *EBRD Working paper* n° 8, July.

WOLF, Thomas A (1991) : The Lessons of Limited Market-Oriented Reform. *Journal of Economic Perspectives*, vol. 5, n°4, Fall. 45-58.

YARROW, George (1988) : Privatization in Theory and Practice. *Economic Policy*, vol. 2, 323-379.

ZLOTOWSKI, Yves (1993) : Politique monétaire et 'thérapie de choc' en Pologne : les limites de l'expérience 1990-1991. *Economie Prospective Internationale*, n° 53, 1er trimestre. 71-80.

LISTE DES ABRÉVIATIONS

BERD	Banque Européenne de Reconstruction et de Développement
CAEM	Conseil d'Assistance Economique Mutuelle
CCEET	Centre pour la Co-opération avec les Economies Européennes en Transition
CEI	Communauté d'États Indépendants
DIST	Division Internationale Socialiste du Travail
DM	Deutsche Mark (monnaie de la RFA)
ESOP	Employee Stock Ownership Programme
ha	hectare
hab	habitant
kt	kilotonne (1.000 t)
M	Mark (monnaie de la RDA)
MBO	Management Buy-Out
Mt	mégatonne (10^6 t)
NEP	Nouvelle Politique Économique
OCDE	Organisation pour la Coopération et le Développement Economique
PC	Parti Communiste
PECO	Pays d'Europe Centrale et Orientale
PME	Petites et Moyennes Entreprises
PMN	Produit Matériel Net
PNB	Produit National Brut
RDA	République Démocratique d'Allemagne
SARL	Société par Action à Responsabilité Limitée
t	tonne (1.000 kg)
Zl	Zloty (monnaie polonaise)

ANNEXE : LISTE DES COMBINATS VISITÉS

nom, ville (activité prinicipale)

Bulgarie

Kremikovtzi (combinat du fer et de l'acier) ; Sofia (minerai de fer, sidérurgie)
Promet (combinat sidérurgique) ; Debelt-Burgas (sidérurgie)
Gorubso (combinat minier de plomb&zinc) ; Medan (mines de plomb & zinc, concentrés)
Plovdiv (combinat non-ferreux) ; Plovdiv (métallurgie non-ferreuse)

Hongrie

Düna Vasmü (combinat sidérurgique dunafer) ; Dunaujvaros (sidérurgie)
Diösgyör (combinat de fer et de l'acier) ; Miskolc (sidérurgie)
OKÜ (combinat métallurgique et de l'acier) ; Ozd (sidérurgie)
Ajka (combinat intégré d'aluminium) ; Ajka (aluminium, fonderie, transformation)
Combinat de métaux légers ; Székesfehérvàr (transformation d'aluminium)
Köbanya (combinat d'emballage) ; Budapest (emballage métallique)

Pologne

Nova Huta im Lénina Krakow ; Cracovie (sidérurgie)
Huta Katowice ; Dabrowna Gornicza (sidérurgie)
Combinat Huta Czetochowa ; Czestochowa (sidérurgie)
KGHM Lubin (combinat de cuivre) ; Globow-Lubin (mines, métallurgie, transformation)
ZGH (combinat de plomb&zinc) ; Boleslaw (mines, métallurgie, transformation)
Fakot (fonderie) ; Nova Sol (fonderie, transformation)
Zastal (combinat ferroviaire) ; Zielona Gora (équipement ferroviaire)

RDA

EKO VEB-Combinat 'Herrmann Matern' ; Eisenhüttenstadt (sidérurgie)
Brandenburg VEB (combinat de produits longs de qualité) ; Brandebourg (sidérurgie)
Riesa VEB (combinat d'acier et de laminage) ; Riesa (sidérurgie)
VEB Maxhütte Unterwellenborn ; Unterwellenborn-Saalfeld (sidérurgie)
VEB (combinat de métallurgie non-ferreuse 'Gerhard Funk') ; Freiberg (métallurgie, transformation)
Mansfeld VEB (combinat de cuivre 'Wilhelm Pieck') ; Eisleben (mines, métallurgie, transformation)
Hettstedt VEB (laminage) ; Hettstedt (transformation de métaux non-ferreux)

Roumanie
Dobresti (mines de bauxite) ; Dobresti (mines de bauxite)
Crisana (combinat d'alumine) ; Oradea (alumine)
Slatina (combinat d'aluminium) ; Slatina (aluminium, fonderie)
IROMPAL (combinat de laminage) ; Slatina (transformation d'aluminium, extrusion, laminage)
Combinat de Métaux Non-ferreux ; Baia Mare (mines, métallurgie, transformation)
Copsa Mica (combinat de plomb&zinc) ; Copsa Mica (mines, métallurgie, transformation)

Tchécoslovaquie
VSZ (combinat de fer et de l'acier de la Slovaquie orientale) ; Kosice (sidérurgie)
Nova Hut Ostrava ; Kunice (sidérurgie)
SNP (combinat d'aluminium) ; Ziar nad Hronom (aluminium, fonderie, transformation)
Rudne Doly Pribram (combinat minier) ; Pribram (mines de plomb et zinc)
Kovohute ; Pribram (métallurgie, transformation de plomb et zinc)

Union soviétique
Combinat d'Apatite ; Kirovts/Kola (phosphates)
Combinat de minerai de fer ; Olenegorsk (minerais de fer)
Severonikel dans le combinat de Norilsk-Nikel ; Monchegorsk (métallurgie : nickel, cuivre, métaux précieux, transformation)

Yougoslavie
MK Combinat Sidérurgique ; Smederevo (sidérurgie)
RMK (combinat de fer et de l'acier) ; Zenica (sidérurgie)
Boksita (combinat minier) ; Vlasenica (mines de bauxite)
Birac Alumine ; Zvornik (alumine, transformation, céramiques)
KAT Kombinat d'Aluminium Titograd ; Titograd (aluminium, fonderie, transformation)
SOUR Group d'Aluminium 'Boris Kidric' ; Sibenik (aluminium, fonderie, laminge)
RTB Bor Combinat de Cuivre ; Bor-Majdanpek (mines, métallurgie, transformation)

Lithuanie
Kuro Apparatura ; Vilnius (pompes à fuel, moteurs électriques)
Siauliai Tauras Combinate ; Siauliai Rajons (téléviseurs, électronique)

Lettonie
Kombinat Liepajas Mettalurgs ; Liepaja (sidérurgie)
RAF Rigas Automobils Factory ; Jelgava et Riga (minibus, camions utilitaires)
Lattelecom ; Riga (télécommunication)

Estonie
Tarmeko Kombinat de Bois et Meuble ; Tartu (industrie de bois, sciage, meubles)
Wenesta ; Tallinn (meuble, traitement de bois)
Volta motors and electronics combinate ; Tallinn (moteurs électriques)

TABLE DES MATIERES

Collection "Pays de l'Est"
dirigée par Bernard Chavance

Gérard Roland, *Economie politique du système soviétique*, 1989.
Wladimir Andreff (ed.), *Réforme et échanges extérieurs dans les pays de l'Est*, 1990.
Pierre Dubois, Jenö Koltay, Csaba Mako, Xavier Richet (eds.), *Innovation et emploi à l'Est et à l'Ouest. Les entreprises hongroises et françaises face à la modernisation*, 1990.
Jacques Sapir (ed.), *L'URSS au tournant. Une économie en transition*, 1990.
François Bafoil, *Entreprises et syndicats en RDA. Une histoire de l'émulation socialiste*, 1991.
Commission des Communautés Européennes, *La situation économique et les réformes en Union Soviétique. Stabilisation, libéralisation et dévolution de compétences, 1991.*
Catherine Locatelli, *La question énergétique en Europe de l'Est*, 1992.
Michel Roux (ed.), *Nations, Etat et territoire en Europe de l'Est et en URSS*, 1992.
Krystyna Vinaver (ed.), *La crise de l'environnement à l'Est. Pays en transition et expérience française d'une économie mixte*, 1993.
Elisabeth R. Najder, *Une histoire monétaire de la Pologne 1918 - 1992. Contrôle des changes et convertibilité*, 1993.
Marie-Claude Maurel, *La transition post-collectiviste. Mutations agraires en Europe centrale*, 1994.
Frédéric Wehrlé, *Le divorce tchéco-slovaque. Vie et mort de la Tchécoslovaquie, 1918-1992*, 1994.
Bernard Chavance, *La fin des systèmes socialistes. Crise, réforme et transformation*, 1994.
Jacques Sapir, Victor Ivanter (eds.), *Monnaie et finances dans la transition en Russie*, 1995.
Wladimir Andreff, *Le secteur public à l'est, restructuration industrielle et financière*, 1995.
Régis Chavigny, *Spécialisation internationale et transition en Europe centrale et orientale*, 1995.

www.ingramcontent.com/pod-product-compliance
Lightning Source LLC
LaVergne TN
LVHW050651051026
849532LV00002B/598